博雅史学论丛

Seeing Voices
the Writing of History and
the Political Culture of
the Elites in the Wei and Jin Dynasties

观书辨音

历史书写与魏晋精英的政治文化

徐 冲 著

北京大学出版社
PEKING UNIVERSITY PRESS

图书在版编目(CIP)数据

观书辨音:历史书写与魏晋精英的政治文化/徐冲著.—北京:北京大学出版社,2020.10

(博雅史学论丛)

ISBN 978-7-301-31869-0

Ⅰ.①观… Ⅱ.①徐… Ⅲ.①政治制度史—研究—中国—魏晋南北朝时代 Ⅳ.①D691.2

中国版本图书馆CIP数据核字(2020)第229673号

书　　　名	观书辨音:历史书写与魏晋精英的政治文化 GUANSHU BIANYIN: LISHI SHUXIE YU WEI-JIN JINGYING DE ZHENGZHI WENHUA
著作责任者	徐　冲　著
责任编辑	张　晗
标准书号	ISBN 978-7-301-31869-0
出版发行	北京大学出版社
地　　　址	北京市海淀区成府路205号　100871
网　　　址	http://www.pup.cn　新浪微博:@北京大学出版社
电子信箱	pkuwsz@126.com
电　　　话	邮购部 010-62752015　发行部 010-62750672 编辑部 010-62767315
印　刷　者	大厂回族自治县彩虹印刷有限公司
经　销　者	新华书店
	730毫米×980毫米　16开本　20.75印张　277千字 2020年10月第1版　2021年8月第2次印刷
定　　　价	78.00元

未经许可,不得以任何方式复制或抄袭本书之部分或全部内容。
版权所有,侵权必究
举报电话:010-62752024　电子信箱:fd@pup.pku.edu.cn
图书如有印装质量问题,请与出版部联系,电话:010-62756370

前　言

这本小书真正关心的问题是：我们智人（Homo sapiens）为何如此迷恋过去？

自然，作为受到神圣誓言约束的历史学从业者，对这一问题的回答不能过于直白。在这本三百页的小书中，我尝试通过描摹魏晋精英如何借由多样化的历史书写实践活动构筑政治文化，来接近上述问题或许并不存在的答案。至于这番迂回又笨拙的表白能否打动智慧女神，就不得而知了。

这是我关于"历史书写"的第二本书。八年前出版的拙著《中古时代的历史书写与皇帝权力起源》曾运用这一研究视野，在纪传体王朝史与皇帝权力结构之间存在对应关系的理论设定之下，考察其中若干意识形态装置的生成与消亡[1]。书中思路主要来自我在北京大学中国古代史研究中心魏晋南北朝史方向求学期间长期受到的制度史熏陶[2]，某种意义上是以制度史的问题意识代入史学史领域进行考索的结果。不过本书并未延续类似的研究路径，而是希望能在更为根本的意义上探索"历史书写"作为一种研究视野的可能应用。正文八章由三组围绕特定文本的系列研究构成，分别为"献帝三书"篇、《续汉书·百官志》篇和《伐河北书》篇。三个篇章刻意对应于史学史、制度史与民族史三大研究领域，考察对象也均非新出或者稀

---

[1] 徐冲：《中古时代的历史书写与皇帝权力起源》，上海：上海古籍出版社，2012年。
[2] 参见陈侃理：《"松散而亲密的联盟"——北大魏晋南北朝史方向的重建与学风传承》，《北京大学教育评论》2018年第2期，第15—32页。

见,实际上都是相关领域学者十分熟悉的经典材料。"历史书写"的视野究竟可以给历史学研究带来什么不同?与学界既有的认识与思路可以形成怎样的对话与互动?这样的方式或许会比前著所着力的"无中生有"(见罗新先生为《中古时代的历史书写与皇帝权力起源》所作《序言》)更有说服力。下面先对各篇章内容进行简要介绍,再略谈方法论上的认识。

首先需要说明的是,本书所谓"魏晋精英",并非机械对应于曹魏西晋王朝乃至三国两晋的精英阶层,而是试图在提出一种超越王朝框架的长时段历史分期的前提下,以之指称一个具备稳定内涵的历史主体。虽然霸权性历史分期的理论基础已经不复存在,但若认同阎步克先生所说"后见之明"是历史学研究的基本前提,则虽不免"倒放电影"之讥,按照一定标准提出特定角度的历史分期假说,对我来说仍是深具魅力的智识工作①。"魏晋精英"对应的历史分期,起始于2世纪末东汉王权的崩溃,终结于5世纪中叶南朝主体性的建立,其间经历了这一历史主体登场、全盛与流亡的完整过程,或可以"漫长的魏晋"名之②。就谱系而言可追溯至东汉后期清流士人的魏晋精英,在以儒学意识形态再造皇帝权力结构的历史潮流中推动了曹魏、西晋两大王权的先后成立,构筑了具有鲜明特质的政治文化。即使在永嘉乱后部分精英被迫流亡至江南地域以建康政权与华北"五胡"国家相抗,"魏晋式"的意识形态仍在其中持续发挥着作用。或者不如说在南朝主体性得以成立之前,魏晋精英于流亡阶段的种种表现,反而使得我们可以对其政治文化进行更为完整的观察和解

---

① 参见阎步克:《波峰与波谷:秦汉魏晋南北朝的政治文明》,《序言》第三节《常态、变态与回归》,北京:北京大学出版社,2009年,第8—16页;汪晖:《作为思想对象的20世纪中国》,收入氏著《世纪的诞生:中国革命与政治的逻辑》,北京:生活·读书·新知三联书店,2020年,第1—82页;雅克·勒高夫(Jacques Le Goff):《我们必须给历史分期吗?》,杨嘉彦译,上海:华东师范大学出版社,2018年。

② 勒高夫有"漫长的中世纪"之说,或来自其师布罗代尔(Fernand Braudel)"漫长的十六世纪"的启发。参见氏著《我们必须给历史分期吗?》第七章,第93—129页。

读。正如田余庆先生揭示的东晋门阀政治之"变态",有力推进了学界关于中国古代皇权政治之"常态"的认识①。

"献帝三书"篇聚焦于3世纪上半叶三部以汉献帝为题的作品,即《献帝纪》《献帝起居注》和《献帝传》,讨论甫登历史舞台的魏晋精英对"时代之史"的书写。在全面搜集相关佚文的基础上,首先考察三书的内容、体例与旨趣等基本问题。其后对汉魏之际的两大历史书写运动进行了重点分析。其一是以荀彧为代表的清流士人如何通过《献帝起居注》的创制与撰述再造皇帝权力结构,其二是曹魏王权如何通过《献帝传》的书写正当化其皇帝权力起源之路。如同献帝与曹操的关系所象征的那样,二者之间既有相容与继承的一面,又存在内在的紧张与冲突。后者构成了建安十七年(212)荀彧之死的潜在背景,也导致《献帝起居注》于汉魏禅代前夕为曹氏一方强行终止。献帝时代史的书写在禅代完成后逐渐被"建安时代史"所覆盖,呈现为曹魏王权之"国史大纲"的单一面相。

然而故事并未就此结束。第二章的"余论"部分《颠倒之旅》指出,范晔《后汉书》所见以"非曹"为基调的献帝叙事,在史源上可以追溯至孙吴王权所主导的献帝时代史书写。但在西晋灭吴完成南北统一后,这些不见容于曹氏立场的敌国传闻之辞,反而因"尊晋"的政治需要在洛阳精英中获得了更大的流通舞台。陈寿以《三国志》而非《魏书》的形式书写汉末三国史能够获得朝野一致的肯定,也应该纳入这一脉络进行理解。其后习凿齿《汉晋春秋》发其端,范晔《后汉书》定其谳,"非曹"之势终至于不可逆转,将曹魏王权定格于"汉贼"的历史像。

第三章的考察对象与"献帝三书"并无直接关联,但在方法上颇

---

① 参见田余庆:《刘裕与孙恩——门阀政治的"掘墓人"》,收入氏著《东晋门阀政治》(第三版),北京:北京大学出版社,2000年,第326—327页;同氏:《东晋门阀政治·后论》,第362页。阎步克先生对此主题有系统阐发,参见氏著《波峰与波谷:秦汉魏晋南北朝的政治文明》,《序言》第三节《常态、变态与回归》。

有可比之处。不同于"献帝时代史"这样的宏大主题,本章选取了东汉中期的一位小人物冯良。其事迹在范晔《后汉书》中以附传形式出现,只有短短百余字,但同样可以展现出汉晋以降的长时段中,历史书写文本发生因袭、歧变与反哺的复杂过程。值得注意的是,孙吴精英的东汉人物书写在其中扮演的异类角色,也为范晔所积极吸纳。

《续汉书·百官志》篇聚焦于3、4世纪之交司马彪所撰《续汉书·百官志》,讨论全盛时期的魏晋精英对"制度之史"的书写。《续汉书·百官志》是关于东汉官制的核心史料,但其"史学性"的一面长期未能得到学界重视。第四章首先揭示了这一作品的基本体例,即由源自东汉"官簿"的正文部分和西晋司马彪所作的注文部分共同组成的复合结构,两个部分在文本的内容和面貌两个层面均判然有别。进而运用这一认识,在第四章和第五章分别对其书的"郡太守"条和"太尉"条进行了历史学意义上的文本复原。

第四章同时指出,司马彪以如是形式撰成的《续汉书·百官志》,具有鲜明的《周礼》模拟意识,与执着于沿革叙述的两汉官制撰述传统形成了巨大断裂,是魏晋时期以儒学意识形态再造皇帝权力结构这一历史运动的典型表现。而人们之所以对此书原本的体例结构与撰述旨趣视而不见,是缘于其后萧梁刘昭为《续汉书·百官志》作注时对其文本面貌进行了全面改造,并在流传过程中彻底取代了单行的司马彪原书。我们正可由此窥见南朝主体性的成立如何终结"漫长的魏晋"。

魏晋精英创制的《百官志》书写,与以《汉书·百官公卿表》为代表的东汉主流传统刻意保持了距离。不过在新莽末东汉初成书的王隆《汉官篇》中,已然可以发现某种以制度撰述进行历史书写的旨趣。第六章推测《汉官篇》对汉代官制的体系性叙述背后,可能存在某一具体时期的制度蓝本,并通过对州牧、太傅和大司马相关内容的讨论,将其断限落实在王莽上台辅政平帝的最初阶段。

这一不同于东汉建武政权选择"元始故事"的制度书写倾向,以及王隆的河西窦融集团出身,可能也决定了《汉官篇》在东汉长期的湮没无闻。

《劝伐河北书》篇聚焦于5世纪初谢灵运所撰《劝伐河北书》,讨论江南流亡阶段的魏晋精英对"异族之史"的书写。这里的"异族"主要指称4世纪初西晋国家崩溃后百余年间在华北活跃的诸"胡"族及其所建政权,即习称的"五胡十六国"。第七章指出《劝伐河北书》虽然未能在当时实际促成宋文帝发动北伐,但结合晋宋之际的若干材料来看,其中关于"异族之史"的历史认识与意识形态仍可视为魏晋精英政治文化的典型表现,值得重视。

第八章由此转入对"五胡"称谓这一经典问题的考察。文章从五胡十六国的内部视角转移至东晋南朝的外部视角,指出包括著名的"五胡次序"故事在内,"五胡"称谓实际出自"五胡时代"行将结束时,亦即晋宋之际的建康精英,在义熙年间刘裕两度北伐成功后传播愈广,与当时恢复中原可期的乐观情绪互为表里。看似指称"五胡"王朝依次而起,实则暗示与之对应的四大非汉人群,即"胡"(狭义用法,泛指匈奴系人群)、鲜卑、氐、羌气数已尽,出于建康一方的新王者即将崛起并重返华北乃至完成天下一统。

既然如此,为何宋元以降的主流认识是将"五胡"理解为匈奴、羯、鲜卑、氐、羌五族,并与源自北魏崔鸿所撰《十六国春秋》的"十六国"之称无缝对接,以"五胡十六国"将西晋至北魏之间的华北诸政权一举囊括呢?第八章"余论"部分推测这是北朝精英引入源自建康一方的"五胡"一词后,以自身的历史认识填充其中并在隋唐时代得以发扬的结果,恰与南北朝时代的政治进程遥相呼应。

看过以上简介之后,大概不会再有读者误会本书为一部"史学史"研究之作了。我关心的对象并非史学史视野中的"史家"与"史学",而是历史上所有的行动者及其声音。以上所述魏晋精英于2世纪末至5世纪中叶这一"漫长的魏晋"时代所展开的多样化历史书写实践活动,涉及时代之史、制度之史和异族之史三个不同维度。参与主体从司马彪、范晔、谢灵运这样的经典史家/文士到王允、荀彧、曹操、刘裕等成熟的政治人物,从汉魏之际的清流士人到晋宋之际的建康精英,从曹魏、孙吴到东晋、刘宋,精英个人、社会集团与王权层面尽数包含在内。其形式既可表现为《献帝起居注》《续汉书·百官志》《劝伐河北书》这样的完整作品,也可以是类似冯良事迹、伏后诀别献帝、"五胡次序"故事这样的情节文本,甚至类似"五胡"称谓这样特定的修辞片段亦可成为分析对象。罗新先生将傅斯年当年的名言"历史学只是史料学"颠倒为"一切史料都是史学",指出应当"把所有文字都看作一种史学写作","如分析一部史著那样去分析其作者、读者和写作目的,而不是简单地认定为某种'客观史料'"①。本书正可看作是对这一旨趣的初步践行。

在 2016 年的一篇小文中,我尝试突破历史学的思维边界,在对人类社会行为的普遍性关照中对"历史书写"进行定义:

> 就如同"历史"一词既可以指过去发生的事情,也可以指对过去发生事情所进行的记录与叙述,"历史书写"同样也可以在狭义和广义两种层面上进行区分。狭义的"历史书写",指成形的、可见的史学作品;这一意义上与传统史学史的研究对象存在很大重合。而广义的"历史书写",可以理解为一种即时性的人类行为,即人们在行动之际无时无刻不在脑中对与己相关的过去进行理解和形塑,以此获得现实行动的正当性与安全感。

> 某一历史书写作品,必定是复数的和持续的历史书写行为,层累到一定程度后的结果。笔者所说的"对古人的历史书写"进行研究,某种程度上可以定义为,由狭义的历史书写作品(可见

---

① 参见罗新:《一切史料都是史学》,收入氏著《有所不为的反叛者:批判、怀疑与想象力》,上海:上海三联书店,2019 年,第 13—24 页。

的、成形的、静态的),剥离、分析和复原出广义的历史书写行为(不可见的、复数的、动态的)。在这一意义上,"历史书写研究"未必只限定于中国中古史及至中国古代史领域,其问题关心毋宁说是人类学式的。①

这里引入了作为一种思维活动的"历史书写(广义)"概念,强调经过种种加工后的历史信息,构成了所有个人——当然不仅是历史学家——赖以生存和行动的重要资源。事实上,如果追溯至人类思维活动最为基本的单元"感觉",这一结论在生物学意义上仍然是可以成立的。神经科学家蒙特卡斯尔(V. B. Mountcastle)有言:"中枢神经元对于神经纤维来说扮演着说书人的角色,它从不是完全忠实的,允许对质量和度量的变形。……感觉是真实世界的摘要而非复本。"埃里克·坎德尔(Eric R. Kandel)进一步指出:"大脑并不是简单地通过感觉接收原始数据并忠实地复制出来。……感觉系统是一个基于假设的发生器。我们既不是直接地也不是精确地面对着这个世界。"②

因此,在"历史书写"的研究视野中,"史实"与"史学"的关系不宜视为客观与主观的简单对立且以此为据对后者进行价值评判。换言之,既不存在脱离了"历史书写(广义)"的纯粹"历史行动",也不存在与"历史行动"完全合拍的"历史书写(狭义)"。理想的"历史书写"研究视野,在强调"历史书写(广义)→历史行动→历史书写(狭义)"这一基本线索的同时,对三个环节之间必定存在的种种层累与互动亦应抱持清醒认知。

不过以上只是一种理论推想。作为时间秩序的臣服者,人类毕竟无法真正重返过去。我们所能够拥有的,只是"历史书写(狭

---

① 徐冲:《历史书写与中古王权》,《中国史研究动态》2016年第4期组织的笔谈《"历史书写"的回顾与展望》,第45—46页。
② 参见埃里克·坎德尔:《追寻记忆的痕迹:新心智科学的开创历程》,喻柏雅译,北京:中国友谊出版公司,2019年,第22章《外部世界的大脑图景》,第320页。

义)",再由此逆流而上,方可达至对早已不复存在的"历史行动"与"历史书写(广义)"的认识之境。本书以《观书辨音》为题,希望提示的正是这一与实际发生顺序正相反动的思维过程。英文标题 *Seeing Voices* 借用了迈克尔·杰克逊(Michael Jackson)于 1999 年录制的歌曲之名。MJ 此曲本为祝福聋障人士而作,让我联想到在随时而逝的历史之音面前,所有人都同样处于"聋人"的境地。斯音已渺,不复得闻,唯有史家之法这一"幻术"能够将其可视化,呈于读者目前。在这一意义上,或许本书的旨趣更可以简化为"观音"二字。正如当我凝视封面上的步摇冠剪影时,金叶纷披之声已然于心中摇曳生辉。

目　录

"献帝三书"篇

第一章　哀歌与史诗：《献帝起居注》与献帝朝廷的历史意义　/ 3
　　一、引　言　/ 3
　　二、书名与讳称　/ 5
　　三、记事的起止范围　/ 13
　　四、内容、体例与特质　/ 22
　　五、结语：哀歌与史诗　/ 31

第二章　名、实之间：《献帝纪》与《献帝传》　/ 43
　　一、《献帝纪》考论　/ 43
　　二、《献帝传》考论　/ 57
　　三、余论：颠倒之旅　/ 72

第三章　范晔《后汉书》冯良事迹成立小论　/ 87
　　一、范晔《后汉书》中的冯良事迹与赵晔事迹　/ 87
　　二、东汉时代的"不为县吏"群像　/ 92
　　三、赵晔事迹与孙吴精英的地方书写　/ 97
　　四、东晋时代的多面冯良　/ 103
　　五、结　语　/ 108

《续汉书·百官志》篇

第四章 《续汉书·百官志》与汉晋间的官制撰述 / 113

一、前 言 / 113

二、《续汉书·百官志》的"正文"与"注文"之别 / 115

三、《续汉书·百官志》"郡太守"条辨证 / 120

四、汉晋间官制撰述谱系中的《续汉书·百官志》 / 134

第五章 东汉太尉渊源考——从《续汉书·百官志》"太尉"条的脱文谈起 / 149

一、问题的提出 / 149

二、《续汉书·百官志》"太尉"条的脱文问题 / 150

三、西汉后期的"三公分职" / 158

四、"太尉掌兵事"的由来：从新莽制度到建武创业 / 165

五、结 论 / 173

第六章 王隆《汉官篇》小考 / 174

一、王隆其人 / 175

二、《汉官篇》的形式与内容 / 178

三、《汉官篇》的断限 / 185

四、余 论 / 199

《劝伐河北书》篇

第七章 "西虏"与"东虏"：谢灵运《劝伐河北书》所见华北局势与历史认识 / 203

一、问题的提出 / 203

二、"西虏"与"东虏"的所指 / 205

三、"西虏"与"东虏"之战的进程 / 212

四、"虏"与"五胡" / 218

第八章 "五胡"新诠：晋宋之际建康精英的历史书写 / 226

　　一、引　言 / 226

　　二、"五胡次序"故事的史料批判 / 227

　　三、"五胡"称谓出自考 / 235

　　四、"五胡"称谓所指考 / 244

　　五、余　论 / 252

附录一　《献帝起居注》辑考 / 257

附录二　"禅让"与魏晋王权的历史特质 / 278

附录三　《续汉书·百官志》"州刺史"条郡国数辨讹 / 292

参考文献 / 295

后　记 / 315

"献帝三书"篇

第一章 哀歌与史诗:《献帝起居注》与献帝朝廷的历史意义

一、引 言

作为东汉王朝的末代皇帝,汉献帝的历史地位自然无法与汉武帝、魏武帝这样的雄才大略之君相提并论。从中平六年(189)八月"洛阳之变"后被董卓强立为皇帝,到建安元年(196)为曹操迎至许昌"挟天子以令诸侯",再到延康元年(220)将天子之位"禅让"给魏王曹丕,献帝给予后世的印象均以政治傀儡为主。不过,与这种史像颇有违和之感的是,汉末魏晋时期以"献帝"为题的历史撰述为数不少。《隋书》卷三三《经籍志》中列有四种,分别为列入"古史"类的《献帝春秋》、列入"杂史"类的《汉灵、献二帝纪》《山阳公载记》和列入"起居注"类的《汉献帝起居注》①。又有一种名为《献帝传》的作品,多见于《三国志》裴松之注等史料。这些历史撰述在唐宋以后均散失不存,仅在一些史注和类书中以片段引用的佚文形式存在。个别学者进行过相关辑佚工作②。

学界以往对这些作品并不陌生,不乏关注和利用。大致而言,可以区分为两种视角。其一是"史学史"式的视角。这一类型的研究倾

---

① 《隋书》,北京:中华书局,1973 年,第 957、960、964 页。
② 熊明《汉魏六朝杂传集》(北京:中华书局,2017 年)对《献帝传》进行了辑佚工作;笔者撰有《〈献帝起居注〉辑考》,收入本书为"附录一"。

向于根据题名将上述作品纳入某一既定的"史学史"脉络进行考察。如将《献帝起居注》置于汉唐间"起居注"类作品的发展历程中,以魏晋间所谓"杂传"的标准对《献帝传》进行评价,等等(详见后文)。关注较多的是"史学史"视野下的技术性侧面,对作品所包含的"政治性"侧面以及这一侧面对作品形式和内容上的影响则发掘不够①。其二是"政治史"式的视角。这一类型的研究在研究汉魏之际的历史时,将上述作品的佚文作为史料库,视自身研究需要加以援引或辩驳②。虽然不乏细致辨析,但少见对作品本身的整体把握,一定程度上也会影响其结论的准确性。这当然并非上述作品的特有问题,而是学界在利用仅以佚文形式存在的史料时容易陷入的两难困境。

因此,对于上述几种以"献帝"为题的历史撰述,学界的研究尚难称充分。尤其是《献帝纪》③《献帝传》与《献帝起居注》三书,虽然留存的佚文数量并不算少,但几乎还没有正面的深入考察④。管见所及,与清代学者侯康、曾朴、章宗源和姚振宗诸氏业已达到的认识水准相比⑤,今天的学者既未对清人见解给予充分回应,也未能在前人基础上有太多推进,不能不说是十分遗憾的。

本书将《献帝纪》《献帝传》与《献帝起居注》三部作品合称为"献帝三书"。尝试在全面搜集相关佚文的基础上,对三书的内容、体例

---

① "史学史"研究表现出来的这一特质,与昆汀·斯金纳(Quentin Skinner)在《观念史中的意涵与理解》(Meaning and Understanding in the History of Ideas)一文中所批评的传统观念史研究对于"观念单元"史的执著,颇有相类之处。中译文为任军锋译,收入丁耘主编:《什么是思想史》,《思想史研究》第1辑,上海:上海人民出版社,2006年,第43—89页。

② 这方面的典范研究可举出田余庆:《汉魏之际的青徐豪霸》《李严兴废与诸葛用人》《孙吴建国的道路》等,均收入氏著《秦汉魏晋史探微(重订本)》,北京:中华书局,2004年;方诗铭:《曹操·袁绍·黄巾》,上海:上海社会科学院出版社,1995年。

③ 即《隋书·经籍志》所记《汉灵、献二帝纪》,参见本书第二章《名、实之间:〈献帝纪〉与〈献帝传〉》,第55—56页。

④ 熊明对《献帝传》的性质有所讨论,参见《汉魏六朝杂传研究》,北京:中华书局,2014年,第162页。

⑤ 参见侯康《补三国艺文志》、曾朴《补后汉书艺文志并考》、章宗源《隋书经籍志考证》和姚振宗《后汉艺文志》《隋书经籍志考证》,均收入《二十五史补编》,北京:中华书局,1955年。具体意见详见后文。

与旨趣等基本问题进行考察。结果显示,《献帝纪》是成于建安年间的个人叙事作品,《献帝起居注》由献帝即位后至建安后期献帝朝廷中以尚书令为首的士人精英主导书写,《献帝传》则与曹魏明帝时期的国史撰述工作关系密切。"献帝三书"恰好代表了汉魏之际由三种相异的政治主体所主导的历史书写。虽然后来均以"献帝"为题,实际当初无论成书经纬还是内容旨趣皆存在较大差异。在汉末三国的历史发展中,三书所发挥的社会功能也因此各不相同。但后来中古史注和类书的碎片式引用掩盖了这些差异,进而现代史家的二次引用又进一步强化了其"史料性"的一面。本书的考察工作或有助于学者重新审视包括"献帝三书"在内诸文献的"历史书写"性质,推动汉魏之际历史研究的深入展开[①]。

下面先从《献帝起居注》开始考察。《献帝纪》与《献帝传》的讨论留待次章。

二、书名与讳称

讨论《献帝起居注》,首先需要澄清所谓《汉灵献起居注》的问题。这个问题缘自东晋袁宏在《后汉纪·自序》中说的一段话:

> 聊以暇日,撰集为《后汉纪》。其所缀会《汉纪》、谢承《书》、司马彪《书》、华峤《书》、谢沈《书》、《汉山阳公记》、《汉灵献起

---

① 关于中国中古史学界近年兴起的"历史书写"研究取向,可参《中国史研究动态》2016年第4期组织的笔谈《"历史书写"的回顾与展望》,包括孙正军《通往史料批判研究之途》、安部聪一郎《日本学界"史料论"研究及其背景》、徐冲《历史书写与中古王权》和赵晶《谫论中古法制史研究中的"历史书写"取径》四文,第34—51页。这一动向与陆扬倡导的"从墓志的史料分析走向墓志的史学分析"(见其为罗新、叶炜《新出魏晋南北朝墓志疏证》所撰书评,收入氏著《清流文化与唐帝国》,北京:北京大学出版社,2016年,第305—332页)、孙正军倡导的"史料批判研究"(参见氏著《魏晋南北朝史研究中的史料批判研究》,《文史哲》2016年第1期,第21—37页)、罗新倡导的"一切史料都是史学"(同题收入氏著《有所不为的反叛者:批判、怀疑与想象力》,上海:上海三联书店,2019年,第13—24页)、苗润博倡导的"新史源学"(参见氏著《〈辽史〉探源》,北京:中华书局,2020年)等,皆可汇为一流。

居注》《汉名臣奏》,旁及诸郡《耆旧》《先贤传》,凡数百卷。前史阙略,多不(叙次)〔次叙〕。错缪同异,谁使正之?经营八年,疲而不能定,颇有传者,始见张璠所撰书,其言汉末之事差详,故复探而益之。①

袁宏在介绍《后汉纪》的史料来源时,言及的是《汉灵献起居注》,而非《献帝起居注》。《汉灵献起居注》的说法仅见于此。对此,可以理解为一书题《汉灵献起居注》,也可以理解为《汉灵帝起居注》与《汉献帝起居注》二书的合称。就如同后面的"诸郡《耆旧》《先贤传》"应是包括了多种《耆旧传》和《先贤传》的合称,而非一书名为《耆旧先贤传》②。

问题在于,在中古史注和各种类书的引用中,并未出现过《灵帝起居注》的蛛丝马迹。特别是距离袁宏时代很近的裴松之注《三国志》,在涉及东汉末年史事时引用了包括《献帝起居注》《献帝传》《献帝纪》在内的多种著述,也未见有《灵帝起居注》。

实际上,《隋书》卷三三《经籍二》"起居注"类《小叙》说得很清楚:

> 起居注者,录纪人君言行动止之事。《春秋传》曰:"君举必

---

① 袁宏撰,李兴和点校:《袁宏〈后汉纪〉集校》,《袁宏自序》,昆明:云南大学出版社,2008年。标点有所调整,如非特殊情况,不另行说明。下同。

② 关于汉晋时期包括《耆旧传》《先贤传》在内的所谓"杂传",参见逯耀东:《〈隋书·经籍志·史部〉及其〈杂传类〉的分析》,收入氏著《魏晋史学的思想与社会基础》,北京:中华书局,2006年,第51—70页;胡宝国:《杂传与人物品评》,收入氏著《汉唐间史学的发展(修订本)》,北京:北京大学出版社,2014年,第121—146页;仇鹿鸣:《略谈魏晋的杂传》,《史学史研究》2006年第1期,第38—43页;永田拓治:《「先賢伝」「耆旧伝」の歴史的性格—漢晋時期の人物と地域の叙述と社会—》,《中国 社会と文化》第21号,2006年,第70—92页;同氏:《「状」と「先賢伝」「耆旧伝」の編纂—「郡国書」から「海内書」へ—》,《東洋学報》第91卷第3号,2009年,第303—334页;同氏:《上计制度与"耆旧传"、"先贤传"的编纂》,《武汉大学学报(人文科学版)》2012年第4期,第49—61页;同氏:《漢晋期における「家伝」の流行と先賢》,《東洋学報》第94卷第3号,2012年,第233—266页;同氏《汉晋时期流行的别传——"正"与"别"》,《中国学术》第38辑,2017年,第168—193页;曲柄睿:《试论郡国书的形成与演变》,《文学遗产》2019年第3期,第14—28页;熊明:《汉魏六朝杂传研究》。

书。书而不法,后嗣何观?"《周官》,内史掌王之命,遂书其副而藏之,是其职也。汉武帝有《禁中起居注》,后汉明德马后撰《明帝起居注》,然则汉时起居,似在宫中,为女史之职。然皆零落,不可复知。今之存者,有汉献帝及晋代已来《起居注》,皆近侍之臣所录。①

《隋志》编者以《汉献帝起居注》为"起居注"类著述之首。虽然也举出了两汉时期几部所谓"起居注"的名字,但指出都是宫中"女史之职",可能也不受重视,仅有一些片段佚文留存。而《汉献帝起居注》以降"近侍之臣所录"的"起居注"与之不同,形成了新的制度传统。《隋志》的这一意见值得重视②。除了袁宏《后汉纪·自序》中提到的《汉灵献起居注》以外,没有其他线索显示东汉灵帝朝曾有"起居注"的撰述,所谓《灵帝起居注》可能本即不存③。袁宏所谓《汉灵献起居注》,指的应该就是《汉献帝起居注》④。

---

① 《隋书》,第 966 页。
② 这一意见基本为《通典》卷二一《职官三·门下省·侍中》"起居"条所继承:"汉武帝有《禁中起居注》,后汉马皇后撰《明帝起居注》,则汉起居注似在宫中,为女史之任。"北京:中华书局,1988 年,第 555 页。《史通·史官建置》亦云:"至汉武帝时,有《禁中起居注》;明德马皇后撰《明帝起居注》。凡斯著述,似出宫中,求其职司,未闻位号。"刘知幾撰,浦起龙释:《史通通释》卷十一,上海:上海古籍出版社,1978 年,第 324 页。
③ 朱希祖《汉唐宋起居注考》(收入朱渊清编:《朱希祖史学史选集》,上海:中西书局,2019 年,第 220—229 页)据袁宏《后汉纪·自序》肯定《灵帝起居注》的存在,并推论东汉明帝后历代皆有起居注。陈一梅《汉魏六朝起居注考略》(《中国史研究》1996 年第 4 期,第 126—135 页)认为永平十八年(75)马皇后撰《明帝起居注》标志着起居注的正式产生,"此后起居注大量涌现,并在魏晋南北朝时期发展到高潮",意见似近于朱氏。乔治忠、刘文英《中国古代"起居注"记史体制的形成》(《史学史研究》2010 年第 2 期,第 8—16 页)则认可《隋志》的意见,主张东汉起居注所记以后宫日常起居杂务为主,并不包括朝廷大政和国家大事,且非历朝皆有。
④ 存在多种可能性导致这一情况。如可能是袁宏所见的《献帝起居注》已经是一种题为《汉灵献起居注》的本子。《隋书》卷三三《经籍二》"杂史"类列有刘艾撰《汉灵献二帝纪》。此书当成于建安年间,本名未知,汉魏禅代后改题《汉帝传》,后又析为《灵帝纪》与《献帝纪》两部分,且改题《汉灵献二帝纪》(参见本书第二章《名、实之间:〈献帝纪〉与〈献帝传〉》,第 52—56 页)。《汉献帝起居注》后来被改题《汉灵献起居注》的可能性也是有的。当然也可能是袁宏在写作《后汉纪·自序》时,将《汉献帝起居注》误书为《汉灵献起居注》,或者是《后汉纪·自序》此段文字流传过程中出现讹误或为妄人所改。

不过《献帝起居注》很可能并非此书本名。如所周知,汉魏禅代后,魏文帝曹丕以河内之山阳邑万户奉汉帝为山阳公①。此后直到明帝青龙二年(234)三月庚寅山阳公刘协卒后,魏廷方才"追谥山阳公为汉孝献皇帝,葬以汉礼"②。若此书成于刘协得谥"孝献"之前,甚至成于汉魏禅代之前,自然无由以《献帝起居注》为称。对此,姚振宗《后汉艺文志》提出的一种说法值得参考:

> 又按是类之书关涉魏事,魏之文、明诸帝皆所寓目。故魏之臣子改其文曰"太祖"。其原书之名,则必称《今上起居注》,是不得不有所改。青龙之前亦当改称《汉帝起居注》,其后乃加献字耳。③

姚氏提出原书应名《今上起居注》,入魏后称《汉帝起居注》,青龙二年(234)三月后方改称《献帝起居注》。《汉帝起居注》的推测根据不明,或许是受到了刘艾《献帝纪》初名《汉帝传》的影响④。又《续汉书·百官志》"司徒"条刘昭注引《献帝起居注》曰"建安八年十二月复置司直"⑤云云。此处《献帝起居注》原作《汉帝起居注》,校勘记云"据汲本、殿本改"⑥。中华书局点校本以商务印书馆影印的绍兴本为底本。绍兴本作《汉帝起居注》,或许正是此条刘昭注的原貌,汲本、殿本反为妄改。如此亦可支持上引姚氏所言。当然这一发展过程成立的前提是《献帝起居注》确实成书于汉魏禅代之前。

与《献帝纪》有明确的作者刘艾不同,无论是《隋书·经籍志》的著录还是各种史注、类书的引用都未提及《献帝起居注》为何人所撰。

---

① 《三国志》卷二《魏书·文帝纪》,北京:中华书局,1959年,第76页。
② 《三国志》卷三《魏书·明帝纪》,第103—102页。
③ 姚振宗:《后汉艺文志》,《二十五史补编》,第2册,2355页。
④ 参见本书第二章《名、实之间:〈献帝纪〉与〈献帝传〉》,第52—54页。曾朴《补后汉书艺文志并考》也指出:"愚谓此(即《献帝起居注》中的'献帝')当是后人追题,如《汉帝传》之追改为《灵献二帝纪》耳。"见《二十五史补编》,第2册,第2515页。
⑤ 《后汉书》,北京:中华书局,1965年,第3561页。
⑥ 《后汉书》,第3568页。

清代学者不乏试图从佚文所见讳称入手来推断成书时间者。侯康《补三国艺文志》曰:

> 此书《隋志》不著撰人。……《魏文帝纪》注引一条云"建安十五年为司徒赵温所辟,太祖表'温辟臣子弟,选举故不以实',使侍中守光禄勋郗虑持节奉策免温官"。称曹操为"太祖",则此书成于魏时也。①

侯氏根据《三国志》裴松之注所引《献帝起居注》佚文称曹操为"太祖",判断此书成书时间在曹魏时期,并据此将其列于《补三国艺文志》。这一论断颇为草率,没有考虑到在"此书成于魏时"之外,还存在其他可能性会导致"太祖"之称出现于裴注之中。

首先,裴松之注在引用某书时,多有随笔改书的情况。如章宗源《隋书经籍志考证》关于《曹瞒传》即言:

> 《传》名"曹瞒",又系吴人所作。其言操少好飞鹰走狗,游荡无度,又佻易无威重,好音乐,及遣华歆入宫收伏后事,语皆质直,不为魏讳。故《世说》注、《文选》注所引皆称操名。惟《魏志》注多称"太祖",自系裴松之所改,非吴人原本。②

章氏的意见十分正确。《曹瞒传》为吴人所作③,"不为魏讳",自然不会以"太祖"书曹操。我们同样也可以举出韦昭《吴书》的例子④。裴

---

① 侯康:《补三国艺文志》,《二十五史补编》,第 3 册,第 3177 页。
② 章宗源:《隋书经籍志考证》,《二十五史补编》,第 4 册,第 5029 页。
③ 参见朱东润:《八代传叙文学述论》,上海:复旦大学出版社,2006 年,附录第七《曹瞒传》,第 197—202 页;熊明:《〈曹瞒传〉考论》,《古籍研究》2002 年第 1 期,第 25—30 页;同氏:《汉魏六朝杂传研究》,第二章第一节《变形的镜像:〈曹瞒传〉对曹操的传写》,第 138—146 页。熊明《汉魏六朝杂传集》对《曹瞒传》进行了辑佚工作。
④ 参见陈博:《韦昭〈吴书〉考》,《文献》1996 年第 3 期,第 68—77 页;马铁浩:《〈史通〉引书考》,北京:学苑出版社,2011 年,第 128—130 页;唐燮军:《史家行迹与史书构造——以魏晋南北朝佚史为中心的考察》,第二章《国家认同、国史重构与张勃〈吴录〉的边缘化》,杭州:浙江大学出版社,2014 年,第 30—65 页;満田剛:《韋昭『呉書』について》,《創価大学人文論集》第 16 号,2004 年,第 235—284 页。又关于韦昭之名,参见孙新梅:《〈吴书〉编纂视角下的"韦昭""韦曜"二名新辨》,《图书馆学刊》2019 年第 7 期,第 121—123 页。

注引用的《吴书》佚文中经常出现"太祖"之称。如《三国志》卷一《魏书·武帝纪》"兴平元年(194)春"条,裴松之注引韦曜《吴书》曰:"太祖迎(曹)嵩,辎重百余两。陶谦遣都尉张闿将骑二百卫送,闿于泰山华、费间杀嵩,取财物,因奔淮南。太祖归咎于陶谦,故伐之。"①作为孙吴国史,这里的"太祖"显然不可能是吴人所书的原文,只能是裴松之的随笔改称②。

其次,即使裴松之在引用时未作改书,"太祖"之称确为其所见《献帝起居注》原文,这也有可能是入魏后所改。姚振宗《后汉艺文志》对此有清晰认识:

> (《献帝起居注》)书中称"太祖",书名题"献帝",则确为魏人手笔。《史通》云"及在许都,杨彪颇存《注记》",意即是彪所存。彪卒于魏文帝黄初六年。其改称"太祖",亦或出自彪手。至称"献帝",则在魏明青龙二年之后矣。③

所谓"杨彪颇存《注记》"与《献帝起居注》的关系,后文将再行讨论。无论如何,姚氏主张成书时间和讳称、题名的改动应该分开看待,这是一个正确的方向。如前所述,"献帝"之称来自明帝青龙二年(234)刘协卒后得谥"孝献"。而曹操得为"太祖",早在文帝黄初四年(224)。《三国志》卷二《魏书·文帝纪》载此年五月"有鹈鹕鸟集灵芝池",裴松之注引《魏书》曰:

> 辛酉,有司奏造二庙,立太皇帝庙,大长秋特进侯与高祖

---

① 《三国志》,第11页。
② 关于这一问题的最新系统研究,参见杨继承:《魏晋史籍中的曹操称谓——基于裴注所引"佚史"的考察》,《魏晋南北朝隋唐史资料》第40辑,2019年,第32—61页。
③ 姚振宗:《后汉艺文志》,《二十五史补编》,第2册,2355页。类似意见亦见于姚氏《隋书经籍志考证》(见《二十五史补编》,第4册,第5295—5296页),但不若《后汉艺文志》所言详周到。据姚氏所撰《叙录》,《后汉艺文志》成于光绪己丑岁,即光绪十五年(1889)。而《隋书经籍志考证》成之于后,据是书《叙录》,完成于光绪二十一年(1895)至二十三年(1897)之间。管见所及,姚氏在二书中的意见常有不一致的地方,也未必皆后出者为佳。

第一章 哀歌与史诗:《献帝起居注》与献帝朝廷的历史意义 11

合祭,亲尽以次毁;特立武皇帝庙,四时享祀,为魏太祖,万载不毁也。①

《献帝起居注》中的"太祖"之称,也有可能是在此之后由魏人所改书,并不能由此反推《献帝起居注》必成于曹姓之朝。

曾朴《补后汉书艺文志并考》收入《献帝起居注》,与侯康《补三国艺文志》的处理针锋相对,认为其成书时间当在汉魏禅代之前。理由如下:

又魏时诸书如王粲《英雄》、乐资《载记》,皆讳操名,称其庙号。而《武帝纪》引此书载奏袁绍事一条,直称"曹操",亦非魏人作之一显证也。②

曾氏关于《献帝起居注》成书时间的结论与本章后文的判断相合,但所列论据实不可靠。乐资《山阳公载记》成于晋时③,王粲《英雄记》成于建安二十二年(217)王粲卒前④,二书皆非"魏时诸书"。《山阳公载记》暂且不论,今存《英雄记》佚文中确不乏以"太祖"称曹操者。如《三国志》卷七《魏书·吕布传》载"布大喜,即听(陈)登往,并令奉章谢恩",裴松之注引《英雄记》文字中即有"太祖又手书厚加慰劳布""太祖更遣奉车都尉王则为使者""布乃遣登奉章谢恩,并以一好绶答太祖"等语⑤。但王粲卒时曹操尚在世,《英雄记》佚文中的"太祖"之称或为黄初四年(224)后魏人所改,或为裴注随文改书,都不可能是《英雄记》的原文。

而所谓"《武帝纪》引此书载奏袁绍事一条",见《三国志》卷一

---

① 《三国志》,第83页。
② 曾朴:《补后汉书艺文志并考》,《二十五史补编》,第2册,第2515页。
③ 《隋书》卷三三《经籍二》载:"《春秋后传》三十一卷,晋著作郎乐资撰。……《山阳公载记》十卷,乐资撰。"第959、960页。参见马铁浩:《〈史通〉引书考》,第259—261页。
④ 参见刘汝霖:《汉晋学术编年(下卷)》,上海:华东师范大学出版社,2010年,第460—461页;马铁浩:《〈史通〉引书考》,第261页。熊明《汉魏六朝杂传集》对《英雄记》进行了辑佚工作。
⑤ 《三国志》,第224—225页。

《魏书·武帝纪》载建安五年(200)官渡战后,"绍众大溃,绍及谭弃军走,渡河。追之不及,尽收其辎重图书珍宝,虏其众",裴松之注引《献帝起居注》曰:

> 公上言:"大将军邺侯袁绍前与冀州牧韩馥立故大司马刘虞,刻作金玺,遣故任长毕瑜诣虞,为说命录之数。又绍与臣书云:'可都鄄城,当有所立。'擅铸金银印,孝廉计吏,皆往诣绍。从弟济阴太守叙与绍书:'今海内丧败,天意实在我家,神应有征,当在尊兄。南兄臣下欲使即位,南兄言,以年则北兄长,以位则北兄重。便欲送玺,会曹操断道。'绍宗族累世受国重恩,而凶逆无道,乃至于此。辄勒兵马,与战官渡,乘圣朝之威,得斩绍大将淳于琼等八人首,遂大破溃。绍与子谭轻身迸走。凡斩首七万余级,辎重财物巨亿。"①

曹操给献帝的这一上书当在官渡之战甫结束时。其中"便欲送玺,会曹操断道"一句,也就是曾氏所谓"直称'曹操'"的地方,来自曹操在上书中引用的袁叙给袁绍的书信②。实际上亦非袁叙之言,而是袁叙信中引述的"南兄"即袁术之言。在这样重重引用的情况下,很可能是无需避讳的③。前文引《三国志》卷七《魏书·吕布传》裴松之注引《英雄记》文字数以"太祖"称曹操,显非王粲原文,而是后世改书。但其中载吕布上书献帝文字,则曰:

---

① 《三国志》,第21—22页。
② 《三国志》卷一《魏书·武帝纪》言官渡战后"公收绍书中,得许下及军中人书,皆焚之"(第21页)。袁叙之信显然来自于此。
③ 如陈垣《史讳举例》第五十一《避讳不尽或后人回改例》即举《三国志》卷三《魏书·明帝纪》所载"帝曰:'司马懿临危制变'",指出"陈寿书称司马懿,多云宣王,惟此称名,盖述帝语不得云宣王也"。北京:中华书局,2004年,第73页。杨继承《魏晋史籍中的曹操称谓——基于裴注所引"佚史"的考察》指出:"无论是《三国志》还是裴注,凡是直接引语(包括引语、书信、诏书)中的称谓,都保留史料中的原貌而不做统一。"第49页。关于中古避讳的最新研究,参见聂溦萌:《避讳原理与政治背景:东晋郑太妃"春"字讳考论》,《文史》2018年第3期,第87—105页;同氏:《六朝避讳考辨》,《古典文献研究》第21辑上卷,2018年,第221—234页。

> 臣本当迎大驾,知曹操忠孝,奉迎都许。臣前与操交兵,今操保傅陛下,臣为外将,欲以兵自随,恐有嫌疑,是以待罪徐州,进退未敢自宁。①

即仍然保留了上书中原本的"直称'曹操'",未因避讳而改书"太祖"。类似现象并不足以作为判断《献帝起居注》成书时间的证据。这一问题还需要通过对具体内容的考察来进行讨论。

三、记事的起止范围

本书第二章在考察《献帝纪》和《献帝传》两部同样以"献帝"为题的佚书时,其记事的起止范围为判断成书时间提供了重要线索。如《献帝纪》记述的时间范围与其作者刘艾的活跃时间基本一致,在董卓挟献帝西迁的初平二年(191)至献帝东归回到洛阳的建安元年(196)这一时段之内,基本未涉及建安时代史事,故推断很可能成书于建安时期。而《献帝传》书写的时间范围覆盖了献帝一生,即从献帝即位经汉魏禅代至于魏明帝青龙二年(234)山阳公卒,考虑到其体例、材料与政治立场,推断该书可能是曹魏明帝时期国史撰述工作的一环。那么,《献帝起居注》佚文记事涉及的起止范围,是否也可以给我们提供线索呢?

姚振宗《后汉艺文志》中有一段关于《献帝起居注》的话颇富启发:

> 按《起居注》,惟天子得有此制。献帝自逊位之后,自不得再有《起居注》。《起居》所注记,自不得连及山阳就封之后。其记后事,别有《汉献帝传》、《山阳公记》诸书在焉。②

---

① 《三国志》,第225页。
② 姚振宗:《后汉艺文志》,《二十五史补编》,第2册,第2355页。又参见同氏:《隋书经籍志考证》,《二十五史补编》,第4册,第5295—5296页。

姚氏言"山阳就封"也就是汉魏禅代之后的相关史事,不载于《献帝起居注》,而"别有《汉献帝传》、《山阳公记》诸书在焉",似认为《献帝传》和《山阳公载记》是有意区别于《献帝起居注》,以汉魏禅代以后史事为主要记载对象。这一看法当然是不成立的。如本书第二章所述,《献帝传》与曹魏明帝时期的国史撰述工作关系密切,其主要旨趣在于构建曹魏王朝皇帝权力起源的正当性。就此而言,汉魏禅代之前建安时代的历史书写在其中占有重要地位①。《山阳公载记》性质上虽然与《献帝传》不同,但记事范围亦及于献帝一生,而不限于逊位为山阳公以后。《献帝起居注》《献帝传》和《山阳公载记》各有其成书脉络与书写旨趣,实无必要将三书强行理解为具有统一逻辑的撰述系列。

不过姚氏指出"献帝自逊位之后,自不得再有《起居注》",即《献帝起居注》的记载范围并非覆盖献帝一生,而是仅限于献帝即位至汉魏禅代即献帝维持"皇帝"身份的时段,这一认识大致是准确的。下面分别从起、止范围来进行讨论。

今天所见《献帝起居注》佚文,记事时间最早的几条皆在中平六年(189)。据《后汉书》卷八《灵帝纪》、卷九《献帝纪》,是年四月,灵帝驾崩,少帝即位;八月,洛阳之变,大将军何进为宦官所杀,袁绍兄弟又攻杀宦官,董卓乘机入京秉政;九月甲戌,董卓废少帝,立献帝。《后汉书》卷九《献帝纪》载九月丙子董卓杀何太后之后,"初令侍中、给事黄门侍郎员各六人",李贤注引《献帝起居注》曰:

> 自诛黄门后,侍中、侍郎出入禁中,机事颇露,由是王允乃奏侍中、黄门不得出入。不通宾客,自此始也。②

"诛黄门",即袁绍兄弟攻杀宦官,在八月戊辰至辛未,距离献帝即位

---

① 关于"禅让"之前的历史与魏晋王权理念的关系,参见徐冲:《中古时代的历史书写与皇帝权力起源》,上海:上海古籍出版社,2012年,《单元一:"起元"》《单元二:"开国群雄传"》,第1—121页;本书附录二《"禅让"与魏晋王权的历史特质》。

② 《后汉书》,第367—368页。

第一章 哀歌与史诗：《献帝起居注》与献帝朝廷的历史意义

尚有日。不过这段话是以回顾的语气向前追溯，其系事的时间点应该还是献帝即位后设置侍中、给事黄门侍郎员各六人。《续汉书·百官志》"黄门侍郎"条刘昭注引《献帝起居注》有更为完整的表述：

> 帝初即位，初置侍中、给事黄门侍郎，员各六人，出入禁中，近侍帷幄，省尚书事。改给事黄门侍郎为侍中侍郎，去给事黄门之号，旋复复故。旧侍中、黄门侍郎以在中宫者，不与近密交政。诛黄门后，侍中、侍郎出入禁闱，机事颇露，由是王允乃奏比尚书，不得出入，不通宾客，自此始也。①

两相对比，《后汉书·献帝纪》正文所谓"初令侍中、给事黄门侍郎员各六人"，应是直接或间接袭自《献帝起居注》的记载。如前文所述，董卓废少立献在九月甲戌（一日），杀何太后在丙子（三日）。《后汉书·献帝纪》将这一重要的内朝制度改革置于杀何太后事后，或有所据。《献帝起居注》佚文所谓"帝初即位"乃笼统言之，未必意味着此条当系于九月甲戌即位当日。

有迹象显示，《献帝起居注》的记事内容并非直接始于献帝即位。《三国志》卷六《魏书·董卓传》载董卓"遂废帝为弘农王。寻又杀王及何太后。立灵帝少子陈留王，是为献帝"，裴松之在此注曰：

> 《献帝起居注》载策曰："……废皇帝为弘农王。皇太后还政。"尚书读册毕，群臣莫有言，尚书丁宫曰："天祸汉室，丧乱弘多。昔祭仲废忽立突，《春秋》大其权。今大臣量宜为社稷计，诚合天人，请称万岁。"卓以太后见废，故公卿以下不布服，会葬，素衣而已。②

此处裴注先引《献帝纪》所载董卓会群臣废立事，后引《献帝起居注》所载策书，又载"尚书读册毕"云云。很难判断最后这段文字究竟是出于《献帝纪》还是《献帝起居注》。但董卓废少帝之策文见载于《献

---

① 《后汉书》，第3594页。
② 《三国志》，第174—175页。

帝起居注》是可以确定的。由此可以推测,《献帝起居注》并非从献帝即位开始写起,而是对董卓废少立献的经过有所记述。

又《三国志》卷四六《吴书·孙破虏讨逆传》载董卓挟献帝西迁长安后,"(孙)坚乃前入至雒,修诸陵,平塞卓所发掘",裴松之注引《江表传》曰:"案《汉献帝起居注》云'天子从河上还,得六〔玉〕玺于阁上',又太康之初孙皓送金玺六枚,无有玉,明其伪也。"①而《续汉书·舆服志》"乘舆黄赤绶"条刘昭注引《献帝起居注》曰:"时六玺不自随,及还,于阁上得。"②"六玺"还是"玉玺"的问题姑置不论,至少由此可以确认,《献帝起居注》中包含了"天子从河上还"的内容。这一记事对应的正是《后汉书》卷八《灵帝纪》所记中平六年(189)八月"辛未,还宫"③。即挟少帝、陈留王出奔小平津的宦官张让、段珪等投河自尽后,百官奉少帝回宫。所谓"天子",指的也是少帝。这是目前根据佚文可以追溯到的《献帝起居注》记事的最早时间点。案诸情理,既然写到"从河上还",对于少帝等是如何被宦官劫持到"河上"的经过应该有所记述,那么就不可能不涉及中平六年八月洛阳之变的起点,即八月戊辰宦官杀大将军何进事。换言之,《献帝起居注》的记事范围当包括了中平六年八月的洛阳之变。

又《续汉书·舆服志》载"宗室刘氏亦两梁冠,示加服也",刘昭注引《献帝起居注》曰:"中平六年,令三府长史两梁冠,五时衣袍,事位从千石、六百石。"④两梁冠为进贤冠的一种。《后汉书》卷二《明帝纪》李贤注引《汉官仪》曰:"天子冠通天,诸侯王冠远游,三公、诸侯冠进贤三梁,卿、大夫、尚书、二千石、博士冠两梁,千石已下至小吏冠一梁。"⑤三府长史秩千石,本为一梁冠。中平六年(189)令为两梁,显然是一种待遇的提升。

---

① 《三国志》,第1097、1099页。
② 《后汉书》,第3673页。
③ 《后汉书》,第359页。
④ 《后汉书》,第3666—3667页。
⑤ 《后汉书》,第100页。

这条引文没有标明这一关于三府长史冠服的新令具体颁布于是年何时。不过《续汉书·百官志》"黄门侍郎"条刘昭注引《献帝起居注》曰:"诸奄人官,悉以议郎、郎中称,秩如故。诸署令两梁冠,陛殿上,得召都官从事已下。"①这一新令颁布于中平六年(189)九月甲戌献帝即位并"初令侍中、给事黄门侍郎员各六人"之后,《后汉书》卷九《献帝纪》李贤注曰:"灵帝(建元)〔熹平〕四年,改平准为中准,使宦者为令。自是诸内署令、丞悉以阉人为之,故今并令士人代领之。"②"诸署令两梁冠"应与其人选由"阉人"调整为"士人"有关。颇疑"令三府长史两梁冠"的命令也发布于此时,其背景都是在宦官势力整体覆灭后的制度调整。

又《续汉书·郡国志》"右司隶校尉部"条刘昭注引《献帝起居注》曰:"中平六年,省扶风都尉置汉安郡,镇雍、渝麋、杜阳、陈仓、汧五县也。"③这条引文同样没有标明具体时间④。《后汉书》卷九《献帝纪》载中平六年(189)"十二月戊戌,司徒黄琬为太尉,司空杨彪为司徒,光禄勋荀爽为司空。省扶风都尉,置汉安都护",李贤注曰:"扶风都尉,比二千石,武帝元鼎四年置,中兴不改,至此以羌扰三辅,故省之。置都护,令总统西方。"⑤这应该就是《献帝起居注》所谓"省扶风都尉置汉安郡"的时间。此时在三辅地区设置一个可以"总统西方"的都护之职,其背后或有董卓的推动布局。

综上所述,根据佚文基本可以确定,《献帝起居注》叙事的起点是在灵帝驾崩的中平六年(189)。具体而言还要略早于九月甲戌的献帝即位,很可能是从八月的洛阳之变开始写起的。

---

① 《后汉书》,第3594页。
② 《后汉书》,第368页。
③ 《后汉书》,第3407—3408页。
④ 周振鹤、李晓杰、张莉《中国行政区划通史·秦汉卷》第三编《东汉政区》下篇第一章第七节《右扶风〔附:汉安(汉兴)郡〕沿革》亦仅标为中平六年,未考具体月份。上海:复旦大学出版社,2016年,第660—664页。
⑤ 《后汉书》,第368页。

那么,《献帝起居注》记事最后结束于何时呢?前引姚振宗言《献帝起居注》"自不得连及山阳就封之后",似乎意味着当以汉魏禅代也就是献帝正式失去皇帝身份为终点。不过曾朴《补后汉书艺文志并考》别有所见:

> 汉时《起居注》皆在宫中,为女史之职。……裴松之《三国志注》数引《献帝起居注》,其《武帝纪》所引最多。考其事迹,至建安十九年迎贵人一条而止。其余列传所引,如《董卓传》注引云云,总无及十九年以后事。则似自此年以后,曹女入宫,女史之职遂废。故繁坛禅玺、山阳阻位事皆不入也。①

曾氏所谓建安十九年(214)"迎贵人"一条,即《三国志》卷一《武帝纪》载"十九年春正月,始耕籍田",裴松之注引《献帝起居注》曰:

> 使行太常事大司农安阳亭侯王邑与宗正刘艾,皆持节,介者五人,赍束帛驷马,及给事黄门侍郎、掖庭丞、中常侍二人,迎二贵人于魏公国。二月癸亥,又于魏公宗庙授二贵人印绶。甲子,诣魏公宫延秋门,迎贵人升车。魏遣郎中令、少府、博士、御府乘黄厩令、丞相掾属侍送贵人。癸酉,二贵人至洧仓中,遣侍中丹将冗从虎贲前后骆驿往迎之。乙亥,二贵人入宫,御史大夫、中二千石将大夫、议郎会殿中,魏国二卿及侍中、中郎二人,与汉公卿并升殿宴。②

曾氏主张《献帝起居注》的记事终止于此,一方面是因为他所见裴注所引"总无及十九年以后事",更为根本的原因则在于他认为《献帝起居注》既然成于"汉时"(与侯康《补三国艺文志》主张魏人所作针锋相对),就应该遵循汉代惯例"在宫中,为女史之职"。建安十九年

---

① 曾朴:《补后汉书艺文志并考》,《二十五史补编》,第2册,第2515页。
② 《三国志》,第42—43页。这并非献帝初迎曹女入宫,此前的建安十八年(213)七月已使使持节行太常大司农安阳亭侯王邑迎曹操长女至许都汉廷。参见本书第二章《名、实之间:〈献帝纪〉与〈献帝传〉》,第50—51页。

第一章　哀歌与史诗：《献帝起居注》与献帝朝廷的历史意义　19

(214)二月曹女入宫,此后不再见《献帝起居注》的记事,正可说明"女史之职遂废"。

曾氏的这一思路拘泥于改朝换代与制度变更间的机械对应,而未意识到如本章后述,在中平六年(189)八月的洛阳之变以后成立的献帝朝廷,已经启动了诸多具有"革命"意义的制度革新。实际上前引《隋书·经籍二》"起居注"类《小叙》已经明确指出,"汉献帝及晋代已来起居注,皆近侍之臣所录",已非"女史之职"①。《献帝起居注》是新典范的创始,而非旧传统的延续。其撰作的终止,与曹女入宫之事当无直接关系。

更为关键的是,曾氏检索不精,实际上我们仍然可以找到若干建安十九年(214)二月以后的《献帝起居注》佚文。就在上引《三国志》卷一《魏书·武帝纪》裴注引《献帝起居注》载建安十九年二月曹女入宫事后,"三月,天子使魏公位在诸侯王上,改授金玺、赤绂、远游冠",裴松之注引《献帝起居注》曰:"使左中郎将杨宣、亭侯裴茂持节、印授之。"②这说明《献帝起居注》应该也包括了三月"天子使魏公位在诸侯王上"诸事,并未终结于上月的曹女入宫。

又如《续汉书·五行志》载"献帝兴平元年秋,长安旱。是时李傕、郭汜专权纵肆",李贤注引《献帝起居注》曰:"建安十九年夏四月,旱。"③可见《献帝起居注》记事亦及于建安十九年四月事。

今天所见记事内容最晚的《献帝起居注》佚文见于《续汉书·礼仪志》刘昭注引:

> 立春之日,下宽大书曰:"制诏三公:方春东作,敬始慎微,动作从之。罪非殊死,且勿案验,皆须麦秋。退贪残,进柔良,下当用者,如故事。"刘昭注引《献帝起居注》曰:"建安二十二年二月

---

① 《隋书》,第966页。
② 《三国志》,第43页。
③ 《后汉书》,第3280页。

> 壬申,诏书绝。立春宽缓诏书不复行。"①

首先需要指出的是,这里所谓"建安二十二年二月壬申",当为"建安二十一年二月壬申"之讹。建安二十二年(217)二月甲午朔,当月并无壬申日。而二十一年(216)二月辛未朔,初二即为壬申②。

建安二十一年(216)二月距离延康元年(220)的汉魏禅代尚有四年之久。这段时间是汉魏禅代作为一个历史过程的最后完成阶段,中间还伴随着曹操之死与曹丕继任,发生的大事极为密集,可书者本当甚多。特别是汉魏禅代的过程,即使不必像与曹魏"国史"撰述关系密切的《献帝传》那样集中收录禅代过程中的多种官方文书材料③,但书写相关内容似为应有之义。然而今天所见的《献帝起居注》佚文,确实看不到建安二十一年二月以后至延康元年十一月之间的内容。

上引《续汉书·礼仪志》刘昭注引《献帝起居注》"建安二十一年二月壬申"条中的"诏书绝"三字值得注意。细审文意,这是将后面的"立春宽缓诏书不复行"作为"诏书绝"的后果来叙述的。那么,第一处"诏书"所指应该就不只是"立春宽缓诏书"这一特定对象,而是包括了这一诏书在内的更为广义上的"诏书"。是否可以认为,此处所谓"诏书绝"意味着从建安二十一年(216)二月壬申开始,许都的献帝朝廷不再能够以汉皇帝/天子的身份向天下臣民发布诏书了呢?

此前的建安十八年(213),曹操为魏公,建魏国宗庙社稷,置侍中、尚书、六卿;十九年(214)正月,魏公始耕籍田;三月,使魏公位在诸侯王上,并置典刑的理曹掾属;二十年(215)春正月,天子立魏公中女为皇后。此后的二十一年(216)三月,魏公又亲耕籍田;五月,进公爵为魏王;二十二年(217)四月,命魏王设天子旌旗;十月,命魏王冕

---

① 《后汉书》,第 3102 页。
② 参见方诗铭、方小芬编著:《中国史历日和中西历日对照表》,上海:上海人民出版社,2007 年。
③ 参见本书第二章《名、实之间:〈献帝纪〉与〈献帝传〉》,第 65—72 页。

十有二旒,以五官中郎将丕为魏太子①。汉魏禅代作为一个整体规划的王朝更替方案,在这几年中已经处于紧锣密鼓、步步为营的状态。在曹操身份逐步"去臣化"的同时,汉皇帝的各种制度性权力也逐步被魏公/魏王所替代行使。建安二十一年二月壬申的"诏书绝"很可能也是其中的一环。

建安二十一年(216)二月壬申以"立春宽缓诏书不复行"作为献帝"诏书绝"的标志,有其深意在。依照《月令》古典在重要时令颁布诏书,显示皇帝作为"天子"在和合宇宙秩序时所发挥的神圣作用,是汉代皇帝权力结构的重要组成部分②。《献帝起居注》既云"不复行",说明此前的献帝朝廷当仍然遵循这一惯例,每年"立春之日,下宽大书",以显示天下正统所在。选择以此诏书作为"诏书绝"的标志,可以说意在终止汉皇帝和合宇宙秩序的功能。反过来说,这一功能当由魏公曹操来替代行使。史载建安二十一年春二月甲午,曹操在邺城"始春祠"③。如前所述,此年二月辛未朔,甲午为廿四日,适在壬申(初二)献帝"立春宽缓诏书不复行"之后。数日后的三月壬寅(初二),魏公曹操第二次"亲耕籍田"④,进一步替代了汉皇帝/天子的神圣角色。

综上所论,《献帝起居注》很可能终结于"建安二十一年二月壬申,诏书绝。立春宽缓诏书不复行"这一条。以和合宇宙秩序的功能被终止和替代为标志,汉皇帝向天下臣民发布诏书的制度性权力也

---

① 见《三国志》卷一《魏书·武帝纪》中的相关记事。
② 参见甘怀真:《西汉郊祀礼的成立》,收入氏著《皇权、礼仪与经典诠释:中国古代政治史研究》,上海:华东师范大学出版社,2008年,第26—58页;邢义田:《月令与西汉政治——从尹湾集簿中的"以春令成户"说起》《月令与西汉政治——重读尹湾牍"春种树"和"以春令成户"》,收入氏著《治国安邦:法制、行政与军事》,北京:中华书局,2011年,第125—179页;杨振红:《月令与秦汉政治——兼论月令源流》,收入氏著《出土简牍与秦汉社会》,桂林:广西师范大学出版社,2009年,第187—233页;薛梦潇:《早期中国的月令与"政治时间"》,上海:上海古籍出版社,2018年。
③ 《三国志》卷一《魏书·武帝纪》建安二十一年春二月条裴松之注引王沈《魏书》,第47页。
④ 《三国志》卷一《魏书·武帝纪》,第47页。

被剥夺了。此后在汉魏禅代的历史过程中,仍可看到若干汉献帝册诏的记录①。这是为了以"禅让"模式完成王朝更替而特意设置的功能,也是为汉皇帝权力所保留的最后使命,与上述结论并不矛盾。《献帝起居注》的撰述于此同步结束,意味着这一历史书写也被视为汉皇帝权力的重要组成部分,需要加以终结。毋庸赘言,《献帝起居注》的终结者,正是即将完成"去臣化"进程的曹氏一方。

四、内容、体例与特质

上节对《献帝起居注》记事的起止范围进行了讨论。结果显示,是书记事起始于灵帝驾崩的中平六年(189),很可能是从与献帝即位关系密切的八月洛阳之变开始写起的;终结于建安二十一年(216)二月壬申,献帝不再颁下代表皇帝和合宇宙秩序功能的"立春宽缓诏书",由此被终止了发布诏书的权力。

那么,在这一时间范围之内,《献帝起居注》的书写包括了哪些方面的内容呢?下面简要列出今天所能够看到的《献帝起居注》佚文所记史事,并按照时间顺序排列。虽然只是断简残篇,对于我们了解《献帝起居注》的具体面貌仍然颇具价值②。

> 中平六年(189)八月:得六玺于阁上事。
>
> 中平六年(189)九月:董卓废少帝事。
>
> 中平六年(189)九月:初置侍中、给事黄门侍郎事。
>
> 中平六年(189)九月:令三府长史两梁冠事。
>
> 中平六年(189)九月:诸署令两梁冠事。
>
> 中平六年(189)十二月:置汉安郡事。
>
> 初平三年(192)七月:李傕等葬董卓事。

---

① 参见本书第二章《名、实之间:〈献帝纪〉与〈献帝传〉》,第65—71页。
② 更为详尽的内容及具体出处,参见本书附录一《〈献帝起居注〉辑考》。

初平四年(193)十二月:分汉阳、上郡为永阳郡事。
兴平元年(194)五月:李傕等开府参选举事。
兴平二年(195)三月—四月:李傕挟献帝事。
兴平二年(195)四月—五月:李傕为大司马厚赐诸巫事。
兴平二年(195)七月:献帝出宣平门东归事。
初平、兴平年间:公卿以下不得奏除事。
建安元年(196)七月—八月:献帝至洛阳事。
建安三年(198)四月:诏悬李傕首级于许都事。
建安四年(199)后:尚书左仆射荣劭卒官事。
建安五年(200)正月:车骑将军董承等谋反事。
建安五年(200)十月:官渡战后曹操上书事。
建安八年(203)正月:令洛阳市长元会执雉事。
建安八年(203):议郎卫林为公车司马令事。
建安八年(203)十月:公卿迎气北郊始复用八佾事。
建安八年(203)十二月,复置司直事。
建安九年(204)十一月,诏司直比司隶校尉事。
建安十三年(208)正月:曹操奏免司徒赵温事。
建安十三年(208)六月:授曹操丞相印绶事。
建安十五年(210):初置丞相征事二人事。
建安十八年(213)正月:济北王加冠户外事。
建安十八年(213)三月:复《禹贡》九州事。
建安十八年(213)七月—八月:献帝避大水事。
建安十八年(213)七月:以丞相曹操女为贵人事。
建安十九年(214)二月:献帝迎曹氏二贵人至许都事。
建安十九年(214)三月:使魏公位在诸侯王上事。
建安十九年(214)四月:旱事。
建安二十一年(216)二月:诏书绝及立春宽缓诏书不复行事。

由上可见,《献帝起居注》基本是围绕汉献帝皇帝权力的确立、展开与结束而进行叙述记事的。这与同样以"献帝"为题的《献帝纪》和《献帝传》均不相同。《献帝纪》以刘艾的个人经历闻见为中心进行记事,内容甚至包括了部分灵帝末年之事。《献帝起居注》的记事虽然也可能涉及了中平六年(189)灵帝驾崩后的部分史事,但基本收敛于献帝即位相关事件,似无旁出情节。而在与曹魏"国史"撰述关系密切的《献帝传》中,延康、黄初之际汉魏禅代的仪式过程和往复言辞占据了很大篇幅,因其对于曹魏皇帝权力起源的正当性至关重要。《献帝起居注》则很可能在建安二十一年(216)二月壬申的"诏书绝。立春宽缓诏书不复行"之后就结束了,并无意于继续书写汉魏禅代的最后进程。

这种独特性在体例上也有体现。《献帝纪》可以说名"纪"而实"传",以记录个人的经历见闻为主,《隋书·经籍志》将其归入"杂史"。《献帝传》则与《汉纪》《后汉纪》相似,由编年体的基本体例和以插叙形式出现的个人小传复合构成①。而《献帝起居注》明显也采取了编年体的形式。如前引《三国志》卷一《魏书·武帝纪》载"十九年春正月,始耕籍田",裴松之注引《献帝起居注》曰:

> 使行太常事大司农安阳亭侯王邑与宗正刘艾,皆持节,介者五人,赍束帛驷马,及给事黄门侍郎、掖庭丞、中常侍二人,迎二贵人于魏公国。二月癸亥,又于魏公宗庙授二贵人印绶。甲子,诣魏公宫延秋门,迎贵人升车。魏遣郎中令、少府、博士、御府乘黄厩令、丞相掾属侍送贵人。癸酉,二贵人至洧仓中,遣侍中丹将冗从虎贲前后骆驿往迎之。乙亥,二贵人入宫,御史大夫、中二千石将大夫、议郎会殿中,魏国二卿及侍中、中郎二人,与汉公卿并升殿宴。②

这是典型的编年体叙事风格。但是,在《献帝传》中以插叙形式出现的

---

① 以上关于《献帝纪》与《献帝传》的认识,参见本书第二章《名、实之间:〈献帝纪〉与〈献帝传〉》,第54—56、61—65页。
② 《三国志》,第42—43页。

个人小传,如"(马)腾父平,扶风人""沮授,广平人"这样的标志性开头,却不见于《献帝起居注》佚文。《献帝起居注》的体例很可能是单纯的编年体,要比《献帝传》更为接近纪传体王朝史中"本纪"的形态。这也显示出这一作品对于献帝正统地位的重视。

上文所见《献帝起居注》书写的汉献帝皇帝权力的历史过程,有两方面的特质不容忽视。

其一,重视记录汉献帝作为皇帝/天子在和合宇宙秩序方面所发挥的神圣作用。前文多次指出《献帝起居注》终止于建安二十一年(216)二月壬申的"诏书绝。立春宽缓诏书不复行"。这里"不复行"的措辞反过来可以说明在此之前的若干年间,每年立春之日由献帝发布"立春宽缓诏书"颁行天下本为制度性常态,也应该为《献帝起居注》所记录。又《续汉书·祭祀中》载:"立冬之日,迎冬于北郊,祭黑帝玄冥。车旗服饰皆黑。歌《玄冥》,八佾舞《育命》之舞。"刘昭注引《献帝起居注》曰:"建安八年,公卿迎气北郊,始复用八佾。"①可知献帝朝廷于建安八年(203)后恢复立冬时节公卿大臣以"八佾"迎气北郊之礼。这与"立春宽缓诏书"同属于和合宇宙秩序的措置,均为《献帝起居注》所措意。

耐人寻味的是,在范晔《后汉书》与袁宏《后汉纪》中,可以看到与上引《续汉书·祭祀中》刘昭注引《献帝起居注》相近的内容。《后汉书》卷九《献帝纪》载:"(建安)八年冬十月己巳,公卿初迎冬于北郊,总章始复备八佾舞。"《后汉纪》卷二九《孝献皇帝纪》载:"(建安八年)九月,公卿迎气北郊,始用八佾。"②虽然范、袁二书皆未如《续汉书》刘昭注一般标明内容出处,但从文本上可以判断二者所记与《献帝起居注》存在谱系上的关联。前引袁宏《后汉纪·自序》明言"其所缀会"诸书

---

① 《后汉书》,第3182页。
② 《后汉书》,第383页;《袁宏〈后汉纪〉集校》,第370页。二书在具体时间上有所出入。建安八年(203)十月为壬午朔,无己巳日;九月为壬子朔,己巳为十八日。但立冬日当在十月。疑《后汉书》所记干支有误。

包括《汉灵献起居注》即《献帝起居注》。即使范、袁二书的此条记录并非直接钞自《献帝起居注》，而是来自此前已经成书的诸家"后汉书"，如谢承《后汉书》、华峤《后汉书》、司马彪《续汉书》、张璠《汉纪》中的相关部分，但成于汉魏禅代之前的《献帝起居注》仍可以视为这一文本能够追溯到的最早史源。

又《续汉书·五行一》载："献帝兴平元年秋，长安旱。"刘昭注引《献帝起居注》曰："建安十九年夏四月，旱。"①而《后汉书》卷九《献帝纪》载："（建安）十九年夏四月，旱。五月，雨水。"②"十九年夏四月旱"七字与《续汉书·五行一》刘昭注引《献帝起居注》完全一致，显示了二者在文本上的密切关联。这反过来暗示，范书《献帝纪》其后的"五月雨水"四字或亦为《献帝起居注》原文。

以上现象提示我们，《献帝起居注》原书所记皇帝权力和合宇宙秩序相关内容，或远多于现存佚文显示的条目。范晔《后汉书·献帝纪》与袁宏《后汉纪·孝献皇帝纪》包含了若干这方面的记录，直接或间接袭自《献帝起居注》的可能性很高。以下试举二例。

例一为《续汉书·五行三》载："（建安）十八年六月，大水。"刘昭注引《献帝起居注》曰："七月，大水，上亲避正殿；八月，以雨不止，且还殿。"③这是献帝作为天子对于水灾的制度性回应，时在建安后期。类似举措其实早见于初平年间献帝尚困居关中之时。《续汉书·五行六》载初平四年（193）"正月甲寅朔，日有蚀之，在营室四度"，刘昭注引袁宏《后汉纪》曰：

> 未蚀八刻，太史令王立奏曰："日暮过度，无有变也。"于是朝臣皆贺。帝密令尚书候焉，未晡一刻而蚀。尚书贾诩奏曰："立伺候不明，疑误上下；太尉周忠，职所典掌，请皆治罪。"诏曰："天道

---

① 《后汉书》，第3280页。此条《续汉书·五行一》正文的内容即"献帝兴平元年秋长安旱"，很可能亦出自《献帝起居注》。
② 《后汉书》，第387页。
③ 《后汉书》，第3312页。

第一章　哀歌与史诗:《献帝起居注》与献帝朝廷的历史意义　27

远,事验难明,且灾异应政而至,虽探道知机,焉能无失,而欲归咎史官,益重朕之不德也。"弗从。于是避正殿,寝兵,不听事五日。①

这是献帝作为天子对于日蚀的制度性回应。又《后汉书》卷九《献帝纪》载次年即兴平元年(194):

(六月)丁丑,地震;戊寅,又震。乙巳晦,日有食之,帝避正殿,寝兵,不听事五日。……三辅大旱,自四月至于是月(七月)。帝避正殿请雨,遣使者洗囚徒,原轻系。②

可知献帝此年同样两度以"避正殿"之举对日蚀和旱灾进行制度性回应。类似举措本为东汉皇帝权力的制度传统③。《献帝起居注》既然记载了建安十八年(213)献帝在许都对这一传统的践行,此前初平四年(193)和兴平元年(194)发生于长安的同样性质的行动亦当在其书写范围。

例二为《后汉书》卷九《献帝纪》载:

建安元年春正月癸酉,郊祀上帝于安邑,大赦天下,改元建安。……秋七月甲子,车驾至洛阳,幸故中常侍赵忠宅。丁丑,郊祀上帝,大赦天下。己卯,谒太庙。④

建安元年(196)献帝朝廷在安邑和洛阳先后两次郊祀上帝,大赦天

---

① 《后汉书》,第3371页。《后汉纪》所载文字大致相同,见《袁宏〈后汉纪〉集校》卷二七《孝献皇帝纪第二十七》,第340—341页。
② 《后汉书》,第376页。《后汉纪》所载文字大致相同,见《袁宏〈后汉纪〉集校》卷二七《孝献皇帝纪第二十七》,第344—345页。
③ 《后汉书》卷一下《光武帝纪下》:"(建武七年三月)癸亥晦,日有食之,避正殿,寝兵,不听事五日。诏曰:'吾德薄致灾,谪见日月,战栗恐惧,夫何言哉!今方念忿,庶消厥咎。其令有司各修职任,奉遵法度,惠兹元元。百僚上封事,无有所讳。其上书者,不得言圣。'"第52页。同书卷四一《钟离意传》:"永平三年夏旱,而大起北宫,意诣阙免冠上疏曰:'伏见陛下以天时小旱,忧念元元,降避正殿,躬自克责,而比日密云,遂无大润,岂政有未得应天心者邪?……'"第1408页。
④ 《后汉书》,第379页。《后汉纪》未记正月安邑郊祀大赦事,七月至洛阳后仅记"丁丑,大赦天下",未记郊祀事。见《袁宏〈后汉纪〉集校》卷二九《孝献皇帝纪第二十九》,第362页。

下。尽管此时的皇帝权力无疑处于十分虚弱的状态①,但其作为天子和合宇宙秩序的功能仍然受到重视,与前述立春之日颁布"宽缓诏书"、立冬之日迎气北郊"备八佾舞"以及以避居正殿回应灾异等制度性举措如出一辙。

需要指出的是,即使是第二次在洛阳举行郊祀时,献帝也尚未处于曹操的掌握之中,这些行动当是出于献帝朝廷一方的自主意志。《三国志》卷一《魏书·武帝纪》对此不着一词,仅强调曹操迎天子都许后,"自天子西迁,朝廷日乱,至是宗庙社稷制度始立"②。与曹魏国史撰述工作关系密切的《献帝传》和之后成书的曹魏国史王沈《魏书》,今日所存佚文中也看不到这方面的记载。当是因其对描摹曹魏皇帝权力起源的正当性无甚帮助,甚至可能起到相反的作用。范晔《后汉书·献帝纪》关于建安元年(196)献帝朝廷在安邑和洛阳先后两次郊祀上帝的记录,很可能也是直接或者间接来自于《献帝起居注》。

其二,在一般的史事之外,《献帝起居注》重视记录献帝朝廷在制度建设方面的成绩。在汉魏禅代的大背景下,很容易想象其书写建安年间与汉魏禅代相关的制度进展。如前文所列建安十五年(210)初置丞相征事二人、建安十八年(213)三月复《禹贡》九州、建安十九年(214)三月使魏公位在诸侯王上等等皆是。但建安年间的一些制度建设与汉魏禅代并无直接关系,《献帝起居注》也有所记录。如建安八年(203)正月令洛阳市长元会执雉、建安十八年(213)正月壬子皇子济北王邈加冠户外等,当是以献帝朝廷为中心而展开的,与曹氏主导的汉魏禅代进程并非完全一致。

尤其值得注意的是,关于自献帝为董卓所立至西迁陷于长安再

---

① 参见方诗铭:《曹操·袁绍·黄巾》,第五章《曹操与"白波贼"对东汉政权的争夺》,第69—85页。
② 《三国志》,第13页。

至东归洛阳这长达六七年的历史,即献帝朝廷于建安元年(196)八月与曹操势力合流之前的历史,《献帝起居注》与曹魏王权所主导的汉魏禅代前史的历史书写相当不同。翻看以曹魏国史王沈《魏书》为基础撰成的《三国志·魏书》①即可感知,建安元年八月曹操迎献帝都许成为时代秩序的转折点。此前的极致混乱反衬出此后政治秩序再建的不世殊勋,曹操的汉朝"功臣"身份借此确立,铺就一条通往曹氏代汉的禅让之路②。以致今天说起"献帝时代",人们往往会联想到另外一个词——"建安时代"。这不仅是因为长达二十五年的建安时代(196—220)占据了献帝时代的大半,更是曹魏王权主导历史书写的结果。

与此相对,《献帝起居注》在记录"前建安时代"董卓、李傕等人残暴乱为的同时,很可能对献帝朝廷此一时期在制度建设方面的成绩亦加以刻意书写。这方面最具代表性的例子适见于《献帝起居注》的开头部分。据前文对《献帝起居注》记事起止范围的梳理,是书记事起始于灵帝驾崩的中平六年(189),很可能是从与献帝即位关系密切的八月洛阳之变开始写起的。目前所见中平六年记事的佚文中,至少有如下两条与内朝制度改革相关:

> 1. 帝初即位,初置侍中、给事黄门侍郎,员各六人,出入禁中,近侍帷幄,省尚书事。改给事黄门侍郎为侍中侍郎,去给事黄门之号,旋复复故。旧侍中、黄门侍郎以在中官者,不与近密交政。诛黄门后,侍中、侍郎出入禁闼,机事颇露,由是王允乃奏

---

① 参见马铁浩:《〈史通〉引书考》,第125—128页;满田刚:《王沈『魏书』研究》,《創価大学大学院紀要》第20号,1999年,第263—278页;同氏:《『三国志』魏书の典拠について(卷一~卷十)》,《創価大学人文論集》第14号,2002年,第A237—A265页。

② 这种历史书写不仅表现于《三国志·魏书·武帝纪》的史事叙述,也与以董卓、袁绍、刘表等为代表的"开国群雄传"的设置相呼应。参见徐冲:《中古时代的历史书写与皇帝权力起源》,《单元一:"起元"》《单元二:"开国群雄传"》;本书附录二《"禅让"与魏晋王权的历史特质》。

比尚书,不得出入,不通宾客,自此始也。①

2. 诸奄人官,悉以议郎、郎中称,秩如故。诸署令两梁冠,陛殿上,得召都官从事已下。②

这两条的内容,基本对应于《后汉书》卷九《献帝纪》所载"初令侍中、给事黄门侍郎员各六人。赐公卿以下至黄门侍郎家一人为郎,以补宦官所领诸署,侍于殿上"③。这是洛阳宫中的宦官势力在中平六年八月的洛阳之变中被整体消灭后,由士人精英所主导的内朝制度改革,具有重要的时代意义④。即使只有片段佚文留存,也可以看出《献帝起居注》的记载较之《后汉书》远为详尽,且对短时间内所发生的细节调整亦不吝笔墨。不妨对比《三国志》卷一《魏书·武帝纪》中相应时段的叙述:

> 会灵帝崩,太子即位,太后临朝。大将军何进与袁绍谋诛宦官,太后不听。进乃召董卓,欲以胁太后,卓未至而进见杀。卓到,废帝为弘农王而立献帝,京都大乱。卓表太祖为骁骑校尉,欲与计事。太祖乃变易姓名,间行东归。出关,过中牟,为亭长所疑,执诣县,邑中或窃识之,为请得解。卓遂杀太后及弘农王。太祖至陈留,散家财,合义兵,将以诛卓。冬十二月,始起兵于己

---

① 《续汉书·百官志》"黄门侍郎"条刘昭注引《献帝起居注》,《后汉书》,第3594页。详参本书附录一《〈献帝起居注〉辑考》,第259—260页。
② 《续汉书·百官志》"黄门侍郎"条刘昭注引《献帝起居注》,《后汉书》,第3594页。详参本书附录一《〈献帝起居注〉辑考》,第260页。又《续汉书·舆服志》"进贤冠"条刘昭注引《献帝起居注》曰:"中平六年,令三府长史两梁冠,五时衣袍,事位从千石、六百石。"《后汉书》,第3667页。如前文所论,"令三府长史两梁冠"很可能也是宦官势力整体覆灭后制度调整的一部分。
③ 《后汉书》,第367页。
④ 参见下倉涉:《後漢末における侍中・黃門侍郎の制度改革をめぐって》,《集刊東洋学》第72号,1994年,第40—62页;徐冲:《关于曹魏的侍中尚书》,《国学研究》第16辑,2005年,第259—273页;同氏:《"汉魏革命"再研究:君臣关系与历史书写》,第一章第二节《曹魏"侍中尚书"的渊源》,北京大学历史学系博士论文,2008年,第21—39页。

吾,是岁中平六年也。①

可以看到,《武帝纪》对中平六年(189)灵帝死后洛阳局势历史书写的基调就是"京都大乱",而对《献帝起居注》中给予浓墨重彩的内朝制度改革不着一语。显然对于曹魏皇帝权力起源即曹操追随袁绍起兵反董的正当性而言,前者可以构成因果关系,后者则不仅没有加分,反而会起到干扰乃至削弱这种因果关系的负作用。《献帝起居注》书写背后的政治立场与曹魏王权本身并非完全契合,于此可见一斑。

五、结语:哀歌与史诗

综上所述,可以认为《献帝起居注》的撰述旨趣并不在于通过历史书写来形塑曹魏皇帝权力起源的正当性。其书以接近于"本纪"的编年体围绕汉献帝皇权权力的确立、展开与结束进行叙述记事,并未刻意将献帝时代割裂为都许之前和都许之后两个阶段,毋宁说在某种程度上反而凸显了献帝朝廷的历史连续性及其时代意义。这些特征,都将《献帝起居注》的成书时间指向汉魏禅代之前,且其撰述主体并非无条件地站在曹氏王权一方。

姚振宗《后汉艺文志》据《史通·古今正史》所云"及在许都,杨彪颇存注记"②,主张此书"是(杨)彪所存"③。如学者所指出的,两晋南朝起居注的特点在于内容和体制上承袭了两汉著纪(注记),进入了官方记史的制度格局④。根据《史通》所云,或可推测作为两晋南朝起居注之开端的《献帝起居注》,与建安元年(196)八月都许之

---

① 《三国志》,第5页。
② 《史通通释》,第342页。
③ 《二十五史补编》,第2册,2355页。
④ 参见乔治忠、刘文英:《中国古代"起居注"记史体制的形成》,第12页。

后献帝朝廷的"注记"工作有密切关联。

在这方面,建安年间荀悦所著《申鉴·时事》中的"复内外注记"条,为我们提供了宝贵的线索,全引如下:

> 古者天子、诸侯有事,必告于庙。朝有二史,左史记言,右史记动。动为《春秋》,言为《尚书》。君举必记,臧否成败无不存焉。下及士庶,苟有茂异,咸在载籍。或欲显而不得,或欲隐而名章。得失一朝,而荣辱千载。善人劝焉,淫人惧焉。故先王重之,以副赏罚,以辅法教。宜于今者官以其方,各书其事,岁尽则集之于尚书。各备史官,使掌其典。不书诡常,为善恶则书,言行足以为法式则书,立功事则书,兵戎动众则书,四夷朝献则书,皇后、贵人、太子拜立则书,公主大臣拜免则书,福淫祸乱则书,祥瑞灾异则书。先帝故事,有起居注,日用动静之节必书焉,宜复其式。内史掌之,以纪内事。①

荀悦出身颍川荀氏,为荀彧从兄。"初辟镇东将军曹操府,迁黄门侍郎"②。以如此方式加入建安政权,显出之于荀彧的引荐。其后"累迁秘书监、侍中",建安十四年(209)卒③。他最为后世所知的作品为《汉纪》④。据荀悦《汉纪序》,"其三年诏给事中秘书监荀悦钞撰《汉书》","会悦迁为侍中。其五年书成。乃奏记云"⑤,即撰于建安三年(198)至五年(200)间。而关于《申鉴》的成书时间,袁宏《后汉纪》明

---

① 荀悦撰,黄省曾注,孙启治校补:《申鉴注校补》,北京:中华书局,2012年,第105—106页。
② 《后汉书》卷六二《荀淑传附荀悦传》,第2058页。
③ 《后汉书》卷六二《荀淑传附荀悦传》,第2058—2063页。
④ 参见陈启云(Chi-Yun Chen):"Textual Problems of Hsun Yueh's (A.D.148-209) Writings: The Han-chi and the Shen-chien", *Monumenta Serica*, Vol.27, 1968; *Hsun Yueh: The Life and Reflections of An Early Medieval Confucian*, Cambridge University Press, 1975; 稻叶一郎:《中国史学史の研究》,第二部第四章《荀悦と『前漢紀』》,京都:京都大学学术出版会,2006年,第230—258页;马铁浩:《〈史通〉与先唐典籍》,北京:人民出版社,2010年,第152—154页;同氏:《〈史通〉引书考》,第199—202页。
⑤ 荀悦撰,张烈点校:《汉纪》,北京:中华书局,《两汉纪》点校本,2002年,第2页。

确系之于建安十年(205),言"八月,侍中荀悦撰政治得失,名曰《申鉴》。既成而奏之,曰……"①有学者认为"《申监》之作又早于《汉纪》,当系建安初年之事。袁纪系之于十年,恐误"②。事实上除了《后汉纪》与《后汉书》卷六二《荀淑传附荀悦传》中叙述次序的先后,并无明确史料表明《申鉴》的撰作早于《汉纪》。《后汉纪》言"是时曹公专政,天子端拱而已"③,《后汉书·荀悦传》言"时政移曹氏,天子恭己而已。悦志在献替,而谋无所用,乃作《申鉴》五篇"④,都只是对建安情势的笼统概括,未必一定能对应至"建安初年"。在更为强有力的证据出现之前,《后汉纪》的系年仍不容轻易否定。

上引《申鉴·时事·复内外注记》结尾称"先帝故事,有起居注",主张"宜复其式"。学者由此联系到《献帝起居注》,认为荀悦的这一建议为献帝所采用,在现实中得以制度化⑤。据记载,"献帝颇好文学,(荀)悦与(荀)彧及少府孔融侍讲禁中,旦夕谈论",《申鉴》上奏后"帝览而善之"⑥,君臣间当时有交流。不过《申鉴·时事》所列二十一条,只是荀悦的个人建议,距离成为制度现实尚远,与《献帝起居注》的关系尤其需要仔细辨析。

事实上,荀悦所言说的"起居注"概念,仍然主要遵循了汉代传统,关注的是以"日用动静之节"为主的后宫"内事"⑦;其创新之处则在于专门设置"内史"掌之。"内史"之职的功用在《申鉴·时事》的"崇内教"条有着更为明确的展开:

---

① 《袁宏〈后汉纪〉集校》卷二十九《孝献皇帝纪第二十九》,第371页。
② 袁宏撰,周天游校注:《后汉纪校注》,天津:天津古籍出版社,1987年,第826页。
③ 《袁宏〈后汉纪〉集校》卷二十九《孝献皇帝纪第二十九》,第372页。
④ 《后汉书》,第2058页。
⑤ 参见稻叶一郎:《中国史学史の研究》,第二部第四章《荀悦と『前漢紀』》,第236—237页。
⑥ 《后汉书》卷六二《荀淑传附荀悦传》,第2058、2062页。
⑦ 参见乔治忠、刘文英:《中国古代"起居注"记史体制的形成》,第11页。

> 古有掌阴阳之礼之官,以教后宫,掌妇学之法,妇德、妇言、妇功,各率其属而以时御序于王,先王礼也。宜崇其教,以先内政。览列图,诵列传,遵典行。内史执其彤管,记善书过,考行黜陟,以章好恶。男女正位乎外内,正家而天下定矣,故二仪立而大业成。君子之道匪阙,终日造次必于是。①

可见荀悦心中"内史执其彤管"的对象不仅是皇帝在后宫的言行,也包括了后宫女性群体在内,显见意欲将皇帝所在的内廷秩序亦纳入儒学意识形态影响与规训之下的政治理念。

与此相对,如前文所见,《献帝起居注》的书写对象并非后宫"内事",而是以皇帝权力在外部的展开过程与制度建设为主,面貌近于纪传体王朝史中的"本纪"。若以《申鉴·时事·复内外注记》所言观之,对应的并非"内注记(起居注)",而是与史官所掌的"外注记"的内容(包括为善恶、言行足以为法式、立功事、兵戎动众、四夷朝献、皇后贵人太子拜立、公主大臣拜免、福淫祸乱、祥瑞灾异等方面)大体相当。

荀悦在《申鉴·时事》中的"复内外注记"之言是否促成了《献帝起居注》的撰述,以目前的史料状况来说难言其详。不过其书在荀悦所言的"内注记(起居注)"与"外注记"之间,取前者之名而行后者之实,则是可以观察到的情形。学者指出"晋朝以来,官方取汉'著记'之实、用起居注之名,为一项重要演变"②,《献帝起居注》实已开其滥觞,而非简单延续汉代传统的"先帝故事"。《隋书》卷三三《经籍二》"起居注"类《小叙》明确将是书与"晋代已来《起居注》"归为一类,区别于"女史之职"的"汉时起居"③,是相当敏锐的认识。

若袁宏《后汉纪》关于《申鉴》成书上奏的系年可信,可以认为直

---

① 《申鉴注校补》,第92页。
② 参见乔治忠、刘文英:《中国古代"起居注"记史体制的形成》,第15页。
③ 《隋书》,第966页。

到建安十年(205)仍未有《献帝起居注》之撰述,否则荀悦所言"复内外注记"的建议就是无的放矢了。但如前文所见,《献帝起居注》关于整个献帝时代包括都许之前的史事叙述都相当系统,当非完全新起炉灶,而是利用了已经存在的历史撰述工作。《史通·古今正史》云"会董卓作乱,大驾西迁,史臣废弃,旧文散佚。及在许都,杨彪颇存注记"①。实际上作为汉代官方著史的制度传统,"颇存注记"的工作在"董卓作乱"之后并未完全"废弃",不待建安元年(196)都许后方由杨彪推进。从前述《献帝起居注》对中平六年(189)九月献帝即位前后内朝制度改革的详尽记述来看,相关记录与撰述工作在献帝即位后即已开始。这其中的关键人物或为王允。《后汉书》卷六六《王允传》载:

> 献帝即位,拜太仆,再迁守尚书令。初平元年,代杨彪为司徒,守尚书令如故。及董卓迁都关中,(王)允悉收敛兰台、石室图书秘纬要者以从。既至长安,皆分别条上。又集汉朝旧事所当施用者,一皆奏之。经籍具存,允有力焉。②

王允在献帝即位后的董卓专权期间,从洛阳至长安,一直担任献帝朝廷的守尚书令,直至初平三年(192)与吕布合谋杀董后又为凉州将李傕、郭汜所攻杀。由上引文可知,尚书令的一大职责为保管国家图书档案,包括"经"(兰台、石室图书秘纬)与"籍"(汉朝旧事)两大部分。与"注记"工作密切相关的诏令文书等资料属于后者,亦当在尚书令的主管范围。前引荀悦《申鉴·时事》"复内外注记"条所谓"宜于令者,官以其方,各重其尽,则集之于尚书",可以视为是对这一制度传统的理想化概括。上引文所见"经籍具存,允有力焉"显示了王允作为守尚书令对资料保存的重视,或亦已措意于具有"历史书写"

---

① 《史通通释》卷十二,第342页。
② 《后汉书》,第2174页。

性质的"注记"工作①。

《史通·古今正史》言"及在许都,杨彪颇存注记",未知何据。实际上杨彪担任献帝朝廷尚书令的时间很短。据《后汉书》卷五四《杨震传附杨彪传》,在董卓及李傕、郭汜专权期间,他先后出任过司空、司徒、大鸿胪、少府、太常、京兆尹、光禄勋、太尉、录尚书事等公卿要职,但"及车驾还洛阳",方才"复守尚书令"。其后,"建安元年,从东都许",因与曹操不合,"以疾罢"②。献帝朝廷自安邑东归在建安元年(196)五月③,七月至洛阳,八月曹操迎献帝都许,九月"太尉杨彪、司空张喜罢"④。杨彪任守尚书令的时间,即使从东归之日开始计算,也不过四五个月而已。不过自董卓死后至东归都许这段时间,正是献帝朝廷所面临的政治环境最为复杂险恶的混乱阶段。在王允之后,尚书令之职似一直处于空位状态,直到建安元年杨彪出任守尚书令。《史通》所谓"及在许都,杨彪颇存注记",或许指的正是在这一辗转流离的长期过程——先后历经长安、安邑、洛阳、许昌——迎来转机之际,他对王允死后献帝朝廷"注记"资料的保存与整理之功。但我们并不能如姚振宗那样由此得出《献帝起居注》"是(杨)彪所存"的结论⑤。如前文所见,此后直到建安十年(205)荀悦上奏《申鉴》提出"复内外注记"之时,《献帝起居注》之撰述似仍未开展。

我们认为推动《献帝起居注》撰述工作最有可能的主事人选并非

---

① 有两条关于献帝朝廷的佚文史料凸显了王允的个人贡献,或保留了其主持的"注记"工作的痕迹。其一为本书第29—30页引用的《续汉书·百官志》"黄门侍郎"条刘昭注引《献帝起居注》,其中特别提到"诛黄门后,侍中、侍郎出入禁闼,机事颇露,由是王允乃奏比尚书,不得出入,不通宾客,自此始也"。其二为本书第58页引用的《艺文类聚》卷六九《服饰部上》引《汉献帝传》曰:"尚书令王允奏曰:'太史令王立,说《孝经》六隐事,能消却奸邪。'常以良日,允与立入,为帝诵《孝经》一章,以丈二竹簟,画九宫其上,随日时而出入焉。"
② 《后汉书》,第1787—1788页。
③ 《袁宏〈后汉纪〉集校》卷二九《孝献皇帝纪第二十九》,第362页。
④ 《后汉书》卷九《孝献帝纪》,第379—380页。
⑤ 参见姚振宗:《后汉艺文志》,《二十五史补编》,第2册,2355页。

杨彪,而是荀彧。自建安元年(196)九月太尉、守尚书令杨彪"以疾罢"之后,许都献帝朝廷的守尚书令即由荀彧出任;一直到建安十七年(212)荀彧在寿春前线"以忧薨"时,方才临时改为"以侍中光禄大夫持节,参丞相军事"①。建安十年(205)是曹操扫平冀州、青州袁氏势力的时间节点。在此之后,能够拥有足够的政治资本与物质条件,利用许都尚书台所藏先后经王允和杨彪记录、整理与保存的"注记"资料,推动《献帝起居注》撰述工作者,非"常居中持重"②的守尚书令荀彧莫属。在这一过程中,于《申鉴·时事》倡导"复内外注记"的从兄荀悦或亦发挥了一定的作用,使得《献帝起居注》呈现为取"内注记(起居注)"之名而行"外注记"之实的独特面貌。而建安十七年荀彧死后,这一工作当由继任尚书令的华歆③继续推进,直到如前文所述终止于"诏书绝。立春宽缓诏书不复行"的建安二十一年(216)二月壬申。

荀彧无疑是属于曹操一方的重臣。如所周知,作为汉魏之际颍川名士的代表,他于初平二年(191)弃袁投曹之后,从举荐人才到划策定谋多有重要贡献,是曹操势力能够不断发展壮大的关键人物④。以加侍中的方式出任献帝朝廷的尚书令,也是曹操能够稳定控制许

---

① 参见《三国志》卷十《魏书·荀彧传》和《后汉书》卷七十《荀彧传》的相关记载,不具引。
② 《三国志》卷十《魏书·荀彧传》,第310页。
③ 《三国志》卷十三《魏书·华歆传》:"歆至,拜议郎,参司空军事,入为尚书,转侍中,代荀彧为尚书令。"第403页。
④ 参见万绳楠:《曹魏政治派别的分野及其升降》,《历史教学》1964年第1期,第2页;胡宝国:《汉晋之际的汝颍名士》,收入氏著《将无同——中古史研究论文集》,北京:中华书局,2019年,第20—43页;柳春新:《汉末晋初之际政治研究》,上篇第二章《曹操政权中的谯沛集团与颍川集团》,长沙:岳麓书社,2006年,第15—30页。日本学者川勝義雄在1950年发表的《シナ中世貴族政治の成立について》一文中已经指出:"在曹操统一华北的过程中,贡献最大的是荀彧,堪称第一功臣,其次则为荀攸。……身为士大夫,他很早便同曹操合作并推荐众多英杰,为后来曹魏政府的建立打下了根基。"收入氏著《六朝貴族制社会の研究》作为第Ⅰ部第一章《貴族政治の成立》,东京:岩波书店,1982年,中译本《六朝贵族制社会研究》,徐谷梵、李济沧译,上海:上海古籍出版社,2008年,第5页。笔者撰有书评《川勝義雄〈六朝贵族制社会研究〉评介》,收入《中古时代的历史书写与皇帝权力起源》,第293—309页。

都局势的重要措置,所谓"居中持重"是也①。不过荀彧或因建安末期与曹操的政治分歧而未得善终,自陈寿《三国志》以降便有荀彧"本志"在于匡佐汉室的评价②。这种再评价本质上是西晋一统海内之后"贬魏尊晋"思潮涌动的结果,或许也有荀氏后人的助力③。将荀彧硬嵌入"拥汉派"抑或"拥曹派"的二元对立进行理解④,殊难合辙于汉魏之际的历史情势。史料记载荀彧数以刘邦事迹劝谕曹操,如"昔高祖保关中,光武据河内,皆深根固本以制天下""昔〔晋文纳周襄王而诸侯景从〕,高祖东伐为义帝缟素而天下归心"⑤,显示其对于作为最终结果的"以魏代汉"并无异议,或者不如说是积极的促成者。二者的政治分歧实际在于应通过何种方式和进程"正当地"实现

---

① 《三国志》卷十《魏书·荀彧传》,第310页。两汉尚书令本无加侍中进入内朝的制度传统。荀彧得为侍中、守尚书令,当有代表曹操监许都献帝朝廷内外动向的政治意图。参见徐冲:《关于曹魏的侍中尚书》,第259—273页;同氏:《"汉魏革命"再研究:君臣关系与历史书写》,第一章第二节《曹魏"侍中尚书"的渊源》,第21—39页。

② 《三国志》卷十《魏书·荀彧传》陈寿评曰"荀彧清秀通雅,有王佐之风,然机鉴先识,未能充其志也"(第332页),已在暗示荀彧之志在于匡佐汉室。其后裴松之注《三国志》,以彧为"亡身殉节,以申素情,全大正于当年,布诚心于百代,可谓任重道远,志行义立"(《三国志》,第332页);《后汉书》卷七十《荀彧传》范晔"论曰"评价其为"盖取其归正而已,亦杀身以成仁之义也","赞曰"亦言"彧之有弼,诚感风疾。功申运移,迹疑心一"(第2292—2293页)。参见郭硕:《"汉臣"抑或"魏臣":史家笔下荀彧身份的流变》,《安徽师范大学学报(人文社会科学版)》2016年第1期,第61—67页。

③ 关于西晋统一后出现的"贬魏尊晋"思潮,参见本书第二章第三节《余论:颠倒之旅》,第84—86页。又陈寅恪先生在《书世说新语文学类钟会撰四本论始毕条后》一文中提出"魏为东汉内廷阉宦阶级之代表,晋则外廷士大夫阶级之代表。故魏、晋之兴亡递嬗乃东汉晚年两统治阶级之竞争胜败问题",言"(官渡战后)于是当时士大夫阶级乃不得不隐忍屈辱,暂与曹氏合作,但乘机恢复之念,未始或忘也"(收入氏著《金明馆丛稿初编》,北京:生活·读书·新知三联书店,《陈寅恪集》版,2001年,第48—49页。另参见万绳楠整理:《陈寅恪魏晋南北朝史讲演录》,合肥:黄山书社,1987年,第9—13页),应该也是受到了西晋以降这一思潮的影响。

④ 秉持此种见解的研究,可以举出孟祥才:《论荀彧》,《史学月刊》2001年第1期,第47—52页;柳春新:《汉末晋初之际政治研究》,上篇第二章《曹操政权中的谯沛集团与颍川集团》,第28—30页;郭硕:《荀彧之死与汉魏之际的政局》,《咸阳师范学院学报》2013年第3期,第21—25页。

⑤ 《三国志》卷十《魏书·荀彧传》,第309、310页。参见于涛:《效忠与背叛:荀彧之死》,收入氏著《三国前传——汉末群雄天子梦》,北京:中华书局,2006年,第163—171页。

汉魏王权交替。

建安十七年(212)荀彧之死与其反对董昭建议曹操"进爵国公，九锡备物"有关，正是这一分歧最终无可弥合的体现。以异姓为公爵并非汉代传统，九锡更是非常之制①。董昭之议的目的在于以此二制将曹操身份自丞相、县侯进一步升格以实现"去臣化"②，向着"汉魏禅代"迈出更为决定性的一步。此举无疑得到了曹操的授意和支持。荀彧的反对应非针对这一根本目的，也未必是对这一升格路径本身有技术性意见，毋宁认为他是对此举启动的时间节点是否合适心存疑虑。建安九年(204)荀彧曾劝谏曹操"寝九州议"，主张"天下大定，乃议古制，此社稷长久之利也"③。如同后来的公爵、九锡一样，令曹操心动的恢复"九州"方案，根本用意在于以此"古制"超越现实中的"汉制"，以实现其身份的升格。而荀彧为此设定的启动标准是"天下大定"。至建安十七年，虽然华北大部已为曹操所平定，但四年前赤壁一败导致孙权、刘备二雄独立于长江流域的局面并无根本改观，显然距离"天下大定"尚远④。荀彧"以忧薨"后，曹操随即于建安十八年(213)正月推动"复为九州"，五月受封魏公建国。可以认为伴随着荀彧之死，曹氏一方正式放弃了以"天下大定"作为"汉魏禅代"进程的启动标准，也由此埋下了几十年后出现的"贬魏尊晋"思潮中为人诟病只是"暂制数州之人""未曾为天下之主"的伏笔⑤。

荀彧不惜一死来显示自己对于新旧王权交替方式与进程的坚持。可见其念兹在兹者不止于对曹氏一姓的臣从效忠，还包括了更

---

① 参见刘凯：《九锡渊源考辨》，《中国史研究》2018年第1期，第37—58页。
② 关于"去臣化"举措在禅让模式中的位置与功能，参见徐冲：《中古时代的历史书写与皇帝权力起源》，《单元一："起元"》；本书附录二《"禅让"与魏晋王权的历史特质》。
③ 《三国志》卷十《魏书·荀彧传》，第315页。
④ 参见于涛：《效忠与背叛：荀彧之死》，第169页。
⑤ 《晋书》卷八二《习凿齿传》，北京：中华书局，1974年，第2156页。

具普遍意义的政治理念,即以儒学意识形态再造新型皇帝权力结构①的企图。这当然并非荀彧个人独创,而是中平六年(189)八月洛阳之变后由清流士人主导的时代巨流的组成部分②。

在这样的视野下,荀彧于建安十年(205)之后在许都推动修撰《献帝起居注》的时代意义,方能得到更为充分的理解。作为东汉的末代皇帝,献帝朝廷的皇帝权力行使一直处于不充分状态,并最终成为曹魏王权替代的对象。《献帝起居注》近于完整地记录了这一过程,适可视为东汉王权最后的"哀歌"。然而与此同时,清流士人以自身政治理念再造新型皇帝权力结构的努力也与整个献帝时代相始终,并不因"建安"的出现而有所中断,或者毋宁说建安时代也构成了这一更大历史进程的一部分。

如同《献帝起居注》开启了西晋以降官方撰史的新传统一样,献帝朝廷的若干制度,与曹魏一方的精英群体以曹氏父子为中心所推进的诸多新制,也颇有继承关系可寻。如魏文帝黄初二年(221)六月戊辰因日蚀发布诏书,废除了东汉以来施行一百多年的灾异免三公制度,学者将其视为"汉魏革命"的一环③。而前引《续汉书·五行志》载初平四年(193)"正月甲寅朔,日有蚀之",刘昭注引袁宏《后汉纪》曰:

> 未蚀八刻,太史令王立奏曰:"日暑过度,无有变也。"于是朝臣皆贺。帝密令尚书候焉,未晡一刻而蚀。尚书贾诩奏曰:"立

---

① 本书所谓的"皇帝权力结构",指围绕中国古代政治社会中所实现的最高支配权即皇帝权力而形成的整体权力秩序,与"皇权"或"皇帝个人权力"有别。参见徐冲:《中古时代的历史书写与皇帝权力起源·前言》,第3—4页。

② 这一时代巨流有多方面的表现,参见徐冲:《关于曹魏的侍中尚书》;同氏:《"汉魏革命"再研究:君臣关系与历史书写》;同氏:《中古时代的历史书写与皇帝权力起源》;同氏:《「門下功曹」から「侍中尚書」へー「二重君臣関係」からみた「漢魏革命」—》,日本唐代史研究会编《唐代史研究》第19号,2016年,第146—173页;本书第四章《续汉书·百官志》与汉晋间的官制撰述》,尤其是第147页脚注④所引诸研究。

③ 参见陈侃理:《儒学、数术与政治:灾异的政治文化史》,第四章第二节《罪己与问责:灾异咎责与汉唐间的政治变革》,北京:北京大学出版社,2015年,第189—210页。

伺候不明,疑误上下;太尉周忠,职所典掌,请皆治罪。"诏曰:"天道远,事验难明,且灾异应政而至,虽探道知机,焉能无失,而欲归咎史官,益重朕之不德也。"弗从。于是避正殿,寝兵,不听事五日。①

贾诩的建议显然遵循了东汉"灾异免三公"的传统,而献帝"弗从",并为此专门下诏。很难确定促成这一决策的具体人选,但在献帝朝廷的应对中,我们已然可以看到近三十年后曹魏王权从"问责"转向"罪己"的先声。

又如曹魏有所谓"侍中尚书"之制,尚书台长官例加侍中,皇帝权力结构中的"宰相"身份呈现为"亲尊合一"的特质,与汉代多数时段内"内朝—外朝"二元结构下的"亲尊分立"截然有别②。这一新制的出现也早于汉魏禅代,在建安时代的许都献帝朝廷已经有充分实践。其首任尚书令荀彧在十余年任内一直保有侍中身份,"常居中持重"③,且与荀悦、孔融等士人精英"侍讲禁中,旦夕谈论"④。其中固然有居于邺城霸府的曹操控制献帝内廷的政治需要,但也显见清流人士更新皇帝权力结构的企图。后者方是汉魏禅代完成后"侍中尚书"之制能够继续发扬光大的原动力⑤。

以上二例皆为献帝朝廷与曹魏朝廷历史连续性的典型表现。因此,如果不是将"汉魏革命"理解为单纯的王权更替,而是视为儒学意识形态主导下皇帝权力结构的更新与再造,那么这一进程应在献帝

---

① 《后汉书》,第3371页。
② 在西汉后期成哀时代的"三公制"建设运动中,丞相/大司徒、御史大夫/大司空进入内朝,分担此前为大司马所垄断的"内辅"之任,可谓曹魏"侍中尚书"的先声。这一新制在王莽辅政时期的"四辅三公制"与新莽王朝的"十一公制"中得到了进一步发展,但是并未为新末大乱中崛起的东汉王权所继承。参见徐冲:《西汉后期至新莽时代"三公制"的演生》,《文史》2018年第4辑,第67—90页。
③ 《三国志》卷十《魏书·荀彧传》,第310页。
④ 《后汉书》卷六二《荀淑传附荀悦传》,第2058页。
⑤ 以上论述,参见徐冲:《关于曹魏的侍中尚书》;同氏:《"汉魏革命"再研究:君臣关系与历史书写》,第一章第二节《曹魏"侍中尚书"的渊源》。

即位之后就已经开始启动了。建安十年(205)后荀彧主导下《献帝起居注》的创制和撰述,既是这一进程的组成部分,又书写了这一进程,倾注了清流士人这一新兴精英群体关于皇帝权力结构的理念与期待。若不惜曲解"史诗"一词的原意,以之称呼处于上升阶段的历史主体所从事的"历史书写",《献帝起居注》可以说又具备了"史诗"性的一面。在研究汉魏之际的历史演进时,是值得重视的材料。

第二章　名、实之间:《献帝纪》与《献帝传》

一、《献帝纪》考论

《隋书》卷三三《经籍志》"杂史"类列有《汉灵、献二帝纪》三卷,注云"汉侍中刘芳撰,残缺。梁有六卷"①。中华书局点校本"校勘记"在此处指出,"《旧唐志上》、《新唐志二》作'刘艾'"②。点校本二十四史修订本《隋书》此处则作"刘艾",并于"校勘记"指出"据宋甲本、汲本改"③。其他史料所见亦多为"刘艾"。《后汉书》卷八《灵帝纪》中平元年(184)秋七月"巴郡妖巫张脩反,寇郡县"条、中平四年(187)二月"荥阳贼杀中牟令"条和六月"洛阳民生男,两头共身"条,李贤注均引作"刘艾《纪》"④。如章宗源《隋书经籍志考证》所言,这是"以《灵纪》注中所引,故省'灵帝'二字"⑤,即原书名为刘艾《灵帝

---

① 《隋书》,第960页。
② 《隋书》,第993页;《旧唐书》卷四六《经籍志上》,北京:中华书局,1975年,第1991页;《新唐书》卷五八《艺文志二》,北京:中华书局,1975年,第1459页。
③ 《隋书》,北京:中华书局,点校本二十四史修订本,2019年,第1088页;"校勘记",第1124页。所谓"宋甲本","原点校本称宋刻递修本,也称'宋小字本',半叶十四行,行廿五、六字。今存六十五卷(卷一至九、卷一三至一五、卷一九至二六、卷三二至七六、卷七六残,叶十三后缺),藏中国国家图书馆,有中华再造善本影印本";"明汲古阁本","即明崇祯八年毛氏汲古阁刻本,主要以南监本为底本,据书中校语,知其曾通校宋本"。参见《点校本〈隋书〉修订前言》,第10—11页。
④ 《后汉书》,第349、354页。
⑤ 章宗源:《隋书经籍志考证》,《二十五史补编》,第4册,第4963页。

纪》。《三国志》卷一《魏书·武帝纪》建安二十年(215)五月"西平、金城诸将麴演、蒋石等共斩送韩遂首"条,裴松之注即引作刘艾《灵帝纪》①。又《后汉书》卷九《献帝纪》初平四年(193)九月甲午条李贤注引作刘艾《献帝纪》②。考虑到包括宋本《隋书》在内的诸史料均作"刘艾",且"艾""芳"二字形近,元明刻本《隋书》之"刘芳"应为"刘艾"之讹误。以下行文在引用到《隋书·经籍志》时亦径称"刘艾",不再另行说明。

刘艾行迹散见于献帝相关史料。侯康指出其曾为陕令、董卓长史、侍中、宗正、使持节、行御史大夫③,大体是准确的。以下先详考刘艾行迹本末,继而讨论《献帝纪》的书名与旨趣。

(一) 作者刘艾行迹

1. 董卓相国府长史

《后汉书》卷七二《董卓传》载初平二年(191)孙坚在洛阳附近数败董卓军后:

> (董)卓谓长史刘艾曰:"关东诸将数败矣,无能为也。唯孙坚小戆,诸将军宜慎之。"④

董卓时为相国,所谓"长史",即相国府长史。董卓相国府掾属设置不明。以东汉三公府参之⑤,长史当为掾属之首,可见董卓对刘艾的信重。

这段记载可能是范晔直接或间接袭自《山阳公载记》。《三国志》卷四六《吴书·孙破虏讨逆传》载孙坚"复进军大谷,拒雒九十里",裴松之注引《山阳公载记》,记董卓谓长史刘艾曰:"关东军败数

---

① 《三国志》,第45页。
② 《后汉书》,第374页。
③ 侯康:《补后汉书艺文志》,《二十五史补编》,第2册,第2120页。
④ 《后汉书》,第2328页。
⑤ 《续汉书·百官志》,"太尉"条,《后汉书》,第3557—3560页。

矣,皆畏孤,无能为也。惟孙坚小戆,颇能用人,当语诸将,使知忌之。"①与上引《后汉书·董卓传》文字近似。《山阳公载记》后记董卓回忆当年在凉州与孙坚共同参与讨伐叛羌事甚详。又载刘艾言"坚虽时见计,故自不如李傕、郭汜","山东儿驱略百姓,以作寇逆,其锋不如人。坚甲利兵强弩之用又不如人,亦安得久"②,语气上似与董卓关系颇密。

2. 陕令

《三国志》卷六《魏书·董卓传》载:"天子走陕,北渡河,失辎重,步行,唯皇后贵人从,至大阳,止人家屋中。"③时在兴平二年(195)十二月献帝一方遭曹阳之败后。裴松之注引《献帝纪》曰:

> 初,议者欲令天子浮河东下,太尉杨彪曰:"臣弘农人,从此已东,有三十六滩,非万乘所当从也。"刘艾曰:"臣前为陕令,知其危险,有师犹有倾覆,况今无师,太尉谋是也。"乃止。④

《献帝纪》本为刘艾所作,其中记录刘艾发言谏止"天子浮河东下"的方案,自然有表彰己功的意图,有所夸大也未可知。但提及自己曾为陕令的经验,当非虚言。陕县属弘农郡,距曹阳亭不远⑤。初平二年(191)四月董卓入长安前后刘艾为相国府长史,其后何时转为陕令不明。

初平三年(192)四月董卓为王允、吕布所杀,"诸阿附卓者皆下狱死"⑥。不过曾为董卓掾属者未必一定被视为董卓同党。如《后汉书》卷六二《荀爽传》载:"爽见董卓忍暴滋甚,必危社稷,其所辟举皆

---

① 《三国志》,第1097—1098页。
② 《三国志》,第1098—1099页。
③ 《三国志》,第186页。
④ 《三国志》,第186—187页。
⑤ 《续汉书·郡国志》,《后汉书》,第3401页。
⑥ 《三国志》卷六《魏书·董卓传》,第179页。

取才略之士,将共图之,亦与司徒王允及卓长史何颙等为内谋。"①刘艾未受牵连,或亦与其宗室身份有关。

3. 侍中

董卓死后,凉州将李傕、郭汜随即攻杀王允,驱逐吕布,控制长安朝廷。李、郭相攻不已,献帝窘迫。《后汉书》卷九《献帝纪》载:

> 帝使侍御史侯汶出太仓米豆,为饥人作糜粥,经日而死者无降。帝疑赋卹有虚,乃亲于御坐前量试作糜,乃知非实,使侍中刘艾出让有司。于是尚书令以下皆诣省阁谢,奏收侯汶考实。②

时在兴平元年(194)七月。李贤注引袁宏《后汉纪》亦曰"时敕侍中刘艾取米豆五升于御前作糜"③云云。可知此时刘艾已由陕令转为侍中,但召回的具体时间无法确认。与以尚书令为代表的"有司"相比,侍中刘艾似更加受到献帝的信任。

在经历了一系列的混乱之后,至兴平二年(195)七月,献帝终得东归。《三国志》卷六《魏书·董卓传》载"张济自陕和解之,天子乃得出,至新丰、霸陵间。"裴松之注引《献帝起居注》曰:

> 初,天子出到宣平门,当度桥,(郭)汜兵数百人遮桥问"是天子邪"? 车不得前。(李)傕兵数百人皆持大戟在乘舆车左右,侍中刘艾大呼云:"是天子也。"使侍中杨琦高举车帷。帝言诸兵:"汝不却,何敢迫近至尊邪?"汜等兵乃却。既度桥,士众咸呼万岁。④

可知至献帝离开长安时,刘艾身份仍为侍中,护卫左右。

---

① 《后汉书》,第 2057 页。
② 《后汉书》,第 376 页。
③ 《后汉书》,第 376 页。参见《袁宏〈后汉纪〉集校》卷二七《孝献皇帝纪第二十七》,第 345 页。
④ 《三国志》,第 185—186 页。亦见《后汉书》卷七二《董卓传》李贤注引《献帝起居注》,第 2339 页。

4. 宗正

兴平二年(195)七月献帝始东归,十二月方到弘农,即有曹阳之败。《后汉书》卷七二《董卓传》载"时残破之余,虎贲羽林不满百人,皆有离心。(董)承、(杨)奉等夜乃潜议过河"①。李贤注引袁宏《后汉纪》曰:

> (李)傕、(郭)汜绕营叫呼,吏士失色,各有分散意。李乐惧,欲令车驾御舡过砥柱,出盟津。杨彪曰:"臣弘农人也。自此以东,有三十六难,非万乘所当登。"宗正刘艾亦曰:"臣前为陕令,知其危险。旧故〔有〕河师,犹时有倾危,况今无师。太尉所虑是也。"②

这段史料与前引《三国志》卷六《魏书·董卓传》"天子走陕"条裴松之注引《献帝纪》所云大体一致,唯刘艾身份明确标为宗正。两汉宗正例由宗室担任③,由此可知刘艾为宗室。

其后献帝君臣于陕县附近北渡黄河,至大阳。渡河时的狼狈情形,袁宏《后汉纪》述之甚详,且曰:

> 同舟渡者:皇后,贵人,郭、赵二宫人,太尉杨彪,宗正刘艾,执金吾伏完,侍中种辑、罗邵,尚书文祯、郭(浦)〔溥〕,中丞杨众,侍郎赵泳,尚书郎冯硕,中(官)〔宫〕仆射伏德,侍郎王稠,羽林郎侯(折)〔祈〕,卫将军董承,南郡太守左灵,府史数十人。④

这一名单不见于他处史料,来源不明。很可能也是出自于刘艾《献帝纪》。前引《三国志》卷六《魏书·董卓传》"天子走陕"条裴松之注引

---

① 《后汉书》,第2340页。
② 《后汉书》,第2341页。参见《袁宏〈后汉纪〉集校》卷二八《孝献皇帝纪第二十八》,第357页。
③ 参见安作璋、熊铁基:《秦汉官制史稿》(2007年版),第一编第二章第一节《太常和宗正》,济南:齐鲁书社,2007年,第102页。
④ 《袁宏〈后汉纪〉集校》卷二八《孝献皇帝纪第二十八》,第357页。《后汉书》卷七二《魏书·董卓传》言"同济唯皇后、宋贵人、杨彪、董承及后父执金吾伏完等数十人",可能就是根据《后汉纪》文字改写的。

《献帝纪》后文也提到"其余不得渡者甚众,复遣船收诸不得渡者,皆争攀船,船上人以刃栎断其指,舟中之指可掬"①,个人亲历的现场感跃然纸上。同舟者宗正刘艾的身份,与渡河前保持了一致。

献帝北渡河后,"(杨)奉、(韩)暹等遂以天子都安邑",至来年春正月改元建安。再至七月,"出箕关,下轵道",卫送献帝回洛阳②。《三国志》卷一《魏书·武帝纪》载建安元年(196)九月曹操迎献帝自洛阳都许,"自天子西迁,朝廷口乱,至是宗庙社稷制度始立"。裴松之注引张璠《汉纪》曰:

> 初,天子败于曹阳,欲浮河东下。侍中太史令王立曰:"自去春太白犯镇星于牛斗,过天津,荧惑又逆行守北河,不可犯也。"由是天子遂不北渡河,将自轵关东出。立又谓宗正刘艾曰:"前太白守天关,与荧惑会;金火交会,革命之象也。汉祚终矣,晋、魏必有兴者。"③

以上为中华书局点校本原来的标点,其中有两个关键的细节错误。如前所述,献帝君臣在曹阳败后,是否决了"浮河东下"方案而决定北渡黄河入于河东的。故"由是天子遂不北渡河"一句"不"字衍。又"将自轵关东出"是在北渡河"都安邑"七个月以后决定返回洛阳时的事情,当与下一句"立又谓宗正刘艾曰……"连读。可以看到,虽然太史令王立发言的具体内容或出之为汉魏革命张本的后出杜撰,但当时刘艾仍为宗正这一点应是确实的。则献帝朝廷在都安邑的七个月中,刘艾一直担任宗正。

5. 彭城相

《后汉书》卷九《献帝纪》载建安元年(196)八月曹操至洛阳迎献

---

① 《三国志》,第187页。
② 《三国志》,第186页。这一过程的曲折,参见方诗铭:《曹操·袁绍·黄巾》,第五章《曹操与"白波贼"对东汉政权的争夺》,第69—85页;庞博:《从长安到许都——汉献帝朝廷的政治架构、决策过程与历史命运》,《史林》待刊稿。
③ 《三国志》,第13—14页。

第二章 名、实之间:《献帝纪》与《献帝传》

帝,"杀侍中台崇、尚书冯硕等。封卫将军董承、辅国将军伏完等十三人为列侯,赠沮儁为弘农太守"①。同书卷七二《董卓传》亦载此事,李贤注引袁宏《后汉纪》曰:

> 诛议郎侯祈、尚书冯硕、侍中台崇,讨有罪也。封卫将军董承、辅国将军伏完、侍中丁冲、种辑、尚书仆射钟繇、尚书郭溥、御史中丞董芬、彭城相刘艾、冯翊韩斌、东郡太守杨众、议郎罗邵、伏德、赵蕤为列侯,赏有功也。赠射声校尉沮儁为弘农太守,旌死节也。②

前述刘艾在建安元年(196)七月随献帝至洛阳之前尚为宗正,而这里记载八月在洛阳封赏功臣十三人为列侯时,刘艾已为彭城相。彭城国属徐州,当时不在献帝小朝廷号令所及范围。颇疑此份名单中功臣十三人的官职对应的并非献帝朝廷刚到达洛阳时的状态,而是在曹操到来之后双方有所妥协和调整的结果。

如《三国志》卷十三《魏书·钟繇传》载,钟繇在献帝陷于长安时为廷尉正、黄门侍郎,出长安后"拜御史中丞,迁侍中尚书仆射,并录前功封东武亭侯"③。所谓"封东武亭侯",与前述"封卫将军董承、辅国将军伏完等十三人为列侯"当即一事。《钟繇传》言"太祖既数听荀彧之称繇,又闻其说(李)傕、(郭)汜,益虚心",钟繇的尚书仆射之任应反映了曹操的意志④。

十三人中的"东郡太守杨众"也值得注意。杨众其人见于前引袁

---

① 《后汉书》,第380页。原文为"封卫将军董承为辅国将军伏完等十三人为列侯","董承"后"为"字衍。
② 《后汉书》,第2342页。此处"冯翊韩斌"的表述方式与前后不合,疑有误。《三国志》卷十三《魏书·钟繇传》载:"后(李)傕胁天子,(钟)繇与尚书郎韩斌同策谋。"第391页。可知韩斌在长安时曾任尚书郎。参见《袁宏〈后汉纪〉集校》,卷二九《孝献皇帝纪第二十九》,第363页。
③ 《三国志》,第391页。
④ 曹操联络献帝朝廷中的钟繇、丁冲事,参见方诗铭:《曹操·袁绍·黄巾》,第五章《曹操与"白波贼"对东汉政权的争夺》,第69—85页;庞博:《从长安到许都——汉献帝朝廷的政治架构、决策过程与历史命运》,《史林》待刊稿。

宏《后汉纪》所载"同舟渡者"名单,身份为"(御史)中丞"①。而东郡属兖州。初平二年(191)袁绍表曹操为东郡太守,曹操由此获得在兖州发展的机会。兴平元年(194)曹操东征徐州,陈宫、吕布在后方袭取兖州,郡县皆应,唯甄城、范、东阿三城为曹操固守,后二城亦属东郡②。建安元年(196)八月时,东郡仍为曹操核心势力范围③。若无曹操授意,献帝朝廷断无可能予杨众以东郡太守之任。

在此前后,彭城国似尚在吕布控制之下,为曹操势力所不及④。刘艾的彭城相之任,应该只是一种象征性的遥领,凸显了曹操与吕布的敌对关系,反映的自然也主要是曹操的意志和政治利益。推测刘艾本人当继续留在洛阳的献帝朝廷,其后随之迁许。

6. 再任宗正

献帝都许之后,刘艾行迹不见于记录,直到建安十九年(214)。《三国志》卷一《魏书·武帝纪》载"十九年春正月,始耕籍田",裴松之注引《献帝起居注》曰:

> 使行太常事大司农安阳亭侯王邑与宗正刘艾,皆持节,介者五人,赍束帛驷马,及给事黄门侍郎、掖庭丞、中常侍二人,迎二贵人于魏国。二月癸亥,又于魏公宗庙授二贵人印绶。甲子,诣魏公宫延秋门,迎贵人升车。魏遣郎中令、少府、博士、御府乘黄厩令、丞相掾属侍送贵人。癸酉,二贵人至洧仓中,遣侍中丹将冗从虎贲前后骆驿往迎之。乙亥,二贵人入宫,御史大夫、中二千石、将、大夫、议郎会殿中,魏国二卿及侍中、中郎二人,与汉公卿并升殿宴。⑤

---

① 《袁宏〈后汉纪〉集校》,卷二八《孝献皇帝纪第二十八》,第357页。
② 参见方诗铭:《曹操·袁绍·黄巾》,第四章《曹操保卫兖州》,第54—68页。
③ 以上参见《三国志》卷一《魏书·武帝纪》中的相关记载。
④ 据《三国志》卷一《魏书·武帝纪》,直到建安三年(198)十月曹操东征吕布,方才"屠彭城,获其相侯谐"(第16页)。
⑤ 《三国志》,第42—43页。

其中可见宗正刘艾之名。所谓"二贵人",皆为曹操之女。此前的建安十八年(213)七月,"始建魏社稷宗庙。天子聘公三女为贵人,少者待年于国"。裴松之注引《献帝起居注》曰:

> 使使持节行太常大司农安阳亭侯王邑,赍璧、帛、玄纁、绢五万匹之邺纳聘,介者五人,皆以议郎行大夫事,副介一人。①

可见十八年跟随行太常、大司农王邑从邺城魏公国到许都汉廷的只有一位曹操长女。而十九年所迎的"二贵人"正是"少者待年于国"者。这一次出动了行太常事、大司农王邑与宗正刘艾两位汉官,显然规格较前年更高。到建安二十年(215)春正月被立为皇后的,正是十九年这次被迎至许都的曹操中女曹节②。

仅根据这一记录,难以确认刘艾再任宗正之职,究竟是都许之后的常任,还是此次曹氏嫁女的因事特设。而两年之后,《三国志》卷一《魏书·武帝纪》建安二十一年(216)"夏五月,天子进公爵为魏王"条,裴松之注引《献帝传》载献帝诏曰:

> 自古帝王,虽号称相变,爵等不同,至乎褒崇元勋,建立功德,光启氏姓,延于子孙,庶姓之与亲,岂有殊焉。……今进君爵为魏王,使使持节行御史大夫、宗正刘艾奉策玺玄土之社,苴以白茅,金虎符第一至第五,竹使符第一至十。君其正王位,以丞相领冀州牧如故。其上魏公玺绶符册。敬服朕命,简恤尔众,克绥庶绩,以扬我祖宗之休命。③

此时刘艾身份仍为宗正,使持节、行御史大夫则是为禅代封爵事而临时授予的职任,作为许都汉廷一方的代表进曹操魏公爵为王爵④。这

---

① 《三国志》,第42页。
② 《后汉书》卷十下《皇后纪下》,第455页。
③ 《三国志》,第47—48页。
④ 关于御史大夫在汉魏禅代过程中的特定角色,参见孙正军:《禅让行事官小考》,《史学集刊》2015年第2期,第26—36页。

是刘艾最后一次在记录中出现。其后延康元年(220)十一月魏王曹丕受汉献帝禅让称帝,裴松之注引《献帝传》记禅代众事甚详(详次节),但其中并未出现刘艾之名。代表汉廷一方"奉皇帝玺绶"予魏王的是使持节、行御史大夫事、太常张音①。

(二) 书名与旨趣

以上对《献帝纪》作者刘艾的行迹进行了仔细梳理,结果显示他主要活动于董卓挟献帝西迁的初平二年(191)至献帝东归回到洛阳的建安元年(196)这一时段之内,最后一次见诸记录为建安二十一年(216)。侯康推测刘艾"未尝入魏。献帝之名,当是后人追加耳"②。汉献帝在汉魏禅代之后受封山阳公,卒于明帝青龙二年(234)三月,四月魏廷"追谥山阳公为汉孝献皇帝,葬以汉礼"③。若刘艾卒于汉魏禅代之前,其作品自然无由以《献帝纪》为名。

那么,刘艾之书的本名是什么呢?姚振宗在《隋书经籍志考证》中提出了一种看法:

> 按《初学记》引称《汉帝传》,似是刘艾书之本名。至魏明帝青龙二年山阳公薨之后,乃更名《献帝传》。殆入晋以后与《灵帝纪》合为一帙,乃定名曰《灵献二帝纪》。本志篇叙有曰:"灵、献之世,天下大乱,史官失其常守。博达之士,愍其废绝,各记闻见,以备遗亡。是后群才景慕,作者甚众。"即谓此以下诸书是也。《献帝传》载山阳公薨事,时已入魏十四年。或为艾书所本,有或出后人增补,莫得而详矣。④

姚氏此处所言的《献帝纪》书名变动过程可列如表2.1:

---

① 《三国志》,第62页。
② 侯康:《补后汉书艺文志》,《二十五史补编》,第2册,第2120页。
③ 《三国志》卷三《魏书·明帝纪》,第101—102页。
④ 姚振宗:《隋书经籍志考证》,《二十五史补编》,第4册,第5276—5277页。

表 2.1

时间	汉魏禅代前	魏明帝青龙二年刘协卒后	西晋以后
作品名称	《汉帝传》	《献帝传》	《灵献二帝纪》

实际上,姚氏在早年所著的《后汉艺文志》中另有所论:

> 按章氏所举《初学记》《御览》引《汉帝传》《献帝传》,自是以"献"为"汉",以"纪"为"传",皆称引偶误者。考《献帝传》载禅代众事,又言山阳公薨(见《魏志》《文纪》、《明纪》注),自是魏晋人作,别为一书。章氏乃以《献帝传》归之刘艾,谓《汉志》有《高祖传》《孝文传》,艾既为献作《纪》,又更为《传》,是必不然。①

即主张《汉帝传》为《献帝纪》之讹,而《献帝纪》和《献帝传》并非一书,刘艾只是《献帝纪》一书的作者。《后汉艺文志》的成书早于《隋书经籍志考证》七年左右②。可见《隋书经籍志考证》作为姚氏在目录学方面的集大成之作,其中的见解也经过了一个发展的过程。

所谓"《初学记》引称《汉帝传》",指的是《初学记》卷三十《鸟部·鹦鹉》所载:

> 刘艾《汉帝传》曰:"兴平元年,益州蛮夷献鹦鹉三。诏曰:'往者益州献鹦鹉三枚,夜食三升麻子。今谷价腾贵,此鸟无益有损。可付安西将军杨定,因令归本土。'"③

这段引文明称刘艾《汉帝传》,且引述兴平元年(194)诏书文字,应有可靠的依据。姚振宗《后汉艺文志》所谓"献"讹为"汉"、"纪"讹为"传"同时发生的概率很低,难以信从。姚氏后来在《隋书经籍志考

---

① 姚振宗:《后汉艺文志》,《二十五史补编》,第 2 册,第 2352 页。
② 据姚氏《叙录》,《后汉艺文志》成于光绪己丑岁,即光绪十五年(1889)。而《隋书经籍志考证》成之于后,据是书《叙录》,完成于光绪二十一年(1895)至二十三年(1897)之间。
③ 《初学记》,北京:中华书局,1962 年,第 737 页。

证》中改主《汉帝传》是刘艾之书的本名,并认为此书在魏明帝青龙二年(234)山阳公卒获谥"献帝"之后更名为《献帝传》。如后所述,《三国志》裴松之注等多次引用一种名为《献帝传》的作品,其中就包含了姚氏所言的"《献帝传》载山阳公薨事,时已入魏十四年"。姚氏意识到这一证据与前述刘艾活动时段差距较大,故又辩解说"或为艾书所本,有或出后人增补,莫得而详矣",实际上是含糊其辞。从现存佚文来看,《献帝纪》与《献帝传》虽然有重复的内容,但差异更多,旨趣迥异。为《隋书经籍志考证》所否定的姚氏早年看法,实际上也有其可取之处。

姚振宗批评的章宗源《隋书经籍志考证》关于这一问题的意见如下:

> (《献帝传》)无撰人姓名。惟《初学记·鸟部》引题刘艾《汉帝传》。愚按《汉志》有《高祖传》《孝文传》。艾既为献作《纪》,又更为《传》,其名盖仿于此。①

章氏主张《初学记》所记《汉帝传》即《献帝传》,是刘艾在《献帝纪》以外的另一作品,并将《汉帝传》的名称与《汉书》卷三十《艺文志》所载《高祖传》《孝文传》联系起来。《汉书·艺文志》注明《高祖传》为"高祖与大臣述古语及诏策也",《孝文传》为"文帝所称及诏策"②,与《初学记》所引《汉帝传》载有献帝诏书相同。不过刘艾著《汉帝传》仅此一见,如前引姚振宗所言,"艾既为献作《纪》,又更为《传》,是必不然"。《汉帝传》和《献帝纪》还是应该理解为同书异名较为妥当。前者未涉及"献帝"谥号的问题,当为刘艾作品更为早期的名称。

事实上,观察《献帝纪》的佚文,会发现其书基于个人经历闻见而记录叙事的特点非常突出。如前所述,刘艾主要活动于董卓挟献帝西迁的初平二年(191)至献帝东归回到洛阳的建安元年(196)这一

---

① 章宗源:《隋书经籍志考证》,《二十五史补编》,第 4 册,第 4964 页。
② 《汉书》,北京:中华书局,1962 年,第 1726 页。

时段之内。而《献帝纪》佚文中,最早的是《三国志》卷六《魏书·董卓传》载"中常侍段珪等劫帝走小平津,卓遂将其众迎帝于北芒,还宫",裴松之注引《献帝纪》曰:

> (董)卓与帝语,语不可了。乃更与陈留王语,问祸乱由起;王答,自初至终,无所遗失。卓大喜,乃有废立意。①

这是中平六年(189)八月洛阳之变后董卓乘乱入京废少立献之缘起。最晚的则是《三国志》卷一《魏书·武帝纪》载"太祖遂至洛阳,卫京都,(韩)暹遁走。天子假太祖节钺,录尚书事",裴松之注引《献帝纪》曰:"又领司隶校尉。"②时在建安元年(196)七月。其他佚文涉及的内容基本都在这个时间范围之内,与前述刘艾本人的主要活动时段高度一致。其中关于兴平年间献帝在长安为李傕、郭汜等所困和其后的狼狈东归,有很多独特的细节记录,也有若干明显意在彰表刘艾个人功绩之处,此不赘引。尽管刘艾直到建安二十一年(216)还曾作为献帝朝廷的宗正出现过,但今天所见《献帝纪》佚文,几乎没有涉及建安元年都许之后的史事③。

还有一个现象值得注意。《隋书·经籍志》列刘艾书名为《汉灵献二帝纪》,而佚文或称《灵帝纪》,或称《献帝纪》,显示其书似由《灵帝纪》和《献帝纪》两部分构成。前文已说明《献帝纪》并非囊括整个献帝时代,而是集中于中平六年(189)至建安元年(196)这一阶段。而《灵帝纪》的佚文内容更是仅涉及灵帝末年人物,如边章、董卓、袁绍、刘焉、孙坚、张脩等。对于之前的灵帝时代史事人物,无一涉及。

---

① 《三国志》,第172—173页。
② 《三国志》,第13页。
③ 《三国志》卷十《魏书·贾诩传》载"是时将军段煨屯华阴",裴松之注引《献帝纪》曰:"后以煨为大鸿胪光禄大夫,建安十四年,以寿终。"第328页。这是《献帝纪》佚文中唯一涉及建安元年九月都许之后人物事迹的。考虑到刘艾直到建安二十一年(216)还以宗正身份代表献帝朝廷至邺城迎曹女入宫,可能成书后作过个别增补。

综上所述,可以说刘艾书中的《灵帝纪》《献帝纪》,实际上与纪传体王朝史所谓"本纪"是完全没有关系的①。甚至也难以判断这样的名称是否为刘艾原书所有。而其内容则以刘艾本人的经历闻见为主,从灵帝末年开始写起,至献帝都许后即基本收笔。《隋书·经籍志》将刘艾之书归入"杂史"类。"杂史"类《小叙》所谓"灵、献之世,天下大乱,史官失其常守。博达之士,愍其废绝,各记闻见,以备遗亡"②,与刘艾之书的旨趣正相对应。考虑到其书曾有《汉帝传》之名,毋宁认为《献帝纪》是名"纪"而实"传",某种程度上也可以视为一种"杂传"③。《旧唐书·经籍志》和《新唐书·艺文志》都将其归入"编年类",反而只是望"名"生义了。

《隋书·经籍志》记《献帝纪》为"汉侍中刘艾撰",应来自于其书所题作者信息,换言之即为书成之时刘艾之官任④。前文考述刘艾在兴平元年(194)七月献帝东归时为侍中,至十二月北渡河时已为宗正,但《献帝纪》明显还包含了此后至建安元年(196)九月都许的内容。可见刘艾虽已为宗正,很可能仍然保有作为内朝加官的侍中之号。此书当成于都许后不久,其时献帝尚在帝位,自然不得以《汉帝传》为名,但其书本名不得而知。至延康元年(220)十月汉魏禅代后,是书有改称《汉帝传》之可能。又至明帝青龙二年(234)山阳公卒,追谥"孝献皇帝"后,方可更名为《献帝纪》乃至《汉灵献二帝纪》。

---

① 东汉国史《东观汉记》有《灵帝纪》,无《献帝纪》。参见刘珍等撰,吴树平校注:《东观汉记校注》,郑州:中州古籍出版社,1987年;吴树平:《〈东观汉记〉的撰修经过及作者事略》《〈东观汉记〉的材料来源》《〈东观汉记〉中的本纪、表、列传、载记和序》诸文,均收入氏著《秦汉文献研究》,济南:齐鲁书社,1988年;马铁浩:《〈史通〉引书考》,第111—115页。

② 《隋书》,第962页。

③ 关于汉晋时期的"杂传",参见本书第6页脚注2。

④ 马楠《〈隋书经籍志〉著录撰人衔名来源考述》(《清华大学学报》2017年第6期,第110—134页)指出,《隋志》著录撰人衔名存在题终官故衔或题著书时官两种情形。《献帝纪》应属后者。

二、《献帝传》考论

《献帝传》不见载于《隋书·经籍志》,但在《三国志》裴松之注等史料中有不少引用。其中若干处保留的文字篇幅较大,提供了很多不见于他处的宝贵信息。对这部作品的性质,值得仔细检讨。

熊明在对汉魏六朝的"杂传"进行考察时注意到这一作品:

> 从《三国志》裴注所引看,仅《文帝纪》裴注所录汉魏禅代过程,就几达万言,从此可知其篇制之宏大。从现存之文看,《献帝传》当是完整地记录了汉献帝的一生,对其生平经历,当是巨细悉录,内容博杂。如有关他死后魏明帝吊祭之事,也与汉魏禅代过程一样,不论是诏令、册表,还是赠赐书文,都一一载录,纤毫无遗。《献帝传》对这些文献的引录,为后世留下了有关这些历史事件珍贵而详尽的原始资料,也正因为这些大量原始资料的插入,使其叙事冗长,结构散漫,也分散了对人物个性品格的传写与刻画。从这一方面来说,它与正统史传文相当接近,具有较强的史传性。①

从以上认识出发,熊氏将《献帝传》归入"杂传"中的"散传",并进行了辑佚工作②。

然而,《献帝传》虽然以"传"为名,是否可以定性为"杂传"有待斟酌。即使只是检讨佚文,我们也可以清楚意识到,其内容与体裁均无法为"杂传"这一概念所容纳。以下从两个方面来谈谈对《献帝传》的认识。

(一) 时间范围与体例结构

前文论及刘艾《献帝纪》的内容实际只是集中于献帝陷于长安至

---

① 熊明:《汉魏六朝杂传研究》,第162页。
② 熊明:《汉魏六朝杂传集》,第493—525页。

东归洛阳这一时段,基本未涉及都许之后的建安时期史事。而《献帝传》佚文也有若干涉及献帝即位早期的内容。如《艺文类聚》卷六九《服饰部上》引《汉献帝传》曰:

> 尚书令王允奏曰:"太史令王立,说《孝经》六隐事,能消却奸邪。"常以良日,允与立入,为帝诵《孝经》一章,以丈二竹簟,画九宫其上,随日时而出入焉。及允被害,乃不复行也。①

这段对话发生于王允担任尚书令期间。据《后汉书》卷六六《王允传》:"献帝即位,拜太仆,再迁守尚书令。初平元年,代杨彪为司徒,守尚书令如故。及董卓迁都关中,允悉收敛兰台、石室图书秘纬要者以从。既至长安,皆分别条上。又集汉朝旧事所当施用者,一皆奏之。"②可见从献帝即位后,王允就一直担任守尚书令,直到初平三年(192)四月董卓被杀,"司徒王允录尚书事,总朝政"③。上引《汉献帝传》载尚书令王允与太史令王立入宫为献帝诵《孝经》事,当在献帝即位之后,董卓被杀之前。袁宏《后汉纪》载此事在初平元年(190)"夏四月,以大司马刘虞为太傅"条后④,可从。

又如《太平御览》卷七七三《车部二·叙车下》引《汉献帝传》载:

> 董卓作乘舆,青盖,金范,爪画两辐者,乘之。时人皆号月軨磨车,言近天子也。后地动,卓问蔡邕。邕曰:"地动,阴盛,大臣逾制之所致也。公乘青盖,远近以为非宜。太师之乘,白盖车,画辐。"⑤

---

① 《艺文类聚》,上海:上海古籍出版社,1999年新2版,第1204页。
② 《后汉书》,第2174页。
③ 《后汉书》卷九《献帝纪》,第372页。
④ 《袁宏〈后汉纪〉集校》卷二六《孝献皇帝纪第二十六》,第327页。
⑤ 《太平御览》,北京:中华书局,1960年重印商务影宋本,第3426页。类似文字亦见于《三国志》卷六《魏书·董卓传》载"卓至西京,为太师,号曰尚父。乘青盖金华车,爪画两辐,时人号曰竿摩车",裴松之注引《献帝纪》曰:"卓既为太师,复欲称尚父,以问蔡邕。邕曰:'昔武王受命,太公为师,辅佐周室,以伐无道,是以天下尊之,称为尚父。今公之功德诚为巍巍,宜须关东悉定,车驾东还,然后议之。'乃止。京师地震,卓又问邕。邕对曰:'地动阴盛,大臣逾制之所致也。公乘青盖车,远近以为非宜。'卓从之,更乘金华皂盖车也。"第176—178页。刘艾《献帝纪》或为此段文字的史源。

据《后汉书》卷九《献帝纪》,董卓为太师在初平二年(191)二月,为王允、吕布所杀在初平三年(192)四月,蔡邕随后亦被杀①。《献帝传》的上述对话当在这一时段内。由以上两条佚文推测《献帝传》记事始于献帝即位前后当无大误。

另一方面,在刘艾《献帝纪》中基本未涉及的建安史事,在《献帝传》中却似有相当篇幅。如《三国志》卷六《魏书·袁绍传》载袁绍"众数十万,以审配、逢纪统军事,田丰、荀谌、许攸为谋主,颜良、文丑为将率,简精卒十万,骑万匹,将攻许",时在建安五年(200)官渡之战前。裴松之注引《献帝传》曰:

> (袁)绍将南师,沮授、田丰谏曰:"师出历年,百姓疲弊,仓庾无积,赋役方殷,此国之深忧也。宜先遣使献捷天子,务农逸民;若不得通,乃表曹氏隔我王路。然后进屯黎阳,渐营河南,益作舟船,缮治器械,分遣精骑,钞其边鄙,令彼不得安,我取其逸。三年之中,事可坐定也。"审配、郭图曰:"兵书之法,十围五攻,敌则能战。今以明公之神武,跨河朔之强众,以伐曹氏,譬若覆手,今不时取,后难图也。"授曰:"盖救乱诛暴,谓之义兵;恃众凭强,谓之骄兵。兵义无敌,骄者先灭。曹氏迎天子安宫许都,今举兵南向,于义则违。且庙胜之策,不在强弱。曹氏法令既行,士卒精练,非公孙瓒坐受围者也。今弃万安之术,而兴无名之兵,窃为公惧之!"图等曰:"武王伐纣,不曰不义,况兵加曹氏而云无名!且公师武臣(竭)力,将士愤怒,人思自骋,而不及时早定大业,虑之失也。夫天与弗取,反受其咎,此越之所以霸,吴之所以亡也。监军之计,计在持牢,而非见时知机之变也。"绍从之。图等因是谮授:"监统内外,威震三军,若其浸盛,何以制之?夫臣与主不同者昌,主与臣同者亡,此《黄石》之所忌也。且御众于外,不宜知内。"绍疑焉。乃分监军为三都督,使授及郭图、淳于

---

① 《后汉书》,第371、372页。

琼各典一军,遂合而南。①

其后在《三国志·魏书·袁绍传》叙述袁曹官渡之战的过程中,裴注又多次引用《献帝传》内容,此不赘。这说明《献帝传》中有书写建安五年官渡之战前后史事的内容。从上引文字的行文来看,其篇幅相当可观。

现存《献帝传》佚文时间最晚的,为《三国志》卷三《魏书·明帝纪》青龙二年(234)"追谥山阳公为汉孝献皇帝,葬以汉礼"条,裴松之注引《献帝传》曰:

> 八月壬申,葬于山阳国,陵曰禅陵,置园邑。葬之日,帝制锡衰弁绖,哭之恸。适孙桂氏乡侯康,嗣立为山阳公。②

这说明《献帝传》并未终止于汉魏禅代,还包含了此后汉献帝作为山阳公时期的若干史事。最终是否以上述山阳公葬事为结束则难以确认③。《献帝传》的成书,至少应在此年之后了。

从佚文来看,《献帝传》涉及献帝在位至退为山阳公期间近半个世纪多方面的史事,而这些史事与献帝个人经历未必有直接关联。典型表现如《三国志》卷三《魏书·明帝纪》载青龙元年(233)十月"步度根部落大人戴胡阿狼泥等诣并州降,(秦)朗引军还",裴松之注引《献帝传》曰:

> (秦)朗父名宜禄,为吕布使诣袁术,术妻以汉宗室女。其前妻杜氏留下邳。布之被围,关羽屡请于太祖,求以杜氏为妻,太祖疑其有色,及城陷,太祖见之,乃自纳之。宜禄归降,以为铚长。及刘备走小沛,张飞随之,过谓宜禄曰:"人取汝妻,而为之长,乃蚩蚩若是邪!随我去乎?"宜禄从之数里,悔欲还,飞杀之。

---

① 《三国志》,第195—197页。
② 《三国志》,第101—103页。
③ 作为正统王朝之后,山阳国在魏晋禅代之后仍继续存在。最后一任山阳公刘秋于晋惠帝永嘉元年(307)为汲桑所杀。见《晋书》卷五《怀帝纪》,第117页。

> 朗随母氏畜于公宫,太祖甚爱之,每坐席,谓宾客曰:"世有人爱假子如孤者乎?"①

这段关于秦朗身世的记述与献帝没有任何关系,但《献帝传》亦述之甚详。前引熊明意见似认为《献帝传》以书写汉献帝的"生平经历"为旨趣,甚至有传写或刻画献帝"个性品格"的需要。这一评价有些拘泥于书名中的"传"字,而忽略了佚文文字所反映的内容特质。

有佚文显示,《献帝传》可能采取了编年体的形式。如《三国志》卷一《魏书·武帝纪》"(建安二十一年)夏五月,天子进公爵为魏王"条,裴松之注曰:

> 《献帝传》载诏曰……魏王上书三辞,诏三报不许。又手诏曰……②

虽然裴注引述并不完整,但从前后措辞来看,可以推测《献帝传》原文中当亦有类似"建安二十一年夏五月,天子进公爵为魏王"这样的文字,接近于编年体史书的面貌。

再如《三国志》卷二《魏书·文帝纪》载"乃为坛于繁阳。庚午,王升坛即阼,百官陪位。事讫,降坛,视燎成礼而反。改延康为黄初,大赦"③,裴松之注引《献帝传》曰:

> 辛未,魏王登坛受禅,公卿、列侯、诸将、匈奴单于、四夷朝者数万人陪位,燎祭天地、五岳、四渎,曰……④

又前引《三国志》卷三《魏书·明帝纪》青龙二年(234)"追谥山阳公为汉孝献皇帝,葬以汉礼"条,裴松之注引《献帝传》详记明帝所下诏书、册书等,最后记曰:

---

① 《三国志》,第 100 页。
② 《三国志》,第 47—48 页。
③ 《三国志》,第 62 页。
④ 《三国志》,第 75 页。

> 八月壬申,葬于山阳国,陵曰禅陵,置园邑。葬之日,帝制锡衰弁绖,哭之恸。适孙桂氏乡侯康,嗣立为山阳公。①

这两段文字均以辛未、壬申这样的干支记日起首叙述,明示了编年体的形式。《献帝传》中的这部分内容,面貌接近于纪传体王朝史中的"本纪"。虽然涉及的主要是建安末乃至山阳公时代的内容,但可以推测这一形式应贯彻始终,构成《献帝传》的基本体例。

与此同时,有迹象显示,《献帝传》并非完全平铺直叙,而是包含了若干人物小传在内。如《后汉书》卷七二《董卓传》载"初,卓之入关,要韩遂、马腾共谋山东",李贤注引《献帝传》曰:

> (马)腾父平,扶风人。为天水兰干尉,失官,遂留陇西,与羌杂居。家贫无妻,遂取羌女,生腾。②

这段关于马腾之父马平的文字,以"腾父平,扶风人"起首,其间或有节略,然颇似人物小传。可以推测,《献帝传》原文的叙述主线应该也是类似"卓之入关,要韩遂、马腾共谋山东"的内容,而这段马平事迹是以小传形式出现的插叙文字。

更为典型的表现见于《献帝传》佚文中与沮授相关的部分。《后汉书》卷七四《袁绍传》载初平二年(191)"(韩)馥长史耿武、别驾闵纯、骑都尉沮授闻而谏曰……",李贤注引《献帝传》曰:"沮授,广平人。少有大志,多谋略。"③与上引马平事迹类似,这同样应该也是以插叙形式出现的沮授小传的起首部分。又前引《三国志》卷六《魏书·袁绍传》建安五年(200)官渡战前裴松之注引《献帝传》载袁绍谋臣沮授、田丰与审配、郭图之间关于是否出兵的论争,尽管涉及多人,细绎前后文字,其叙述脉络似以沮授为主角,而非袁绍。其后在

---

① 《三国志》,第101—103页。
② 《后汉书》,第2335页。
③ 《后汉书》,第2378页。

《三国志·魏书·袁绍传》叙述袁曹官渡之战的过程中,裴注数次引用《献帝传》文字如下:

> (袁)绍临发,沮授会其宗族,散资财以与之曰:"夫势在则威无不加,势亡则不保一身,哀哉!"其弟宗曰:"曹公士马不敌,君何惧焉!"授曰:"以曹兖州之明略,又挟天子以为资,我虽克公孙,众实疲弊,而将骄主忲,军之破败,在此举也。扬雄有言,'六国蚩蚩,为嬴弱姬',今之谓也。"
>
> (袁)绍将济河,沮授谏曰:"胜负变化,不可不详。今宜留屯延津,分兵官渡,若其克获,还迎不晚,设其有难,众弗可还。"绍弗从。授临济叹曰:"上盈其志,下务其功,悠悠黄河,吾其不反乎!"遂以疾辞。绍恨之,乃省其所部兵属郭图。
>
> (沮)授大呼曰:"授不降也,为军所执耳!"太祖与之有旧,逆谓授曰:"分野殊异,遂用圮绝,不图今日乃相禽也!"授对曰:"冀州失策,以取奔北。授智力俱困,宜其见禽耳。"太祖曰:"本初无谋,不用君计,今丧乱过纪,国家未定,当相与图之。"授曰:"叔父、母、弟,县命袁氏,若蒙公灵,速死为福。"太祖叹曰:"孤早相得,天下不足虑。"①

以上段落与前引官渡战前裴注所引《献帝传》所记袁绍谋臣出兵论争类似,均以沮授言行为中心构成叙述脉络,且包含了官渡战后沮授个人结局的相关内容。考虑到《后汉书·袁绍传》李贤注引《献帝传》"沮授,广平人。少有大志,多谋略"这样类似小传起首文字的存在,裴注在《三国志·魏书·袁绍传》官渡之战相关内容下所引《献帝传》,很可能拆解自一篇完整的沮授小传。这篇小传应是以插叙形式存在于《献帝传》原书中。

由以上考察似可推测,《献帝传》的文本结构整体上表现为编年

---

① 《三国志》,第199—200页。

体的基本体例和插叙人物小传的复合结构。

类似复合结构并非无前例可循。荀悦作于建安年间的《汉纪》即是如此。《后汉书》卷六二《荀悦传》称献帝"乃令悦依《左氏传》体以为《汉纪》三十篇"①。荀悦自己在《汉纪序》中则说"约集旧书,撮序《表》《志》,总为《帝纪》"②,似乎《汉纪》纯为编年。实际上其行文中往往有插叙的人物小传。试举卷六《高后纪》元年(前187)冬十一月条为例:

> （元年）冬十一月,徙〔左〕丞相陈平为右丞相,辟阳侯审食其为左丞相。食其,沛人也。初吕后获于楚,食其常以舍人侍,得幸。及为丞相,不典治相,监宫中事,（加）〔如〕郎中令,群臣皆因决事。先是或毁食其于惠帝,惠帝欲诛之。平原君朱建为说惠帝幸臣闳籍孺曰:"君幸于帝,天下莫不闻者。今辟阳侯幸于太后而下吏,道路皆言君逸之。今日辟阳诛,明日太后含怒,亦诛君耳。"于是籍孺惧,入言于帝而出之。朱建者,故黥布相也。布之反,建谏止之。高帝赐建号平原君。建为人口辩,初名廉直,行不苟合。辟阳侯欲交建,建不肯。及建母死,家贫,无以收葬。陆贾乃见辟阳侯曰:"平原君母死。"辟阳侯曰:"平原君母死,何乃贺我?"贾曰:"平原君必不知君者,为其母。今其母死,家贫,无以葬之。君诚能厚送葬之,则彼为君死矣。"食其乃奉百金。列侯、贵人以食其故,往赠送之,凡百金,而建受之。及吕氏之诛,〔食〕其卒见全者,皆建之力也。后淮南厉王长诛食其,建以食其客故,事及之,建自杀。③

这段文字中,符合编年体体例的其实只有第一句"冬十一月,徙〔左〕丞相陈平为右丞相,辟阳侯审食其为左丞相"。其后先是插叙审食其

---

① 《后汉书》,第2062页。
② 《汉纪》,第1页。
③ 《汉纪》,第81—82页。

小传,从"食其,沛人也"至"于是籍孺惧,入言于帝而出之"。又因审食其小传中提到了朱建,其后又插叙朱建小传,从"朱建者,故黥布相也"至结尾。类似情形在《汉纪》中多见,此不赘举。

据荀悦《汉纪序》,是书成于建安五年(200)①。荀悦卒于建安十四年(209)。不过颍川荀氏在魏晋时期一直都保持了政治上和文化上的双重精英身份②。虽然我们并不了解哪些人参与了《献帝传》的撰写,也难以确认《献帝传》在撰写时是否受到了《汉纪》的影响,但二者确实共享了类似的文本结构,即以编年体为基本体例同时插叙人物小传的复合结构。这一结构亦为袁宏《后汉纪》所继承③。在这一意义上,《献帝传》可以说是名"传"而实"纪",与前节所述《献帝纪》的名"纪"而实"传"恰好相反。

(二) 史料来源与政治立场

那么,《献帝传》的史料来源如何呢?鉴于其成书晚至魏明帝青龙二年(234)山阳公卒并追谥"献帝"之后,大致成书于建安年间的刘艾《献帝纪》、《献帝起居注》、王粲《英雄记》乃至东汉国史《东观汉记》等应该都可以为其参考之用。

值得注意的是,《三国志》裴松之注所引《献帝传》,有几处包含了非常集中的官方档案材料。卷二《魏书·文帝纪》"汉帝以众望在魏,乃召群公卿士,告祠高庙。使兼御史大夫张音持节奉玺绶禅位,

---

① 《汉纪》,第2页。关于荀悦《汉纪》,参见本书第32页脚注4。
② 参见陈启云:《颍川荀氏家族》,收入氏著《汉晋六朝文化·社会·制度——中华中古前期史研究》,台北:新文丰出版公司,1997年,第75—88页;丹羽兑子:《魏晋时代の名族——荀氏の人々について》,收入中国中世史研究会编:《中国中世史研究——六朝隋唐の社会と文化》,东京:东海大学出版会,1970年,第174—202页;永田拓治:《"荀氏家传"の编纂について》,《歴史研究》第50号,2013年,第23—50页。
③ 参见钱穆:《袁宏政论与史学》,收入氏著《中国学术思想史论丛(三)》,台北:东大图书公司,1977年,第77—96页;陈长崎:《论〈后汉纪〉的史学价值》,收入氏著《战国秦汉六朝史研究》,广州:广东人民出版社,1997年,第175—190页;李兴和:《袁宏〈后汉纪〉集校·校点前言》;马铁浩:《〈史通〉引书考》,第202—203页。

册曰……"条,裴松之注引"《献帝传》载禅代众事曰……"最为学者所熟知①。所谓"禅代众事",并非仅指对汉魏禅代过程的史事叙述,还详细记录了在这一过程中魏王国臣僚、魏王曹丕与汉献帝朝廷三方之间所发生的文书往来及其具体文辞。可列为表 2.2:

表 2.2

魏王国臣僚	魏王曹丕	汉献帝朝廷
A-1 左中郎将李伏表魏王曰……		
	A-2 王令曰……	
A-3 魏王侍中刘廙、辛毗、刘晔、尚书令桓阶、尚书陈矫、陈群、给事黄门侍郎王毖、董遇等言……		
	A-4 王令曰…… 于是尚书仆射宣告官寮,咸使闻知。	
B-1 辛亥,太史丞许芝条魏代汉见谶纬于魏王曰……		
	B-2 王令曰……	
B-3 于是侍中辛毗、刘晔、散骑常侍傅巽、卫臻、尚书令桓阶、尚书陈矫、陈群、给事中博士骑都尉苏林、董巴等奏曰……		
	B-4(王)令曰…… 癸丑,宣告群寮。	
B-5 督军御史中丞司马懿、侍御史郑浑、羊秘、鲍勋、武周等言……		
	B-6(王)令曰……	

---

① 《三国志》,第 62—75 页。

第二章　名、实之间:《献帝纪》与《献帝传》　67

（续表）

魏王国臣僚	魏王曹丕	汉献帝朝廷
		C-1 乙卯,册诏魏王禅代天下曰……
C-2 于是尚书令桓阶等奏曰……		
	C-3(王)令曰……	
C-4 尚书令等又奏曰……		
	C-5(王)令曰……	
C-6 侍中刘廙、常侍卫臻等奏议曰……		
	C-7(王)令曰…… 既发玺书,王令曰…… 己未,宣告群僚,下魏,又下天下。	
C-8 辅国将军清苑侯刘若等百二十人上书曰……		
	C-9 王令曰……	
C-10 辅国将军等一百二十人又奏曰……		
	C-11(王)令曰……	
C-12 侍中刘廙等奏曰……		
	C-13 奉令曰…… 庚申,魏王上书曰……	
D-1 辛酉,给事中博士苏林、董巴上表曰……		
	D-2(王)令曰……	
		E-1 壬戌,册诏曰……
E-2 于是尚书令桓阶等奏曰……		

（续表）

魏王国臣僚	魏王曹丕	汉献帝朝廷
	E-3 (王)令曰…… 甲子,魏王上书曰……	
F-1 侍中刘廙等奏曰……		
	F-2 王令曰……	
		G-1 丁卯,册诏魏王曰……
G-2 相国华歆、太尉贾诩、御史大夫王朗及九卿上言曰……		
	G-3 (王)令曰…… 己巳,魏王上书曰……	
G-4 相国歆、太尉诩、御史大夫朗及九卿奏曰……		
	G-5 (王)复令曰:"群公卿士诚以天命不可拒,民望不可违,孤亦曷以辞焉?"	
		H-1 庚午,册诏魏王曰……
H-2 于是尚书令桓阶等奏曰……		
	H-3 (王)令曰:"可。"	

表2.2中的A—H代表的是禅代过程中的若干阶段,每一阶段又可划分为以阿拉伯数字表示的若干回合。大体来说,阶段A、B是魏王国臣僚先后据谶纬、符瑞劝进,魏王均辞让;阶段C是汉献帝第一次册诏禅让,魏王国臣僚劝进,魏王一让;阶段D是魏王国臣僚再据符瑞劝进,魏王辞让;阶段E是汉献帝第二次册诏禅让,魏王国臣僚劝进,魏王二让;阶段F是魏王国臣僚再次劝进,魏王态度松动;阶段G是汉献帝第三次册诏禅让,魏王国公卿劝进,魏王三让,随后表示

接受;阶段 H 是汉献帝第四次册诏禅让,魏王国臣僚上奏典礼安排方案,魏王令曰"可"。

可以看到,《献帝传》所书写的整个禅代过程环环相扣,步步深入;参与各方以言辞和行动紧密配合,共同完成了一个对汉魏交替正当性的构建过程。这一方面说明在汉魏之际,这一方案必然经过了精心设计,也有其内在的理念逻辑支持①;另一方面则说明《献帝传》的政治立场与曹魏王朝的官方立场保持了高度一致。事实上,在禅代过程中出现和使用过的这些文书,在曹魏王朝应是作为官方文书档案来进行保存的。而《献帝传》以如此方式来书写这一过程,既说明撰者有条件接触到这些材料,也说明撰者是以内在于曹魏王朝的政治立场在《献帝传》中展示这些材料的。换言之,曹魏王朝本身很可能就是《献帝传》的撰写主体。只有这一主体才既有动机,又有能力以如此方式来书写汉魏禅代过程。

现存《献帝传》佚文中还有两处对官方文书档案材料的集中展示。一处为《三国志》卷一《魏书·武帝纪》载"建安二十一年,夏五月,天子进公爵为魏王",裴松之注引《献帝传》,记载了献帝所下诏书和手诏的内容。尤其是献帝为此又下"手诏"的记录仅见于此,弥足珍贵:

> 大圣以功德为高美,以忠和为典训,故祕业垂名,使百世可希,行道制义,使力行可效,是以勋烈无穷,休光茂著。稷、契载元首之聪明,周、邵因文、武之智用,虽经营庶官,仰叹俯思,其对岂有若君者哉?朕惟古人之功,美之如彼,思君忠勤之绩,茂之如此,是以每将镂符析瑞,陈礼命册,寤寐慨然,自忘守文之不德焉。今君重违朕命,固辞恳切,非所以称朕心而训后叶也。其抑

---

① 关于"禅让"作为一种王朝更替模式的理念内涵,参见楼劲:《魏晋以来的"禅让革命"及其思想背景》,《华东师范大学学报(社会科学版)》2017 年第 3 期,第 1—15 页;徐冲:《中古时代的历史书写与皇帝权力起源》,《单元一:"起元"》《单元二:"开国群雄传"》;本书附录二《"禅让"与魏晋王权的历史特质》。

志撙节,勿复固辞。①

可以想象,这一以"禅让"的意识形态为据来促成曹氏身份升格的所谓"献帝手诏",在当时必为曹氏一方所一手创制乃至宣扬,在汉魏禅代完成后也当作为正当化曹魏皇帝权力起源的文书装置被妥善保存。《献帝传》对这一材料的引用是直接而正面的,与前述关于"禅代众事"的叙述表现相通。

另一处为《三国志》卷三《魏书·明帝纪》载青龙二年(234)"追谥山阳公为汉孝献皇帝,葬以汉礼",其后裴松之注引《献帝传》,引用内容包括明帝诏书、告祠文帝庙书、赠山阳公册书三部分。其中册书的如下表述值得注意:

> 呜呼,昔皇天降戾于汉,俾逆臣董卓,播厥凶虐,焚灭京都,劫迁大驾。于时六合云扰,奸雄飙起。帝自西京,徂唯求定,臻兹洛邑。畴咨圣贤,聿改乘辕,又迁许昌,武皇帝是依。岁在玄枵,皇师肇征,迄于鹑尾,十有八载,群寇歼殄,九域咸乂。惟帝念功,祚兹魏国,大启土宇。爰及文皇帝,齐圣广渊,仁声旁流,柔远能迩,殊俗向义,乾精承祚,坤灵吐曜,稽极玉衡,允膺历数,度于轨仪,克厌帝心。乃仰钦七政,俯察五典,弗采四岳之谋,不俟师锡之举,幽赞神明,承天禅位。祚(建)〔逮〕朕躬,统承洪业。②

这段文字以简洁典雅的拟古文辞,从构建曹魏王朝正统性的立场出发,概要书写了自董卓之乱到汉魏禅代的历史过程。

如第一章所指出的那样,在以曹魏国史王沈《魏书》为基础撰成的《三国志·魏书》中,建安元年(196)曹操迎献帝都许成为时代秩

---

① 《三国志》,第48页。汉献帝作为皇帝/天子向天下臣民颁布诏书的权力,很可能已于建安二十一年(216)二月壬申被剥夺,仅余册曹氏相关部分以完成汉魏禅代进程。参见本书第一章《哀歌与史诗:〈献帝起居注〉与献帝朝廷的历史意义》,第18—22页。

② 《三国志》,第102页。

第二章　名、实之间:《献帝纪》与《献帝传》　71

序的转折点;此前的极致混乱反衬出此后政治秩序再建的不世殊勋,曹操的汉朝"功臣"身份借此确立,铺就一条通往曹氏代汉的禅让之路①。在山阳公死去并得谥"孝献皇帝"的青龙二年(234),上引册书的此番回顾显然具有"历史书写"的意味,某种程度上可视为曹魏王权的"国史大纲",主导了前此后此的国史撰述基调。而《献帝传》对这份册书的引述方式,再一次显示了二者的政治立场是高度一致的。

关于曹魏时前朝纪传体王朝史的修撰情况,如《史通·古今正史》所言,"魏黄初中,唯著《先贤表》,故《汉记》残缺,至晋无成"②,曹魏并未撰成类似西晋司马彪《续汉书》和华峤《后汉书》③那样完整的东汉纪传体王朝史。但这并不意味着曹魏王权不重视通过"历史书写"来构建本王朝皇帝权力起源的正当性。尤其在魏明帝于太和元年(227)即位以后,这方面的动向相当引人注目。据《晋书》卷二四《职官志》,著作郎之创设,即在明帝太和年间④。《史通·古今正史》载:"魏史。黄初、太和中始命尚书卫觊、缪袭草创纪传,累载不成。"⑤卫觊入魏后为尚书,明帝即位后则"受诏典著作"⑥。缪袭入魏后"多所述叙,官至尚书、光禄勋"⑦。献帝时代对于曹魏皇帝权力起

---

①　参见本书第一章《哀歌与史诗:〈献帝起居注〉与献帝朝廷的历史意义》,第30—31页。
②　《史通通释》,第342页。文帝黄初年间所著《先贤表》,与魏王曹丕在禅代之前对东汉"二十四贤"的彰表有密切关系。参见永田拓治:《「状」と「先賢伝」「耆旧伝」の編纂ー「郡国書」から「海内書」へー》;徐冲:《中古时代的历史书写与皇帝权力起源》,《单元四:"隐逸列传"》第三章《"二十四贤"与曹魏王朝的隐逸书写》,第211—235页。
③　关于华峤所撰东汉纪传体王朝史之书名,诸史料所存多为"后汉书",作"汉后书"者仅有《晋书》本传。《四库全书》所收内府藏本《史通·古今正史》亦作"后汉书";浦起龙《史通通释》作"汉后书",并加注"或作'后汉',误",恐系浦氏据《晋书》妄改。参见徐冲:《中古时代的历史书写与皇帝权力起源》,第86页脚注1。
④　《晋书》卷二四《职官志》:"魏明帝太和中,诏置著作郎,于此始有其官,隶中书省。"第735页。
⑤　《史通通释》,第346页。
⑥　《三国志》卷二一《魏书·卫觊传》,第611—612页。
⑦　《三国志》卷二一《魏书·刘邵传》,第620页。

源的正当性而言至为关键①。卫觊、缪袭主持的曹魏国史虽未撰成，但相关工作应有相当的积累②。前引《献帝传》所载青龙二年（234）山阳公卒后明帝所下册书中包含的"国史大纲"叙述，与此前太和年间启动的国史撰述工作或许不无关系。就本文讨论的《献帝传》而言，难以确认这部作品是否原名如此，但很可能是"黄初、太和中"曹魏国史编纂工作的一环，其成果最终应为魏末成书的王沈《魏书》所吸收。

三、余论：颠倒之旅

以上关于《献帝纪》和《献帝传》的考察，虽然因为佚文不足征而多有推测，但还是得到了一些基本认识。简单小结如下：

1. 《献帝纪》作者刘艾为东汉宗室，主要活动于董卓挟献帝西迁的初平二年（191）至献帝东归回到洛阳的建安元年（196）这一时段。《献帝纪》记事的时间范围与刘艾的活跃时间基本一致，主要基于他的个人经历闻见进行叙事。成书应在建安年间刘艾为侍中时，但其书本名未知。

2. 刘艾之书在延康元年（220）十月汉魏禅代后或曾更名为《汉帝传》。再更名为《献帝纪》乃至《汉灵献二帝纪》，应在明帝青龙二年（234）山阳公卒并追谥"孝献皇帝"后。

3. 《献帝传》书写的时间范围覆盖了献帝一生，从献帝即位经汉魏禅代至于山阳公卒。内容广及这一时段内的多种史事，并不限于献帝的个人经历。文本结构可能近于荀悦《汉纪》和袁宏《后汉纪》，即以编年体为基本体例同时插叙人物小传的复合结构。

---

① 关于"禅让"之前的历史与魏晋王权理念的关系，参见徐冲：《中古时代的历史书写与皇帝权力起源》，《单元一："起元"》《单元二："开国群雄传"》；本书附录二《"禅让"与魏晋王权的历史特质》。

② 参见刘汝霖：《汉晋学术编年》，卷七高贵乡公正元元年（254）"魏命王沈等撰《魏书》"条，第536—537页；马铁浩：《〈史通〉引书考》，第125—128页。

4.《献帝传》集中使用了诸多曹魏王朝保存的官方文书档案,且用以构建曹魏皇帝权力起源的正当性。其政治立场与曹魏王朝的官方立场保持了高度一致,很可能是曹魏明帝时期国史撰述工作的一环。

换言之,名"纪"者实属"杂史",名"传"者反为"正史"。学界以往对这两部作品的认识,多因"名"而循"实",对前者的不稳定性缺乏足够意识,反易致误解。本章的讨论因"实"而正"名",或许能为我们思考中古时期文献著述之"名"与"实"的复杂关系提供一个注脚。

(一)范晔《后汉书》之"非曹"

不过,现存《献帝传》佚文中,有一条与我们的如上认识是矛盾的,需要加以辨析。《太平御览》卷三八七《人事部二八·汗》载:

> 《献帝传》曰:"旧仪,三公领兵见,令虎贲执刃扶之。曹操顾左右,汗流背,自后不敢复朝请。"①

这段记载以本名称呼曹操,与他处《献帝传》佚文所称"太祖"相异。类似情况或出之于后人改书,不足以作为《献帝传》原文如此的论据②。不过尽管内容并不完整,也已经可以让读者感受到一种凸显献帝与曹操之间不信任感的叙述指向。这一指向背后的政治立场似与前文所论《献帝传》内在于曹魏王权的政治立场有所冲突。

事实上,我们可以找到上述文字更为完整的版本。《太平御览》卷九二《皇王部·后汉孝献皇帝》引《汉晋阳秋》曰:

> 献帝都许,守位而已。宿卫近侍,莫非曹氏党旧恩戚。议郎赵彦尝为帝陈言时策,曹操恶而杀之。其余内外,多见诛。操后

---

① 《太平御览》,第1788页。
② 如吴人所撰《曹瞒传》,《三国志》裴松之注引用时常出现"太祖"之称,显然不可能是《曹瞒传》的原文。参见本书第一章《哀歌与史诗:〈献帝起居注〉与献帝朝廷的历史意义》,第9—10页。

以事入见殿中,帝不任其忿,因曰:"君能相辅,则厚;不尔,幸垂恩相舍。"操失色,俛仰求出。旧仪,三公辅兵入朝,令虎贲执刃挟之。操顾左右,汗流洽背,自后不敢复朝请。①

《汉晋阳秋》当即习凿齿《汉晋春秋》。如所周知,习凿齿在东晋中期撰作的这部作品,一反西晋时陈寿《三国志》以曹魏为正统、蜀吴为僭伪的立场(这也是西晋朝廷的官方立场),以蜀汉为继承东汉的正统,曹魏则变成了非正统政权②。

可以看到,上引文字是对献帝都许后与曹操关系的一段集中叙述。先以"守位而已"定其基调,其后分别从三个层面加以渲染,即以曹党侍卫献帝、诛杀异己人士以及一个曹操朝见献帝却狼狈而出的故事。三个层面复合而成的叙述指向显然不止于二人间的不信任感,而是直接导向了曹操对献帝的控制与胁迫。其中献帝对曹操所言卑辞与其天子身份的反差,尤为凸显二人间君臣关系的扭曲,等于是否定了曹魏皇帝权力起源的正当性之所在。对比前文所论如《三国志》卷一《魏书·武帝纪》载"建安二十一年,夏五月,天子进公爵为魏王"条裴松之注引《献帝传》记载献帝所下诏书和手诏的内容,可知《汉晋春秋》这段文字的叙述立场必定是站在了曹魏王权的对立面,与习氏是蜀非曹的正统观正相一致。

实际上《汉晋春秋》的上述文字也是有所本的。《说郛》卷五九引《献帝春秋》曰:

---

① 《太平御览》,第 442 页。
② 参见刘静夫:《习凿齿评传》,收入中国魏晋南北朝史学会编:《魏晋南北朝史论文集》,济南:齐鲁书社,1991 年,第 322—338 页;张承宗:《〈汉晋春秋〉在史学上的影响》,《史学史研究》1996 年第 2 期,第 35—40 页;黄惠贤、柳春新:《〈晋书·习凿齿传〉述评》,收入黄惠贤:《魏晋南北朝隋唐史研究与资料》,武汉:湖北人民出版社,2010 年,第 55—65 页;马铁浩:《〈史通〉引书考》,第 211—213 页;饶宗颐:《中国史学上之正统论》,上海:上海远东出版社,1996 年,第 9—10 页;陈俊伟:《叙述观点与历史建构——两晋史家的"三国"前期想象》,第六章第一节《习凿齿与蜀汉正统的曲折定位》,第 291—303 页,台北:秀威经典,2015 年;中村圭爾:《魏蜀正閏論の一側面》,收入氏著《六朝政治社会史研究》,东京:汲古书院,2013 年,第 439—460 页。

第二章 名、实之间:《献帝纪》与《献帝传》

献帝都许,守位而已。宿卫近侍,莫非曹氏党旧恩戚。议郎赵彦尝为帝陈言时策,曹操恶而杀之。其余内外,多见诛。操后以事入见殿中,帝不任其忿,因曰:"君能相辅,则厚;不尔,幸垂恩相舍。"操失色,俛仰求出。旧仪,三公辅兵入朝,令虎贲执刃挟之。操顾左右,汗流洽背,自后不敢复朝请。①

以上文字与前引《汉晋春秋》所载几无差别,文本因袭之迹昭然。据《隋书·经籍志》,《献帝春秋》为孙吴袁晔的作品②,其中出现这种凸显曹魏皇帝权力来源非正当性的书写是很自然的。又如《三国志》卷十《魏书·荀彧传》裴松之注引《献帝春秋》言:"(荀)彧卒于寿春,寿春亡者告孙权,言太祖使彧杀伏后,彧不从,故自杀。权以露布于蜀,刘备闻之,曰:'老贼不死,祸乱未已。'"虽然被裴松之斥为"凡诸云云,皆出自鄙俚,可谓以吾俦之言而厚诬君子者矣。袁晔(晔)虚罔之类,此最为甚也"③,其实都是吴人政治立场的反映。

总之,前引《太平御览·人事部·汗》中所谓《献帝传》之言,实际上来自于吴人所撰《献帝春秋》的可能性更大④。至少这条佚文的存在,尚不足以推翻前文关于《献帝传》性质的判断。

有趣的是,这段出自吴人之手的文字,几乎原封不动地又为范晔

---

① 《说郛》(一百二十卷本),《说郛三种》,上海古籍出版社,1988年,第2726页。
② 《隋书》,第957页。又《三国志》卷五七《吴书·陆瑁传》裴松之注曰:"(袁)迪孙晔,字思光,作《献帝春秋》。"第1337页。
③ 《三国志》,第318—319页。裴松之对袁晔《献帝春秋》及乐资《山阳公载记》多有批评。如卷六《魏书·袁绍传》裴注:"乐资《山阳公载记》及袁晔《献帝春秋》并云太祖兵入城,审配战于门中,既败,逃于井中,于井获之。臣松之以为配一代之烈士,袁氏之死臣,岂当数穷之日,方逃身于井,此之难信,诚为易了。不知资、晔之徒竟为何人,未能识别然否,而轻弄翰墨,妄生异端,以行其书。如此之类,正足以诬罔视听,疑误后生矣。寇史籍之罪人,达学之所不取者也。"第206页。卷三六《蜀书·马超传》裴注:"袁晔、乐资等诸所记载,秽杂虚谬,若此之类,殆不可胜言也。"第947页。
④ 在《太平御览》卷前所附《经史图书纲目》所列书目中,有袁晔《献帝春秋》,而并无《献帝传》。整部《太平御览》引用《献帝传》之处,除了此处以外,就只有前引《车部》所载的一段文字了。而引用《献帝春秋》则多达几十处。这或说明到北宋时,作为单行作品的《献帝传》早已不存。

《后汉书》所袭用。见于卷十下《皇后纪下·献帝伏皇后》：

> 自帝都许，守位而已。宿卫兵侍，莫非曹氏党旧姻戚。议郎赵彦尝为帝陈言时策，曹操恶而杀之。其余内外，多见诛戮。操后以事入见殿中，帝不任其愤，因曰："君若能相辅，则厚；不尔，幸垂恩相舍。"操失色，俛仰求出。旧仪，三公领兵朝见，令虎贲执刀挟之。操出，顾左右，汗流浃背，自后不敢复朝请。①

如前所言，此段文字有鲜明的政治立场，就是否定曹魏皇帝权力起源的正当性。范晔在《后汉书》中袭用此段文字，意味着他也站在了同一立场。虽然是否如习凿齿《汉晋春秋》般"是蜀"不得而知，但"非曹"的立场应该是一致的。

紧接此段文字之后，《后汉书·皇后纪下·献帝伏皇后》记述了伏后之死。即建安十九年（214），伏氏家族谋反事发后：

> （曹操）又以尚书令华歆为郗虑副，勒兵入宫收（伏）后。闭户藏壁中，歆就牵后出。时帝在外殿，引虑于坐。后被发徒跣行泣过诀曰："不能复相活邪？"帝曰："我亦不知命在何时！"顾谓虑曰："郗公，天下宁有是邪？"遂将后下暴室，以幽崩。所生二皇子，皆酖杀之。后在位二十年，兄弟及宗族死者百余人，母盈等十九人徙涿郡。②

上引文字描摹的伏后与献帝诀别场面颇富戏剧性，在渲染曹操对献帝的控制与胁迫之效果方面已臻极境。寥寥数语，为献帝一方博得无限同情的同时，也将曹操牢牢钉在了"汉贼"的十字架上。显然，与前述"献帝都许，守位而已"云云的文字一样，这段文字的叙述立场也站在了曹魏王权的对立面。不妨对比《三国志》卷一《魏书·武帝纪》的相应书写：

---

① 《后汉书》，第 453 页。
② 《后汉书》，第 454 页。

> (建安十九年)十一月,汉皇后伏氏坐昔与父故屯骑校尉完书,云帝以董承被诛怨恨公,辞甚丑恶,发闻,后废黜死,兄弟皆伏法。①

《三国志》此段文字展示了从内在于曹魏王权的立场如何书写伏后之死。类似表现亦见于《太平御览》卷一三七《皇亲部·东汉孝献伏皇后》引《续汉书》曰:

> 孝献伏皇后,琅琊东武人。侍中、辅国将军、不其侯完女也。后坐与父完谋为奸书,诈罔不道。上收后,下暴室诏狱,忧死。兄弟皆伏诛。②

司马彪在这里明确将处死伏后的主体书写为"上"即汉献帝,比陈寿更为明显地继承了曹魏王权的立场③。可以推测,在曹魏国史王沈《魏书》以及本章所述与曹魏国史撰述关系密切的《献帝传》中,关于伏后之死的书写当与《三国志》《续汉书》所见相去不远。

既然如此,范晔《后汉书·皇后纪》中与曹魏王权立场相左的"伏后之死"叙述,又是来自何方呢?答案就在《三国志》卷一《魏书·武帝纪》上引文字的裴松之注中:

> 《曹瞒传》曰:"公遣华歆勒兵入宫收(伏)后,后闭户匿壁中。歆坏户发壁,牵后出。帝时与御史大夫郗虑坐,后被发徒跣过,执帝手曰:'不能复相活邪?'帝曰:'我亦不自知命在何时也。'帝谓虑曰:'郗公,天下宁有是邪!'遂将后杀之,完及宗族死者数百人。"④

---

① 《三国志》,第44页。
② 《太平御览》,第669页。
③ 司马彪《续汉书》多有"偏党"曹魏政权的表现。参见陈俊伟:《叙述观点与历史建构——两晋史家的"三国"前期想象》,第三章第三节《司马彪〈续汉书〉对曹魏政权的书写态度》,第150—165页。
④ 《三国志》,第44页。《太平御览》卷一三七《皇亲部·东汉孝献伏皇后》亦引《曹瞒别传》曰:"公遣华歆勒兵入宫收后。后闭户匿壁中,歆攘户废壁牵后出。"第669页。

《后汉书》的叙述显然与《曹瞒传》存在文本上的因袭关系。如所周知，《曹瞒传》为吴人所作①。章宗源即指出，"其言（曹）操少好飞鹰走狗，游荡无度，又佻易无威重，好音乐，及遣华歆入宫收伏后事，语皆质直，不为魏讳"②。章氏之见立足于"直书"与"曲笔"的二元对立，以为《曹瞒传》所书多近于"实录"。实际上作为远在江南的曹魏敌国，吴人所书的可信度应该受到同等的历史学审视。前述裴松之即对袁晔《献帝春秋》多有批评，谓之"皆出自鄙俚，可谓以吾侪之言而厚诬君子者矣"。"鄙俚"与"君子"之辨姑且不论，可以认为"伏后被处死"这一"历史事件"很可能确为曹操一方所主导，但是否依照上述"伏后之死"叙述所见的情节构成——包括华歆破壁出伏后、伏后被发徒跣诀别献帝、献帝悲愤言之等具体细节——来发生则是相当值得怀疑的。而可以肯定的是，上述极富戏剧感的"伏后之死"叙述是孙吴王权政治立场的反映。《太平御览》卷三七三《人事部·发》引谢承《后汉书》曰：

> 曹操逼献帝废伏后，以尚书令华歆〔为〕郗虑副，勒兵入宫收后。后闭户藏壁中，歆就牵后出。时帝在外殿，后被发徒跣行泣过诀曰："不能复相活耶？"帝曰："我亦不知命在何时。"③

文字上虽有若干出入，仍然难掩与上引《曹瞒传》的同质关系。谢承《后汉书》成立于孙吴黄武年间前后，其书虽以《东观汉记》为主要史料来源，正统立场则明确在孙吴一方④。本书第三章言其对东汉江东人士多有偏重⑤，此处书写与曹魏王权立场相左的"伏后之死"，本质

---

① 参见本书第 9 页脚注 3。
② 章宗源：《隋书经籍志考证》，《二十五史补编》，第 4 册，第 5029 页。
③ 《太平御览》，第 1720 页。参见马铁浩：《〈史通〉引书考》，第 115—116 页。
④ 参见吴树平：《〈东观汉记〉的缺陷与诸家后汉书》，收入氏著《秦汉文献研究》，第 280 页；周天游：《八家后汉书辑注·前言》，上海：上海古籍出版社，1986 年，第 5 页；安部聪一郎：《後漢時代關係史料の再檢討—先行研究の檢討を中心に—》，《史料批判研究》第 4 卷，2000 年，第 1—43 页，尤其是第 27 页尾注 14。
⑤ 参见本书第三章第三节《赵晔事迹与孙吴精英的地方书写》，第 98—99 页。

上都是孙吴精英与王权共谋互动的历史书写表现①。范晔《后汉书·皇后纪》中的"伏后之死"叙述,与前述"献帝都许,守位而已"云云的文字一样,当直接或间接袭自吴人所书②,同时亦否定了曹魏王权的相关书写。

范晔《后汉书》之"非曹"的表现不止于《皇后纪》中的如上两处叙述。清代以来学者早已注意到《后汉书·献帝纪》与《三国志·魏书·武帝纪》的书法之异。如赵翼《廿二史札记》所言:

> 虽陈寿修书于晋,不能无所讳,蔚宗修书于宋,已隔两朝,可以据事直书,固其所值之时不同,然史法究应如是也。陈寿《魏纪》书,天子以公领冀州牧,蔚宗《献帝纪》则曰曹操自领冀州牧。《魏纪》,汉罢三公官,置丞相,以公为丞相,《献纪》则曰曹操自为丞相。《魏纪》,天子使郗虑册命公为魏公,加九锡,《献纪》则曰曹操自立为魏公,加九锡。《魏纪》,汉皇后伏氏,坐与父完书,云帝以董承被诛怨恨公,后废黜死,兄弟皆伏法,《献纪》则曰曹操杀皇后伏氏,灭其族及其二子。《魏纪》,天子进公爵为魏王,《献纪》则曰曹操自进号魏王。《魏纪》,韦晃等反,攻许,烧丞相长史王必营,必与严(巨)〔匡〕讨斩之,《献纪》则曰耿纪、韦晃起兵诛曹操,不克,夷三族。至禅代之际,《魏纪》书汉帝以众望在魏,乃召群公卿士,使张音奉玺绶禅位,《献纪》则曰魏王曹丕称天子,奉帝为山阳公。他如董承、孔融等之诛,皆书操杀,

---

① 孙吴精英利用历史书写提高自身正统性有多种表现形式。如其国史韦昭《吴书》亦为董卓、曹操等东汉末群雄立传,反映出孙吴政权以东汉正统继承者自居的自我定位。参见满田刚:《韦昭『吴书』について》;徐冲:《中古时代的历史书写与皇帝权力起源》,《单元二:"卅国群雄传"》。

② 在出自吴人的《曹瞒传》与谢承《后汉书》之后,此段"伏后之死"叙述先见于两晋之际张璠所撰《汉记》(见《太平御览》卷一三七《皇亲部·东汉孝献伏皇后》,第669页),后为东晋袁宏《后汉纪》所继承,且明言"皇后伏氏废,非上意也。曹操使人收后……"(《袁宏〈后汉纪〉集校》,卷三十《孝献皇帝纪第三十》,第384页)。参见陈俊伟:《叙述观点与历史建构——两晋史家的"三国"前期想象》,第三章第三节《司马彪〈续汉书〉对曹魏政权的书写态度》,第153—154页。

此史家正法也。①

范晔《后汉书·献帝纪》的书法确实与陈寿《三国志·魏书·武帝纪》存在系统性差别。简而言之,对于建安后期所发生的若干与汉魏禅代有关的重大制度与政治事件,陈寿《魏纪》书之以天子之命,范晔《献纪》则全改为曹氏自为。

注意到这一差别的学者从推重所谓"史德"出发,多数是范晔而非陈寿,如上引赵翼所言,认为前者代表了可以"据事直书"的"史家正法"②。事实上,二者间的区别不完全是陈寿"修书于晋,不能无所讳"与范晔"已隔两朝,可以据事直书"的所谓"史法"问题。作为一种王朝更替模式的"禅让",贯穿于整个建安时代后期③。陈寿《魏纪》以内在于曹魏王权的政治立场,如实记录了这一王朝更替模式的首次历史实践进程。范晔《献纪》将之全改为曹氏自为,某种程度上反而是对这一历史过程的片面化④。这当然并不意味着范晔全盘否

---

① 赵翼撰,王树民校证:《廿二史札记校证》卷六,"《后汉书》《三国志》书法不同处"条,北京:中华书局,1984年,第119页。

② 参见蓝文徵:《范蔚宗的史学》,收入张越主编:《〈后汉书〉、〈三国志〉研究》,北京:中国大百科全书出版社,《20世纪二十四史研究丛书》第五卷,2009年,第51—52页;陈千钧:《论范晔〈后汉书〉的巨大成就及其对后世的影响》,收入《〈后汉书〉、〈三国志〉研究》,第87—88页。汪荣祖《史传通说:中西史学之比较》亦言:"蔚宗《后汉》书法,以曹操自领、自立、自进,而寿修《魏纪》则书天子以公领牧,以公为丞相,以公为魏王,以回护曹氏之攘夺。类此隐讳,殆亦一时风尚;彦和即谓'尊贤隐讳故尼父之圣旨',何况'避谁至晋,渐臻严密'。然究有违历史求实之旨,不免曲笔之讥,以攘夺为酬庸,殊非'无意之偏见'(unconcious bias),实属'故意之窜改'(deliberate distortion)。"北京:中华书局,1999年,第115—116页。

③ 关于"禅让"之前的历史与魏晋王权理念的关系,参见徐冲:《中古时代的历史书写与皇帝权力起源》,《单元一:"起元"》《单元二:"开国群雄传"》;本书附录二:《"禅让"与魏晋王权的历史特质》。

④ 雷家骥亦指出:"陈寿站在魏之立场,书曹操被策领冀州牧、拜丞相、晋魏公、加九锡,书汉献帝禅于魏文帝,实为恰当的陈述。犹之如在《蜀》《吴》二书,一再引述二国声讨曹魏凶奸篡盗之辞也。是皆各就其政治立场从实而书。……范晔本《春秋》褒贬精神以述曹操自为,虽未完全失实,但却也未称全是,心有主观之意,转不及陈寿之让人物事实各自说话的笔法令人信服。"见氏著《中国古代史学观念史》,第九章第二节《陈寿的理念与〈三国志〉》,北京:北京师范大学出版社,2018年,第296、298页。

定"禅让"模式,毋宁说只是对曹魏皇帝权力之正当性持否定态度①。这与前述其书《皇后纪下·献帝伏皇后》两处袭用吴人所书的叙述立场一致。真正值得追问的历史学问题,不是陈寿与范晔何者所书为"史家正法",而是曹魏皇帝权力之正当性在魏晋南朝间的这一"颠倒之旅"究竟是如何以及因何发生②。

(二)"尊晋"与"三国"

限于篇幅,这里不拟对此问题做过多讨论。如四库馆臣那样将习凿齿"是蜀非曹"之正统观的出现,归之于"为偏安者争正统"③,即江南王朝自我正当化动机的驱动,无疑是过于简单了④。习氏临终上疏,自述之所以主张"皇晋宜越魏继汉,不应以魏后为三恪",根本目的在于"尊晋"⑤。其首要理由在于:

---

① 徐大英《陈寿修史"多所回护"说辨析》对此已有所察觉,指出"陈寿《三国志·魏书·武帝纪》的记载符合历史史实,是据事直书的写法",而范晔"《后汉书·献帝纪》在记载曹操事迹时明显反映了作者贬抑曹氏的态度",收入《〈后汉书〉、〈三国志〉研究》,第256—259页。

② 基于同样的问题意识,在面对汉唐间纪传体王朝史中"开国群雄传"从存在到缺失、书写皇后从"外戚传"到"皇后传"等诸般结构性变化时,与其像刘知幾《史通》那样站在后者的立场批评前者不得"史法",不如致力于揭示及理解从前者到后者的历史过程。参见徐冲:《中古时代的历史书写与皇帝权力起源》,《单元二:"开国群雄传"》《单元三:"外戚传"与"皇后传"》,第123—168页。

③ 《四库全书总目》卷四五《史部·正史类一·三国志》载:"其书(《三国志》)以魏为正统。至习凿齿作《汉晋春秋》,始立异议。自朱子以来,无不是凿齿而非(陈)寿。然以理而论,寿之谬万万无辞;以势而论,则凿齿帝汉顺而易,寿欲帝汉逆而难。盖凿齿时晋已南渡,其事有类乎蜀。为偏安者争正统,此予于当代之论者也。寿则身为晋武之臣,而晋武承魏之统。伪魏是伪晋矣,其能行于当代乎?此犹宋太祖篡立近于魏,而北汉、南唐迹近于蜀。故北宋诸儒皆有所避而不伪魏。高宗以后,偏安江左近于蜀,而中原魏地全入于金。故南宋诸儒乃纷纷起而帝蜀。此皆当论其世,未可以一格绳也。"北京:中华书局,1965年,第403页。

④ 参见陈俊伟:《叙述观点与历史建构——两晋史家的"三国"前期想象》,第325—332页。

⑤ 参见中村圭爾:《魏蜀正閏論の一側面》。中村氏进一步指出,习氏提倡以"魏蜀正闰论"尤其是"蜀正统论"实现"尊晋",主要目的在于为司马氏创业三代的僭上篡逆"免罪"。

> 昔汉氏失御,九州残隔,三国乘间,鼎跱数世,干戈日寻,流血百载,虽各有偏平,而其实乱也。……至于武皇,遂并强吴,混一宇宙,义清四海,同轨二汉。除三国之大害,静汉末之交争,开九域之蒙晦,定千载之盛功者,皆司马氏也。而推魏继汉,以晋承魏,比义唐虞,自托纯臣,岂不惜哉!
>
> 今若以魏有代王之德,则其道不足;有静乱之功,则孙刘鼎立。道不足则不可谓制当年,当年不制于魏,则魏未曾为天下之主;王道不足于曹,则曹未始为一日之王矣。昔共工伯有九州,秦政奄平区夏,鞭挞华戎,专总六合,犹不见序于帝王,沦没于战国,何况暂制数州之人,威行境内而已,便可推为一代者乎!①

可见习氏所尊之"晋",重点仍在曾一统天下的西晋,而非偏安江南的建康政权。而曹魏之所以未能获得如司马氏一般的正统性,正是缘于只是"暂制数州之人","未曾为天下之主"。这里"天下"的措辞显示,时人眼中王朝正统性的获致,与统治疆域上"同轨二汉""伯有九州"互为表里②。吴、蜀政权的存在,即使只是占据"九州"边缘的扬、荆、益三部,对曹魏王权的正统性也构成了相当挑战。

值得注意的是,以类似"三国""鼎立"的措辞指称汉末西晋之间历史的做法,在东晋时代并不罕见。如《晋书》卷六一《周浚传》载东晋初年周嵩向元帝上疏,其中有言:

> 近者三国鼎跱,并以雄略之才,命世之能,皆委赖俊哲,终成功业,贻之后嗣,未有愆失遗方来之恨者也。③

---

① 《晋书》卷八二《习凿齿传》,第2154—2156页。
② 参见渡辺信一郎:《中国古代的王权与天下秩序》(增订版),第一章《天下的意识形态结构——以唐代中国与日本律令制国家的比较为中心》,第二章《天下的领域结构——以战国秦汉时期为中心》,徐冲译,上海:上海人民出版社,2021年即刊。类似措辞和正统意识,亦见于晋宋之际建康精英使用的"五胡"称谓。参见本书第七章《"西京"与"东房":谢灵运〈劝伐河北书〉所见华北局势与历史认识》、第八章《"五胡"新诠:晋宋之际建康精英的历史书写》。
③ 《晋书》,第1660—1661页。

"三国鼎峙"之语与前引习氏上疏所谓"三国乘间,鼎跱数世"相类,背后对应的一方面是"汉氏失御,九州残隔"的正统意识,一方面则是对魏、蜀、吴一视同仁,"皆委赖俊哲,终成功业",并无高下之别。同书卷九二《文苑传·袁宏》载与习凿齿大致同时的袁宏在东晋中期撰《三国名臣颂》。篇末"复缀序所怀,以为之赞曰":

> 火德既微,运缠大过。洪飙扇海,二溟扬波。虬兽虽惊,风云未和。潜鱼择川,高鸟候柯。赫赫三雄,并回乾轴。竞收杞梓,争采松竹。凤不及栖,龙不暇伏。谷无幽兰,岭无停菊。①

袁宏以"火德既微,运缠大过"作为"赫赫三雄,并回乾轴"的前提,与前述习凿齿上疏的逻辑如出一辙,落脚点仍在完成了天下一统的西晋,而非"暂制数州之人""未曾为天下之主"的曹魏②。再至晋宋之际的义熙元年(405),西凉主李暠遣使送表至建康,其中有云:

> 昔汉运将终,三国鼎峙,钧天之历,数钟皇晋。高祖阐鸿基,景文弘帝业,嗣武受终,要荒率服,六合同风,宇宙齐贯。③

如本书"《劝伐河北书》编"所论,虽然只是来自西凉这一汉晋天下边缘的上表,但其中的措辞表述应是李暠一方在充分掌握情报的基础上,为应和建康精英的政治意识而作④。"汉运将终,三国鼎峙,钧天之历,数钟皇晋"之语应用于此边陲上表,显示前述周嵩、习凿齿、袁宏所言背后的正统意识与历史认知,并非仅为个人独见,相当程度上是建康精英主流观念的反映。习凿齿《汉晋春秋》提倡以蜀汉政权作

---

① 《晋书》,第2394页。
② 袁宏《后汉纪》亦颇有"是蜀非曹"的若干表现。参见陈俊伟:《叙述观点与历史建构——两晋史家的"三国"前期想象,第四章〈袁宏《后汉纪》的人心犹思汉论证与扶汉表彰〉,第180—230页;雷家骥:《中国古代史学观念史》,第九章第四节《批判制裁下的东晋史学》,第340—346页。雷氏并指出袁宏从弟袁山松亦持"非曹"立场,见其所著《后汉书·献帝纪论》(第339页)。
③ 《晋书》卷八七《凉武昭王李玄盛传》,第2259—2260页。
④ 参见本书第七章《"西房"与"东房":谢灵运〈劝伐河北书〉所见华北局势与历史认识》、第八章《"五胡"新诠:晋宋之际建康精英的历史书写》。

为东汉王权的延续以实现所谓"尊晋",这一主张表面上的特异性,事实上正是以东晋一朝普遍存在对曹魏正统的否定为前提的。

由此返观西晋一统天下后出现陈寿《三国志》这样的作品,对于曹魏王权正当性的维持而言确实是一个危险的信号。虽然西晋官方仍以曹魏为正统,朝野多以吴、蜀为"伪朝",《三国志》也相应采取了"帝魏"而"闰蜀吴"的书法①;但将魏、蜀、吴三方并置于一书以书写东汉与西晋之间的历史,且总名之以《三国志》②,已经是一种"非曹"的明确姿态,等于直言曹魏不具有东汉正统的完整继承资格③,只是还没有像前引习凿齿上疏所言的"暂制数州之人""未曾为天下之主"那样露骨而已。

陈寿的这一做法,无疑与前述曹魏王权自身自建安时代以来所致力的历史书写保持了相当距离,却在西晋朝野的精英人群中得到了相当高的评价。《晋书》卷八十《陈寿传》所谓"时人称其善叙事,

---

① 关于陈寿"帝魏"亦或"党蜀",自唐宋以来有着漫长的争议史,这里不拟过多涉及。参见刘咸炘:《〈三国志〉知意》,收入刘咸炘著、黄曙辉编校《刘咸炘学术论集·史学编(下)》,桂林:广西师范大学出版社,2007年,第301—325页;陈登原:《〈三国志〉义例辨录》,收入《〈后汉书〉、〈三国志〉研究》,第173—194页;饶宗颐:《中国史学上之正统论》,"资料三",第289—348页;陈俊伟:《叙述观点与历史建构——两晋史家的"三国"前期想象》,第二章《陈寿"不忘旧国"探析》,第53—118页。

② 参见缪钺:《〈三国志〉的书名》,《读书》1983年第9期,第150—151页;李纯蛟:《〈三国志〉书名称谓考》,收入《〈后汉书〉、〈三国志〉研究》,第248—255页。近年辛德勇《陈寿〈三国志〉本名〈国志〉说》另立新说,主张陈寿之书正式的名称题作《国志》,所谓《三国志》只是一种俗称或变体(收入氏著《祭獭食蹠》,北京:中华书局,2016年,第1—58页)。但辛氏也认为,陈寿取《国志》之名正是因为以此"命名并世列国之史,古人自有共识";并引范文澜之语:"陈寿取法《国语》,三国并列,各依国势,略示区分。……此深切当时事情。正不必以其仕西晋武帝之朝,遂妄测正统何属之论也。"参见范文澜:《正史考略》,《三国志》条,北平:文化学社,1932年,第52页。此书未得见,转引自辛文。

③ 李纯蛟《〈三国志〉的历史地位》指出:"《三国志》以魏帝为本纪,表明有过汉→魏→晋这个统绪,在形式上迎合了当局争正统的政治需要;但是从实质上讲,《三国志》并不承认这个统绪是完整的。"收入《〈后汉书〉、〈三国志〉研究》,第267—282页。雷家骥亦指出:"陈寿之构思笔法,已足以表示他承认正朔有三的历史及政治事实。并且,他是先有此认知,然后始有此笔法构思,进而将三国各分裂叙述,使其君臣各自鱼贯雁行,互不臣妾隶属,以符鼎立之事实也。"见氏著《中国古代史学观念史》,第九章第二节《陈寿的理念与〈三国志〉》,第295页。

有良史之才""辞多劝诫,明乎得失,有益风化,虽文艳不若相如,而质直过之"①,在"良史之才"、"质直过之"之类泛泛之辞的背后,隐藏着对于《三国志》否定曹魏王权之完整正统性的赞赏态度。《陈寿传》又载:

> 夏侯湛时著《魏书》,见寿所作,便坏己书而罢。张华深善之,谓寿曰:"当以《晋书》相付耳。"其为时所重如此。②

夏侯湛在看过陈寿《三国志》之后,即放弃了自己撰述《魏书》的计划。需要特别指出的是,这里夏侯湛所欲撰之《魏书》,对应的并非仅仅只是《三国志》中的《魏书》部分,而应是由《魏书》《吴书》和《蜀书》共同组成的整部《三国志》。如此,夏侯《魏书》若有机会撰成,很可能是如曹魏国史王沈《魏书》那样,将孙吴、蜀汉政权之君臣都囊括在内,与董卓、袁绍等东汉末群雄并列为"开国群雄传"的一部分③。换言之,以《魏书》这一形式来书写东汉与西晋间的历史,意味着仍然忠实继承了曹魏王权的历史书写立场,承认曹魏正统的完整性④。又《太平御览》卷二三四《职官部·著作佐郎》引《张华别传》曰,"当时夏侯湛等多欲作《魏书》,见(陈)寿所作即坏己书"⑤,显示这一书法不止于夏侯湛的个人独见,在当时本是主流。

号称"幼有盛才,文章宏富"的夏侯湛⑥,之所以"见寿所作即坏己书",未必只是因为拜服其"良史之才",而是在"尊晋"这一最大的"政治正确"方面,《魏书》显然较《三国志》落了下风。将曹魏贬为三"国"之一,而非"天下之主",更可以突出西晋的历史地位,达到类似前述习凿齿上疏所言"除三国之大害,静汉末之交争,开九域之蒙晦,

---

① 《晋书》,第 2137—2138 页。
② 《晋书》,第 2137 页。
③ 参见徐冲:《中古时代的历史书写与皇帝权力起源》,《单元二:"开国群雄传"》。
④ 类似作品时见于曹魏两晋时期,如王沈《魏书》、鱼豢《魏略》、孙盛《魏氏春秋》、孔衍《汉魏尚书》等。
⑤ 《太平御览》,第 1111 页。
⑥ 《晋书》卷五五《夏侯湛传》,第 1491 页。

定千载之盛功者,皆司马氏也"的历史书写效果,使得西晋成为东汉正统的完整继承者,而无需经过曹魏这一中介。代表西晋王权立场的张华欲"以《晋书》相付",看中的不仅是陈寿的"良史之才",还当包括了《三国志》在"尊晋"方面所取得的良好效应。

因此,前述东晋时期流行的以"三国""鼎立"之类措辞指称汉末西晋之间的历史,可以肯定是滥觞于西晋洛阳时代,而无需等到后来的典午南渡。甚至可以认为在建安后期曹氏王权与荀彧等清流人士围绕汉魏交替进程爆发的政治分歧中已然埋下了伏笔①。由此方能理解,何以在西晋灭吴完成南北统一之后,孙吴时代以敌国立场写下的诸多传闻之辞反而获得了更大的流通舞台,逐渐进入主流视野。如前述《曹瞒传》与谢承《后汉书》所见的"伏后之死"叙述,就首先在两晋之际的张璠《汉记》中获得了传承②,继而现身于袁宏《后汉纪》和范晔《后汉书》,完成了从"传闻"到"正史"的华丽转身。诸多自建安时代以来为曹魏王权所压制近于消声的历史书写,也由此获得了苏醒的机会,为史家所重视与记录。裴松之注的出现,本书第一章所述范晔《后汉书》对《献帝起居注》中与曹魏皇帝权力起源无甚干系的礼仪与制度方面内容的承袭与强调③,皆可纳入这一历史脉络。正是在这一过程中,曹魏王权的正当性经历了相反的"颠倒"之旅,最终定格于"汉贼"的历史像。

---

① 参见本书第一章《哀歌与史诗:〈献帝起居注〉与献帝朝廷的历史意义》,第37—40页。
② 《太平御览》卷一三七《皇亲部·东汉孝献伏皇后》,第669页。
③ 参见本书第一章《哀歌与史诗:〈献帝起居注〉与献帝朝廷的历史意义》,第25—31页。

第三章 范晔《后汉书》冯良事迹成立小论

一、范晔《后汉书》中的冯良事迹与赵晔事迹

范晔《后汉书》卷五三《周燮传》记载,延光二年(123)安帝朝廷曾以玄纁羔币礼聘汝南周燮与南阳冯良两位名士,二人皆辞疾不就①。其后范书附记冯良事迹如下:

> 良字君郎。出于孤微,少作县吏。年三十,为尉从佐。奉檄迎督邮,即路慨然,耻在厮役,因坏车杀马,毁裂衣冠,乃遁至犍为,从杜抚学。妻子求索,踪迹断绝。后乃见草中有败车死马,衣裳腐朽,谓为虎狼盗贼所害,发丧制服。积十许年,乃还乡里。志行高整,非礼不动,遇妻子如君臣,乡党以为仪表。②

以上文字中包含了诸多有趣的历史信息。"出于孤微",指冯良在乡里无可凭藉的家族势力,即所谓"单家""贫贱",而与"大姓""冠族"相对③。这一出身与他年少时即进入"县吏"行列的经历是对应的。

---

① 《后汉书》,第1742—1743页。此事又见同书卷四六《陈忠传》:"及邓太后崩,安帝始亲朝事。忠以为临政之初,宜广聘贤才,以宣助风化,数上荐隐逸及直道之士冯良、周燮、杜根、成翊世之徒。于是公车礼聘良、燮等。"第1556页。
② 《后汉书》,第1743页。
③ 参见唐长孺:《东汉末期的大姓名士》,收入氏著《魏晋南北朝史论拾遗》,北京:中华书局,1983年,第25—33页。

至三十岁时为"尉从佐"。虽未明言郡县,但光武帝建武六年(30)省罢郡都尉,终东汉一世都未恢复①。这里的"尉从佐"只能是"县尉"之从佐,仍然属于县吏序列②。这说明冯良自入仕后一直服务于郡县官僚系统的底层。然而就在执行一次"奉檄"迎接督邮的例行公务时,他突然意识到了自己所从事的"厮役"之耻。此处李贤注曰:"厮,贱也。""耻"和"厮役"实际上是同一种认识的反复表达,以说明其后毅然决裂的动机所在。这种决裂表现为两个相反相成的方面。其一为"坏车杀马,毁裂衣冠",车、马、衣、冠当然都是"公物",即破坏过去县吏身份的象征物。其二为逃离家乡,至犍为郡师从杜抚为学,这是新身份与新生活的开始。最终经十余年学成归来后,成为表率乡里的儒学名士③。

不同于《后汉书》插叙附传时常见的疏略情形,这里的冯良事迹本末皆具,且叙述有致,颇富戏剧性。然而,很早就有学者注意到,范晔所记冯良事迹,与同书《儒林传》中的赵晔事迹极为相似。《后汉书》卷七九下《儒林下·赵晔传》载:

> 赵晔字长君,会稽山阴人也。少尝为县吏。奉檄迎督邮,晔耻于厮役,遂弃车马去。到犍为资中,诣杜抚受《韩诗》,究竟其

---

① 关于光武帝省罢郡尉的经过及原因,参见严耕望:《中国地方行政制度史(甲部):秦汉地方行政制度》,台北:历史语言研究所专刊之45A,1961年,第153页;杨鸿年:《汉魏制度丛考》,武汉:武汉大学出版社,2005年,"郡都尉"条,第339—341页。中华书局点校本《后汉书》所录《续汉书·百官志》"郡太守"条所含的"尉一人",是整理者因未谙《续汉书·百官志》体例而误补。参见本书第四章《〈续汉书·百官志〉与汉晋间的官制撰述》,第128—134页。

② 《后汉书》此处李贤注曰:"从佐谓随从而已,不主案牍也。"

③ 关于东汉后期地方社会中的儒学士人形象,参见都築晶子:《後漢後半期の処士に関する一考察》,《琉球大学法文学部紀要·史学地理学篇》第26号,1983年,第13—55页;安部聪一郎:《隠逸、逸民の人士と魏晋期の国家》,《歴史学研究》第846号,2008年,第34—46页,中译文《隐逸、逸民式人士与魏晋时期的国家》,黄桢译,《中国中古研究:中国中古史青年学者联谊会会刊》第3卷,北京:中华书局,2013年,第89—104页;徐冲:《中古时代的历史书写与皇帝权力起源》,《单元四:"隐逸列传"》第二章《"处士功曹"小论》,第183—210页。

术。积二十年,绝问不还,家为发丧制服。(晔)〔抚〕卒(业)乃归。州召补从事,不就。举有道。卒于家。①

赵晔为会稽山阴人,因所著《吴越春秋》流传于世而较知名②。而范书所记赵晔事迹,除去开头的姓名籍贯与结尾的著述信息以外,中间的主要经历部分,如清人何焯所言,"《周燮传》载南阳冯良事,与此相类,而所从皆杜抚,必一事而传者互异耳"③。

范晔《后汉书》中的冯良事迹与赵晔事迹究竟相似到什么程度呢?不妨将二人事迹中的情节要素简单归纳为如下五点:

(A) 出身底层,在家乡从事卑职多年。
(B) 因某次受辱而觉醒,逃离家乡。
(C) 在新环境中成长,获得新身份。
(D) 旧身份在家乡以假死亡的形式被消灭。
(E) 以新身份荣归家乡。

按照上列五个情节要素,可将《后汉书》所记冯良和赵晔事迹分列如表3.1。

表 3.1

	范晔《后汉书·周燮传》附冯良小传	范晔《后汉书·儒林列传·赵晔》
A	出于孤微,少作县吏。	少尝为县吏。
B	年三十,为尉从佐。奉檄迎督邮,即路慨然,耻在厮役,因坏车杀马,毁裂衣冠。	奉檄迎督邮。晔耻于厮役,遂弃车马去。

---

① 《后汉书》,第2575页。
② 参见曹林娣:《关于〈吴越春秋〉的作者及成书年代》,《西北大学学报》1982年第4期,第68—73页;陈桥驿:《〈吴越春秋〉及其记载的吴、越史料》,《杭州大学学报》1984年第1期,第91—97页;周生春:《吴越春秋辑校汇考·绪论》,上海:上海古籍出版社,1997年。
③ 何焯:《义门读书记》卷二四《后汉书·列传》,北京:中华书局,1987年,第402页。又王先谦《后汉书集解》对何焯意见也有引用,北京:中华书局,1984年,第901页。

（续表）

	范晔《后汉书·周燮传》附冯良小传	范晔《后汉书·儒林列传·赵晔》
C	乃遁至犍为,从杜抚学。	到犍为资中,诣杜抚受《韩诗》,究竟其术。
D	妻子求索,踪迹断绝。后乃见草中有败车死马,衣裳腐朽,谓为虎狼盗贼所害,发丧制服。	积二十年,绝问不还,家为发丧制服。
E	积十许年,乃还乡里。志行高整,非礼不动,遇妻子如君臣,乡党以为仪表。	抚卒乃归。州召补从事,不就。举有道。卒于家。

可以看到,以上二者虽然在具体文字方面有相当多的差异,但是均全部包含了上述五个情节要素在内,而且在设定的发展顺序上也如出一辙。同时,在各个情节要素所包含的关键细节上也保持了高度一致。如 A 的"县吏"身份,B 的以"奉檄迎督邮"为"耻",C 的逃至"犍为"从"杜抚"为学,D 的家人为其"发丧制服",等等。

对此,上引何焯的判断是"必一事而传者互异耳"。所谓"一事",基本应等同于表 3.1 所示的情节要素和关键细节;而"传者互异",似乎暗示冯良与赵晔中必有一人为这一事迹的真正主人,范晔《后汉书》中之所以出现另一人的相似记录,是事迹在当时流传过程中的讹误所致。这一意见谨慎避免了二者文本面貌的相似来自于文本传承方面存在关连性的判断。

不过要从史实的层面确定冯良与赵晔何者为伪,并不是一个容易解决的问题。何氏提示二人"所从皆杜抚"。此人确非僻居蜀中的泛泛陋儒。《后汉书》卷七九下《儒林下·薛汉传》言薛汉弟子中,"犍为杜抚、会稽澹台敬伯、巨鹿韩伯高最知名",其后亦有杜抚本人小传,言抚"定《韩诗章句》","其所作《诗题约义通》,学者传之,曰《杜君法》云"①。杜抚曾先后辟于东平王刘苍之骠骑将军府及太尉府,是当时知名于天下的学者。史载他在犍为所教授的弟子达到千余人之多,冯良与赵晔均出于其门下并非没有可能②。

又冯良为南阳人,赵晔为会稽人。据《续汉书·郡国志》,犍为在"洛阳西三千二百七十里",而南阳在"洛阳南七百里",会稽在"洛阳东三千八百里"③。虽然会稽距离犍为要比南阳遥远很多,不过在东汉当时盛行的游学风气中,这样看似遥远的空间距离也并不足以构成决定性的障碍。这方面例子很多。前引《后汉书·薛汉传》言犍为杜抚为薛汉名弟子,而薛汉为淮阳人。又如郑玄出身北海高密,"以山东无足问者,乃西入关"师事扶风马融,而在马融门下为郑玄充当介绍人的则是来自涿郡的卢植④。又如景鸾为广汉梓潼人,"少随师学经,涉七州之地"⑤。《后汉书》卷七九《儒林传论》所谓"若乃经生所处,不远万里之路,精庐暂建,赢粮动有千百,其著名高义开门受徒者,编牒不下万人"⑥,实非虚言。

总之,单纯从记载内容的"内证"来看,很难判断范晔《后汉书》中的冯良事迹和赵晔事迹何者为伪。有必要暂时离开"史实"与"叙述"单纯对应的视角,从文本本身形成的线索去解释这一历史现象。

---

① 《后汉书》,第 2573 页。
② 当然这种师生关系很可能只是停留于"编牒"登记的层次,未必是面授亲传。东汉中期以后名儒在地方开学授徒,多有至数千上万者,其中真正为名师亲授者只是少数。《后汉书》卷三五《郑玄传》记其西入关中拜扶风马融为师,融门徒四百余人,能够"升堂进者"不过五十余生。郑玄在马融门下,"三年不得见,乃使高业弟子传授于玄"。第 1207 页。
③ 《后汉书》,第 3509、3476、3488 页。
④ 《后汉书》卷三五《郑玄传》,第 1207 页。
⑤ 《后汉书》卷七九下《儒林列传下·景鸾》,第 2572 页。
⑥ 《后汉书》,第 2588 页。

二、东汉时代的"不为县吏"群像

如所周知,在范晔《后汉书》于刘宋初问世之前,已经有多部关于东汉历史的作品存在。构成众书基础的是东汉王朝国史《东观汉记》,其后从三国至两晋时期,多种纪传体、编年体东汉史层出不穷。到了南朝初年范晔著成《后汉书》,实际上与先前的诸家"后汉书"存在诸多形式的密切关联①。一方面如刘知幾在《史通·书事篇》中所言,"范晔博采众书,裁成汉典,观其所取,颇有奇工"②。另一方面,范书中也不可避免地渗入了若干魏晋南朝方才发展出来的观念,与东汉时代的历史实态已经颇有距离③。

具体到本文的问题,如果从文本的角度向前追索,在范晔《后汉书》之前,最早可以确认的冯良事迹来自于《北堂书钞》所引《东观汉记》④。而最早的赵晔事迹则来自《北堂书钞》所引谢承《后汉书》⑤,已在三国孙吴时期。谢承《后汉书》所记赵晔事迹的问题将留置下节讨论,这里先来看《东观汉记》所载冯良事迹。如表3.2所示,可将相关文字按照前述A—E五个情节要素进行分节排列。

---

① 参见周天游:《八家后汉书辑注·前言》;吴树平:《秦汉文献研究》;安部聪一郎:《後漢時代關係史料の再檢討—先行研究の檢討を中心に—》。
② 《史通通释》,第230页。
③ 这方面日本学者安部聪一郎有相当具开拓性的系列研究,值得关注。除前引《隐逸、逸民式人士与魏晋时期的国家》《後漢時代關係史料の再檢討—先行研究の檢討を中心に—》二文外,尚有《党錮の「名士」再考——貴族制成立過程の再檢討のために》,《史學雜誌》第111卷第10号,2002年,第1—30页;《『後漢書』郭太列伝の構成過程——人物批評家としての郭泰像の成立》,《金沢大学文学部論叢》(史学·考古学·地理学篇)第28号,2008年,第13—61页。又参见徐冲:《中古时代的历史书写与皇帝权力起源》,《单元四:"隐逸列传"》第二章《"处士功曹"小论》。
④ 《北堂书钞》卷七七《设官部·吏》,北京:中国书店影印孔氏三十三万卷堂影宋本,1989年。又参见《东观汉记校注》卷十七,第723页。
⑤ 《北堂书钞》卷一〇三《艺文部·檄》。又参见周天游:《八家后汉书辑注》,第165页。

表 3.2

	《东观汉记》载冯良事迹	《东观汉记》载逢萌事迹①	蔡邕《贞节先生范史云碑》②
A	南阳冯良,少作县吏。	逢萌,字子康,北海人。少有大节,志意抗厉,家贫,给事为县亭长。	先生讳丹,字史云,陈留外黄人。(中略)君受天正性,志高行洁,在乎幼弱,固已巍然有烈节矣。时人未之或知,屈为县吏。
B	耻在厮役,因坏车杀马,毁裂衣冠。主挞之。	尉过迎拜,问事微久。尉去,举拳捆地,叹曰:"大丈夫安能为人役耶?"	亟从仕进,非其好也。退不可得,乃托死遁去,亲戚莫知其谋。遂隐窜山中,涉五经,览书传,尤笃《易》与《尚书》。
C	从杜抚学。	遂去学问。	
D	妻子见车有死马,谓为盗贼所害。		
E	良志行高洁,约礼者也。		学立道通,久而后归。游集太学,知人审友。苟非其类,无所容纳。介操所在,不顾贵贱。其乡党也,事长惟敬,养稚惟爱。言行举动,斯为楷式。

作为东汉王朝的国史,《东观汉记》虽然在唐代以前曾经位列"三史",但后来地位逐渐为范晔《后汉书》所取代,至元代就已经全部散佚了③。仅凭《北堂书钞》所保留的这段关于冯良的《东观》佚

---

① 《太平御览》卷二六九《职官部·县尉》引《东观汉记》,第 1258 页。同书卷三五七《兵部·楯》亦引《东观汉记》此段文字(第 1640 页),"拳"作"楯",当以"楯"为是。参见《东观汉记校注》卷十八,第 822 页。

② 蔡邕:《蔡中郎集》卷之二,上海:上海古籍出版社,《汉魏六朝百三家集》本,1994 年。

③ 参见吴树平《秦汉文献研究》中有关《东观汉记》的诸文;安部聪一郎:《後漢時代関係史料の再検討—先行研究の検討を中心に—》;雷闻:《唐代的"三史"与三史科》,《史学史研究》2001 年第 1 期,第 32—42 页。

文,难以判断其在原书中的本来位置。从"南阳冯良"而非"冯良,南阳人也"这样的表述来看,这段文字或许也是来自附传或者插叙,而非正传。范晔《后汉书》于《周燮传》下插叙冯良事迹,其来有自。另外,如"主挞之"和"从杜抚学"之间,或者"谓为盗贼所害"和"良志行高洁"之间,以文意推之,应该都是有所节略的,当非《东观》原文全貌。

不过即使如此,我们仍然可以看到,《北堂书钞》引《东观汉记》所保留的冯良事迹,在A—E五个情节要素的设定上是非常完整的,叙述次序与范晔《后汉书》完全一致,"县吏""坏车杀马,毁裂衣冠""杜抚"等关键细节也已经出现。就目前的史料状况而言,基本可以认为这一文本是范晔《后汉书》中冯良事迹与赵晔事迹的最早源头。

但《东观汉记》中的这一冯良事迹文本,与范晔《后汉书》相比,也有不一致的地方。如并未出现"年三十,为尉从佐"这样具体的年龄和身份,也没有"奉檄迎督邮"这一极富场面感的设定。这可能是因为《东观汉记》原本即缺失相关信息,但也不能排除是《北堂书钞》在引用《东观》文字时节略的结果。从"因坏车杀马,毁裂衣冠"的表述来看,《东观》原文本来也存在一个具体的场景设定,否则就无所"因"了。而在冯良如此行为之后,招致"主挞之"这样的惩罚。如后文所述,这是仅见于《东观汉记》的独特记录。说明他破坏象征县吏身份公物的行为似乎并不隐秘。上级部门对冯良的公开惩罚羞辱,可能才是他其后"(遁至犍为,)从杜抚学"的最主要动因,县吏身份所带来的耻辱感还未强大到如此地步。冯良事迹在东汉文本与魏晋南朝文本间呈现出的这些差异,并非无关紧要。

如果将眼光扩大到同时代的其他文本,可以发现类似故事在东汉时期并不止冯良一例。《太平御览》引《东观汉记》载有逢萌事迹,如表3.2所示。在A—E的五个情节要素之中,这一文本至少可以在前三个方面都对应起来①,均为不愿做县吏后又去游学之事。但是与冯良事迹相比,构成各个情节要素的关键细节又是完全不一样的。逢萌为县亭长,而非笼统的"县吏"。在感受到这一身份的低下时,他的反应是"举楯掷地"且长叹,而非"坏车杀马,毁裂衣冠"。其后外出游学之地也看不出与"犍为杜抚"有关(实际上是在长安太学)②。所以虽然逢萌的活动时代在西汉末经新莽至于东汉初,远早于冯良的东汉中期,二人事迹的情节要素又多有相通,但就文本而言,很难说二者存在传承关系。《东观汉记》虽为国史,但其中如冯良、逢萌这样以"处士"身份载入者,史料来源很可能就是各郡国作为上计材料提交朝廷的本地耆旧、先贤记录之类③。

更有对比价值的是蔡邕所撰《贞节先生范史云铭》,这里择取其中叙述碑主范丹早年经历部分列如表3.2。铭文结尾部分言范丹卒于中平二年(185),年七十四④。则其最初被"屈为县吏"之事大致发生在顺帝时代。与冯良、逢萌的人生轨迹类似,范丹年轻时也做过县吏,后不愿继续,就托死逃到山中,通过长时期研习儒学经典,将自己的身份转变为儒生,回到家乡后成为表率乡里的名士。值得注意的是,在描述范丹从县吏到儒生这一转变过程的位置,即表3.2中以不同形式见于冯良事迹和逢萌事迹的B—D情节要素,在蔡邕这里并未以清晰的形式体现出来。他既未设定一个如"尉过迎拜,问事微久"这样具体的场景,也没有将范丹的心理定位为"耻在厮役",只是

---

① 就现在所能看到的《东观》佚文来说,情节要素D在《东观汉记·逢萌传》中是否存在不得而知,而E肯定是存在的。《太平御览》卷三七五《人事部·血》引《东观汉记》曰:"逢萌隐琅琊不劳山,非礼不动,聚落化之。北海太守遣吏奉谒,萌不诺。太守遣吏捕之,民相率以石撽吏,皆流血奔走。"第1731页。参见《东观汉记校注》卷十八,第822页。

② 《后汉书》卷八三《逸民列传·逢萌》,第2759页。

③ 吴树平《〈东观汉记〉的材料来源》指出,作为国史的《东观汉记》,其材料来源包括起居注、历朝注记、尚书所主故事、兰台东观图籍档案、功臣功状、前人的旧闻旧事和私家著作等(见氏著《秦汉文献研究》,第134—143页)。其中最后一项类似圈称《陈留耆旧传》的著作。实际上这类著作很多时候与上计制度所提供的各地方信息有关。参见永田拓治:《上计制度与"耆旧传"、"先贤传"的编纂》。

④ 范晔《后汉书》记为范冉,入《独行列传》。

在强调他年少时即已"藐然有烈节"的基础上,将"亟从仕进,非其好也"书写为他转变身份的主要动机。

此铭文结尾说范丹死后,"太尉张公、兖州刘君、陈留太守淳于君、外黄令刘君,佥有休命,使诸儒参按典礼,作谋著谥,曰'贞节先生'。昭其功行,录记所履,谋于耆旧,刊石树铭,光示来世"①。范丹成名后,不断受到从地方到中央各级官府长官的辟召,虽基本未有应命,但官方记录应该均有留存,不难查找②。而其"不为县吏"的早年经历,至少发生于半个世纪之前,除了"谋于耆旧"即向本地故老打听之外,确实难有他途。蔡邕铭文中对范丹早年经历的记录形式,应该就是"谋于耆旧"的结果,而非限于碑铭体裁略而不言③。

可以看到,表3.2所列的三个例子,材料出自不同,人物故事各异,但情节要素反而一致度颇高。实际上冯良事迹与逢萌事迹最初虽然可能出之于郡国上计材料,却同被收入国史《东观汉记》;范丹早年事迹来自于家乡耆旧所言,但蔡邕将之写入碑铭,显然也受到了从县、郡、州到太尉各级官府长官及"诸儒"的一致认可。这显示地方士人对于县吏身份的拒绝,以及与之相反相成的对于儒生身份的追求,在东汉时期已经是一种受到精英阶层推崇和宣扬的意识形

---

① 蔡邕:《蔡中郎集》卷之二。
② 参见徐冲:《中古时代的历史书写与皇帝权力起源》,《单元四:"隐逸列传"》第二章《"处士功曹"小论》。
③ 范晔《后汉书》卷八一《独行列传》所记范冉(丹)早年事迹为:"少为县小吏,年十八,奉檄迎督邮,冉耻之,乃遁去。到南阳,受业于樊英。又游三辅,就马融通经,历年乃还。"第2688页。这一文本面貌与表3.2所示蔡邕《贞节先生范史云碑》中的描述差距较大,而与冯良事迹颇类,应该是三国两晋时人以冯良事迹为蓝本而书写的。史料中尚有蛛丝马迹可寻。干宝《搜神记》卷十七载:"汉陈留外黄范丹,字史云。少为尉从佐,使檄谒督邮。丹有志节,自耻为厮役小吏,乃于陈留大泽中杀所乘马,捐弃官帻,诈逢劫者。有神下其家曰:'我史云也,为劫人所杀,疾取我衣于陈留大泽中。'家取得一帻。丹遂之南郡,转入三辅,从英贤游学。十三年乃归,家人不复识焉。陈留人高其志行。及没,号曰贞节先生。"北京:商务印书馆,《丛书集成初编》本,1937年,第113页。又《太平御览》卷四二五《人事部·清廉》引袁山松《后汉书》曰:"范丹字史云,外黄人。为县吏,年十八,弃衣物道边,家以为死。遂西入关学。"第1959页。

态。这是伴随着地方上儒学教育的普及与知识阶层的形成①而出现的新历史现象。对于汉代传统的地方属吏而言,基本的素质要求是对文书的处理能力和对相关律令的熟悉与把握②。在地方官僚系统中的升迁,也主要是从最底层的卑微小吏做起,以"积功劳"的方式一步步进行的③。但这样的仕进和生活方式,对于东汉时期的士人来说,却变得越来越不可接受了。书写在国史和碑铭上的冯良、逢萌和范丹事迹,实际上既是这一历史进程的不同表现,也通过这些书写和宣扬加速了这一进程④。

三、赵晔事迹与孙吴精英的地方书写

上节指出了范晔《后汉书》所记冯良事迹,最早来源于东汉国史《东观汉记》。那么,应该如何理解范书中与冯良事迹高度相似的赵晔事迹呢?

如表 3.3 所示,赵晔事迹今天所能追溯到的最早史源是《北堂书钞》所引谢承《后汉书》。此段文字来自于《北堂书钞·艺文部》的

---

① 参见東晋次:《後漢時代の政治と社會》,第四章《儒学の普及と知識階層の形成》,名古屋:名古屋大学出版会,1995 年,第 143—192 页。
② 参见佐原康夫:《漢代都市機構の研究》,第二部第三章《漢代の官衙と属吏について》,东京:汲古书院,2002 年,第 195—280 页;高村武幸:《漢代の地方官吏と地域社会》,第一部第三章《漢代の官吏任用と文字の知識》,东京:汲古书院,2008 年,第 88—111 页。
③ 参见大庭脩:《漢代における功次による昇進について》,收入氏著《秦漢法制史研究》,东京:创文社,1982 年,第 546—566 页,中译文《汉代的因功次晋升》,徐世虹译,《秦汉法制史研究》中译本,徐世虹等译,上海:中西书局,2017 年,第 386—399 页;佐藤達郎:《功次による昇進制度の形成》,《東洋史研究》第 58 卷第 4 号,2000 年,第 33—56 页;蒋非非:《汉代功次制度初探》,《中国史研究》1997 年第 1 期,第 62—72 页;于琨奇:《尹湾汉墓简牍与西汉官制探析》,《中国史研究》2000 年第 2 期,第 35—47 页。紙屋正和《漢時代における郡県制の展開》(京都:朋友书店,2009 年,中译本《汉代郡县制的展开》,朱海滨译,上海:复旦大学出版社,2016 年)在这一课题上可谓集大成者。
④ 关于两汉间发生的这一重要进程,参见徐冲:《中古时代的历史书写与皇帝权力起源》,《单元四:"隐逸列传"》第二章《"处士功曹"小论》;同氏:《「門下功曹」から「侍中尚書」へ—「二重君臣関係」からみた「漢魏革命」—》。

"檄"条,故只是摘取了原书中与这一主题相关的部分,事情其后的发展付之阙如。不过,即使只就现有文本的情节要素 A—C 进行比较,也很容易看出谢承《后汉书》所记赵晔事迹与《东观汉记》所记冯良事迹在情节设定上的高度相似,其中也包含了少为"县吏"、以"斯役"为"耻"、从"杜抚"学这些关键细节的雷同①。

表 3.3

	《北堂书钞》引《东观汉记》 冯良事迹	《北堂书钞》引谢承《后汉书》 赵晔事迹
A	南阳冯良,少作县吏。	赵晔字长君,会稽山阴人。少尝为县吏。
B	耻在厮役,因坏车杀马,毁裂衣冠。主挞之。	奉檄送督邮。晔心耻斯役,遂弃车马去。
C	从杜抚学。	到犍为,诣杜抚受《韩诗》。
D	妻子见车有死马,谓为盗贼所害。	
E	良志行高洁,约礼者也。	

谢承《后汉书》的成书在三国孙吴时期,是《东观汉记》之后出现的第一部关于东汉历史的纪传体王朝史②。作为一部以孙吴为正统的前代纪传体王朝史,其书一方面以《东观汉记》为主要史料来源,一方面又对东汉时期的江东人士多有侧重③。刘知幾在《史通·烦省篇》中批评"谢承尤悉江左,京洛事缺于三吴"④。吴树平也指出:"《东观汉记》的作者不会像谢承那样偏爱江左人物,某些江左人物,

---

① 姚之骃按:"范书又载南阳冯良事,与长君事前后雷同,不知何以一时有此二士?"转引自周天游:《八家后汉书辑注》,第 165 页。
② 《三国志》卷五十《吴书·嫔妃传》,第 1196 页。参见吴树平:《东观汉记的缺陷与诸家后汉书》,收入氏著《秦汉文献研究》,第 280 页;周天游:《八家后汉书辑注·前言》,第 5 页。安部聪一郎《後漢時代關係史料の再検討—先行研究の検討を中心に—》推测,谢承《后汉书》当成立于孙吴黄武年间前后,即孙吴前期(第 27 页尾注 14)。
③ 参见吴树平:《〈东观汉记〉的缺陷与诸家后汉书》,第 287 页;周天游:《八家后汉书辑注·前言》,第 5 页。
④ 《史通通释》,第 265 页。

谢承书有传而《东观汉记》无传是完全可能的。"①身为会稽山阴人的赵晔的情况很可能就是如此。如上节所论，东汉时期类似冯良"不为县吏"之事并不罕见，在后期更是成为精英阶层广泛认可的意识形态。冯良事迹之外，如逢萌、范丹事迹也各有不同表现的叙述。谢承《后汉书》中若出现包含"不为县吏"情节要素的事迹记述并不值得惊讶。但是在情节要素的设定和关键细节上出现如表3.3所示的如此重合，只能认为谢承《后汉书》中的赵晔事迹当本于《东观汉记》中的冯良事迹。谢氏或利用赵晔与冯良为杜抚门生这一共同点，将冯良事迹移植至赵晔身上，以彰显、提升江东本地精英在东汉时期的社会地位与历史形象②。至于谢承《后汉书》中是否还保留有《冯良传》，以目前的史料状况而言就不得而知了。

值得注意的是，谢氏亦为会稽山阴人。而据《隋书·经籍志》，谢承在《后汉书》外，尚著有《会稽先贤传》七卷③。《会稽先贤传》中收录赵晔事迹的可能性是很高的。这一点我们可以找到一个旁证。《太平御览》卷五五六《礼仪部·葬送》引虞预《会稽典录》曰：

> 赵晔，字长君，山阴人也。少为县吏。奉檄迎督邮，晔甚耻之，由是委吏。到犍为，诣博士杜抚，受《韩诗》。抚嘉其精力，尽以其道授之。积二十年不还，家人为之发丧制服。至抚卒，晔经营葬之，然后归家。④

这段文字所记赵晔事迹较谢承《后汉书》更为完整，在文本面貌上与表3.1所示范晔《后汉书·儒林列传·赵晔》也已经相差无几。虞预

---

① 参见吴树平：《〈东观汉记〉的缺陷与诸家后汉书》，第287页。
② 孙吴精英利用历史书写提高自身正统性有多种表现形式。如其国史韦昭《吴书》亦为董卓、曹操等东汉末群雄立传，反映出孙吴政权以东汉正统继承者自居的自我定位。参见满田刚：《韋昭『呉書』について》；徐冲：《中古时代的历史书写与皇帝权力起源》，《单元二："开国群雄传"》。
③ 参见姚振宗：《隋书经籍志考证》，《二十五史补编》，第4册，第5345页。关于汉晋时期包括《耆旧传》《先贤传》在内的所谓"杂传"，参见本书第6页脚注2。
④ 《太平御览》，第2515页

出身会稽余姚,活动于东晋前期,《晋书》卷八二本传载其著《会稽典录》二十篇①。《史通·杂述篇》将虞预此书与圈称《陈留耆旧传》、周斐《汝南先贤传》、陈寿《益部耆旧传》共同归于"郡书"之列②。谢承的《会稽先贤传》性质亦当近之。那么上引《会稽典录》中的赵晔事迹,很可能就是承袭自孙吴时期的《会稽先贤传》。更进一步来说,这与谢承《后汉书》中《赵晔传》原来的文本面貌可能也相去不远。

谢承《后汉书》中的赵晔事迹,与《东观汉记》中的冯良事迹两相比较,除了因袭之外,在情节上也有新的发展,即在情节要素 B 中,增加了"奉檄送督邮",而删去了"主挞之"。"奉檄送督邮"是一个极富场面感的具体设定,以至于引起了《北堂书钞·艺文部》编者的注意,将其特意收录于"檄"条之下③。前文指出了《东观汉记》所记冯良"因坏车杀马,毁裂衣冠"的行为应该存在一个具体的场景设定,只是在《北堂书钞·设官部》引用时被略去了。那么,被略去的是否即为"奉檄送督邮"呢?从次节将要看到的东晋时期《后汉纪》与《抱朴子》所记冯良事迹来看(详见表 3.4),"送/迎督邮"的场景设定在《东观汉记·冯良传》中应该已经存在,但"奉檄"这个更为具体的细节,则是谢承《后汉书》在因袭冯良事迹来书写赵晔时的新发明。虞预《会稽典录》对"奉檄迎督邮"这五个字的忠实传承,也正说明了它与谢承所著《后汉书》与《会稽先贤传》之间的密切关系。

谢承《后汉书》将《东观》原文中的"主挞之"三字删去也值得注意。如前文的分析,《东观汉记》将"主挞之"三字置于"耻在厮役,因坏车杀马,毁裂衣冠"和"从杜抚学"之间,实际是强调了上级部门的

---

① 《晋书》,第 2147 页。
② 《史通通释》卷十,第 274 页。
③ 关于汉代的"檄",参考李均明:《汉简文书分类辑解》,北京:文物出版社,2009 年,第 103—109 页;富谷至:《文書行政の漢帝国:木簡·竹簡の時代》,第三章《檄書攷》,名古屋:名古屋大学出版会,2010 年,第 50—103 页,中译本《文书行政的汉帝国》,刘恒武、孔李波译,南京:江苏人民出版社,2013 年,第 43—90 页。

公开羞辱与冯良其后"遁至犍为,从杜抚学"行为之间的因果关系,而削弱了县吏身份本身给他所带来的耻辱感。如表3.2所见,东汉时不为县吏之例虽然所在多有,但明言以之为"耻"者却并不多见。到了三国孙吴时代的谢承《后汉书》以《东观汉记》中的冯良事迹为蓝本书写赵晔事迹时,则一方面以"奉檄"这一细节进一步渲染了"迎督邮"时的县吏身份之卑微,一方面又删去"主挞之"的环节,强调赵晔本人对县吏身份的耻辱感已经足以构成他其后"弃车马去。到犍为,诣杜抚受《韩诗》"的行为动力。

需要指出的是,赵晔虽然被谢承作为孙吴精英的地方先驱而书写,但弥漫其间的是魏晋时期新意识形态的整体进展,并不仅限于江东一隅。或者反过来说,孙吴精英为其地方先驱所书写的历史形象,正是按照汉魏间登上历史舞台并把握政治主导权的士人精英的主流理念而量身定做的①。在汉代尚显模糊的"士、吏之别",魏晋时期以制度化的方式急速推进,表现在察举制、九品中正制、选官论清浊等各个方面②。政治上的建设进程显然也促进了士人精英对于新身份的自我认定。

在此历史背景之下,另一位汉末名士郭泰早年事迹书写的变化也就更加容易理解了。范晔《后汉书》卷六八《郭太传》载:

> 郭太字林宗,太原界休人也。家世贫贱。早孤,母欲使给事县廷。林宗曰:"大丈夫焉能处斗筲之役乎?"遂辞。就成皋屈伯彦学,三年业毕,博通坟籍。③

---

① 当然孙吴政权与精英仍有不少独有的文化特色。参见唐长孺:《读抱朴子推论南北学风的异同》,收入氏著《魏晋南北朝史论丛》,北京:三联书店,1955年,第351—381页;魏斌:《孙吴年号与符瑞问题》,《中国中古史研究:中国中古史青年学者联谊会会刊》第1卷,北京:中华书局,2011年,第134—153页;同氏:《国山禅礼前夜》,收入氏著《"山中"的六朝史》,北京:生活·读书·新知三联书店,2019年,第17—54页。

② 参见阎步克:《从爵本位到官本位:秦汉官僚品位结构研究》(增补本),上编第五章《分等分类三题之三:品位结构中的士阶层》,北京:生活·读书·新知三联书店,2017年,第178—217页。

③ 《后汉书》,第2225页。

范书记郭泰早年"给事县廷",且自言为"斗筲之役",遂辞而就学,这与前文所论冯良、逢萌、范丹等人事迹相类。然而东汉末蔡邕所作《郭有道碑》所描摹的郭泰形象,与此却颇有差距:

> 先生诞应天衷,聪睿明哲,孝友温恭,仁笃慈惠。……遂考览六经,探综图纬,周流华夏,随集帝学。收文武之将坠,拯微言之未绝。……尔乃潜隐衡门,收朋勤诲,童蒙赖焉,用祛其蔽。州郡闻德,虚己备礼,莫之能致。群公休之,遂辟司徒掾,又举有道,皆以疾辞。将蹈鸿涯之遐迹,绍巢许之绝轨,翔区外以舒翼,超天衢以高峙,禀命不融,享年四十有二,以建宁二年正月乙亥卒。①

如学者所指出的,在《郭有道碑》这一距离郭泰本人时代最为接近的史料中,郭泰主要的形象为"隐逸",而后世熟悉的"人物品评家"形象,是在魏晋南朝时代逐步发展出来的②。与此相类,以"斗筲之役"这一细节为特征的郭泰早年事迹,也不见于《郭有道碑》。目前可以确认的最早来源是西晋时皇甫谧所作《高士传》③。皇甫谧虽终身不仕,但著述颇丰,在当时即为朝野所重④。他在《高士传》中为郭泰早年事迹加入"不为斗筲之役"的情节,与其说是继承了汉末以来的某一具体文本,毋宁认为是以魏晋以降"士、吏之别"的加速建构为观念基础而出现的歧变。就性质而言,与之前的孙吴精英因袭冯良事迹书写赵晔时所发展出的"奉檄"情节并无二致。

---

① 《六臣注文选》卷五八《碑文上》,北京:中华书局,1987年,第1074页。
② 参见安部聪一郎:《『後漢書』郭太列伝の構成過程——人物批評家としての郭泰像の成立》;同氏:《隠逸、逸民式人士与魏晋时期的国家》。
③ 《太平御览》卷五〇八《逸民部》引皇甫士安《高士传》曰:"郭泰,字林宗,太原人也。少事父母以孝闻。身长八尺余,家贫,郡县欲以为吏,叹曰:'丈夫何能执鞭斗筲哉!'乃辞母,与同县宗仲至京师,从屈伯彦学《春秋》,博洽无不通。"第2316页。
④ 《晋书》卷五一《皇甫谧传》。参见丹羽兑子:《皇甫谧と高士伝——一隐逸者の生涯》,《名古屋大学文学部研究論集》第50号,1970年,第49—66页。

四、东晋时代的多面冯良

世入东晋,流亡至江南的魏晋精英在继承中朝传统的同时,也逐渐发展出了自身的特质。在冯良事迹的历史书写方面,如表 3.4 所示(已经按照前文所列情节要素 A—E 进行了简单排列),袁宏《后汉纪》和葛洪《抱朴子》两种东晋作品的记述幸运地留存至今①,让我们得以观察在前述范晔《后汉书·周燮传》附冯良小传出现之前,原《东观汉记》中冯良事迹文本的多元展开。

表 3.4

	袁宏《后汉纪》		《太平御览·道部》引葛洪《抱朴子》
A	(冯)良字君卿。少为县吏。	A	冯良者,南阳人。少作县吏。
B	从尉迎督邮。良耻厮役,因毁其车马,坏其衣冠,绝迹远遁。	B	年三十,为尉佐史,迎督邮。自耻无志,乃毁车杀牛,裂败衣帻去。
D	妻子见败车坏衣,皆以猛兽所食,遂发丧制服。	C	从师受《诗》《传》《礼》《易》,复学道术占游候。
C	良至犍为,从师受业十余年。	D	
E	还乡里。虽处幽暗,必自整顿,非礼不动,乡里以为师。举贤良、方正、敦朴,皆不行。	E	十五年乃还。州郡礼辟不就。诏特举贤良高第,半道委还家。
		F	年六十七,弃世东度入山,在鹿迹洞中。

先来看袁宏《后汉纪》。袁宏此书约成于东晋中期,在范晔《后汉书》之前五十余年②。与表 3.2 所列《北堂书钞》引《东观汉记》相比,《后汉纪》明确记录了冯良以县吏厮役为耻的具体契机,即"从尉

---

① 《袁宏〈后汉纪〉集校》卷十七《孝安皇帝纪第十七》,建光元年(121)条,第 207 页;《太平御览》卷六六六《道部八·道士》引《抱朴子》,第 2972 页。

② 参见李兴和:《袁宏〈后汉纪〉集校·校点前言》;曹道衡:《论袁宏的创作及其〈后汉纪〉》,《辽宁大学学报》1992 年第 2 期,第 26—29 页。

迎督邮"。如前文所指出的,《东观汉记》本文在"耻在厮役,因坏车杀马,毁裂衣冠"之前,应该存在一个具体的场景设定,否则就无所"因"了。《后汉纪》的记述说明这一《北堂书钞》引用《东观》文字时所节略的具体场景很可能就是"从尉迎督邮"。袁宏在《后汉纪》序文中明言他所利用的资料包括"其所缀会《汉纪》、谢承《书》、司马彪《书》、华峤《书》、谢沈《书》、《汉山阳公记》、《汉灵献起居注》、《汉名臣奏》,旁及诸郡《耆旧》、《先贤传》,凡数百卷"①。则从《东观汉记》到西晋司马彪《续汉书》、华峤《后汉书》②乃至东晋袁宏《后汉纪》,冯良早年事迹的书写或当一直保持了"从尉迎督邮"的形式。而前述孙吴谢承《后汉书》在因袭《东观》冯良事迹书写赵晔时所发展出的"奉檄迎督邮"细节,并未被其后的主流"后汉书"书写所继承,只是在孙吴精英的地方书写中延续文脉。

同时,《后汉纪》文本也有新的发展。除了情节要素 C 与 D 的顺序之外,最为显著的调整就是对于冯良的坏毁车马衣冠行为,袁宏删去了《东观》原文中的"主挞之"。同样的文本更动也见于前述谢承《后汉书》中的赵晔事迹。显然《东观》原文的表达暗示了上级部门对冯良的公开惩罚羞辱可能才是他其后"(遁至犍为,)从杜抚学"的最主要动因,反而降低了县吏身份本身所带来的耻辱感,已经不及于魏晋以降"士、吏分途"的观念进展,所以从谢承书以降即消匿不见。从这一角度来看,《后汉纪》中的这一表现也未必是袁宏直接改写《东观》原文而成,不能排除在先于《后汉纪》成书的如西晋司马彪《续汉书》、华峤《后汉书》诸书中就已经形成了这一文本面貌③。

---

① 《袁宏〈后汉纪〉集校》,《袁宏自序》。
② 关于华峤所撰东汉纪传体王朝史之书名,参见本书第 71 页脚注 3。
③ 司马彪《续汉书》与华峤《后汉书》对《东观汉记》的改造体现在很多方面,与魏晋士人精英的观念变化相应。举其代表者,司马彪书将《东观汉记》的《百官公卿表》改为《百官志》,参见本书第四章《〈续汉书·百官志〉与汉晋间的官制撰述》,第 142—143 页;华峤书则将《东观汉记》的《外戚传》改为《皇后纪》,参见徐冲:《中古时代的历史书写与皇帝权力起源》,《单元三:"外戚传"与"皇后传"》,第 146—151 页。

关于冯良所从学之师,《后汉纪》中未出现杜抚之名,仅言"至犍为,从师受业十余年"。周天游认为这显示了袁宏对冯良所从学者为杜抚的怀疑:

> 按范书《周燮传》言良师乃犍为武阳人杜抚。杜抚虽于乡里授弟子千余人,然后应东平王苍之辟,至永平五年苍就国始归。不久复辟太尉府,建初中,卒于公车令职。《传》言良年三十入蜀,七十余岁卒。若以永平元年抚应辟计,至建光元年,近百岁矣;以建初元年计,亦八十余年,良岂能于蜀从抚受学达十余年之久! 袁《纪》不言其师之名,恐其亦疑焉。①

周氏质疑的论据来自于《后汉书·周燮传》所记冯良入蜀受业年龄(年三十)及享寿年龄(七十余卒)与杜抚的活动时间之间的矛盾。据前引《后汉书·儒林·杜抚传》,杜抚于建初中卒于公车令之位。则冯良入蜀从杜抚学,至迟也应在建初八年(83)之前。但其后周氏的质疑却未必成立。若将冯良三十岁入蜀的时间点设定于永平元年(58)杜抚应骠骑将军东平王刘苍之辟命时,则延光二年(123)他与周燮一起受安帝礼聘时②即已年过九十(遑论设定于此年之前),与其享寿年龄不符,自然是不成立的设定。而若将冯良三十岁入蜀时间设定为周氏所言的建初元年(76),则延光二年时冯良年龄为七十七岁,并非周氏所言的"八十余年",与其享寿年龄并不矛盾。

事实上,如表3.4所示,《后汉纪》中虽然有冯良因耻迎督邮而入蜀受业的情节,但并未记载"年三十"这样具体的年龄设定。相反,在"少为县吏"之后直接出以"从尉迎督邮"之语,似暗示冯良绝迹入蜀之时年龄尚少。范晔《后汉书·周燮传》所记冯良事迹中确实出现了他三十岁时因以县吏厮役为耻而入蜀求学的记载。但范书晚出于袁

---

① 袁宏撰,周天游校注:《后汉纪校注》,第465页。
② 延光二年来自于《后汉书·周燮传》。《后汉纪》将此事系于安帝刚刚即位的建光元年,可能是指陈忠上书的时间。周氏将礼聘的时间也理解为此年,不确。

书约半个世纪,以此为据来反推袁宏在《后汉纪》中未记录杜抚之名的意图,未必妥当。

考虑到有《东观汉记》的明确记载,冯良与杜抚之间的师生关系应该是较为确实的①。幸运的是,我们还可以找到另一条材料以为佐证。《华阳国志》卷十中《犍为士女赞》赞杜抚曰"叔和(杜抚字)顺终",后附杜抚小传,文末记"弟子南阳冯良,亦以道学征聘"②。《华阳国志》成书时间早于《后汉纪》数十年,所依据的材料如陈寿《益部耆旧传》之类当然更早③。冯良作为杜抚的弟子在其小传结尾被特别提及,说明二人之间的师生关系在汉晋后期以降是得到了普遍的记忆与表彰的。《后汉纪》行文所言的"至犍为,从师受业十余年",可能只是受限于体裁而没有特意点明而已,无他深意。

不过,《后汉书·周燮传》所言的冯良年三十因耻迎督邮而绝迹入蜀之事,应该也并非范晔所杜撰,而是有其来源,即表 3.4 所见《太平御览》所引葛洪《抱朴子》。葛洪活动时代较《后汉纪》作者袁宏更早,以东晋前期为主④。这段文字并不见于今本《抱朴子内篇》和《抱朴子外篇》⑤,学者或以之为《内篇》佚文⑥。从葛洪自己在《抱朴子外篇·自叙》对《内篇》《外篇》内容的区分来看,"其《内篇》言神仙、方药、鬼怪、变化、养生、延年、禳邪、却祸之事,属道家;其《外篇》言人间得失,世事臧否,属儒家"⑦,确有可能出自《内篇》。范晔《后汉书》冯

---

① 当然这种师生关系密切到何种程度就很难说了。参见本书第 91 页脚注 2 所引郑玄与马融例。如果是这种情况的话,那么即使杜抚离开犍为入京任职,也不会影响说冯良"从杜抚学"。
② 常璩撰,任乃强校注:《华阳国志校补图注》,上海:上海古籍出版社,1987 年,第 583 页。
③ 参见任乃强:《华阳国志校补图注·前言》。
④ 《晋书》卷七二《葛洪传》。
⑤ 王明:《抱朴子内篇校释》,北京:中华书局,1985 年;杨明照:《抱朴子外篇校笺(上)》,北京:中华书局,1991 年;杨明照:《抱朴子外篇校笺(下)》,北京:中华书局,1997 年。
⑥ 《抱朴子内篇校释》收录《太平御览》所引《抱朴子》此段文字为《内篇》佚文,第 364 页。
⑦ 《抱朴子外篇校笺(下)》,第 698 页。

良事迹中"年三十"的年龄设定,最早就出现在这里。

葛洪后世虽以道教人士知名,但如《抱朴子》分内、外篇所示,他的知识结构毋宁说属于儒、道并重①。读书经眼范围比一般的东晋士族精英或有过之而无不及②。他在《外篇·自叙》中谈到自己"曾所披涉,自正经、诸史、百家之言,下至短杂文章,近万卷"③,"又抄五经、七史、百家之言、兵事、方伎、短杂、奇要三百一十卷"④。所抄诸史中,至少有一种名为《后汉书抄》⑤。学者或以此"后汉书"为《东观汉记》⑥,但并不能排除后起的如华峤《后汉书》之类著作的可能性。前引袁宏在《后汉纪》序文中所提及利用的史料范围,包括《东观汉记》、谢承《后汉书》、司马彪《续汉书》、华峤《后汉书》、谢沈《后汉书》、《汉山阳公记》《汉灵献起居注》《汉名臣奏》及诸郡"耆旧传""先贤传"等,推测也当在葛洪的阅读范围之内。

但葛洪对《抱朴子》的定位为"子书",尤其内篇旨趣在于"言神仙、方药、鬼怪、变化、养生、延年、禳邪、却祸之事"。故其中出现的冯良事迹文本创新度较高,与袁宏利用前人史料时以"缀会"为主大异其趣。葛洪似有意隐去了冯良出走后所从师为川中名儒杜抚,并在其学习内容中增加了"道术占候"⑦。更为重要的情节要素变动,则

---

① 王明《论葛洪》指出了葛洪思想的复杂性,认为总体上是由儒入道。收入氏著《道家和道教思想研究》,北京:中国社会科学出版社,1984年,第55—79页。参见刘玲娣:《近二十年来葛洪研究综述》,《中国道教》2004年第4期,第28—32页。

② 葛洪的学问至少部分得自家学。他在《西京杂记跋》中写道:"洪家世有刘子骏《汉书》一百卷,无首尾题目,但以甲乙丙丁纪其卷数。先公传之。歆欲撰《汉书》,编录汉事,未得缔构而亡,故书无宗本,止杂记而已,失前后之次,无事类之辨。后好事者以意次第之,始甲终癸为十帙,帙十卷,合为百卷。洪家具有其书,试以此记考校班固所作,殆是全取刘书,有小异同耳。并固所不取,不过二万许言。"葛洪撰,周天游校注:《西京杂记》,西安:三秦出版社,2006年,第275页。此《汉书》是否为刘歆所撰《汉书》是另一个问题,但至少可以说明葛洪家学藏书的旨趣之一。

③ 《抱朴子外篇校笺》,第655页。
④ 《抱朴子外篇校笺》,第698页。
⑤ 《旧唐书》卷四六《经籍志上·乙部史录·杂史类》,第1994页。
⑥ 《抱朴子外篇校笺》,第700页。
⑦ 《太平御览》原文作"道术占游候。十五年乃还"。《抱朴子内篇校释》收录为佚文时作"道术占候,游十五年乃还"。

是为冯良设定了"年六十七,弃世东度入山,在鹿迹洞中"这样以道士形象为依归的晚年结局。之前的"年三十,为尉佐史""十五年乃还"等时间要素,或许都是对应这一结局而依次设定的。葛洪的这些文本改造,尽管并无具体的材料来源,还是为东汉后期以降冯良的儒学名士经典形象,成功渲染了早期道教的色彩。这一改造一方面为之后南朝的道教文献所继承①,一方面又成为范晔《后汉书》汲取资源的对象。

五、结　语

综上所论,可以认为范晔《后汉书》中之所以形成高度相似的冯良事迹与赵晔事迹,原因要比何焯所谓的"必一事而传者互异"更为复杂。简单总结如下。

就史源而言,东汉国史《东观汉记》所记冯良事迹构成了最初的文本起源。这一类型的书写在东汉后期颇有其例,与当时"士、吏之别"的起源相辅相成。

成于孙吴的谢承《后汉书》以《东观汉记》所记冯良事迹为蓝本,书写了江东名士赵晔事迹。同时,也加入了"奉檄迎督邮"的新细节。这一文本在孙吴精英的地方书写中延续有年。

东晋时期的袁宏《后汉纪》与葛洪《抱朴子》,则在《东观汉记》以来诸家"后汉书"所记冯良事迹的基础上,通过发展若干相异的新细节,使冯良分别呈现为儒学名士和道教先驱的不同形象。而谢承《后汉书》在赵晔事迹书写中发展出的"奉檄迎督邮"细节,尚未进入东

---

① 陶弘景《真诰》卷十四《稽神枢第四》载:"又有冯良。冯良,南阳冠军人。少作县吏。年三十,为尉从佐,迎督邮。自耻无志,因毁车煞牛,裂败衣帻,遂去从师。受《诗》《传》《礼》《易》,复学道术占候。家中谓已死。十五年乃还。整修志节,抗操严恪。州郡礼辟不就,诏特征贤良高第,半道委之还家。时三公争让位于良,遂不降就。年六十七,乃弃世东渡入山,今在鹿迹洞中。"上海:商务印书馆,《丛书集成初编》本,1939年,第177页。

晋时代的冯良事迹。

至刘宋初范晔著《后汉书》时,对冯良事迹进行了明显的综合。冯良事迹所在的《后汉书》卷五三《周黄徐姜申屠列传》,集中收录了东汉后期引人注目的"处士"群体代表[①]。周燮与冯良被范晔作为这一群体的早期代表人物置于开篇位置。在这一文脉下的冯良事迹,大体继承了《东观汉记》以降至于袁宏《后汉纪》的主流书写。特别是对于冯良早年"耻为县吏"事迹的强调,与东汉文本拉开了一定距离,正与魏晋南朝日趋显著的"士、吏之别"相对应。由此也很容易理解《抱朴子》所述的诸如"复学道术占候""年六十七弃世入山"之类带有明显道教色彩的情节,范书就完全未予采用。

不过《抱朴子》在书写"道教先驱冯良"时所发展出的某些细节,如"年三十为尉佐史",却也被范晔作为有价值的信息片段整合进了《后汉书》所记冯良事迹之中。而谢承《后汉书》以《东观汉记》冯良事迹为蓝本书写江东名士赵晔时发展出的"奉檄迎督邮"细节,到范晔这里,又反过来被编入《后汉书》的冯良事迹之中,尽管这一表述与同书《赵晔传》雷同。

以上通过讨论范晔《后汉书》中冯良事迹的成立过程,呈现了中国古代史学作品中文本传承的复杂性。这种复杂性在以往诸如史实/叙述、作者/作品等视角中并不能得到完全把握。在此笔者尝试用因袭、歧变与反哺这一组关键词来进行概括。所谓"因袭",是指文本在传承中大体保持原貌。在语境不发生大的改变的前提下,这种形式最为常见[②],甚至是古人的一种常识。以至于在作品中直接抄录袭用而不特意标明出处的情形所在多有。但这种因袭根据作者和作品的不同情形,往往伴随着"歧变",即出现不见于前文本的新细

---

① 参见川胜义雄:《六朝贵族制社会的研究》,第Ⅰ部第二章《漢末のレジスタンス運動》,第 23—56 页,中译本《六朝贵族制社会研究》,第 18—41 页。

② 一旦语境发生根本变化,文本往往不能维持"因袭"的形式。如本文所论对冯良的预设从"儒学名士"变为"道教先驱",相关文字变化的"烈度"就急剧升高。

节。新细节可能是作者因特殊的关怀有意为之[①];但也有很多带有相当的随意性,如本文所述谢承《后汉书》书写赵晔事迹,基本沿袭了《东观汉记》的冯良事迹,同时又发展了"奉檄迎督邮"的新细节。歧变在文本传承中的地位是不稳定的,归于消亡者众,但根据文本传承的层累机缘,也有反而成为被因袭对象的可能性,是为"反哺"。赵晔事迹中歧变出的"奉檄迎督邮",到了范晔《后汉书》中又被整合进冯良事迹行文,正是一个典型表现。面对古代史料中的具体文本,若能够对其所蕴含的因袭、歧变与反哺的层累过程有一定意识,无疑有助于我们更为准确地把握其中所蕴含的历史信息。

[①] 安部聪一郎《袁宏『後漢紀』・范曄『後漢書』史料の成立過程について—劉平・趙孝の記事を中心に—》指出,在《东观汉记》之后的诸家"后汉书"中,在涉及人物评价的文本部分,往往容易出现新的变化。载《史料批判研究》第4号,2000年,第113—140页。

《续汉书·百官志》篇

第四章 《续汉书·百官志》与汉晋间的官制撰述

一、前　言

作为与《汉书·百官公卿表》并列的汉代官制研究的基本史料，《续汉书·百官志》（包括刘昭注在内）一直受到学者的高度重视。可以说离开了《续汉书·百官志》，对两汉尤其是东汉时期的政治制度的研究也就无从谈起了①。但是对于这样一部重要史料，迄今为止却少有学者对其进行过正面的讨论。除了大量直接、间接利用其中的材料考辨汉代官制的研究以外，有限的正面研究或集中于对司马彪与《续汉书》及刘昭注的"史学史式"泛论②，或针对范晔《后汉

---

① 利用《续汉书·百官志》研究汉代制度史的重要论著，可以举出严耕望：《中国地方行政制度史（甲部）：秦汉地方行政制度》；安作璋、熊铁基：《秦汉官制史稿》（2007年版）；杨鸿年：《汉魏制度丛考》（2005年版）；祝总斌：《两汉魏晋南北朝宰相制度研究》，北京：中国社会科学出版社，1990年；陈仲安、王素：《汉唐职官制度研究》（增订本），上海：中西书局，2018年；阎步克：《品位与职位：秦汉魏晋南北朝官阶制度研究》，北京：中华书局，2002年；同氏：《从爵本位到官本位：秦汉官僚品位结构研究》（增补本）；福井重雅：《漢代官吏登用制度の研究》，东京：创文社，1988年；纸屋正和：《漢時代における郡県制の展開》，中译本《汉代郡县制的展开》；等等。

② 如范学辉：《试论刘昭〈后汉书志〉注的史料价值》，《山东大学学报》1995年第1期，第13—18页；宋志英：《司马彪〈续汉书〉考辨》，《史学史研究》2005年第2期，第25—32页；刘治立：《刘昭〈续汉书·百官志注〉的文献价值》，《红河学院学报》第5卷第3期，2007年，第13—16页；渡邉義浩：《司馬彪の修史》，《大東文化大学漢学会誌》第45号，2006年，第23—41页；等等。

书》、司马彪《续汉书·十志》及刘昭注、李贤注之间复杂的分合关系进行"文献学式"考述①。而关于《续汉书·百官志》的一些基本问题,如其基本体例、撰述性质、与前后时代其他官制撰述间的关系、在整个中国古代官制撰述谱系中的地位与影响等等,尚少见有学者进行正面而深入的探讨②。

借用陆扬的说法,学者对《续汉书·百官志》的这种态度,或是源于将其视为"史料"而非"史学"③。事实上,因为"制度"在中国古代政治权力结构中的特殊地位,与其他史料相比,官制撰述往往带有更为强烈的意识形态性格。在作为"史料"使用来考察官制之前,不对

---

① 如吴树平:《范晔〈后汉书〉的志》,收入氏著《秦汉文献研究》,第438—443页;刘汉忠:《说范晔〈后汉书〉之志》,《文献》1997年第4期,第187—192页;罗炳良:《范晔〈后汉书〉纪传与司马彪〈续汉书〉志分合考辨》,《华中科技大学学报(社会科学版)》2005年第4期,第101—107页;辛德勇:《〈后汉书〉对研究西汉以前政区地理的史料价值及相关文献学问题》,《中国历史地理论丛》2012年第4期,第18—36页;小林岳:《後漢書劉昭注李賢注の研究》,第一部第三章《劉昭の『後漢書』補志について:『後漢書』補成考》,第四章《劉昭の『後漢書』注について:『集注後漢』の内容をめぐって》,东京:汲古書院,2013年,第69—124页。

② 本章与佐藤達郎《『続漢書』百官志と晋官品令》(《関西学院史学》第42号,2015年,第1—19页)是为数不多正面讨论《续汉书·百官志》的研究。又辛德勇《〈后汉书〉对研究西汉以前政区地理的史料价值及相关文献学问题》强调了研究者在利用《续汉书·郡国志》时深入了解"司马彪书本文与刘昭注补之间的关系及其文本形态"的重要性(第20—28页),与本章的论旨可谓殊途同归。《汉书·百官公卿表》的研究现状亦同于此。武秀成《〈汉书·百官公卿表〉史例发覆及史文订误》仅对《汉表》的纪年体例进行了考察(《文史》2010年第4辑,第33—53页)。管见所及,中村圭爾《六朝における官僚制の叙述》可能是第一篇正面论述《汉书·百官公卿表》基本体例的研究(收入氏著《六朝政治社会史研究》,第31—62页,中译文《六朝官僚制的叙述》,付辰屏译,武汉大学中国三至九世纪研究所编:《魏晋南北朝隋唐史资料》第26辑,2010年,第269—286页)。

③ 陆扬关于"史料"和"史学"的提法,原本是针对中古墓志研究而发,见《从墓志的史料分析走向墓志的史学分析——以〈新出魏晋南北朝墓志疏证〉为中心》。近年中国中古史学界在方法论和实践层面的探索工作,参见本书第5页脚注1,尤其是《中国史研究动态》2016年第4期组织的"笔谈:'历史书写'的回顾与展望"所收诸文。

其"史学性侧面"进行仔细检讨,由此带来的危险性不言而喻①。近年已有学者对中国古代官制"叙述方式"的变化及其意义进行了富有开拓性的考察,令人印象深刻②。

在前人研究的基础之上,本章将对《续汉书·百官志》进行一番侧重于"史学性侧面"的考察,尤其关注其基本体例与撰述性质,并试图在汉晋间官制撰述的谱系之中对其进行定位。选择的具体切入点则是其中的"郡太守"条。这一部分是《续汉书·百官志》中在文本上存在较大问题的地方;而问题的产生,又与历代学者对这一官制撰述史料之体例与性质的理解密切相关。

二、《续汉书·百官志》的"正文"与"注文"之别

与历代正史中的其他"职官志"相比,《续汉书·百官志》最特别之处无疑是其中"本注曰"部分的存在。但这一特别存在似乎并没有引起学界的重视。不妨以后文将要详细讨论的"郡太守"条为例:

---

① 如孙正军《也说〈隋书〉所记梁代印绶冠服制度的史源问题》指出,隋志记载并非本自梁令,而是以《宋书·礼志五》所记百官印绶冠服制度为基础,并补充西晋泰始令及其衍生著作,以及东晋以降至梁初的各种制度变革综合而成,《隋志》所记并不能如实反映梁代印绶冠服制度(载《中华文史论丛》2011年第1期,第135—160页);胡鸿《北朝华夏化进程之一幕:北魏道武、明元帝时期的"爵本位"社会》指出,《魏书·官氏志》所记"天赐品制",其实质是道武、明元时期的"爵本位"体制,成为沟通北族部落联盟与华夏官僚国家的一条捷径,而其之所以被研究者看作是高度华夏化的制度,实由于《魏书》所采取的叙述策略所致,是北魏华夏化进程的一部分(收入氏著《能夏则大与渐慕华风:政治体视角下的华夏与华夏化》,第七章,第242—274页,北京:北京师范大学出版社,2017年);黄桢《中古天子五辂的想象与真实——兼论〈晋书·舆服志〉的史料构成》指出,《晋书·舆服志》所记"天子五辂"真正从经典进入现实是在刘宋而非西晋,晋志以及《唐六典》《通典》等文献传达了错误的信息,晋志的相关记载完全出于初唐史官之手,参杂有大量南朝后期制度,《晋书》编纂者将五辂制度强加于晋代历史的做法,反映了隋唐时期的历史认识,亦带有强烈的现实意义(载《文史》2014年第4辑,第55—73页)。

② 参见谷井俊仁:《官制は如何に叙述されるか——『周礼』から『会典』へ》,《人文論叢:三重大学人文学部文化学科研究紀要》第23号,2006年,第81—98页;中村圭尔:《六朝における官僚制の叙述》,中译文《六朝官僚制的叙述》。

> 凡州所监都为京都,置尹一人,二千石,丞一人。每郡置太守一人,二千石,丞一人。郡当边戍者,丞为长史。王国之相亦如之。每属国置都尉一人,比二千石,丞一人。本注曰:凡郡国皆掌治民,进贤劝功,决讼检奸。常以春行所主县,劝民农桑,振救乏绝。秋冬遣无害吏案讯诸囚,平其罪法,论课殿最。岁尽遣吏上计。并举孝廉,郡口二十万举一人。〔尉一人〕,典兵禁,备盗贼,景帝更名都尉。武帝又置三辅都尉各一人,讥出入。边郡置农都尉,主屯田殖谷。又置属国都尉,主蛮夷降者。中兴建武六年,省诸郡都尉,并职太守,无都试之役。省关都尉,唯边郡往往置都尉及属国都尉,稍有分县,治民比郡。安帝以羌犯法,三辅有陵园之守,乃复置右扶风都尉、京兆虎牙都尉。皆置诸曹掾史。本注曰:诸曹略如公府曹,无东西曹。有功曹史,主选署功劳。有五官掾,署功曹及诸曹事。其监属县,有五部督邮,曹掾一人。正门有亭长一人。主记室史,主录记书,催期会。无令史。阁下及诸曹各有书佐,干主文书。①

以上文字内容、分段、标点均从中华书局点校本《后汉书》(以下简称"中华本")。可以看到,其中至少包含了两个"本注曰"部分。但点校者在此并未另行分段,而是将其与数个层次的正文共置于一段之内。且"本注曰"后仅加冒号而无引号。如何将同一段之内前后相接的"本注曰"与正文区别开来,需要读者根据具体内容自行判断。

对于"本注曰"的类似处理方式,在中华本《续汉书·百官志》中并不鲜见②。这与学界对于《续汉书·百官志》的主流使用方式之间似乎存在着某种"暗合"。如上引"郡太守"条的文字,从设置、员额、职掌、沿革等多个层面,对东汉时期的郡太守这一职官进行了详尽叙述;或许在大多数学者看来,就单纯的官制研究的需求而言,应该说

---

① 《续汉书·百官五》,《后汉书》,第3621页。
② 如"太常"条、"大鸿胪"条、"司隶校尉"条等皆是,不赘举。

已经提供了非常丰富的史料,似无必要刻意区分"正文"与"本注曰"。试以严耕望关于"郡尉"的经典研究为例:

> 中兴建武六年,"初罢郡国都尉官。"事见《光武纪》。《续百志》(引者按:即《续汉书·百官志》):"中兴建武六年,省诸郡都尉,并职太守,无都试之役。"注引《古今注》:"六年八月省都尉官。"按郡置都尉既与太守争权不睦,于行政非便。而王莽当政时代,翟义固以都试举兵(《汉书·翟方进传》),光武亦欲因都试起义(前引《后汉书·李通传》),光武复国之后,罢都尉之官,省都试之役,虽谓与民休息,或亦寓统一行政增加效率之意,且以绝因都试举事之虑欤?①

可以看到,在《后汉书》的本纪、列传之外,《续汉书·百官志》及刘昭注所引内容对于严氏的研究也提供了相当重要的信息。值得注意的是,严氏引用刘昭注时明言为"注引《古今注》",对于《续汉书·百官志》则仅以《续百志》笼统称之,并不刻意区别其中的"正文"部分与"本注曰"部分。这可以说也是大多数研究者在使用《续汉书·百官志》中的史料时的一种"习惯"。前述中华本对于"本注曰"的处理方式,或许正是出于这样的习惯使然。

上述处理方式在具体古籍的点校整理工作中是否妥当姑置不论,但至少可以认为,其与司马彪《续汉书·百官志》的原初面貌之间是颇有距离的。如所周知,今本《续汉书·百官志》之"本注曰"始于南朝梁代的刘昭。他在为成于刘宋时期的范晔《后汉书》作注的同时,又取西晋司马彪撰《续汉书》之"八志"为之作注,以补范书无志之憾。其《后汉书注补志序》曰:

> 徒怀缵缉,理惭钩远,乃借旧志,注以补之。狭见寡陋,匪同博远,及其所值,微得论列。分为三十卷,以合《范史》。②

---

① 严耕望:《中国地方行政制度史(甲部)——秦汉地方行政制度》,第153页。
② 刘昭:《后汉书注补志序》,《后汉书》"附录二",第2页。

这里的"旧志",指的就是司马彪《续汉书》之"八志"。具体到《百官志》,刘昭亦有说明:

> 臣昭曰:本志既久是注曰百官簿,今昭又采异同,俱为细字,如或相冒,兼应注本注,尤须分显,故凡是旧注,通为大书,称"本注曰",以表其异。①

虽然"本志既久是注曰百官簿"一句或有讹文,但其指《续汉书·百官志》本来采取的是为"百官簿"加注的形式,应该是没有问题的。在另外的场合,刘昭也提到司马彪《续汉书》"《百官》就乎故簿"②。这一说法应该源自司马彪本人在《百官志》开头的"序言"部分:

> 唯班固著《百官公卿表》,记汉承秦置官本末,迄于王莽,差有条贯;然皆孝武奢广之事,又职分未悉。世祖节约之制,宜为常宪,故依其官簿,粗注职分,以为《百官志》。凡置官之本,及中兴所省,无因复见者,既在《汉书·百官表》,不复悉载。③

司马彪自己"依其官簿,粗注职分"的表述,也说明了《续汉书·百官志》是他通过为东汉一种名为"官簿"(刘昭称之为"百官簿"及"故簿")的材料加注而形成的④,并非纯出己撰。《百官志》"正文"与"本注曰"的区别,应该即源于这种特别的撰述方式。事实上,二者在具体叙述内容上也判然有别。不妨看一下《百官志》中几则"正文"与"本注曰"较为分明的例子:

> 太傅,上公一人。本注曰:掌以善导,无常职。世祖以卓茂为太傅,薨,因省。其后每帝初即位,辄置太傅录尚书事,薨,辄省。(《续汉书·百官一》)
>
> 司隶校尉一人,比二千石。本注曰:孝武帝初置,持节,掌察

---

① 《续汉书·百官一》,《后汉书》,第3556页。
② 刘昭:《后汉书注补志序》,《后汉书》"附录二",第1页。
③ 《续汉书·百官一》,《后汉书》,第3555页。
④ 参见宋志英:《司马彪〈续汉书〉考辨》,第29页。

举百官以下,及京师近郡犯法者。元帝去节,成帝省,建武中复置,并领一州。(《续汉书·百官四》)

　　大司农,卿一人,中二千石。本注曰:掌诸钱谷金帛诸货币。郡国四时上月旦见钱谷簿,其逋未毕,各具别之。边郡诸官请调度者,皆为报给,损多益寡,取相给足。……右属大司农。本注曰:郡国盐官、铁官本属司农,中兴皆属郡县。又有廪牺令,六百石,掌祭祀牺牲雁鹜之属。及雒阳市长、荥阳敖仓官,中兴皆属河南尹。余均输等皆省。(《续汉书·百官三》)①

如以上三例所示,《续汉书·百官志》中"正文"所述内容,包括了职官及其官属的名称、员额与秩级,而其职掌和沿革等内容则基本全属于"本注曰"的叙述范围。这一面貌也与前引司马彪本人所谓"依其官簿,粗注职分"的说法相应,当可视为一种通例②。另外根据刘昭的说法,司马彪所作注原本即为"细字";后来刘昭为了与他自己所做的"细字"之注区别开来,才将《百官志》的原注由"细字"改为"大书";又为了与同样"大书"的正文区别开来,再在注文之前加了"本注曰"三字③。

也就是说,若剔除刘昭注的后起影响,就《续汉书·百官志》的原初面貌而言,其中每一条职官的完整叙述,都应该由表4.1所示的A、B两大部分构成:

---

① 以上史料分别见《后汉书》,第3556、3613、3590—3591页。
② "中华本"《续汉书·百官志》中与此"通例"不合者比比皆是,叙述沿革的内容入于"正文"者尤为多见。如下文对于"郡太守"条的辨证所示,类似现象或缘于古籍流传过程中所出现的讹误,但整理者不谙司马彪撰作是书的基本体例亦为其中要因。
③ 类似的处理方式亦见于《续汉书·郡国志》。此志刘昭注曰:"本志唯郡县名为大书,其山川地名悉为细注,今进为大字。新注证发,臣刘昭采集。"《后汉书》,第3385页。参见刘治立:《刘昭〈续汉书·百官志注〉的文献价值》,第14页;小林岳《後漢書劉昭注李賢注の研究》,第78—80页。不过辛德勇《〈后汉书〉对研究西汉以前政区地理的史料价值及相关文献学问题》指出,"司马彪原书中的'细注',并没有统统'进为大字'"(第25页)。

表 4.1　《续汉书·百官志》的"正文"与"注文"之别

	撰述形式	叙述内容	文本面貌
A	源自东汉"官簿"的"正文"	职官及其官属的名称、员额与秩级	大书
B	西晋司马彪所作"注文"	职官及其官属的职掌与沿革	细字

"正文"与"注文"这两大部分在撰述形式、叙述内容和文本面貌上均存在明显的区别与层次，实不宜笼统作为《续汉书·百官志》这样一种单一史料来使用。我们姑且将此种认识确定为《续汉书·百官志》的基本体例，由此出发展开对具体问题的讨论。

三、《续汉书·百官志》"郡太守"条辨证

根据前文所论《续汉书·百官志》"正文"与"注文"的区分认识，可将前引"郡太守"条的文字分层如下：

A-1.凡州所监都为京都，置尹一人，二千石，丞一人。每郡置太守一人，二千石，丞一人。郡当边戍者，丞为长史。王国之相亦如之。每属国置都尉一人，比二千石，丞一人。

B-1.本注曰：凡郡国皆掌治民，进贤劝功，决讼检奸。常以春行所主县，劝民农桑，振救乏绝。秋冬遣无害吏案讯诸囚，平其罪法，论课殿最。岁尽遣吏上计。并举孝廉，郡口二十万举一人。

A-2/B-2.〔尉一人〕，典兵禁，备盗贼，景帝更名都尉。武帝又置三辅都尉各一人，讥出入。边郡置农都尉，主屯田殖谷。又置属国都尉，主蛮夷降者。中兴建武六年，省诸郡都尉，并职太守，无都试之役。省关都尉，唯边郡往往置都尉及属国都尉，稍有分县，治民比郡。安帝以羌犯法，三辅有陵园之守，乃复置右扶风都尉、京兆虎牙都尉。

A-3. 皆置诸曹掾史。

B-3. 本注曰：诸曹略如公府曹，无东西曹。有功曹史，主选署功劳。有五官掾，署功曹及诸曹事。其监属县，有五部督邮，曹掾一人。正门有亭长一人。主记室史，主录记书，催期会。无令史。阁下及诸曹各有书佐，干主文书。

以上分段中标为 A 者，即源自东汉"官簿"的"正文"部分；标为 B 者，即西晋司马彪所作的"注文"部分（当然，"本注曰"三字为刘昭后来所加）。前两段和后两段的层次都比较清晰。唯在区分正文与注文的意识下应该如何理解第三段文字，问题颇多，后文会有详细讨论。这里暂且标作"A-2/B-2"。

就上引"郡太守"条的文字而言，过去学者所关注的问题主要集中于两个地方。首先是 A-1 的第一句"凡州所监都为京都"，因为难以索解，多被学者认为存在文字讹误的可能。其次是 A-2/B-2 中的〔尉一人〕三字。现存的《后汉书》各种版本都是在"并举孝廉，郡口二十万举一人"后即接以"典兵禁，备盗贼"，中间显有脱文。对于中华本在这两处的处理方式，笔者认为仍然有继续讨论的空间。以下分述之。

（一）关于"凡州所监都为京都"

本节先来探讨 A-1"凡州所监都为京都"一句。中华本本卷"校勘记"对此的意见是：

《集解》引钱大昕说，谓"都"为"部"字之讹，又颠倒其文，"凡州所监都为"当作"凡州所监为部"，此六字乃注文，"京都置尹一人"，则志正文也。黄山《校补》则谓"都"为"郡"字之讹，凡郡为京师则置尹，两汉皆如此。按：钱、黄两说似均未谛，故仍其旧。①

---

① 《续汉书·百官五》，《后汉书》，第 3635 页。

"校勘记"所引学者意见既涉及了讹字、倒文,也关系到对此段及前后文"正文"与"注文"的理解,显示了相关问题的复杂性。从古籍整理的角度来说,在现有的文本条件下,"故仍其旧"或许是一种相对较佳的处理方式。不过,这并不妨碍我们继续从历史学的角度,综合各种线索,对现有文本所可能具有的"原貌"及其背后所指涉的历史事实做进一步的复原、解读乃至推测①。

中华本"校勘记"引用了钱大昕和黄山二位学者在此问题上的意见。钱氏之言见于氏著《廿二史考异》卷十四《续汉书二·百官志四》:

> "京都置尹一人",《志》正文也,上六字乃注文,讹舛不可通。予谓监都之"都",当作"部"。以上文云某州部郡国若干,因解部字义以足成之,当云"凡州所监为部"。字讹,又颠倒其文耳。②

钱大昕敏锐地意识到了今本《续汉书·百官志》中可能存在的"正文"与"注文"的混淆③,指出按照《百官志》原文,"郡太守"条的正文应以"京都置尹一人"起首;而之前的六字"凡州所监都为"当改为"凡州所监为部",然后作为注文并入"郡太守"条之前的"上文"。

"郡太守"条之前为"州刺史"条。以下列出中华本"州刺史"条的文字以为参照,内容、分段、标点一仍其旧:

> 外十二州,每州刺史一人,六百石。本注曰:秦有监御史,监

---

① 阎步克《文穷图见:王莽保灾令所见十二卿及州、部辨疑》《诗国:王莽庸部、曹部探源》二文通过对《汉书·王莽传》一段文字的多方辨析,尝试对王莽的地方制度设计进行复原,即为范例。前文载《中国史研究》2004 年第 4 期,第 35—51 页;后文载《中国社会科学》2004 年第 6 期,第 174—184 页。也有学者对阎氏提供的复原方案提出了若干商榷,参见辛德勇:《两汉州制新考》第八节《王莽新朝州制悬测》,收入氏著《秦汉政区与边界地理研究》,北京:中华书局,2009 年,第 148—161 页。

② 钱大昕撰,方诗铭、周殿杰校点:《廿二史考异(附:三史拾遗、诸史拾遗)》,上海:上海古籍出版社,2004 年,第 271—272 页。

③ 类似意识亦见于钱氏《十驾斋养新录》,卷六"后汉书注搀入正文"条(第 124—125 页)和"三国志注误入正文"条(第 129—130 页),上海:上海书店出版社,1983 年。

诸郡，汉兴省之，但遣丞相史分刺诸州，无常官。孝武帝初置刺史十三人，秩六百石。成帝更为牧，秩二千石。建武十八年，复为刺史，十二人各主一州，其一州属司隶校尉。诸州常以八月巡行所部郡国，录囚徒，考殿最。初岁尽诣京都奏事，中兴但因计吏。

皆有从事史、假佐。本注曰：员职略与司隶同，无都官从事，其功曹从事为治中从事。

豫州部郡国六，冀州部九，兖州部八，徐州部五，青州部六，荆州部七，扬州部六，益州部十二，凉州部十二，并州部九，幽州部十一，交州部七，凡九十八。其二十七王国相，其七十一郡太守。其属国都尉。属国，分郡离远县置之，如郡差小，置本郡名。世祖并省郡县四百余所，后世稍复增之。①

钱氏所谓"上文云某州部郡国若干"，即指"豫州部郡国六，冀州部九"等句。在他看来，"凡州所监为部"一句是用来解释这几句中的"部"字的，所谓"因解部字义以足成之"②。那么，如果将"凡州所监为部"理解为"州刺史"条的"注文"，这一"注文"所涵盖的具体范围究竟为何呢？是仅此一句，还是也包括了从"豫州部郡国六"到"后世稍复增之"这一整段文字在内？钱氏并未明言，中华本则应该是把这一段理解为了"正文"，所以与前面的"本注曰：……其功曹从事为治中从事"一句做了分段处理。

不过我们认为，综合各方面的线索，这段文字毋宁还是属于"注

---

① 《续汉书·百官五》，《后汉书》，第3617—3619页。其中"其二十七王国相，其七十一郡太守。其属国都尉"一句有讹脱，原文或当为"其二十王国相，其七十二郡太守，其六属国都尉"。说详本书附录三《〈续汉书·百官志〉"州刺史"条郡国数辨讹》，第292—294页。

② 阎步克赞成钱大昕对此句的复原方案，并认为其后"二千石"须补为"中二千石"。见氏著《从爵本位到官本位：秦汉官僚品位结构研究》（增补本），下编第三章《西汉郡国官的秩级相对下降》，第360—361页。

文"的可能性更大。

首先,根据前文对《续汉书·百官志》基本体例的认识,源自东汉"官簿"的"正文"部分,以职官及其官属的名称、员额与秩级为基本内容;其余职掌和沿革等方面的内容则属于西晋司马彪所作"注文"部分。这样看来,以上"州刺史"条的相关文字之中,属于正文的就仅有"外十二州,每州刺史一人,六百石"和"皆有从事史、假佐"两句。而就最后一段而言,末句"世祖并省郡县四百余所,后世稍复增之"这种叙述沿革的文字,显然属于注文;之前的从"豫州部郡国六,冀州部九"到"属国,分郡离远县置之,如郡差小,置本郡名"这几句,以州、郡、属国这样的行政区划而非州刺史、郡太守、属国都尉这样的职官为叙述对象,亦不宜视为《百官志》的正文。

其次,第二段的"本注曰:员职略与司隶同"一句,提示我们可以参考之前"司隶校尉"条的叙述体例。后者中华本原文如下:

> 司隶校尉一人,比二千石。本注曰:孝武帝初置,持节,掌察举百官以下,及京师近郡犯法者。元帝去节,成帝省,建武中复置,并领一州。从事史十二人。本注曰:都官从事,主察举百官犯法者。功曹从事,主州选署及众事。别驾从事,校尉行部则奉引,录众事。簿曹从事,主财谷簿书。其有军事,则置兵曹从事,主兵事。其余部郡国从事,每郡国各一人,主督促文书,察举非法,皆州自辟除,故通为百石云。假佐二十五人。本注曰:主簿录阁下事,省文书。门亭长主州正门。功曹书佐主选用。《孝经》师主监试经。《月令》师主时节祠祀。律令师主平法律。簿曹书佐主簿书。其余都官书佐及每郡国,各有典郡书佐一人,各主一郡文书,以郡吏补,岁满一更。司隶所部郡七。
>
> 河南尹一人,主京都,特奉朝请。其京兆尹、左冯翊、右扶风三人,汉初都长安,皆秩中二千石,谓之三辅。中兴都雒阳,更以河南郡为尹,以三辅陵庙所在,不改其号,但减其秩。其余弘农、

河内、河东三郡。其置尹,冯翊、扶风及太守丞奉之本位,在《地理志》。①

这一条中华本的整理亦不无可议之处。从分段情况来看,点校者应该是将最后一段"河南尹一人"等理解为《百官志》"正文"的内容。然而,第一,这一段的叙述如"河南尹一人……其京兆尹、左冯翊、右扶风三人……其余弘农、河内、河东三郡……"所示,与上一段的最后一句"司隶所部郡七"内容密切关联对应,当本为连贯叙述的同一段内容。将"司隶所部郡七"作为注文属上,而将河南尹、三辅等内容作为正文独立出来,是自相矛盾的处理方式。

第二,"河南尹一人,主京都,特奉朝请"的叙述中既缺乏关于秩级的说明,又有关于职掌的叙述,与《百官志》其他正义部分的体例不合。而从"汉初都长安"到"中兴都雒阳"都提示我们,这一段实际是以司隶校尉所部七郡在两汉的沿革为叙述线索的,如上所论,属于标准的注文内容。

第三,"司隶校尉"条之所以被置于"百官四"中,而没有在"百官五"中与"州刺史""郡太守"等同列,原因在于《续汉书·百官志》是将其作为"尉官"之一来编总和叙述的,所以与其同列者都是城门校尉、北军中侯、屯骑校尉、步兵校尉之类。河南尹和三辅等地方官长,虽然事实上受到司隶校尉的监察约束,但严格说来并不是作为"尉官"的司隶校尉之属官(其真正的属官是"从事史十二人"和"假佐二十五人"),也就不当出现在"司隶校尉"条的正文中②。

---

① 《续汉书·百官四》,《后汉书》,第 3613—3615 页。关于最后一句的"在《地理志》",因为《续汉书》只有《郡国志》而无《地理志》,这一句或许是司马彪截抄自《东观汉记》的相关部分而失察未改。《东观汉记》有《地理志》,参见吴树平:《蔡邕撰修的〈东观汉记〉十志》,收入氏著《秦汉文献研究》,第 172—211 页。另一种可能是这里的《地理志》指《汉书·地理志》。

② 事实上,前引《百官五》"郡太守"条正文中的"京都置尹一人,二千石。丞一人"才应该是《百官志》中"河南尹"的"正文";而三辅与弘农、河东、河内这六郡官长,自然也已经包含在同条正文"每郡置太守一人,二千石,丞一人"之中了。皆无须在"司隶校尉"条的正文中重出。

因此，按照以上理解，"司隶校尉"条从"司隶所部郡七"到"其置尹，冯翊、扶风及太守丞奉之本位，在《地理志》"的内容，都应该视为"注文"。这也可以为下一卷"州刺史"条中从"豫州部郡国六"到"世祖并省郡县四百余所，后世稍复增之"的内容当视为"注文"提供一个旁证。

那么，再回到前文所论钱大昕关于"郡太守"条文字的意见，"凡州所监都为"六字，是否可改为"凡州所监为部"，且作为"注文"上属？虽然如上所论，"州刺史"条最后一段确应理解为注文，但在"世祖并省郡县四百余所，后世稍复增之"后再加一句"凡州所监为部"，还是难免有突兀不谐之感。退一步说，即使司马彪需要"因解'部'字义以足成之"，更为合适的位置似乎也应该是"某州部郡国若干"这一说法首次出现的"司隶校尉"条注文"司隶所部郡七"之后，而不是放在第二次出现的"州刺史"条注文之中。况且"凡州所监为部"，也未必可以认为是对于汉代地方制度中的"部"的妥当解释[①]。

不同于钱氏之见，如前引中华本"校勘记"所言，《〈后汉书集解〉校补》另有高论：

> 今案：后文"凡县"亦以"凡"字起。谓上六字为注文之讹，固非矣。至改作"凡州所监为部"，亦不能以京都为刺史部也。此不过"监都"之"都"为"郡"字之写讹耳。凡郡为京师则置尹，两汉皆如此。晋讳"师"，是以变言"京都"。[②]

《校补》方案的特点是对《续汉书》原文改动很小，仅将"监都"改为"监郡"，则"郡太守"条前两句将呈现如下面貌：

> 凡州所监郡为京都，置尹一人，二千石，丞一人。每郡置太守一人，二千石，丞一人。

[①] 参见周振鹤：《从汉代"部"的概念释县乡亭里制度》，《历史研究》1995年第5期，第36—43页。

[②] 王先谦：《后汉书集解》，第1340页。

《校补》言"凡郡为京师则置尹,两汉皆如此",似将《续汉书》原文开头的"凡"字理解为通指两汉而言。不过按照前文的分析,源自东汉"官簿"的《百官志》"正文"部分仅以东汉制度为叙述对象,所谓"世祖节约之制,宜为常宪"也。相关职官在西汉的沿革往往被置于司马彪所作"注文"之中。换言之,在正文中一般不会出现通指两汉的表述。《校补》显然并没有考虑到这一点。

又《校补》言"后文'凡县'亦以'凡'字起",以此作为"郡太守"条亦应以"凡"字起的旁证。《续汉书·百官志》"县令长"条中华本原文如下:

> 属官,每县、邑、道,大者置令一人,千石;其次置长,四百石;小者置长,三百石;侯国之相,秩次亦如之。本注曰:皆掌治民,显善劝义,禁奸罚恶,理讼平贼,恤民时务,秋冬集课,上计于所属郡国。
>
> 凡县主蛮夷曰道。公主所食汤沐曰(国)〔邑〕。县万户以上为令,不满为长。侯国为相。皆秦制也。丞各一人。尉大县二人,小县一人。本注曰:丞署文书,典知仓狱。尉主盗贼。凡有贼发,主名不立,则推索行寻,案察奸宄,以起端绪。各署诸曹掾史。本注曰:诸曹略如郡员,五官为廷掾,监乡五部,春夏为劝农掾,秋冬为制度掾。①

上文第二段的确以"凡"字起。问题在于,此句的叙述对象并非"县",而是"道"。后面的文字又先后解释了邑、县令长、侯国相等第一段"正文"中出现过的内容,并言"皆秦制也",对其沿革进行追溯,应该视为"注文"。中华本在此另起一段,亦致误解。"县令长"条的体例并不能如《校补》所言为"郡太守"条正文以"凡"字起

---

① 《续汉书·百官五》,《后汉书》,第 3622—3623 页。关于县属吏"廷掾"的设置情况,参见徐畅:《〈续汉书·百官志〉所记"制度掾"小考》,《史学史研究》2015 年第 4 期,第 119—122 页。

首提供支持。

经过以上检讨,笔者赞同中华本"校勘记"所言"钱、黄两说似均未谛"的看法。但二氏之说中应该说也包含了一些合理成分。窃以为,若将钱氏"都为"二字"颠倒其文"和黄氏"'都'为'郡'字之写讹"的意见统合起来,是目前对《续汉书·百官志》"郡太守"条开头部分进行复原所能得到的最佳方案①。即如下所示:

> 凡州所监为郡。京都置尹一人,二千石,丞一人。每郡置太守一人,二千石,丞一人。

(二) 关于"尉一人"

本节讨论 A-2/B-2 中的〔尉一人〕。如前文所言,现存的《后汉书》各种版本都是在"并举孝廉,郡口二十万举一人"后即接以"典兵禁,备盗贼"②,中间显有脱文。中华本本卷"校勘记"云:

> 王先谦谓"典"上疑当有"尉一人"三字而夺之。今据何焯校本补"尉一人"三字。③

即在此补"尉一人"三字,乃是基于王先谦及何焯的意见。不过,钱大昕《三史拾遗》对此则另有一种主张:

---

① 赵一清《水经注释》曰:"《水经》建宁三年,改新丰为都乡。而《百官志》:'凡州所监为都。'都乡者,都邑之乡,若今之关厢也,故乡曰某乡,而都乡则无地名。"显示了对于此条文字的另一种理解。见郦道元注,杨守敬、熊会贞疏,段熙仲点校,陈桥驿复校:《水经注疏》,卷三一《溎水》,南京:江苏古籍出版社,1989 年,第 2585 页。但这种理解目前也找不到其他可以支持的例子。

② "典兵禁,备盗贼",严耕望引用时标点为"典兵,禁备盗贼",或可从。见氏著《中国地方行政制度史(甲部)——秦汉地方行政制度》,第 153 页。又《后汉书》卷七《桓帝纪》"永寿元年秋七月"条李贤注引《汉官仪》曰:"秦郡有尉一人,典兵禁,捕盗贼,景帝更名都尉。"第 301 页。文字有所不同。

③ 《续汉书·百官五》,《后汉书》,第 3635 页。王先谦说见《后汉书集解》,第 1335 页。

"典兵禁,备盗贼"。"典兵"之上当有"尉"字。①

无论补"尉一人"三字还是"尉"一字,其实都没有任何校勘文本上的依据,只是综合学者意见而做出的推断而已。就具体职能而言,"典兵禁,备盗贼"确与汉代郡尉存在对应关系。然而若从前文所指出的《续汉书·百官志》"正文"与"注文"的区分意识出发,应该如何理解此处所补入的文字呢?若是作为"正文",是否还需要在其后补入"本注曰"三字?若是作为"注文",又是否还存在与郡尉相关的其他正文?这些并非无关紧要的问题,无论是钱大昕、王先谦还是现代的整理者,似乎都未纳入视野。

王先谦主张在 A-2/B-2 起首补"尉一人"二字,参照的标准大概是 A-1 中的"每郡置太守一人,二千石,丞一人"。另外,《续汉书·百官志》同卷后面的"县令长"条和"诸侯王"条的叙述体例,似乎也可以为这一方案提供支持。下面仅列出这两条的正文部分以为参考:

【县令长】每县、邑、道,大者置令一人,千石;其次置长,四百石;小者置长,三百石;侯国之相,秩次亦如之。丞各一人。尉大县二人,小县一人。各署诸曹掾史。

【诸侯王】皇子封王,其郡为国,每置傅一人,相一人,皆二千石②。中尉一人,比二千石。郎中令一人,仆一人,皆千石。治书,比六百石。大夫,比六百石。谒者,比四百石。礼乐长、卫士长、医工长、永巷长、祠祀长,皆比四百石。郎中,二百石。

那么,按照同样的层次分布,在"郡太守"条的正文中补入"尉一人"

---

① 钱大昕:《廿二史考异(附:三史拾遗、诸史拾遗)》,第 1475 页。又钱大昭《续汉书辨疑》卷九亦引陈景云曰:"'典兵'之上当有'尉'字。"见《续汉书辨疑及其他一种》,上海:商务印书馆,《丛书集成初编》本,1936 年,第 99 页。

② 中华本在此句后,从"汉初立诸王"到"至(汉)成帝省内史治民,更令相治民,太傅但曰傅"亦单独成段,似将其视为"正文"。而从本文关于《续汉书·百官志》"正文"与"注文"的区分认识出发,笔者认为此段叙述沿革者当为注文。

三字,似乎应该也是很自然的。同时,A-2/B-2先叙"典兵禁,备盗贼",这是"职掌";后叙景帝、武帝乃至安帝时期郡尉的"沿革"。按照前文对于《续汉书·百官志》体例的分析,显然属于"注文"。根据刘昭注的原则,在"尉一人"后还应该再补入"本注曰"三字。

然而,这一方案忽略了一个重要的问题。即郡都尉在建武六年(30)就已经被省并,此后终东汉之世都再无恢复,也就是说其仅为西汉之制①。按照司马彪对《续汉书·百官志》性质的说明,"世祖节约之制,宜为常宪,故依其官簿,粗注职分,以为《百官志》。凡置官之本,及中兴所省,无因复见者,既在《汉书·百官表》,不复悉载"②。那么,为光武帝所省并的郡都尉之职,因为已非"常宪",至少是不当出现在《百官志》"正文"之中的;而"注文"从沿革的角度对其进行叙述倒是很有可能。前引钱大昕主张补"尉"一字而非"尉一人",或许就是意识到了这一点,而将其作为注文来理解的。在上节的讨论中我们已经看到了钱氏区分《续汉书·百官志》正文与注文的敏锐意识。

或许有人会注意到严耕望的如下意见,而对以上分析提出质疑。严氏在其关于"郡尉"的研究中,述及"中兴建武六年,'初罢郡国都尉官。'事见《光武纪》",其后以小字注曰:

> 刘攽曰,郡有都尉,国有中尉,此时罢郡都尉官耳,不当有国字。望案,国中尉犹郡都尉,必与都尉同罢,观后特许清河王庆置中尉可知。刘说非也。③

---

① 关于光武帝省罢郡尉的经过及原因,参见严耕望:《中国地方行政制度史(甲部)——秦汉地方行政制度》,第153页;杨鸿年:《汉魏制度丛考》(2005年版),"郡都尉"条,第339—341页。不过在边郡及需要征讨盗贼的特殊场合,东汉亦有设置都尉之举。
② 《续汉书·百官一》,《后汉书》,第3555页。
③ 严耕望:《中国地方行政制度史(甲部)——秦汉地方行政制度》,第153页。杨鸿年《汉魏制度丛考》(2005年版)"王国官吏"条亦认为"因为东汉光武帝罢诸郡都尉而不置,王国中尉亦遂见废";但又说"所以《后汉书·百官志》在叙述王国官员时,只说有傅、相各一人了",则是对《百官志》中所载王国中尉的无视了(第398页)。

刘敔认为光武帝在建武六年(30)省罢的仅为郡都尉,不包括国中尉;《后汉书·光武纪》"初罢郡国都尉官"一句的"国"字或为衍文。严耕望对此表示异议,认为建武六年国中尉必与郡都尉同罢,《光武纪》文字无误。若严氏所言不虚,而又如前所示,国中尉亦为《续汉书·百官志》"诸侯王"条之"正文",那么即使已经罢省,郡都尉不是也有列入"郡太守"条正文的可能么?

严氏认为东汉王国中尉与郡都尉同废的一个重要依据,是"特许清河王庆置中尉"。事见《后汉书》卷五五《章帝八王传·清河孝王庆》:

> 明年(永元十六年,104),诸王就国,邓太后特听清河王置中尉、内史,赐什物皆取乘舆上御,以宋衍等并为清河中大夫。①

此事亦为《续汉书》所载②。由"特听清河王置中尉、内史",似乎确可反推当时一般王国不置中尉。因其已于建武六年(30)被废去了。

然而,事实上我们还是可以找到一些东汉王国中尉的史料。《续汉书·百官五》"诸侯王"条刘昭注引《东观书》曰:"其绍封削绌者,中尉、内史官属亦以率减。"③当是来自《东观汉记·百官公卿表》的记载。又《续汉书·礼仪志》载:"诸侯王,傅、相、中尉、内史典丧事,大鸿胪奏谥,天子使者赠璧帛,载日命谥如礼。"④皆记东汉王国有中

---

① 《后汉书》,第1802页。
② 《太平御览》卷二四八《职官部·国中尉》引《续汉书》曰:"清河王小心恭孝,特见亲爱。后诸王就国,邓太后诏特清河国置中尉、内史,赐乘上御物焉。"第1171页。
③ 《续汉书·百官五》,《后汉书》,第3629页。
④ 《续汉书·礼仪下》,《后汉书》,第3152页。又《续汉书·舆服下》"凡先合单纺为一系"条刘昭注引《东观书》曰:"建武元年,复设诸侯王金玺綟绶,公侯金印紫绶。九卿、执金吾、河南尹秩皆中二千石,大长秋、将作大匠、度辽诸将军、郡太守、国傅相皆秩二千石,校尉、中郎将、诸郡都尉、诸国行相、中尉、内史、中护军、司直秩皆二千石,以上皆银印青绶。"第3675—3676页。其中亦有王国中尉、内史之设。不过这段文字所在的《东观汉记》佚文疑点颇多,很难直接视为建武元年制度。参见吴树平《东观汉记校注》,第143页;阿部幸信:《後漢時代の赤綬について》,《福岡教育大学紀要》第53号[第2分册 社会科学编],2004年,第1—19页;同氏:《汉晋间绶制的变迁》,收入余欣主编:《中古时代的礼仪、宗教与制度》,上海:上海古籍出版社,2012年,第224—249页。

尉之设。又《后汉书》卷四二《光武十王传·广陵思王荆》载明帝世，广陵王刘荆被告谋反，"帝复加恩，不考极其事，下诏不得臣属吏人，唯食租如故，使相、中尉谨宿卫之"①，显示在当时的王国制度运营中，中尉亦为重要一环。

又《秦汉南北朝官印征存》中收有一方"下邳中尉司马"印，如下所示。关于此印，罗福颐注曰：

> 《后汉书·孝明八王传》：下邳惠王衍，永平十五年封，四世，建安十一年国除。又《百官志》：王国属官有中尉一人，比二千石。此司马当为其属。②

如罗注所言，下邳改郡封国在永平十五年（72）。则"下邳中尉司马"之印，亦说明了建武六年（30）后王国中尉的继续存在。

这样看来，前引《后汉书·章帝八王传》所谓"邓太后特听清河王置中尉、内史"，或指由清河王自定人选出任其国中尉、内史，即非由汉廷选派，与后文"以宋衍（清河王舅）等并为清河中大夫"均为性质相近的特别优遇。同传载：

> 后中傅卫讦私为赃盗千余万，诏使案理之，并责（刘）庆不举之状。庆曰："讦以师傅之尊，选自圣朝，臣愚唯知言从事听，不甚有所纠察。"帝嘉其对，悉以讦赃财赐庆。③

中傅为王国官者，犹"选自圣朝"，东汉朝廷对王国官属选派控制之严可知。则听其自定人选，应可视为一种优遇。并不能由此反推一般王国不置中尉。至于《后汉书·光武纪》所载"中兴建武六年，初罢郡国都尉官"，或如刘攽所言"国"为衍字，或应将此"国"理解

---

① 《后汉书》，第1448页。
② 罗福颐编：《秦汉南北朝官印征存》，北京：文物出版社，1987年，第150页。
③ 《后汉书》，第1802页。

为"属国"①,严氏之说当不可从。

因此,《续汉书·百官志》"诸侯王"条"正文"有"中尉",并不能为"郡太守"条正文亦应有"尉"提供支持。从东汉一朝不置郡尉的情况来看,"郡太守"条正文中出现"尉一人"三字的可能性是很低的。同时,A-2/B-2这一段文字先以"典兵禁,备盗贼"说明郡尉职掌,接着叙述其从西汉景帝、武帝直至东汉光武帝、安帝时代的沿革,都属于标准的"注文"内容。不妨认为,在这一位置所补入的任何与郡尉相关的文字,都应当与其后的职掌和沿革文字一起,作为司马彪注文的组成部分来理解。

那么,若补"尉一人"不妥,更好的方案是什么呢?可以注意到,《续汉书·百官志》的这段文字,在"典兵禁,备盗贼"之后,接着说"景帝更名都尉"。既为"更名",则之前应有叙述更早时代相关情况的文字。毋庸赘言,即指与《汉书·百官公卿表》所述的秦与汉初"郡尉"相应的叙述②。另外,应劭《汉官仪》的如下一段佚文也为我们提供了可能的参照:

> 秦郡有尉一人,典兵禁,捕盗贼,景帝更名都尉,建武(七)〔六〕年省,惟边郡往往置都尉及属国都尉。③

准此,我们或许可以在 A-2/B-2 开头"典兵禁,备盗贼"之前,补入

---

① 除了指一般的郡与王国之外,东汉亦有以"郡国"一词指郡与属国的例子。如《续汉书·郡国志》记益州有汉中、巴郡、广汉、蜀郡、犍为、牂柯、越巂、益州、永昌九郡,广汉属国、蜀郡属国、犍为属国三属国,后曰:"右益州刺史部,郡、国十二。"《后汉书》,第3516页。《续汉书》虽然是西晋司马彪所作,但其《郡国志》学者一般认为是以顺帝永和五年(140)的版籍为基础而成的(参见李晓杰:《东汉政区地理》,济南:山东教育出版社,1999年,第14页)。其"郡国"的用法当可视为东汉之制。据《郡国志》,东汉的六个属国均设于安帝时期。而据《汉书·地理志》,西汉有属国都尉五,与东汉属国不同。光武时将此属国都尉与郡都尉一并废去亦并非没有可能。
② 《汉书》卷十九上《百官公卿表上》载:"郡尉,秦官,掌佐守典武职甲卒,秩比二千石。有丞,秩皆六百石。景帝中二年更名都尉。"第742页。
③ 《后汉书》卷七《桓帝纪》"永寿元年秋七月"条李贤注引,第301页。并参见孙星衍等辑,周天游点校:《汉官六种》,北京:中华书局,1990年,第151页。

"秦郡有尉一人",且将其理解为"注文"。而又因为这一段文字紧接着前文"本注曰:凡郡国皆掌治民……并举孝廉,郡口二十万举一人",则不必补"本注曰"三字了。

如此,经过以上略嫌琐碎的反复探讨,我们认为,在目前的文本条件下,最接近于《续汉书·百官志》"郡太守"条原貌的复原方案当如下所示(A 表示"正文",B 表示"注文"):

A–1.凡州所监为郡。京都置尹一人,二千石,丞一人。每郡置太守一人,二千石,丞一人。郡当边戍者,丞为长史。王国之相亦如之。每属国置都尉一人,比二千石,丞一人。

B–1.本注曰:凡郡国皆掌治民,进贤劝功,决讼检奸。常以春行所主县,劝民农桑,振救乏绝。秋冬遣无害吏案讯诸囚,平其罪法,论课殿最。岁尽遣吏上计。并举孝廉,郡口二十万举一人。B–2.〔秦郡有尉一人〕,典兵禁,备盗贼。景帝更名都尉。武帝又置三辅都尉各一人,讥出入。边郡置农都尉,主屯田殖谷。又置属国都尉,主蛮夷降者。中兴建武六年,省诸郡都尉,并职太守,无都试之役。省关都尉。唯边郡往往置都尉及属国都尉,稍有分县,治民比郡。安帝以羌犯法,三辅有陵园之守,乃复置右扶风都尉、京兆虎牙都尉。

A–2.皆置诸曹掾史。

B–3.本注曰:诸曹略如公府曹,无东西曹。有功曹史,主选署功劳。有五官掾,署功曹及诸曹事。其监属县,有五部督邮,曹掾一人。正门有亭长一人。主记室史,主录记书,催期会。无令史。阁下及诸曹各有书佐,干主文书。

四、汉晋间官制撰述谱系中的《续汉书·百官志》

以上我们根据对《续汉书·百官志》基本体例的把握——"正文"=职官及其官属的名称、员额与秩级;"注文"=职官及其官属的职掌与沿革——对"郡太守"条中历代学者争议较大的两处文字的处理方案进行了讨论,连带也对之前的"司隶校尉"条、"州刺史"条和之后的"县令长"条、"诸侯王"条的结构与层次进行了重新梳理。结果显示在中华本所提供的文本基础之上,我们可以更为接近《续汉书·百官志》在南朝萧梁刘昭介入之前的原貌①。

与大多数学者对《续汉书·百官志》较为单一的把握相比,我们将其理解为由源自东汉"官簿"的"正文"部分和西晋司马彪所作的"注文"部分共同组成的复合史料。那么,对此"复合史料"的性质应该如何理解呢?这首先涉及应该如何确切理解《百官志》正文部分与东汉"官簿"之间的关系,其次则是司马彪以此种志、注结合的方式撰述东汉官制的具体意图之所在。对这些问题的回答,事实上都指向了在汉晋间官制撰述的谱系之中应该如何对《续汉书·百官志》进行定位。

让我们首先从《续汉书·百官志》"正文"部分与东汉"官簿"之间的关系问题谈起。按照以上对于《百官志》基本体例的把握,其正文叙述的是职官及其官属的名称、员额与秩级,而这一部分又源自东汉一种名为"官簿"的史料。那么至少可以肯定,东汉"官簿"之中应该包含了类似职官设置的叙述。其形式即如以下二例所示:

> 太尉,公一人。长史一人,千石。掾史属二十四人。令史及御属二十三人。(见《续汉书·百官一》)

> 大司农,卿一人,中二千石。丞一人,比千石。部丞一人,六百石。太仓令一人,六百石。丞一人。平准令一人,六百石。丞一人。导官令一人,六百石。丞一人。右属大司农。(见《续汉书·百官三》)②

---

① 类似工作当然也可以在《续汉书·百官志》的其他部分展开。参见本书第五章《东汉太尉渊源考——从〈续汉书·百官志〉"太尉"条的脱文谈起》;徐畅:《〈续汉书·百官志〉所记"制度掾"小考》。

② 以上史料分见《后汉书》,第3557—3559、3590页。

又《续汉书·百官志》刘昭注经常引用一种名为《汉官》的作品,如下二例所示:

> 《百官二·太常》刘昭注引《汉官》曰:员吏八十五人,其十二人四科,十五人佐,五人假佐,十三人百石,十五人骑吏,九人学事,十六人守学事。

> 《百官二·光禄勋》刘昭注引《汉官》曰:员吏四十四人,其十人四科,三人百石,一人斗食,二人佐,六人骑吏,八人学事,十三人守学事,一人官医。卫士八十一人。①

尽管刘昭注的引文应该并不完整②,但可以推测其叙述形式当与《续汉书·百官志》正文面貌较为接近。首先可以指出的是,这一叙述形式本身与汉代的"文书行政传统"有着密切关系。出土简牍史料为此提供了有力的证据。如《居延汉简》五九·四〇,二二〇·一二:"祭长史君百石吏十二人,斗食吏二人,佐史八十八人。"简七六·二九:"百石吏三百,斗食吏二百,佐史百。"③更为完整展现这一传统在特定范围内具体面貌的则是尹湾汉墓所出诸行政文书简④。如其中的《集簿》列有西汉晚期东海郡府职官设置员额的统计:

> 吏员二千二百三人。太守一人,丞一人,卒史九人,属五人,书佐十人,啬夫一人,凡廿七人。都尉一人,丞一人,卒史二人,

---

① 以上史料分见《后汉书》,第3571、3574页。孙星衍认为此《汉官》并非应劭《汉官仪》,见《汉官六种》,第119页。
② 刘昭在上引《续汉书·百官志》"太常"条注后加"案语"曰:"凡《汉官》所载列职人数,今悉以注,虽颇为繁,盖《周礼》列官,陈人役(放)〔于〕前,以为民极,寔观国制,此则宏模不可阙者也。"第3571页。可见其引以为注的只是《汉官》中的"列职人数",而不及其他。
③ 转引自谢桂华:《尹湾汉墓所见东海郡行政文书考述》,收入连云港市博物馆、中国文物研究所编:《尹湾汉墓简牍综论》,北京:科学出版社,1999年,第26—27页。
④ 关于这批行政文书简,参见谢桂华:《尹湾汉墓所见东海郡行政文书考述》、李解民:《〈东海郡下辖长吏名籍〉研究》、陈勇:《尹湾汉墓简牍与西汉地方官吏任迁》,均收入《尹湾汉墓简牍综论》;廖伯源:《简牍与制度:尹湾汉墓简牍官文书考证》(增订版),卷二《汉代郡县属吏制度补考》,第47—70页,卷四《〈东海郡下辖长吏名籍〉释证》,第101—164页,桂林:广西师范大学出版社,2005年。

属三人,书佐五人,凡十二人。①

而在《东海郡吏员簿》中则可以看到东海郡、县、侯国各自所辖吏员人数与秩级的分类统计,试举两例:

> 太守吏员廿七人。太守一人,秩(?)□□□□。太守丞一人,秩六百石。卒史九人,属五人,书佐九人,用筭佐一人,小府啬夫一人。凡廿七人。

> 兰陵吏员八十八人。令一人,秩千石。丞一人,秩四百石。尉二人,秩四百石。官有秩一人,令史六人,狱史四人,官啬夫四人,乡啬夫十三人,游徼四人,牢监一人,尉史四人,官佐八人,乡佐四人,亭长卅五人。凡八十八人。②

可见对职官及其官属的名称、员额与秩级进行叙述与统计,本是汉代文书行政传统中不可或缺的一环。尹湾汉简中的《集簿》和《东海郡吏员簿》,多被学者认为是与东海郡上计有关的资料③。则各官署内部关于吏员设置的信息也需要逐级上报,汇总于中央朝廷。司马彪据之作注以成《百官志》的东汉"官簿",或许就是此类统计信息层累造成的结果④。

不过,这是否就已经是东汉"官簿"的全貌呢?答案似乎并不容易肯定。先来看两条西汉"官簿"的例子。《汉书》卷八四《翟方进传》载:

---

① 连云港市博物馆、东海县博物馆、中国社会科学院简帛研究中心、中国文物研究所编:《尹湾汉墓简牍》,北京:中华书局,1997年,第77页,图版见第13页,YM6D1正。
② 《尹湾汉墓简牍》,第79页,图版见第14页,YM6D2正。
③ 参见高敏:《〈集簿〉的释读、质疑与意义探讨》,《史学月刊》1997年第4期,第14—18页;高恒:《汉代上计制度论考——兼评尹湾汉墓木牍〈集簿〉》,收入《尹湾汉墓简牍综论》,第128—138页。
④ 《汉书·百官公卿表》上卷结尾所述"吏员自佐史至丞相,十二万二百八十五人"(第743页),无疑也是基于此类统计汇总的结果。

> 阳朔中，京兆尹王章讥切大臣，而荐琅邪太守冯野王可代大将军王凤辅政，东郡太守陈咸可御史大夫。是时方进甫从博士为刺史云。后方进为京兆尹，咸从南阳太守入为少府，与方进厚善。先是逢信已从高弟郡守历京兆、太仆为卫尉矣，官簿皆在方进之右。及御史大夫缺，三人皆名卿，俱在选中，而方进得之。①

关于"官簿皆在方进之右"，颜师古说："簿谓伐阅也。簿音主簿之簿。"可见其不仅仅是一种限于职官设置说明的材料，其中应该也有关于具体个人迁转经历的记录，否则就难以据此作出"某人在某人之右"的判断。又《汉书》卷九九上《王莽传上》载：

> 大司马护军褒奏言："安汉公遭子宇陷于管蔡之辜，子爱至深，为帝室故不敢顾私。惟宇遭辜，唶然愤发作书八篇，以戒子孙。宜班郡国，令学官以教授。"事下群公，请令天下吏能诵公戒者，以著官簿，比《孝经》。②

这是说天下官吏中若有能诵王莽"戒书"者，即"著官簿"，待遇同于能诵《孝经》者。虽然并不清楚"著官簿"的具体形式，但无疑也是一种和具体个人相关联的说明或者记录，并且将有助于其人未来的仕途迁转。

东汉仍有维持了同样性质的"官簿"存在。《后汉书》卷五《安帝纪》载延光元年（122）八月己亥"诏"曰：

> 三公、中二千石，举刺史、二千石、令、长、相，视事一岁以上至十岁，清白爱利，能敕身率下，防奸理烦，有益于人者，无拘官簿。刺史举所部，郡国太守相举墨绶，隐亲悉心，勿取浮华。③

其后李贤注曰："无拘官簿谓受超迁之，不拘常牒也。"则所谓"官簿"

---

① 《汉书》，第 3417 页。
② 《汉书》，第 4065—4066 页。
③ 《后汉书》，第 236 页。

"常牒",显然也是一种记录了具体个人迁转经历与资格的材料。

又东汉末蔡邕撰《幽冀刺史久阙疏》言:

> 安国徒隶,买臣郡民,皆还治其国。张敞亡命,擢授剧州。岂顾三互、拘官簿?得救时之便也。①

说明官簿是与"三互法"联系在一起的资料,其中必明载个人籍贯、历官之类信息。同氏撰《太尉桥公庙碑》曰:

> 三孤故臣门人,相与述公言行,咨度礼制,文德铭于三鼎,武功勒于钲铖,官簿次第,事之实录,书于碑阴。俾尔昆裔,永有仰于碑阴云。②

其中"次第"一词本义为排比、编次,这里与"官簿"连用,应指载于其中的桥玄的历官记录;与"事之实录"一起,构成了其碑书写的主要内容。

值得注意的是,在尹湾汉墓简牍中也有一种与具体个人迁转经历相关的文书留存,即三号木牍(M3)与四号木牍(M4)。此份文书本无题名,整理者最初将其定名为《长吏迁除簿》③,《尹湾汉墓简牍》则更名为《东海郡下辖长吏名籍》。具体形式如下例所示:

> 下邳令六安国阳泉李忠,故长沙内史丞,以捕群盗尤异除。
> 朐邑左尉楚国蕃丘田章始,故东郡太守文学,以廉迁。
> 武阳侯国丞汝南郡西华邑尹庆,故武都太守文学卒史,以功迁。④

可以看到,这一文书记录了"东海郡所属38个县邑侯国的长吏,即

---

① 蔡邕:《蔡中郎集》卷之一。此疏《后汉书》蔡邕本传亦载,然作"岂复顾循三互,继以末制乎",不见"官簿"字样。
② 蔡邕:《蔡中郎集》卷之二。
③ 滕昭宗:《尹湾汉墓简牍释文选》,《文物》1996年第8期,第26—31页。
④ 以上史料分见《尹湾汉墓简牍》,第85、86、93页,图版分见第15YM6D3正、16YM6D4页。前引李解民、陈勇、廖伯源三文对这一文书有详细考察。

令、长、相、丞、尉及侯家丞的现职、原籍、姓名、原职、任迁原由"①。无论其原始题名为何(也可能本来即无题名),都可以认为其与上文所论记录具体个人迁转经历与资格的"官簿"之间应存在相当密切的关联。或可将前者视为后者的一种初级形态。

以上所论尹湾汉简的相关情形可以说明,在汉代的文书行政传统之下,各个官署之内本即存在着两类性质不同的档案材料,一类侧重于职官设置的叙述与统计,一类则侧重于记录具体个人的迁转经历。而由尹湾汉简中的行政文书与上计制度的密切关系可以推测,前述传世史料中所见两种不同性格的"官簿",或即由文书行政传统下的这两大"文书群"脉络层累编织而成。与其将这些"官簿"视为某一特定史料,莫如理解为对一个性质多元的"文书群"的泛指更为合适。

问题在于,司马彪《续汉书·百官志》所谓"依其官簿"中的"官簿",在上述泛指"文书群"的理解之外,是否还存在将其视为某一特定史料的可能呢?笔者认为这种可能性并非完全不存在。因为在汉代的"文书行政传统"之外,另一种综合了职官设置说明与个人迁转经历的"官制撰述传统"在史料中也赫然可见。毋庸赘言,这正是《汉书·百官公卿表》区分为上、下两卷的结构之所在。上卷叙述职官设置与沿革,下卷以表格形式展示任职公卿者的迁转经历;二者合二为一组成《百官公卿表》,并非胡乱拼凑,而是在一种"官制撰述传统"之下有意而为的结果。可以看到,《汉书·百官公卿表》中"表"的部分某种程度上与《史记·汉兴以来将相名臣年表》存在继承关系,但整体上呈现为"职官设置说明+任职者年表"的复合形式,则显示了班固所在时代发展出的新的官制撰述传统。《汉书》卷一〇〇《叙传》有言:

---

① 参见陈勇:《尹湾汉墓简牍与西汉地方官吏任迁》,第76页。

第四章 《续汉书·百官志》与汉晋间的官制撰述

> 汉迪于秦,有革有因,觕举僚职,并列其人。述《百官公卿表》第七。①

又《隋书》卷三三《经籍志·史部·职官篇》的"小叙"也很清楚地指出了这一点:

> 古之仕者,名书于所臣之策,各有分职,以相统治。《周官》,冢宰掌建邦之六典,而御史数凡从正者。然则冢宰总六卿之属,以治其政,御史掌其在位名数,先后之次焉。今《汉书·百官表》列众职之事,记在位之次,盖亦古之制也。②

《隋书·经籍志》将"列众职之事,记在位之次"归纳为《汉书·百官公卿表》的主要特征,与《汉书·叙传》的表述完全对应③。而且将这种撰述形式与经典古制联系在一起,应该也存在于《汉书·百官公卿表》作者的意识之内④。在《汉书》这样的"前代史"之外,作为东汉王朝"国史"的《东观汉记》之中亦设有《百官公卿表》⑤,显示了这一官制撰述形式在东汉王朝意识形态中的结构性地位。当然"百官公卿表"的形成当依赖于前述汉代文书行政传统下两大"文书群"脉络的层累编织,但当其作为一种具有特定形式、内容与性质的完整文本在"国史"中成立后,应该即已突破了"文书行政"层面,而成为东汉一朝"官制撰述"的标准像,发挥着不可忽视的意识形态功能。

与其意识形态功能相应,不仅限于东汉中央朝廷层面,这一传统

---

① 《汉书》,第 4241 页。
② 《隋书》,第 969 页。
③ 参见中村圭尔:《六朝官僚制的叙述》,第 276—277 页。
④ 谷井俊仁《官制は如何に叙述されるか——『周礼』から『会典』へ》指出,《汉书·百官公卿表》关于职官部分的叙述方式已经对《周礼》有所参照(第 84 页)。
⑤ 参见吴树平:《〈东观汉记〉中的本纪、表、列传、载记和序》,收入氏著《秦汉文献研究》,第 144—171 页;同氏《东观汉记校注》中的相关部分。

在东汉后期大量涌现的私人官制撰述作品中也仍然保持着强有力的影响①。以这方面的代表性作品应劭《汉官仪》为例②。学者一般将其作为记述汉代官制和礼仪的重要史料来使用,然陈振孙已云其"载三公官名及名姓州里",孙星衍《叙录》亦指出"今诸书引《汉官仪》,有诸人姓名",显然仍然保持着类似《汉书·百官公卿表》"列众职之事,记在位之次"的结构③。另外,前文提到的《续汉书·百官志》刘昭注所引《汉官》,在各官属的吏员设置统计说明之外,也可以看到诸如"(洛阳市长)丞一人,二百石,明法补""太子舍人十三人,选良家子孙""太子门大夫二人,选四府掾属"等关于官员迁转资格的佚文记载④。可以推测其整体面貌当与"百官公卿表"式的官制撰述传统有关。

综上所述,虽然限于史料,我们尚无法就司马彪在西晋撰述《续汉书·百官志》时所谓"依其官簿"的确切所指得出结论;但至少可以明了的是,综合了职官设置说明与个人迁转经历的"百官公卿表"式作品乃是东汉后期官制撰述的主流传统。司马彪的时代去此主流传统并不算太过遥远;即使他在具体操作时利用了某种"文书行政传统"下的"官簿",但其本人对前述"官制撰述传统"的巨大存在应该有明确意识。因此,《续汉书·百官志》对具体官僚的个人在位记录未予保留,以"百官志"而非"百官表"的形式进行了官制撰述,应该可以认为这是司马彪选择了"反传统"的方式。当然这并非司马彪的个人独创,在前此的谢承《后汉书·百官志》、鱼豢《魏略·中外官志》以及同时代的华峤《后汉书·十典》等著述中也是共通的。学者

---

① 参见黄桢:《官制撰述在汉末的兴起》,《文史哲》待刊稿。
② 关于此书的具体情形,参见佐藤達郎:《応劭『漢官儀』の編纂》,《関西学院史学》第33号,2006年,第89—108页。
③ 两处引文并见《汉官六种》,第119页。参见中村圭尔:《六朝官僚制的叙述》,第279页。
④ 以上史料分别见《汉官六种》,第6—7页。

将此视为魏晋时期对于东汉后期官制撰述传统的一大突破①。

与东汉后期的官制撰述作品相比,《续汉书·百官志》的另一大特点是将"正文"叙述的重点置于"世祖节约之制",使东汉一朝的官制结构呈现出极为简洁、整齐的面貌,"宜为常宪"。所谓"常宪",一方面指"世祖之制"本身即可为模范,另一方面则又是以汉末魏晋对《周礼》这样一种"经典"的崇重意识为背景的②。前文所示《续汉书·百官志》正文部分的简洁面貌,在某种程度上也可以视为对《周礼》诸如"宰夫下大夫四人,上士八人,中士十有六人,旅下士三十有二人,府六人,史十有二人,胥十有二人,徒百有二十人"③之类叙述方式的模拟④。司马彪在《续汉书·百官志》的开头部分对此就有明

---

① 参见中村圭尔:《六朝官僚制的叙述》,第278—279页。又《隋书》卷三三《经籍志·史部·职官篇》"小叙"载:"汉末,王隆应劭等,以《百官表》不具,乃作《汉官解诂》《汉官仪》等书。是后相因,正史表志,无复百僚在官之名矣。"第969页。中村氏认为,《隋志》所谓的"百官公卿表的'不具',可能就是指表对前汉以降任官者记载的不完备"(第277页),并进一步认为汉末魏晋官僚制叙述变化的真相是,"由于详载任官者记录的单行本诸书(引者按:指始于汉末撰写的胡广《汉官解诂》、应劭《汉旧仪》等)的盛行,导致王朝史书的'表'舍弃任官者记录,转变成为仅记载官制的'志'"(第283页)。笔者则认为《隋志》所谓"以《百官表》不具",似是在强调这种偏重于"表"的传统撰述形式不够完备,不足以构成典范。故《汉官解诂》《汉官仪》等书虽然在内容上仍然保留了个人任官记录,但形式上毕竟已经不复为"表",应该视之为汉晋间的官制撰述由"表"到"志"这一转变过程中的过渡环节,而不是与之构成因果关系。在同样的意义上,笔者也不甚赞同中村氏文中关于"正史"和"单行本著作"的两分法。又《隋志》所谓"汉末,王隆应劭等……乃作《汉官解诂》、《汉官仪》等书"云云,表述有误。王隆为新末东汉初人,作《汉官篇》,东汉后期胡广以其书为基础作《汉官解诂》。参见黄桢:《官制撰述在汉末的兴起》,《文史哲》待刊稿;本书第六章《王隆〈汉官篇〉小考》,第175—185页。

② 参见梁满仓:《论魏晋南北朝时期五礼制度化》,《中国史研究》2001年第4期,第27—52页;同氏:《魏晋南北朝五礼制度考论》,北京:社会科学文献出版社,2009年;阎步克:《从爵本位到官本位:秦汉官僚品位结构研究》(增补本),上编第七章第二节《周礼九命与品位结构一元化》,第254—261页;同氏:《服周之冕——〈周礼〉六冕礼制的兴衰变异》,北京:中华书局,2009年;间嶋潤一:《郑玄に至る「周礼」解释の变迁について》,《中国文化》第38辑,1980年,第254—262页;阿部幸信:《汉晋间绶制的变迁》。

③ 郑玄注,贾公彦疏:《周礼注疏》,卷一《天官冢宰》,收入《十三经注疏》,北京:中华书局,1980年,第639—640页。

④ 参见谷井俊仁:《官制は如何に叙述されるか——『周礼』から『会典』へ》,第86页。

确表达:

> 昔周公作《周官》,分职著明,法度相持,王室虽微,犹能久存。今其遗书,所以观周室牧民之德既至,又其有益来事之范,殆未有所穷也。故新汲令王隆作《小学汉官篇》,诸文倜说,较略不究。唯班固著《百官公卿表》,记汉承秦置官本末,迄于王莽,差有条贯;然皆孝武奢广之事,又职分未悉。世祖节约之制,宜为常宪,故依其官簿,粗注职分,以为《百官志》。凡置官之本,及中兴所省,无因复见者,既在《汉书·百官表》,不复悉载。①

司马彪将《周礼》(《周官》)作为官制撰述的起源与典范置于《续汉书·百官志》的开端,并与"宜为常宪"的"世祖节约之制"形成呼应,说明了二者之间的密切关联。亦如学者所指出的,"称《周官》是对未来有益的模范,显示出官制记载在当时具有的'现代'意义。而这些记载记录的官制,因而也就具有了作为历史批评对象的特殊意义"②。与此形成对比的是,《汉书·百官公卿表》虽然也以引用经典开头,但重点被置于经典记载中的职官沿革说明之上,趣旨迥异③。

事实上,以《周礼》的形式编总、分布和规制汉制,自东汉中后期以来已是一种引人注目的新动向。关于这一"新动向",《续汉书·百官志》"故新汲令王隆作《小学汉官篇》"条刘昭所引胡广注中包含了极为丰富的历史信息,不避繁冗,全引如下:

---

① 《后汉书》,第3555页。王鸣盛也注意到了《续汉书·百官志》的这一特点:"司马彪此论表明《周官》之美,实为笃论。后世无知鄙儒纷纷疑且非之,即能信者亦从未举此志以评定,何也?"见王鸣盛撰、黄曙辉点校:《十七史商榷》卷三四《后汉书六·周官》,上海:上海书店出版社,2005年,第238页。

② 中村圭尔:《六朝官僚制的叙述》,第285页。

③ 《汉书·百官公卿表》:"《易》叙宓羲、神农、(皇)〔黄〕帝作教化民,而《传》述其官,以为宓羲龙师名官,神农火师火名,黄帝云师云名,少昊鸟师鸟名。自颛顼以来,为民师而命以民事,有重黎、句芒、祝融、后土、蓐收、玄冥之官,然已上矣。《书》载唐虞之际,命羲和四子顺天文,授民时;咨四岳,以举贤材,扬侧陋……"第721页。

第四章 《续汉书·百官志》与汉晋间的官制撰述 145

  案:胡广注隆此篇,其论之注曰:"前安帝时,越骑校尉刘千秋(引者按:即刘珍)校书东观,好事者樊长孙与书曰:'汉家礼仪,叔孙通等所草创,皆随律令在理官,藏于几阁,无记录者,久令二代之业,暗而不彰。诚宜撰次,依拟《周礼》,定位分职,各有条序,令人无愚智,入朝不惑。君以公族元老,正丁其任,焉可以已!'刘君甚然其言,与邑子通人郎中张平子(引者按:即张衡)参议未定,而刘君迁为宗正、卫尉,平子为尚书郎、太史令,各务其职,未暇恤也。至顺帝时,平子为侍中典校书,方作《周官解说》,乃欲以(汉)〔渐〕次述汉事,会复迁河间相,遂莫能立也。述作之功,独不易矣。既感斯言,顾见故新汲令王文山《小学》为《汉官篇》,略道公卿外内之职,旁及四夷,博物条畅,多所发明,足以知旧制仪品。盖法有成易,而道有因革,是以聊集所宜,为作诂解,各随其下,缀续后事,令世施行,庶明厥旨,广前后愦盈之念,增助来哲多闻之览焉。'"①

胡广此注不仅解释了他撰作《汉官解诂》一书的缘起,而且对安帝以来出现的官制撰述新动向做了系统回顾。学者据此可以描摹出"刘珍等《汉家礼仪》→张衡《周官解说》→胡广《汉官解诂》"这样的发展轨迹;并指出在东汉中后期古文经学者郑兴、郑众、卫宏、贾逵、马融等所著的《周官解诂》中,也常常有引用汉制的情况②。参考上引樊长孙与刘珍信中之言,我们可以将这一动向的特质归纳为:将"官制"从"律令"中剥离出来,参照《周礼》进行编总与分布,使其作为一种"礼仪"而成立。值得注意的是,这一新动向所表达的关注方向并非"官制"如何运作,而是"令人无愚智,入朝不惑",即期待通过这一形式的撰述,充分发挥出"官制"的"展示"功能。

---

① 《后汉书》,第 3555—3556 页。
② 参见佐藤達郎:《胡広『漢官解詁』の編纂——その経緯と構想》,《史林》第 86 卷第 4 号,2003 年,第 95—112 页。

司马彪《续汉书·百官志》的《周礼》模拟意识,亦当置于这一新动向的延长线上。其"正文"部分的简洁、齐整面貌,确与"表举大分,以通古今,备温故知新之义云"①、着意于沿革记录的《汉书·百官公卿表》构成了鲜明对比②。事实上,即使是东汉后期同样有着经典模拟意识的胡广《汉官解诂》、应劭《汉官仪》等官制撰述作品,也还没有完全舍弃对于汉制沿革的执着叙述③。《续汉书·百官志》并非完全不着意于汉制沿革。但它创造性地以区分"正文"与"注文"这样层次分明的复合结构,更为明确地贯彻了上述官制撰述的意识形态功能④。前者"大书"以叙述职官设置模拟《周礼》,后者"细字"以叙述沿革兼容汉制。当然,注文部分的作用并不仅止于兼容汉制。如前文所反复强调的,沿革之外,职掌是《百官志》注文叙述的另一大主题⑤。据前引司马彪所述"依其官簿,粗注职分,以成《百官志》"之言,或许以注文形式叙述职掌,对于《百官志》的成立而言,其重要性更要超过对于汉制沿革的记录。这当然也是因为其所意欲模拟的

---

① 《汉书》,卷十九上《百官公卿表上》,第722页。
② B. J. Mansvelt Beck 指出,《续汉书·百官志》以《周礼》为官制叙述的模板,具有简洁化与理念化的倾向(*The Treatises of Later Han: Their Author, Sources, Contents and Place in Chinese Historiography*, Leiden: Brill, 1990, pp. 196-209)。佐藤達郎《『続漢書』百官志と晋官品令》指出《续汉书·百官志》在以《周礼》为模板的同时,表现出简洁之旨、避免繁琐叙述、重典制而轻沿革以及将官制置于帝国性秩序之下等特点(第7—8页)。又辛德勇《〈后汉书〉对研究西汉以前政区地理的史料价值及相关文献学问题》指出,司马彪撰作《续汉书·郡国志》,"在继承裴秀、杜预等人注经释传成果的同时,将这一系统反映前代地理要素的著述形式,由经学范畴,成功的引入到史学领域之内"(第34页)。这与《续汉书·百官志》的旨趣也是非常接近的。
③ 参见佐藤達郎:《胡広『漢官解詁』の编纂——その経緯と構想》;同氏:《応劭『漢官儀』の编纂》。
④ 佐藤達郎《『続漢書』百官志と晋官品令》指出,西晋泰始《官品令》《吏员令》很可能采取了与《续汉书·百官志》相同的形式,以正文叙述官品、吏员,以注文叙述职掌等其他内容,二者背后的时代精神是一致的(第11—17页)。
⑤ 司马彪撰述《续汉书·百官志》注部分可能不同于正文的"依其官簿",而是主要利用了东汉后期开始出现的《汉官解诂》《汉官仪》等职官仪注书并加以适当改造的结果。参见佐藤達郎《『続漢書』百官志と晋官品令》,第8—11页。

第四章 《续汉书·百官志》与汉晋间的官制撰述　147

"经典"《周礼》本身,即是由职官设置与职掌说明两大部分所构成的①。

可以认为,《续汉书·百官志》文本形式所附着的强烈意识形态性格,与魏晋时期密集的制度创革活动之间形成了一种"共谋"关系。陈寅恪早已指出过西晋国家的儒家特质②。笔者亦认为汉末魏晋之际的官制改革,并不仅仅是单纯的制度转变,而应归入东汉后期以来士人群体在儒学意识形态的作用下再造新型皇帝权力结构的历史进程之中③。以《续汉书·百官志》为代表,以经典模拟的形式进行官制撰述的时代潮流,无疑也当视为这一进程中的重要一环④。

不过在"刘昭注"介入之后所形成的《续汉书·百官志》文本形式中,原本为"细字"的"注文"以"本注曰"形式并入"大书"之"正文",使得上述意图于经典模拟的官制展示功能无疑是被大大掩盖住了。这说明到了刘昭所在的时代,已经不甚着意于《百官志》原来的

---

① 参见《周礼注疏》所见具体情形。
② 参见陈寅恪:《书世说新语文学类钟会撰四本论始毕条后》,收入氏著《金明馆丛稿初编》,第47—54页。另参见万绳楠整理:《陈寅恪魏晋南北朝史讲演录》,第1—31页;仇鹿鸣:《陈寅恪范式及其挑战——以魏晋之际的政治史研究为中心》,《中国中古史研究:中国中古史青年学者联谊会会刊》第2卷,北京:中华书局,2011年,第199—220页。不过与陈氏关于魏晋革命性质的论断相左,笔者主张"汉魏革命论",系统论述参见徐冲:《"汉魏革命"再研究:君臣关系与历史书写》。
③ 参见徐冲:《关于曹魏的侍中尚书》;同氏:《"汉魏革命"再研究:君臣关系与历史书写》;同氏:《中古时代的历史书写与皇帝权力起源》;同氏:《「門下功曹」から「侍中尚書」へ―「二重君臣関係」からみた「漢魏革命」―》;本书第一章《哀歌与史诗:〈献帝起居注〉与献帝朝廷的历史意义》。
④ 阿部幸信《汉晋间绶制的变迁》从印绶制度的特定视角,指出了两汉与魏晋南朝之间在国家整体秩序结构上的重大差异;陈侃理《儒学、数术与政治:灾异的政治文化史》第四章第二节《罪己与问责:灾异谴责与汉唐间的政治变革》指出,黄初二年(221)曹魏废除东汉以来施行一百多年的灾异免三公制度,代表着中国古代王朝灾异应对方式由"问责"向"罪己"的转折,亦可视为"汉魏革命"的组成部分;徐冲《"碑禁"与魏晋时代的石碑文化》(待刊)指出,薄葬与碑禁的出现,都可以视为清流士人在汉魏之际掌握政治主导权之后,在皇帝权力结构的重构过程中,将自身所秉持的精英文化提升至王权层面进行再创造的结果。

文本形式所附着的意识形态功能,而将目光更多转向了"知识"本身的展示与收藏①。如何理解魏晋至于南朝时期《续汉书·百官志》不同的文本形式与相关时代意识形态及知识结构之间的复杂关系,以及从《续汉书·百官志》到《唐六典》这一绵延长久的经典模拟官制撰述传统的时代脉络与历史影响,都值得继续探讨。

---

① 关于南朝精英阶层的"贵博尚通"之风,参见吉川忠夫:《六朝精神史研究》,王启发译,南京:江苏人民出版社,2012年,第258—260页;胡宝国:《知识至上的南朝学风》,收入氏著《将无同——中古史研究论文集》,第163—200页;赵立新:《〈金楼子·聚书篇〉所见南朝士人的聚书文化和社群活动》,收入甘怀真编:《身份、文化与权力——士族研究新探》,台北:台大出版中心,2012年,第231—270页;黄桢:《〈宋书〉"百官志"、"礼志"的编纂及特质——从中古正史相关志书的演变说起》,《首都师范大学学报(社会科学版)》2018年第6期,第35—46页。刘昭《后汉书注》的这一特质,亦应置于裴松之《三国志注》以降的延长线上。如《史通·补注》所言:"掇众史之异辞,补前书之所阙。若裴松之《三国志》,陆澄、刘昭《两汉书》,刘彤《晋纪》,刘孝标《世说》之类是也。"《史通通释》卷五,第133页。参见逯耀东:《裴松之与〈三国志注〉》《〈三国志注〉与汉晋间经注的转变》,均收入氏著《魏晋史学的思想与社会基础》,北京:中华书局,2006年,第231—272页;胡宝国:《〈三国志〉裴注》,收入氏著《汉唐间史学的发展(修订本)》,第69—90页。由此亦可反思陈寅恪关于"合本子注"的著名假说,即认为裴松之《三国志注》、刘孝标《世说新语注》、郦道元《水经注》、杨衒之《洛阳伽蓝记》,俱为受到魏晋南北朝僧徒合本子注之撰述形式影响的产物,参见《读洛阳伽蓝记书后》,收入氏著《金明馆丛稿二编》,北京:生活·读书·新知三联书店,《陈寅恪集》版,2001年,第175—180页。

第五章　东汉太尉渊源考——从《续汉书·百官志》"太尉"条的脱文谈起

一、问题的提出

如所周知，与西汉单一的"丞相制"不同，东汉采取了由太尉、司徒、司空组成的所谓"三公制"。这一制度的成立一般被追溯至西汉后期的复古改制运动。大体而言，西汉前期为丞相负责制，御史大夫为副丞相，太尉不常置。同时在武帝之后，新设的大司马成为内朝领袖，与外朝并立。而从成帝绥和元年（前8）开始的复古改制运动，中间虽有反复，但至哀帝元寿二年（前1）还是确立了由大司马、大司徒和大司空组成的"三公制"。东汉初建时亦设大司马、大司徒、大司空，至建武二十七年（51）调整为太尉、司徒、司空，成为东京一朝的定制①。

---

① 关于汉代"三公制"的研究，参见陶希圣、沈巨尘：《秦汉政治制度》，第二章第三节《三公》，上海：商务印书馆，1936年，第57—115页；劳榦：《论汉代的内朝与外朝》《汉代政治组织的特质及其功能》，收入氏著《劳榦学术论文集甲编》，台北：艺文印书馆，1976年，第547—588、1239—1260页；徐复观：《汉代一人专制政治下的官制演变》，收入氏著《两汉思想史（卷一）——周秦汉政治社会结构之研究》，上海：华东师范大学出版社，2001年，第120—165页；安作璋、熊铁基：《秦汉官制史稿》（2007年版），第一章《三公和丞相》，第5—79页，第三章《中朝官》，第230—305页；祝总斌：《两汉魏晋南北朝宰相制度研究》，第二章《两汉的三公（上）》、第三章《两汉的三公（下）》、第四章《西汉的中朝官与尚书》，第18—95页；陈仲安、王素：《汉唐职官制度研究》（2018年版），第一章第一节《汉代中央官制略论》，第1—7页；杨鸿年：《汉魏制度丛考》（2005年版），"宫省制度"条，第1—20页，"中朝官与外朝官"条，第134—144页；卜宪群：《秦汉官僚制度》，第四章第一节《三公制考述》，北京：社会科学文献出版社，2002年，第105—119页；伊藤德男：《前漢の三公について》，《歴史》第8号，1954年，第1—14页；大庭脩：《漢王朝の支配機構》，收入氏著《秦漢法制史の研究》，第20—58页（中译文《汉王朝的统治机构》，徐世虹译，中译本《秦汉法制史研究》，第13—40页）；下倉涉：《「三公」の政治的地位》，《集刊東洋学》第78号，1997年，第1—22页；渡邉将智：《後漢政治制度の研究》，第三章《「三公形骸化説」の再検討》、第四章《後漢における公府・将軍府と府主》，第133—212页，終章《漢王朝の皇帝支配体制の特色とその展開》，第327—342页，东京：早稻田大学出版部，2014年。笔者近年撰有《西汉后期至新莽时代"三公制"的演生》一文，对上述传统研究的思路和结论提出了若干反思与新见。

值得注意的是,建武二十七年(51)对三公名称的调整,对大司徒、大司空都是简单地去"大"后称司徒、司空;但大司马并未享受同样的待遇,而是被改称"太尉"了。不称"司马"或许有避免与将军属官"司马"重复的用意①。但太尉在西汉前期是不常置的最高武官,武帝设置大司马后即不再置。到东汉建武年间,可以说已经在现实的官制体系里消失了百余年之久。那么,建武二十七年将其"复活"的原因何在呢?或者换一种问法,应该如何理解在从西汉后期"三公制"到东汉"三公制"发展的历史过程中,大司马最终为太尉所取代呢?这一问题以往并未引起学者太多关注,少见深入考述。本章试图通过梳理这一历史过程中大司马的性质和职任变迁,来提供一个初步的回答。而作为入手线索的,则是为学者所熟知的东汉"太尉掌兵事"之说的由来。

二、《续汉书·百官志》"太尉"条的脱文问题

东汉"太尉掌兵事"之说,一般认为来自《续汉书·百官志》"太尉"条所载的"掌四方兵事功课,岁尽即奏其殿最而行赏罚"一句。不过,这段文字很可能存在着较为严重的脱文问题。本节先对此基本史料进行讨论。

作为研究东汉官制的基本史料,《续汉书·百官志》一直受到高度重视②。其中"太尉"条作为"三公"之首,其内容更是学者耳熟能详的。前半部分文字如下所示:

> 太尉,公一人。本注曰:掌四方兵事功课,岁尽即奏其殿最

---

① 《续汉书·百官一》"将军"条:"将军,不常置。……长史、司马皆一人,千石。"《后汉书》,第3563—3564页。又《续汉书·百官一》"太尉"条刘昭注引《汉官仪》曰:"元狩六年罢太尉,法周制置司马。时议者以为汉军有官候、千人、司马,故加'大'为大司马,所以别异大、小司马之号。"《后汉书》,第3558页。虽然讲的是武帝时代设置"大司马"的缘由,但也可以提示我们东汉三公为何不以"司马"为称。

② 利用《续汉书·百官志》研究汉代制度史的重要论著,参见本书第113页脚注1。

而行赏罚。凡郊祀之事,掌亚献;大丧则告谥南郊。凡国有大造大疑,则与司徒、司空通而论之。国有过事,则与二公通谏争之。世祖即位,为大司马。建武二十七年,改为太尉。①

如本书第四章所论,西晋司马彪撰述《续汉书·百官志》的基本体例,如果排除萧梁刘昭注的后起影响,应是由源自东汉"官簿/百官簿"的正文部分和司马彪所作注文部分共同组成的复合结构。"正文"叙述职官及其官属的名称、员额与秩级,"注文"即"本注曰"的内容则叙述职官的职掌与沿革②。

具体到上引"太尉"条的前半部分文字,以此基本体例观之,显然开头"太尉,公一人"一句是正文,"本注曰"之后至最后一句"建武二十七年,改为太尉"之间的内容则均为司马彪所作注文("本注曰"三字为刘昭所加)。注文部分又可两分,从"掌四方兵事功课"到"国有过事,则与二公通谏争之"这几句叙述的是太尉职掌,"世祖即位"至段末两句则是简言太尉在东汉初年的沿革情况。从结构到内容,都与本书第四章总结的《续汉书·百官志》的基本体例相合无间。特别是"掌四方兵事功课"一句,从《通典》《文献通考》这样的古代政书到现代历史学的制度史研究,皆将之作为对东汉太尉职掌最为权威的表述而引用不疑③。

然而,若对比《续汉书·百官志》其后"司徒"条和"司空"条的相关记述,却不能不对"太尉"条的文字内容产生疑问。不妨将三公职掌部分的文字列如表5.1。

---

① 《后汉书》,第3557页。
② 参见本书第四章《〈续汉书·百官志〉与汉晋间的官制撰述》,第115—120页;佐藤達郎:《『続漢書』百官志と晋官品令》,第5—11页。
③ 参见《通典》卷二十《职官二》,第513页;《文献通考》卷四八《职官考二》,北京:中华书局,1986年,第445页。现代历史学关于秦汉官制的经典研究,如前引陶希圣、沈巨尘《秦汉政治制度》,安作璋、熊铁基《秦汉官制史稿》,祝总斌《两汉魏晋南北朝宰相制度研究》,陈仲安、王素《汉唐职官制度研究》等,在论述到东汉太尉职掌时,皆直接引用《续汉书·百官志》"太尉"条"掌四方兵事功课"一句以为论据,不赘引。

表 5.1 《续汉书·百官志》三公职掌部分文字对比

"太尉"条	"司徒"条①	"司空"条②
掌四方兵事功课,岁尽即奏其殿最而行赏罚。凡郊祀之事,掌亚献;大丧则告谥南郊。凡国有大造大疑,则与司徒、司空通而论之。国有过事,则与二公通谏争之。	掌人民事。凡教民孝悌、逊顺、谦俭、养生送死之事,则议其制,建其度。凡四方民事功课,岁尽则奏其殿最而行常罚。凡郊祀之事,掌省牲视濯,大丧则掌奉安梓宫。凡国有大疑大事,与太尉同。	掌水土事。凡营城起邑、浚沟洫、修坟防之事,则议其利,建其功。凡四方水土功课,岁尽则奏其殿最而行赏罚。凡郊祀之事,掌扫除乐器,大丧则掌将校复土。凡国有大造大疑、谏争,与太尉同。

可以看到,在《续汉书·百官志》"三公"部分记述职掌的注文内容里,"司徒"条和"司空"条明显共享了同样的结构。首先是以"掌某某事"一句对其职掌进行概括性表述。其后从四个具体方面对其职掌进行分别叙述,依次为制度建设、上计考课、郊祀大丧、集议谏争。这四个具体方面的文字皆以"凡"字起首,且每一方面的叙述结构都保持了一致,显示出一种极为整齐对称的效果③。

值得注意的是,"司徒"条和"司空"条在叙述"集议谏争"职能时皆提到"与太尉同","太尉"条也说"凡国有大造大疑,则与司徒、司空通而论之。国有过事,则与二公通谏争之"。这提示我们司马彪在写作《续汉书·百官志》"三公"部分时,尤其在他新撰的注文内容里④,并

---

① 《后汉书》,第 3560 页。
② 《后汉书》,第 3561—3562 页。
③ 这种叙述结构的整齐对称,也体现了《续汉书·百官志》以《周礼》为叙述模板的理念化倾向。参见 B. J. Mansvelt Beck, *The Treatises of Later Han: Their Author, Sources, Contents and Place in Chinese Historiography*, pp. 196-209;本书第四章《〈续汉书·百官志〉与汉晋间的官制撰述》,第 143—147 页;佐藤達郎:《『続漢書』百官志と晋官品令》,第 7—8 页;
④ 当然即使是注文部分,司马彪应该也是有所本的,只不过没有像刘昭注那样列出具体的资料来源。佐藤達郎《『続漢書』百官志と晋官品令》认为司马彪撰述《续汉书·百官志》注文部分,主要是利用了东汉后期开始出现的《汉官解诂》《汉官仪》等职官仪注书并加以适当改造的结果(第 8—11 页)。

非太尉、司徒、司空各自叙述,而是有整体的规划考虑在内。进一步说,在司马彪对《续汉书·百官志》的原初书写里,"三公"部分的文本也当共享相同的叙述结构。

事实上,再来看表 5.1 所列"太尉"条的文字,从"四方兵事功课"一句开始直到文末,明显与"司徒"条和"司空"条叙述结构类似,分别对应于上计考课、郊祀大丧、集议谏争三个具体方面的职掌内容。因为紧接于"掌"字之后,"四方兵事功课,岁尽即奏其殿最而行赏罚"一句,在唐宋之后一直被认为是叙述太尉的总体职掌所在。但只要对比其后司徒的"凡四方民事功课,岁尽则奏其殿最而行赏罚"和司空的"凡四方水土功课,岁尽则奏其殿最而行赏罚",就知道这句话叙述的只是太尉在上计考课这一个具体方面的职掌内容。

进一步推论的话,对应于司徒"掌人民事。……凡四方民事功课"云云和司空"掌水土事。……凡四方水土功课"云云,"太尉"条的"四方兵事功课"一句同样也应该是以"凡"字起首的,且在开头的"掌"字之后,应缺失了"兵事"二字①。更为重要的是,在开头的"掌兵事"和以"凡"字起首叙述太尉在上计考课方面职掌内容的文句之间,应该还缺失了一长句来叙述太尉在制度建设方面的职掌内容,结构上当近于"凡……之事,则议其……建其……"。参照"司徒"条与"司空"条的相关文字内容,可以推测"太尉"条在"掌"字与"四方兵事功课"一句之间存在脱文,字数约在二十四至二十六字之间。

那么,《续汉书·百官志》"太尉"条的这一脱文究竟发生于何时呢?从唐宋类书所引用的《续汉书》文字来看,唐宋时期的《续汉书·百官志》"太尉"条的文本面貌已经基本同于今本了。如《艺文类聚》卷四六《职官部二》"太尉"条引《续汉书》曰:"太尉,公一人。

---

① 考虑到与其后"司徒"条的"掌人民事"和"司空"条的"掌水土事"的对应,不能排除"太尉"条注文部分"掌"字之后缺失的是三个字,即"兵□事"或"□兵事"。本章暂且以缺失"兵事"二字的假设来展开后文论述。

掌四方兵事功勤,岁尽则奏其殿最而行赏罚。凡郊祀之事掌亚献。"①《太平御览》卷二〇七《职官部五》"太尉"条引《续汉书·百官志》曰:"太尉,一人。掌方岳事物功课,岁尽则奏其殿最而行赏罚。世祖即位为大司马。又曰,太尉,郊庙掌亚献,大丧告谥南郊。"②可见这一脱文至迟在初唐以前即已发生。而我们今天在中古文献中已经找不到对这段脱文具体文字的任何记载③。这也可以说明发生了"太尉"条如是脱文的《续汉书·百官志》文本,对于未发生脱文的《续汉书·百官志》文本的取代,是全面而彻底的。

　　根据一些线索,可以进一步推测"太尉"条发生如是脱文的《续汉书·百官志》,更可能是保持了西晋司马彪《续汉书》原初面貌的文本,而非萧梁时期刘昭为《续汉书·百官志》作注之后形成的文本。本书第四章指出,在刘昭注介入后,《续汉书·百官志》的文本面貌发生了巨大的变化。西晋时期由司马彪撰成的《续汉书·百官志》,具有鲜明的《周礼》模拟意识,呈现为由源自东汉"官簿/百官簿"的正文部分和司马彪所作注文部分共同组成的复合结构。正文叙述职官及其官属的名称、员额与秩级,注文叙述职官的职掌与沿革;同时,正文为"大书",注文为"细字",判然有别。而到了萧梁刘昭注《续汉书》时,为了与他自己的"细字"之注区别开来,司马彪原注由"细字"被改为同于正文的"大书",并加了"本注曰"三字。刘昭为《续汉书·百官志》作注,并非只是简单注解,还进一步改变了原书的文本面貌,相当于形成了一种新的《续汉书·百官志》文本,从而也改变了西

---

① 《艺文类聚》,第819页。
② 《太平御览》,第993页。"掌方岳事物功课"当为"掌四方兵事功课"之讹。
③ 《宋书》卷三九《百官上》关于汉代太尉的记述方式颇为引人注目:"太尉,一人。自上安下曰尉。掌兵事,郊祀掌亚献,大丧则告谥南郊。尧时舜为太尉官,汉因之。武帝建元二年省。光武建武二十七年,罢大司马,置太尉以代之。灵帝末,以刘虞为大司马,而太尉如故。"北京:中华书局,1974年,第1218页。其中"太尉,一人。……掌兵事,郊祀掌亚献,大丧则告谥南郊"的文本构成,隐约可见《续汉书·百官志》"太尉"条的部分原貌。由此或可推论,在南齐永明年间(483—493)沈约修撰《宋书》时,人们所阅读的《续汉书·百官志》文本,至少有一种可能还没有变成"太尉,公一人。掌四方兵事功课"云云的面貌。

晋司马彪原本的撰述旨趣,体现了南朝时期"贵博尚通"的新风尚①。

根据上文的讨论,"太尉"条的脱文约在二十四至二十六字之间。这个字数,在所谓的"写本时代"(约当魏晋南北朝至隋唐五代时期)②,若是注释性的"细字"状态下,基本可为一整列完全容纳。而若改为"大书",一列容纳字数约在十七字③。以正文"大书"十七字、注文"细字"二十五字计,刘昭注介入之前的《续汉书·百官志》"太尉"条,若无脱文,将可以呈现为如图 5.1 所示的文本面貌。

可以看到,在刘昭注介入之前,《续汉书·百官志》"太尉"条后来发生脱文的约二十四字,位于以"细字"形式书写的注文第一列。而注文第二列的"四方兵事功课"也位于起首位置,与第一列起首的"掌兵事"非常接近。如此,在《续汉书》文本于"写本时代"的传播过程中,写手在进行抄写④时,确

| 太尉公一人 | 掌兵事凡□□□□□□□□□□□之事则议其□建其□凡 | 四方兵事功课岁尽即奏其殿最而行赏罚凡郊祀之事掌亚献 | 大丧则告谥南郊凡国有大造大疑则与司徒司空通而论之国 | 有过事则与二公通谏争之 |

图 5.1

---

① 参见本书第 148 页脚注 1。
② 关于"写本时代"的概念,参见余欣:《中古异相:写本时代的学术、信仰与社会》,《序言》,上海:上海古籍出版社,2011 年,第 4—6 页。
③ 参见藤枝晃:《敦煌写本概述》,徐庆全、李树清译,《敦煌研究》1996 年第 2 期,第 102 页;同氏:《文字の文化史》,东京:岩波书店,1971 年。已出中古史籍写本的基本情况,参见张弓主编:《敦煌典籍与唐五代历史文化(上卷)》,《史地章》(李锦绣撰),北京:中国社会科学出版社,2006 年,第 343—543 页。
④ 童岭《"钞"、"写"有别论——六朝隋唐书籍文化史"关键词"考辨》指出,在 3 至 10 世纪汉字文献中,作为书写动词的"钞"(俗写作"抄")与"写",含有明显区别,"钞"意谓摘要略录,"写"意谓"照本迻录"(收入氏著《六朝隋唐汉籍旧钞本研究》,北京:中华书局,2017 年,第 56—78 页)。本书不在严格的文献意义上区分"钞"与"写",仅在宽泛意义上使用"抄写"一词。

实很容易发生失误,将第二列注文直接抄到第一列的"掌"字之下,而漏抄"掌"字以下原本的二十四字。

还有一种可能性也不能忽视。司马彪撰述《续汉书》的西晋时期,正处于书写载体由简牍时代向写本时代过渡的阶段①。《续汉书·百官志》最初的书写载体也可能是简牍,文本面貌当同于图5.1。若简牍载体的《续汉书·百官志》"太尉"条注文第一列发生了脱简,同样也可以解释前述约二十四字的脱文现象。如《汉书》卷三十《艺文志》所述刘向校书之事:

> 《古文尚书》者,出孔子壁中。……刘向以中古文校欧阳、大小夏侯三家经文,《酒诰》脱简一,《召诰》脱简二。率简二十五字者,脱亦二十五字,简二十二字者,脱亦二十二字,文字异者七百有余,脱字数十。②

可见简牍时代文本的脱字、脱文多由脱简造成。在上述《续汉书·百官志》"太尉"条的场合,若注文第一列发生脱简,起首的"掌"字当一并脱失。而后人在抄写这一部分时,又根据"司徒"条"掌人民事"和"司空"条"掌水土事"的记载,将这个"掌"字补至原本位于注文第二列的"四方兵事功课"之前。

那么,"太尉"条这约二十四字的脱文,是否可能发生于萧梁时期刘昭注介入之后的文本呢?同样以正文"大书"十七字、注文"细字"二十五字计,刘昭注本的《续汉书·百官志》"太尉"条,若无脱文,将可以呈现为如图5.2所示的文本面貌。

---

① 中国古代书写载体变化与相关社会制度、文化现象更迭之间的关联,近年逐渐引起学界重视。参见查屏球:《纸简替代与汉魏晋初文学新变》,《中国社会科学》2005年第5期,第153—163页;张荣强:《中国古代书写载体与户籍制度的演变》,《武汉大学学报(哲学社会科学版)》2019年第3期,第92—106页;同氏:《简纸更替与中国古代基层统治重心的上移》,《中国社会科学》2019年第9期,第180—203页;富谷至:《木简·竹简の语る中国古代:書記の文化史》,东京:岩波书店,2003年,中译本《木简、竹简述说的古代中国:书写材料的文化史》,第六章《由汉到晋——由简牍到纸》,刘恒武译,北京:人民出版社,2007年,第123—141页。

② 《汉书》,第1706页。

太尉公一人 应劭曰自上安下曰尉武官悉以为称前书曰 秦官郑玄注月令亦曰秦官尚书中候云舜为
太尉束晳据非秦官以此追难玄焉臣昭曰纬候众书宗贵神诡 出没隐显动挟诞怪该核阴阳微迎起伏或有先征叶能后验故
守寄构思杂称晓辅通儒达好时略文滞公输益州具于张衡之 诘无口汉辅炳乎尹敏之讽图谶纷伪其俗多矣太尉官实司天
虞舜作宰璇衡赋政将是据后位以书前非唐官之实号乎太尉 所职即舜所掌遂以同掌追称太尉乃中候之妄盖非官之为谬
康成渊博自注中候裁及注礼而忘舜位岂其实哉此是不发讥 于中候而正之于月令也广微之诮未探硕意说苑曰当尧之时
舜为司徒新论曰昔尧试于大麓者领录天子事如今尚书官矣 古史考曰舜居百揆总领百事说者以百揆尧初别置于周更名
冢宰斯 其然矣 本注曰掌兵事凡□□□□□□□
□□□之事则议其□建其□凡四方兵事
功课岁尽即奏其殿最而行赏罚凡郊祀之
事掌亚献大丧则告谥南郊凡国有大造大
疑则与司徒司空通而论之国有过事则与
二公通谏争之

图 5.2

可以看到，在刘昭注本中，司马彪原来的注文部分在加入“本注曰”三字后，又由“细字”转为“大书”，使得含有“兵事”二字的两处文字不再如图 5.1 般位于两行的起首位置。面对这一文本，抄写者漏抄“兵事凡□□□□□□□□□□之事则议其□建其□凡”这二十四个“大字”，而将后面的“四方兵事功课”云云直接抄在“本注曰掌”之后，这种可能性确实不高。

综上所述，《续汉书 · 百官志》“太尉”条起首约二十四字的脱文，当发生于萧梁时期刘昭注介入之前。或缘于脱简一支，或为写手漏抄一列。若是后者，则发生于刘昭对《续汉书 · 百官志》文本的内容与形式进行全面更新时的概率是相当高的。毕竟如前文所推测的那样，在南齐永明年间（483—493）沈约修撰《宋书》时，这一脱文可能尚未发生。而在“太尉”条这一脱文发生之后，如是面貌的《续汉书 · 百官志》文本，全面而彻底地取代了未发生脱文的《续汉书 · 百官志》文本，以致于后者几乎未在中古文献中留下任何蛛丝马迹。

三、西汉后期的"三公分职"

上节对《续汉书·百官志》"太尉"条的文字提出了一种复原方案。可以看到,在这一复原方案中,东汉的"三公"呈现为太尉掌兵事、司徒掌人民事、司空掌水土事这样的三分结构。这并非一种新鲜认识。即使根据的是太尉"掌四方兵事功课"这样有问题的史料,学者也仍然得出了近似的结论①。这在很大程度上是因为,东汉时代的三公在现实政务上,确实存在着分掌兵事、人民事和水土事的分工机制②。如太尉在东汉被视为"武官"之首③。太尉府掾属中,"东曹主二千石长吏迁除及军吏"④。学者认为这里的"二千石长吏"指边郡长官⑤,性质与"军吏"接近。司徒所掌的"人民事",主要指接受郡国上计,也包括对一般郡国守相的考课督查⑥。而司空所掌的"水土事"之所以重要到可与兵事、人民事并列,应是与东汉时代对包括刑

---

① 参见前引陶希圣、沈巨尘《秦汉政治制度》,安作璋、熊铁基《秦汉官制史稿》,祝总斌《两汉魏晋南北朝宰相制度研究》,陈仲安、王素《汉唐职官制度研究》等论著中的相关论述,不赘引。

② 陈侃理指出东汉"三公分职近乎成为单纯的行政分工,与宇宙论范畴'天''地''人'的对应关系松动"(见氏著《儒学、数术与政治:灾异的政治文化史》,第四章第二节《罪己与问责:灾异咎责与汉唐间的政治变革》,第 200 页)。当然东汉三公在若干场合,也仍然作为一个整体而发挥作用。《续汉书·百官志》所强调的"集议谏争"功能上三公的合作即反映这一点。参与这一集议功能的事实上还有将军府。参见渡邉将智《後漢政治制度の研究》,第三章《「三公形骸化説」の再検討》、第四章《後漢における公府・将軍府と府主》和终章《漢王朝の皇帝支配体制の特色とその展開》。

③ 参见孙闻博:《秦汉军制演变史稿》,第一章第二节《秦汉太尉、将军演变考——以玺印资料为中心》,北京:中国社会科学出版社,2016 年,第 66—67 页。

④ 《后汉书》,第 3559 页。

⑤ 参见祝总斌:《两汉魏晋南北朝宰相制度研究》,第 63 页。

⑥ 参见祝总斌:《两汉魏晋南北朝宰相制度研究》,第 64 页。魏晋时代司徒进一步发展出"主吏"之职能,甚至出现了将获得中正品第而隶名司徒府的候选士人称为"司徒吏"的现象。参见阎步克:《北魏北齐"职人"初探——附论魏晋的"王官"、"司徒吏"》,收入氏著《乐师与史官——传统政治文化与政治制度论集》,北京:生活·读书·新知三联书店,2001 年,第 356—402 页;同氏:《从爵本位到官本位:秦汉官僚品位结构研究》(增补本),下编第七章第五节《曹魏的司徒从掾位、司徒史从掾、司徒吏、散属》,第 493—500 页。

徒在内的社会性劳动力的大规模使用有关①。

如所周知,东汉"三公制"的成立,可以追溯至西汉后期的"复古改制"运动②。这当然是确实存在的历史脉络。但关于东汉三公制的若干理解,若直接套用到对西汉后期"三公制"建设运动的认识上,却未必合适。如《资治通鉴》卷三五哀帝元寿二年(前1)五月条载"甲子,正三公官分职"。对此,胡三省注曰:

> "分职"谓大司马掌兵事、大司徒掌人民事、大司空掌水土事。③

《通鉴》所谓"正三公官分职"的表述袭自《汉书》卷一一《哀帝纪》④,但胡注对哀帝元寿二年五月"正三公官分职"的理解,显然来自《续

---

① 参见陈直:《关于两汉的徒》,收入氏著《两汉经济史料论丛》,北京:中华书局,2008年,第248—275页;渡边信一郎:《汉代国家的社会性劳动的编制》,徐冲译,收入佐竹靖彦等编:《殷周秦汉史学的基本问题》,北京:中华书局,2008年,第287—312页。关于汉代刑徒的安葬问题,参见侯旭东:《东汉洛阳南郊刑徒墓葬性质及法律依据——从〈明钞本天圣令·狱官令〉所附一则唐令说起》,收入氏著《近观中古史 侯旭东自选集》,上海:中西书局,2016年,第182—208页。

② 关于西汉后期的"复古改制"运动,参见阎步克:《士大夫政治演生史稿》,第九章《"奉天法古"的王莽"新政"》,北京:北京大学出版社,1996年,第360—411页;陈苏镇:《〈春秋〉与"汉道"——两汉政治与政治文化研究》,第四章《"纯任德教,用周政"——西汉后期和王莽时期的改制运动》,北京:中华书局,2011年,第307—378页;甘怀真:《西汉郊祀礼的成立》;陈侃理:《儒学、数术与政治:灾异的政治文化史》,第四章第二节《罪己与问责:灾异咎责与汉唐间的政治变革》;冯渝杰:《从"汉家"神化看两汉之际的天命竞夺》,《历史研究》2015年第1期,第22—37页;徐冲《西汉后期至新莽时代"三公制"的演生》;山田胜芳:《前漢末三公制の形成と新出漢簡:王莽代政治史の一前提》,《集刊東洋学》第68号,1992年,第1—17页;保科季子:《前漢後半期における儒家礼制の受容——漢の伝統との対立と皇帝観の変貌》,収入"歴史と方法編集委員会"编:《方法としての丸山真男》,東京:青木書店,1998年,第223—268页;渡边信一郎:《中国古代的王权与天下秩序》(增订版),第三章《天下观念与中国古典国制的成立》、第四章《东汉古典国制的成立——汉家故事与汉礼》;阿部幸信:《漢代官僚機構の構造——中国古代帝国の政治の上部構造に関する試論》,《九州大学東洋史論集》第31号,2003年,第1—43页;同氏:《汉晋间绶制的变迁》;吉野賢一:《前漢末における三公制の形成について》,《九州大学東洋史論集》第33号,2005年,第45—60页;馬場理惠子:《前漢後半期における官制秩序の形成——王莽の官制改革を中心として》,《研究論集》第7号,2009年,第55—67页,等等。

③ 《资治通鉴》,北京:中华书局,1956年,第1123页。

④ 《汉书》,第344页。"三公分职"之说,又见于《汉书》卷八三《朱博传》所载成帝绥和元年(前8)廷尉何武的上书建言:"宜建三公官,定卿大夫之任,分职授政,以考功效。"第3404—3405页。

汉书·百官志》所述的三公职掌"太尉掌兵事,司徒掌人民事,司空掌水土事"①,即三公分别负责某一方面的具体政务。实际上,西汉后期成帝、哀帝时期的"三公制"建设运动,虽然实现了"三公"在现实官制层面的成立(最终形式就是哀帝元寿二年五月的大司马、大司徒、大司空之制),不过并无迹象表明当时就已经存在三公分掌兵事、人民事和水土事的具体政务分工。

特别需要注意的是,所谓兵事、人民事和水土事,都是属于与"内朝"相对的"外朝"具体政务②。这些政务在东汉由三公分掌,其前提正是太尉、司徒、司空都已经是纯粹的外朝官③。而在西汉后期成帝、

---

① 虽然按照前文所论,胡三省在元代所阅读的《续汉书·百官志》"三公"部分的文本面貌其实是"太尉掌四方兵事功课,司徒掌人民事,司空掌水土事"。

② 关于汉代的"内朝"与"外朝"问题,参见劳榦:《论汉代的内朝与外朝》《汉代政治组织的特质及其功能》;杨鸿年:《汉魏制度丛考》(新版),"宫省制度""中朝官与外朝官"条;廖伯源:《西汉皇宫宿卫警备杂考》《试论西汉诸将军之制度及其政治地位》,收入氏著《历史与制度——汉代政治制度试释》,台北:台湾商务印书馆,1998年,第1—35、138—203页;同氏:《制度与政治:政治制度与西汉后期之政局变化》,第二编《西汉之中朝官考论》,北京:中华书局,2017年,第95—196页;孙闻博:《西汉加官考》,《史林》2012年第5期,第39—46页;曲柄睿:《汉代宫省宿卫的四重体系研究》,《古代文明》第6卷第3号,2012年,第51—58页;陈苏镇:《汉未央宫殿中考》,《文史》2016年第2辑,第37—62页;同氏:《未央宫四殿考》,《历史研究》2016年第5期,第165—175页;同氏:《东汉的南宫和北宫》,《文史》2018年第1辑,第5—24页;同氏:《东汉的"殿中"和"禁中"》,《中华文史论丛》2018年第1辑,第125—155页;同氏:《东汉的"东宫"和"西宫"》,《历史语言研究所集刊》第89本第3分,2018年,第515—539页;徐冲:《西汉后期至新莽时代"三公制"的演生》;富田健之:《内朝と外朝:漢朝政治構造の基礎の考察》,《新潟大学教育学部紀要 人文・社会科学編》第27卷第2号,1986年,第528—515页;同氏:《後漢前半期における皇帝支配と尚書体制》,《東洋学報》第81卷第4号,2000年,第441—471页;藤田高夫:《前漢後半期の外戚と官僚機構》,《東洋史研究》第48卷第4号,1990年,第160—182页;米田健志:《前漢後期における中朝と尚書——皇帝の日常政務との関連から》,《東洋史研究》第64卷第2号,2005年,第253—286页;福永善隆:《前漢における内朝の形成:郎官・大夫の変遷を中心として》,《史學雜誌》第120卷第8号,2011年,第1—38页;同氏:《漢代における尚書と内朝》,《東洋史研究》第71卷第2号,2012年,第219—249页;渡邉將智:《後漢政治制度の研究》,第一章《後漢における宦官の制度的基盤と尚書台》,第45—90页,第六章《後漢洛陽城における皇帝・諸官の政治空間》,第249—292页。

③ 东汉三公为外朝官,参见祝总斌:《两汉魏晋南北朝宰相制度研究》,第68页;渡邉將智:《後漢政治制度の研究》,第三章《「三公骸化説」の再検討》、第四章《後漢における公府・将軍府と府主》,終章《漢王朝の皇帝支配体制の特色とその展開》。

哀帝时期的"三公制"建设运动中,虽然丞相/大司徒、御史大夫/大司空开始进入内朝,分担了此前为大司马所垄断的"内辅"之任,同时大司马也通过置印绶、官属摆脱加官身份,部分参与外朝事务,但大司马和丞相/大司徒分别为内朝、外朝领袖的基本格局并未改变①。大司马仍然承担居中辅政之任,并无专门负责军政事务的迹象。外朝政务仍然多由丞相/大司徒和御史大夫/大司空来领导督责,二者之间并非"人民事"和"水土事"的分工关系,而更接近于改制之前的正副丞相关系。

两汉之际"三公制"的创制,始于成帝绥和元年(前8)廷尉何武的建言,"宜建三公官,定卿大夫之任,分职授政,以考功效"②。哀帝元寿二年(前1)五月的复建三公制也被《汉书·哀帝纪》称之为"正三公官分职"③。学者或以为这里的所谓"分职",指的就是如东汉三公一样对外朝政务的分工负责④。这一理解如上所述并不成立。实际上"职"字除了指较为具体的职事、职掌之外,也有笼统的主宰、掌管之义项。如《尔雅·释诂上》曰:"职,主也。"邢昺疏:"谓为之主宰也。"⑤置于西汉后期的语境之中,所谓"三公分职",换言之即"三公分主",应理解为指三公分别对应某一方面的宇宙秩序及其相关灾异,与"灾异咎责"传统关系密切⑥。《汉书》卷十九上《百官公卿表上》在"序文"中提示的"或说司马主天,司徒主人,司空主土,是为三

---

① 参见徐冲:《西汉后期至新莽时代"三公制"的演生》,第70—79页。
② 《汉书》卷八三《朱博传》,第3404页。
③ 《汉书》卷一一《哀帝纪》,第344页。
④ 如安作璋、熊铁基《秦汉官制史稿》即言:"及至成帝改为三公制以后……丞相的职权一分为三,一人单独的责任制,改为三人共同负责制。"第7—8页。
⑤ 参见《汉语大字典》(缩印本),"职"条,成都:四川辞书出版社,武汉:湖北辞书出版社,1993年,第1168页。
⑥ 关于汉代的"灾异咎责",参见影山辉国:《漢代における災異と政治—宰相の災異責任を中心に—》,《史學雜誌》第90卷第8号,1981年,第46—68页;陈侃理:《儒学、数术与政治:灾异的政治文化史》,第四章第二节《罪己与问责:灾异咎责与汉唐间的政治变革》。

公"①,正是对这一认识的简洁说明。

如王先谦在《汉书补注》中指出的那样,上引《汉表》之说来自西汉后期的儒学今文家说②。我们在《韩诗外传》和《尚书大传》中都可以看到更为系统的相关言说③。列如表5.2:

表5.2 《韩诗外传》与《尚书大传》所见"三公分职"

《韩诗外传》	三公者何?曰司马,司空,司徒也。司马主天,司空主土,司徒主人。故阴阳不和,四时不节,星辰失度,灾变非常,则责之司马。山陵崩竭,川谷不流,五谷不植,草木不茂,则责之司空。君臣不正,人道不和,国多盗贼,下怨其上,则责之司徒。故三公典其职,忧其分,举其辩,明其德,此三公之任也。④
《论衡·顺鼓》引《尚书大传》	烟氛郊社不修,山川不祝,风雨不时,霜雪不降,责于天公。臣多弑主,孽多杀宗,五品不训,责于人公。城郭不缮,沟池不修,水泉不隆,水为民害,责于地公。⑤
《太平御览》引《尚书大传》	蛮夷猾夏,寇贼奸宄,则责之司马。⑥ 百姓不亲,五品不训,则责司徒。⑦ 沟渎壅遏,水为民害,田广不垦,则责之司空。⑧

虽然具体说法有一些分歧,但上引材料在"司马主天,司空主土,司徒主人"这一点上可以说是具有共通性的,当反映了西汉后期今文家说在申说制度时的某种倾向。在他们看来,首先,"三公"为司马、司空、司徒。其次,宇宙整体秩序可区分为天、地、人三大基本区块,

---

① 《汉书》,第722页。
② 参见王先谦:《汉书补注》,北京:中华书局,1983年,第295页。
③ 参见陈侃理:《儒学、数术与政治:灾异的政治文化史》,第四章第二节《罪己与问责:灾异咎责与汉唐间的政治变革》,第195—196页。
④ 韩婴撰,许维遹校释:《韩诗外传集释》卷八,第十九章,北京:中华书局,1980年,第290—291页。
⑤ 黄晖:《论衡校释》,卷十五《顺鼓》,北京:中华书局,1990年,第685页。
⑥ 《太平御览》卷二〇九《职官部七》"大司马"条引,第1002页。
⑦ 《太平御览》卷二〇七《职官部五》"司徒"条引,第995页。
⑧ 《太平御览》卷二〇八《职官部六》"司空"条引,第999页。

司马、司空、司徒分别与之对应,发挥和合天下的功能。当天、地、人某一方面的秩序运行出现问题时,与之对应的三公需要为此负责。

在西汉后期的"三公制"建设运动中,"三公"最终固定为大司马、大司徒、大司空,显示上述今文家说在现实层面得到了一定程度的应用。前引改制史料中成帝绥和元年(前8)的"分职授政"也好,哀帝元寿二年(前1)的"正三公官分职"也好,也都应该理解为由三公分别对应某一方面的宇宙秩序及其相关灾异,而非现实中的外朝政务分工。前引《通鉴》胡三省注基于东汉制度对西汉后期"三公分职"的解读,即"大司马掌兵事、大司徒掌人民事、大司空掌水土事",自然也是不正确的。

不过事实上,即使是灾异分担,在成哀时期的政治实践中,也未必是严格按照天、地、人三分法来和大司马、大司徒、大司空严格对应的。如哀帝建平元年(前6)策免大司空师丹诏书曰:

> 夫三公者,朕之腹心也,辅善相过,匡率百僚,和合天下者也。朕既不明,委政于公,间者阴阳不调,寒暑失常,变异娄臻,山崩地震,河决泉涌,流杀人民,百姓流连,无所归心,司空之职尤废焉。①

诏书中提到的"腹心"一词,在西汉本多指皇帝侧近的内朝官员;现在将包括丞相、大司空在内的"三公"均以"腹心"视之,对应的正是在西汉后期的"三公制"建设运动中,原本为大司马所垄断的居中"内辅"之任,变成了由三公共同承担②。而后面的"司空之职",显然不是具体的外朝政务,而是与"灾异咎责"联系在一起的"和合天下"功能。学者指出,继建平元年(前6)策免大司空师丹之后,建平二年(前5)策免丞相孔光和元寿二年(前1)策免大司马董贤,相关诏书都以阴阳不调、灾异并臻为三公之责,直接问责大臣由此成为正式的

---

① 《汉书》卷八六《师丹传》,第3507页。
② 参见徐冲:《西汉后期至新莽时代"三公制"的演生》,第76页。

灾异责任方式①。但值得注意的是,如前引哀帝策免大司空师丹诏书中作为"司空之职"提到的各种灾异表现,并非仅限于"土"/"地"方面,而是涵括了天、地、人在内的宇宙整体秩序,并不刻意强调由某公来为某个方面的具体灾异来负责。

也就是说,西汉后期的"三公制"建设运动,虽然在名目上采用了前述今文家说的主张,为大司马、大司徒、大司空,但实际在"灾异咎责"时并未完全贯彻所谓"司马主天,司徒主人,司空主土"的三分法,而是更多强调了"三公"作为一个整体与宇宙秩序间的对应。这在某种程度上又显示出所谓"古文家说"的影响力。《汉书》卷十九上《百官公卿表上》"序文"部分在引用"或说司马主天,司徒主人,司空主土,是为三公"之前,主要篇幅是在记载"周官则备矣",言说如下:

> 天官冢宰,地官司徒,春官宗伯,夏官司马,秋官司寇,冬官司空,是为六卿,各有徒属职分,用于百事。太师、太傅、太保,是为三公,盖参天子,坐而议政,无不总统,故不以一职为官名。②

以"周官"为名,应属古文家说。这里由太师、太傅、太保组成的"三公"不仅名称与今文家说不同,而且也没有采取前述今文家的"分职说"。所谓三公"参天子,坐而议政,无不总统",是将三公定位为在天子侧近的一个整体来发挥辅政作用。而据笔者新近研究,在西汉成帝、哀帝时期成立的"三公制"中,此前为大司马在皇帝侧近所垄断的"内辅"之任,变成了由包括丞相/大司徒、御史大夫/大司空在内的"三公"这一集体共同承担③。成哀时期关于"三公制"的制度实践和理念内涵,应该说与上述古文家说也有相通之处,而非仅仅受到今文家说"三公分职"的影响。

---

① 参见陈侃理:《儒学、数术与政治:灾异的政治文化史》,第四章第二节《罪己与问责:灾异咎责与汉唐间的政治变革》,第195—196页。
② 《汉书》,第722页。
③ 参见徐冲:《西汉后期至新莽时代"三公制"的演生》,第70—79页。

四、"太尉掌兵事"的由来：从新莽制度到建武创业

上文分别探讨了《续汉书·百官志》"太尉条"注文部分记载的"太尉掌兵事，司徒掌人民事，司空掌水土事"和西汉后期今文家说的"司马主天，司徒主人，司空主土"。后者所谓的"三公分职"，指三公分别对应某一方面的宇宙秩序及其相关灾异。而前者所谓的"三公分掌"，指三公分别负责某一方面的具体外朝政务①。在此之外，二者间还有一个明显的相异之处，就是后者的"司马主天"，到前者那里变成了"太尉掌兵事"。

这一变化发生于何时？尽管《续汉书·百官志》的注文也就是"本注曰"部分为西晋司马彪所撰，但学者指出它也是利用了东汉后期开始出现的《汉官解诂》《汉官仪》等职官仪注书并加以适当改造的结果②。《太平御览》卷二〇九《职官部》"大司马"条引《汉官序》曰："三司之职，司马主兵。汉承秦曰太尉。武帝改曰大司马，无印绶官，兼加而已。世祖改曰太尉。"③其中"三司之职，司马主兵"之说，与《续汉书·百官志》"太尉条"注文部分记载的"太尉掌兵事"云云相近。《汉官六种》将这一作品归为应劭在东汉末所作的《汉官仪》④。事实上在这方面，《白虎通义》卷四《封公侯》"三公九卿"条为我们提供了更早的线索。不避繁冗，全引于下：

> 王者所以立三公九卿何？曰：天虽至神，必因日月之光。地虽至灵，必有山川之化。圣人虽有万人之德，必须俊贤。三公、

---

① 不过以灾异免三公之事在东汉仍长期存在，一直到汉魏革命后才由魏文帝曹丕废除。参见陈侃理《儒学、数术与政治：灾异的政治文化史》，第四章第二节《罪己与问责：灾异咎责与汉唐间的政治变革》。
② 参见佐藤達郎：《『続漢書』百官志と晋官品令》，第8—11页。
③ 《太平御览》，第1002页。
④ 《汉官六种》，第122页。关于应劭《汉官仪》，参见佐藤達郎：《応劭『漢官儀』の編纂》。

九卿、二十七大夫、八十一元士,以顺天成其道。司马主兵,司徒主人,司空主地。王者受命为天地人之职,故分职以置三公,各主其一,以效其功。一公置三卿,故九卿也。……《别名记》曰:"司徒典民,司空主地,司马顺天。"天者施生,所以主兵何?兵者为谋除害也,所以全其生,卫其养也,故兵称天。寇贼猛兽,皆为除害者所主也。《论语》曰:"天下有道,则礼乐征伐自天子出。"司马主兵。不言兵而言马者,马阳物,《乾》之所为,行兵用焉。不以伤害为文,故言马也。司徒主人。不言人言徒者,徒,众也。重民众。司空主土。不言土言空者,空尚主之,何况于实。以微见著。①

"三公、九卿、二十七大夫、八十一元士,以顺天成其道"一句,《疏证》指出这是今文家说。但下面接着说"司马主兵,司徒主人,司空主地",就与前文所述今文家说的"司马主天,司徒主人,司空主土"相异了。《白虎通义》的作者显然也意识到了这一点,所以在引用《别名记》所载"司马顺天"之说后,特意说了一段话来弥缝二者,最后得出结论说"故兵称天"。

《白虎通义》成于东汉章帝朝。学者指出"章帝时亲自称制临决的《白虎通义》遂改曰'司马主兵',正体现了王朝意志和制度实际对学术的影响"②,是为的论。这里所谓的"制度",具体说就是东汉三公太尉、司徒、司空分掌兵事、人民事和水土事的政务分工机制。我们仍然需要对这种分工机制进行制度追溯方能明了上述问题。

前文已经提到,东汉三公在现实政务中能够实现兵事、人民事和水土事的具体分工,其前提正是三公此时已经是纯粹的外朝官。而在西汉后期即成帝、哀帝时期的"三公制"建设运动中,虽然丞相/大司徒、御史大夫/大司空进入内朝,分担了此前为大司马所垄断的"内

---

① 陈立撰,吴则虞点校:《白虎通疏证》,北京:中华书局,1994年,第129—133页。
② 参见陈侃理:《儒学、数术与政治:灾异的政治文化史》,第四章第二节《罪己与问责:灾异咎责与汉唐间的政治变革》,第200页。

辅"之任,同时大司马也通过置印绶官属摆脱加官身份,部分参与外朝事务,但大司马和丞相/大司徒分别为内朝、外朝领袖的基本格局并未改变。"三公"整体的外朝化,实际上是在其后的王莽时代方才完成的。

所谓"王莽时代",以始建国元年(9)新莽王朝的成立为界,可以区分为王莽辅政时期和新莽王朝两个阶段。在辅政时期(元始元年〈1〉—居摄三年〈8〉),王莽通过设立新的"四辅三公制",成功地对成哀时代以来的"三公制"进行了改造。在这一新体制中,成哀时代兼任内外的"三公"(大司马、大司徒、大司空)被推至外朝,内朝的辅佐之任则由新设的"四辅"之官(太师、太傅、太保、少傅)共同承担。而新莽王朝正式成立之后,"四辅三公制"发展为由四辅、三公、四将组成的"十一公制"。除却其中的符命色彩,这一体制与辅政时期"四辅三公制"的底色并无不同。四辅仍在内朝皇帝侧近共同承担辅政之任,外朝的具体政务则由三公(大司马、大司徒、大司空)和四将(更始将军、卫将军、立国将军、前将军)分担。自武帝时代后一直居中辅政且与外戚关系密切的大司马一职,正是在王莽时代经历了从内朝官到外朝官的性质转变[①]。

那么,光武帝建武二十七年(51)定型的东汉"三公制",与上述王莽时代的政治体制关系如何呢?

首先需要指出的是,贯穿王莽时代二十余年的"四辅"群体,也就是在皇帝侧近内朝设置复数辅政者的制度设计,在东汉体制中已经基本不见踪影[②]。而光武帝虽然在制度建设的诸多方面均采"元始故事"[③],但在中枢体制上也没有回复到西汉后期由大司马在内朝主

[①] 关于王莽辅政时期的"四辅三公制"和新莽王朝的"十一公制"的上述认识,参见徐冲:《西汉后期至新莽时代"三公制"的演生》,第79—88页。

[②] 东汉新君即位之际有以太傅、太尉"录尚书事"之惯例,似有前朝余绪,但属于临时性的礼仪措置,太傅和三公在平时的制度运作中并不具有进入内朝"录尚书事"之权。

[③] 参见渡边信一郎:《中国古代的王权与天下秩序》(增订版),第三章《天下观念与中国古典国制的成立》、第四章《东汉古典国制的成立——汉家故事与汉礼》。

导辅政的旧制。东汉初年仍维持"内朝—外朝"的基本格局,不过内朝之中只有侍中、中常侍等中低级别的侍从官员,作为内朝领袖的辅政者则一无所见①。事实上,若从武帝死后霍光担任大司马在内朝辅政(武帝后元二年,前87)开始算起,到地皇四年(23)王莽政权覆灭,内朝辅政者的存在长达近百年时间。建武体制与这一长久的制度传统之间形成了鲜明的断裂。

内朝辅政体制的消失或许和东汉土权成立的过程有关。《汉书》卷二八《地理志》记载西汉平帝元始年间,"民户千二百二十三万三千六十二,口五千九百五十九万四千九百七十八",并接着感慨道"汉极盛矣"②。《地理志》的作者在东汉对前朝户口数目发出这一感慨的历史背景,是新莽末年至东汉初因战乱和灾害而导致的大规模人口损失。学者估算建武十二年(36)为两汉间的人口谷底,人口数3000多万,与前述西汉元始年间相比,损失几达半数③。在如此规模的社会动乱和人口损失面前,原有的政治体制必然需要经历深度重组,方才能够应对濒临崩溃的社会。建武政权虽然以恢复汉制为号召,实际上无异于再度创业。

如所周知,刘秀最初是作为更始政权的一员被派到河北地方去的。在河北时先后遭遇王郎、铜马等敌对势力的挑战,艰难取胜。其后刘秀以河北兵马为基础,经历了漫长的军事征服过程,最终于群雄逐鹿中胜出,一统天下时已经到了建武十二年(36)④。在此历史过

---

① 这一体制在东汉前三代皇帝在位时一直得以维持,但和帝即位后内朝体制有较大变动。参见渡邉將智:《後漢政治制度の研究》,第一章《後漢における宦官の制度の基盤と尚書台》、第六章《後漢洛陽城における皇帝・諸官の政治空間》、第七章《政治空間よりみた後漢の外戚輔政》。
② 《汉书》,第1640页。
③ 参见葛剑雄主编:《中国人口史》,第一卷《导论、先秦至南北朝时期》(葛剑雄撰),上海:复旦大学出版社,2002年,第410—411页。
④ 关于刘秀创业过程的研究,参见陈苏镇:《〈春秋〉与"汉道"——两汉政治与政治文化研究》,第五章第一节《汉室复兴的历程及其政治文化环境》,第380—412页。

程中形成的刘秀集团,其权力结构带有相当浓厚的军事征服色彩,很难想象在皇帝侧近会有从容议政的"内辅"大臣的存在空间。史料中常见以"吏事""苛刻"形容东汉初年皇帝权力的例子。如《太平御览》卷九一《皇王部·后汉显宗孝明皇帝》引华峤《后汉书》曰:"世祖既以吏事自婴,(明)帝尤任文法,总揽威柄,权不借下。"①范晔《后汉书》卷三三《朱浮传》"论曰"载:"光武、明帝躬好吏事,亦以课核三公,其人或失而其礼稍薄,至有诛斥诘辱之累。"②这种皇帝"躬好吏事"、所在亲为的时代风尚,学者指出"意味着继西汉后期到'新政'的'奉天法古'之后,帝国政治取向出现了新的转折,文吏政治因素再度强化了"③。而若从皇帝权力结构的变迁来看,这一现象同时也反映了皇帝侧近辅政人臣群体的缺失。

不过,建武政权对于王莽时代亦有继承的一面。如前所述,"三公"即大司马、大司徒、大司空的外朝化,实际上是在"四辅"占据内朝辅政空间的王莽时代方才完成的。东汉三公也是纯粹的外朝官,并没有回到西汉后期大司马、丞相/大司徒分别主导内、外的旧制上去,从中可以看到王莽体制的深刻影响。

具体到太尉/大司马来说,其之所以在东汉时期被定位为"掌兵事",历史脉络清晰可循。新莽正式建立之后,设置了由四辅、三公、四将组成的"十一公制"。大司马为"三公"之一,已经不在内朝承担辅政之任。而关于其在外朝的具体职任,《汉书》卷九九《王莽传》所载始建国元年(8)王莽策命群司之文提供了一些信息④。可列如表5.3。

---

① 《太平御览》,第436页。
② 《后汉书》,第1146页。
③ 参见阎步克:《士大夫政治演生史稿》,第十章《儒生与文吏的融合:士大夫政治的定型》,第415页。
④ 《汉书》,第4101—4102页。

表 5.3　新莽始建国元年策命群司表

对应星宿	四辅、三公	典职
岁星司肃	东岳太师	典致时雨,青炜登平,考景以晷。
荧惑司悊	南岳太傅	典致时奥,赤炜颂平,考声以律。
太白司艾	西岳国师	典致时阳,白炜象平,考量以铨。
辰星司谋	北岳国将	典致时寒,玄炜和平,考星以漏。
月刑元股左	司马	典致武应,考方法矩,主司天文,钦若昊天,敬授民时,力来农事,以丰年谷。
日德元厷右	司徒	典致文瑞,考圜合规,主司人道,五教是辅,帅民承上,宣美风俗,五品乃训。
斗平元心中	司空	典致物图,考度以绳,主司地里,平治水土,掌名山川,众殖鸟兽,蕃茂草木。

表面上看,大司马、大司徒、大司空各自主司天文、人道、地里,似与上节讨论的西汉后期今文家说的"司马主天、司空主土、司徒主人"一脉相承。但是,与表 5.2《韩诗外传》《尚书大传》所见"三公分职"不同,这里并未看到"灾异咎责"方面的表述,反而是以正面的方式来论述三公各自对应的职主范围①。另外,今文家说将宇宙整体秩序分为天、地、人三大区块,以与三公对应;而在新莽制度中,宇宙整体秩序被一分为七,以与"四辅+三公"对应。在这一框架之下,"四辅"负责天时规律的调和,"三公"则主要负责与人间秩序相关的地上阴阳的调和②。这一理念的背景,自然是新莽制度中四辅、三公(+四将)分据内朝、外朝的权力格局。东汉三公三分外朝政务的分工体制,最

---

① 西汉后期"灾异咎责"意义上的"三公分职"说在新莽时期仍有影响。如《汉书》卷九九下《王莽传下》载天凤六年(19)王莽罢免大司马严尤的策文说:"视事四年,蛮夷猾夏不能遏绝,寇贼奸宄不能殄灭,不畏天威,不用诏命,兖佷自臧,持必不移,怀执异心,非沮军议。未忍致于理,其上大司马武建伯印绶,归故郡。"第4156页。所谓"蛮夷猾夏不能遏绝,寇贼奸宄不能殄灭",显然对应的是表 5.2 所列《太平御览》引《尚书大传》所言"蛮夷猾夏,寇贼奸宄,则责之司马"。

② 参见马场理惠子:《前漢後半期における官制秩序の形成——王莽の官制改革を中心として》,第62—63页。

早可溯源于此。

值得注意的是,虽然表 5.3 所列大司马职主中有"典致武应"之语,但其后涉及的主要是时令农业方面的内容。新莽制度下九卿分属三公,其中大司马部下三卿为大司马司允、纳言(原大司农)和作士(原大理),与表 5.3 所列大司马职主存在一定的对应关系①。这些都说明新莽前期的大司马似尚未固定于"典兵事"之专掌。

进入地皇年间以后,随着四方形势日益严峻,新莽的大司马职掌出现了变化的迹象。地皇元年(20)二月,王莽根据他对于黄帝军制的理解,"置前后左右中大司马之位,赐诸州牧号为大将军,郡卒正、连帅、大尹为偏将军,属令长裨将军,县宰为校尉"②。大将军、偏将军、裨将军、校尉一系显然是新设的武职/军号序列,与地方行政长官序列一一对应。而大司马被置于这一序列的顶端,且有"前后左右中"五种之多。这里所谓的"前后左右中大司马之位"应只是一种高级位号,与其后的诸军号性质类似,并不同于"三公"中的大司马③。其后地皇三年(22)四月,王莽派出国将哀章与太师王匡征伐山东,"又遣大将军阳浚守敖仓,司徒王寻将十余万屯雒阳填南宫,大司马董忠养士习射中军北垒,大司空王邑兼三公之职"④。由"大司空王邑兼三公之职"之语可知,前述的"将十余万屯雒阳填南宫"和"养士习射中军北垒"应该都不是大司徒和大司马原本的正式职任,而是形势危急下的临时措置。但到地皇四年(23)六月国师刘歆、大司马董忠和卫将军王涉欲发动政变而未遂时,大司马董忠仍被称为"主中军精兵"⑤。大司马对部分京城精锐武装的统领应该是持续到了新莽

---

① 可以对比的是,东汉太尉掌兵事,其所部三卿即为太常、光禄勋和卫尉,后二卿都与兵事关系密切。关于汉代九卿制度的最新研究,参见孙正军:《汉代九卿制度的形成》,《历史研究》2019 年第 5 期,第 4—21 页。
② 《汉书》,第 4158 页。
③ 《汉书》卷九九下《王莽传下》载地皇三年(22)四月更始将军廉丹的头衔为"大使、五威司命、位右大司马、更始将军、平均侯"(第 4175 页)。其时尚有大司马董忠。
④ 《汉书》卷九九下《王莽传下》,第 4178 页。
⑤ 《汉书》卷九九下《王莽传下》,第 4184—4185 页。

覆灭前夕的①。

地皇年间大司马职掌与"兵事"的结合虽然出于临时措置,但显然给东方的叛乱者留下了深刻印象。史载更始帝刘玄称帝后,"悉拜置诸将,以族父良为国三老,王匡为定国上公,王凤成国上公,朱鲔大司马,伯升大司徒,陈牧大司空,余皆九卿、将军"②。朱鲔所任大司马的具体职任不明。但新莽覆灭后,更始帝北都洛阳,"乃徙(朱)鲔为左大司马,刘赐为前大司马,使与李轶、李通、王常等镇抚关东。以李松为丞相,赵萌为右大司马,共秉内任"③。大司马一职有前、左、右之分,且可以承担在外"镇抚"的功能。这与前述新莽设"前后左右中大司马之位"颇有相通之处。事实上,刘秀最初被更始帝派往河北地方"镇慰州郡"时,是"以破虏将军行大司马事"④,寇恂称其为"大司马刘公"⑤,显然也具有同样的性质。

建武元年(25)刘秀称帝后,以邓禹为大司徒,王梁为大司空,吴汉为大司马,建立了初步的政权架构。其中大司马的表现比较特别。直到建武二十年(44)吴汉病卒,大司马一职长期由他专任,且基本承担了刘秀政权对外征伐最高军事负责人的角色⑥。这应是来自于前述新莽末年制度及更始政权的遗产。建武政权的大司马,在一定程度上可以说与西汉后期担当内朝辅政领袖的大司马名同而实异,却与西汉前期具有最高武官性质的"太尉"名异而实同⑦。其后伴随着

---

① 地皇年间大司马所统京城精锐武装的确切名称仍有争议。关于地皇三年"大司马董忠养士习射中军北垒",《通鉴》胡三省注认为"恐当作北军中垒"。确实西汉北军有中垒校尉之设,东汉改为北军中候。但"中军北垒"又见于《汉书》卷九九下《王莽传下》"又令中军北垒居高寝"。两处皆误"北军中垒"为"中军北垒"的可能性不大。颜师古认为这一句应理解为"徙北军垒之兵士于高庙垒中屯居也"。或许中军北垒是从北军中分出的一支精锐武装。其后大司马董忠"主中军精兵"的记载也可与此相佐证。
② 《后汉书》卷十一《刘玄列传》,第469页。
③ 《后汉书》卷十一《刘玄列传》,第471页。
④ 《后汉书》卷一上《光武帝本纪上》,第10页。
⑤ 《后汉书》卷十六《寇恂列传》,第621页。
⑥ 参见《后汉书》卷十八《吴汉列传》,第678—684页。
⑦ 关于秦汉时期的太尉,参见孙闻博:《秦汉军制演变史稿》,第一章第二节《秦汉太尉、将军演变考——以玺印资料为中心》,第57—68页。

全国形势的稳定,大司马在建武二十七年(51)改称太尉,与司徒、司空组成的三公共同承担了东汉一朝的外朝领袖之任。但大司马在刘秀集团创业时期曾经的军事职任仍在太尉身上留下了清晰印记。《续汉书·百官志》所记的太尉"掌兵事"之任,本质上正是来源于此。前引《白虎通义·封公侯》"三公九卿"条所述的经学上的解释,反而是后起的正当化论证,从属于这一历史进程。

五、结　论

以上杂乱的考察至此告一段落。简单小结如下:

第一,《续汉书·百官志》"太尉"条存在约二十四字的脱文。尝试复原后,东汉三公制呈现为太尉掌兵事、司徒掌人民事、司空掌水土事的三分结构。这种结构所显示的是三公在外朝政务层面的分工机制。

第二,西汉后期的今文家说秉持司马主天、司空主土、司徒主人的三公分职之说,主要指三公分别对应某一方面的宇宙秩序及其相关灾异,而非政务分工。成哀时期的"三公制"建设运动在受到"三公分职"说影响的同时,其制度实践和理念内涵与古文家说也有相通之处。这一时期尚看不到三公分担外朝政务的迹象。

第三,在王莽时代的皇帝权力结构中,内朝辅政位置为新设的"四辅"所占据,原来的"三公"被外朝化,开始分担具体政务。但大司马转向主兵之任,是在地皇年间形势危急时出现的临时措置。大司马的这一新性格为其后的更始政权所继承,并进而影响到了刘秀集团创业期的大司马。东汉"太尉掌兵事"的历史脉络即来自于以上过程。

第六章　王隆《汉官篇》小考

《隋书》卷三三《经籍志·史部·职官篇》载有《汉官解诂》一书①。是书为东汉后期名臣胡广的代表作②,对当时乃至魏晋时代的官制撰述都有巨大而深远的影响③。但胡广此书并非全盘新撰,而是对百余年前的王隆旧作《汉官篇》加以注解后形成的复合性作品④。王隆活动于新莽末东汉初,事迹见于《后汉书》卷八十上《文苑列传上》,仅有寥寥数语,亦未尝言其撰有《汉官篇》⑤。此书能够在东汉以后流传下来为世所知,端赖于胡广在东汉后期的再发掘工作⑥。

对于王隆《汉官篇》而言,胡广注的介入既是一种幸运,又是一种"不幸"。单行本的《汉官篇》原本流布不广,应当在短时间内即为带有胡广注的《汉官解诂》所取代。然而因为胡广在东汉后期乃至整个

---

① 《隋书》,第967页。
② 《后汉书》卷四四《胡广传》:"其余所著诗、赋、铭、颂、箴、吊及诸解诂,凡二十二篇。"第1511页。
③ 参见佐藤達郎:《胡広『漢官解詁』の編纂:その経緯と構想》;同氏《応劭『漢官儀』の編纂》;黄桢:《官制撰述在汉末的兴起》,《文史哲》待刊稿;本书第四章《〈续汉书·百官志〉与汉晋间的官制撰述》,第144—145页。
④ 《隋书·经籍志》在此书后注云:"汉新汲令王隆撰,胡广注。"这一标注方式易致读者误解,似乎王隆是《汉官解诂》的主要作者,胡广只是加以注释而已。实际上《隋志》撰者确实误会了。同志《史部·职官篇·小叙》云:"汉末,王隆应劭等,以《百官表》不具,乃作《汉官解诂》、《汉官仪》等书。"第969页。显然也是将王隆误为东汉末之人且为《汉官解诂》之主撰者。
⑤ 《后汉书》,第2609页。
⑥ 与王隆《汉官篇》命运类似的东汉初年官制撰述作品,尚有卫宏《汉旧仪》,亦在东汉末年为蔡邕、应劭等人所发掘。参见黄桢《官制撰述在汉末的兴起》,《文史哲》待刊稿。

中古时期的巨大影响,人们在阅读《汉官解诂》时更为关注的往往是胡广新作的注文,而非王隆的原文。今天所见为中古类书和史注所保留的《汉官解诂》佚文,多为胡广注文的内容,鲜见《汉官篇》原文①,正是这一情形的准确反映。

现代学者也是如此。研究胡广《汉官解诂》的学者大都会注意到王隆《汉官篇》,但进行深入分析的并不多见。这一方面是受限于留存史料之寡少,一方面也是缘于《汉官解诂》巨大身影的覆盖②。黄桢的新作《官制撰述在汉末的兴起》对王隆《汉官篇》的讨论较前人有许多推进,尤其对《汉官篇》作为童蒙教材的性质及其与《仓颉篇》《急就篇》等西汉字书的渊源关系有着相当深入的阐发。本章则希望在尽量屏蔽胡广注的后起影响之后,主要围绕王隆与《汉官篇》本身做一些考察工作。限于材料和学力,多有臆测之处,尚乞方家不吝赐正。

一、王隆其人

如前所述,王隆列传见于《后汉书》卷八十上《文苑列传上》,全引如下:

> 王隆字文山,冯翊云阳人也。王莽时,以父任为郎,后避难河西,为窦融左护军。建武中,为新汲令。能文章,所著诗、赋、铭、书凡二十六篇。③

王隆出身关中,活动时段始自新莽,终于建武年间,新汲令或为其最

---

① 参见《汉官六种》,第 11—27 页。
② 类似情形亦见于司马彪《续汉书·百官志》。司马彪原书作于西晋,但萧梁时代刘昭注本出现后,逐渐取代了司马彪原本,在文本面貌和撰述旨趣两个方面都造就了后世关于《续汉书·百官志》的标准印象。参见本书第四章《〈续汉书·百官志〉与汉晋间的官制撰述》,第 147—148 页。
③ 《后汉书》,第 2609 页。

终任官。各种资料包括胡广《汉官解诂·序》、司马彪《续汉书·百官志·序》以及《隋书·经籍志》在提到《汉官篇》的作者时,均称其为"故新汲令王隆"。这或是以终官称呼作者的惯例使然,未必意味着《汉官篇》亦作于其任新汲令期间①。

王隆作品以《汉官篇》为名,说明其撰于新莽政权覆灭以后,从中可以看到新末以降"人心思汉"、汉室复兴的时代背景②。不过,所谓"人心思汉"指的是广义上的刘氏王权,未必就与刘秀之建武政权直接对应。如班固之父班彪在陇西隗嚣阵营中时,即曾撰《王命论》倡言汉室复兴③。从上引王隆的经历看来,《汉官篇》究竟是作于"建武中,为新汲令"期间,还是作于之前的"后避难河西,为窦融左护军"期间,其实是难以遽断的。

窦融亦出身关中(扶风平陵人),在新末大乱中割据河西,自成一方势力。虽然早于建武五年(29)即已向刘秀称臣,受封凉州牧,并在其后数与刘秀东西夹击隗嚣,是刘秀在西方的重要盟友,但他率领河西官属正式加入建武政权,要迟至建武十二年(36)刘秀先后消灭隗嚣、公孙述势力,终于完成天下一统之后④。史载"陇蜀既平,河西守令咸被征召"⑤。如班彪,本为窦融大将军从事,"及融征还京师……举司隶茂才,拜徐令,以病免"⑥。又如孔奋,本为窦融凉州牧议曹掾,守姑臧长,"既至京师,除武都郡丞"⑦。王隆所谓"建武中,为新汲令",亦当为建武十二年随窦融入洛之后自刘秀处领受的新职。

---

① 马楠《〈隋书经籍志〉著录撰人衔名来源考述》指出,《隋志》著录撰人衔名存在题终官故衔或题著书时官两种情形。
② 佐藤達郎《胡広『漢官解詁』の編纂:その経緯と構想》与黄桢《官制撰述在汉末的兴起》均指出了这一点。关于新末"人心思汉"的时代背景,参见陈苏镇:《〈春秋〉与"汉道"——两汉政治与政治文化研究》,第五章第一节《汉室复兴的历程及其政治文化环境》,第380—412页。
③ 《后汉书》卷四十上《班彪传上》,第1323—1324页。
④ 《后汉书》卷二三《窦融传》。
⑤ 《后汉书》卷三一《孔奋传》,第1098页。
⑥ 《后汉书》卷四十上《班彪列传》上,第1324页。
⑦ 《后汉书》卷三一《孔奋传》,第1099页。

王隆在"王莽时,以父任为郎"与"后避难河西"之间的经历不详。王莽为关中豪杰攻杀之后,长安先为更始帝所据,时在更始二年(24)。其时关中并未遭到太大破坏,"唯未央宫被焚而已,其余宫馆一无所毁"①。但更始三年(25)赤眉军西入关,击灭更始政权继而又与刘秀军相攻伐,关中大乱,三辅士人始多出走流离。隗嚣、窦融皆于此前后自关中而西,分据陇西、河西自立。陇西因地利之便,成为三辅士人最初投奔的主要去处。史载"长安既坏,士人多奔陇西,(隗)嚣虚己接之"②;"及更始败,三辅耆老士大夫皆奔归(隗)嚣"③。伴随着形势的发展,部分士人又离开隗嚣转投窦融。如班彪在投奔隗嚣后,觉察到其有自立野心,"乃著《王命论》……欲以感之,而嚣终不寤,遂避河西"④。王隆在"后避难河西"之前是否曾有入隗嚣阵营的经历不得而知,但他离开关中的时间很可能是在更始三年(25)赤眉入关以后。如此他在窦融阵营停留的时间或长至十年之久。

王隆在河西期间任"窦融左护军"。王莽时代至新末群雄混战时,频见"大司马护军"一职,如朱佑即曾任刘秀的大司马护军⑤。此职源自护军校尉,后属大司马,至平帝元始元年(1)改称护军⑥。不过窦融在建武十二年(36)归汉之前仅任河西大将军、凉州牧,未有三公之任,"窦融左护军"不当指此。《续汉书·百官志》引《东观书》曰:"大将军出征,置中护军一人。"⑦东汉永元初大将军窦宪出征匈奴时,即以班固为中护军,"与参议"⑧。此虽为东汉之例,或有渊源。

---

① 《后汉书》卷十一《刘玄传》,第470页。
② 《袁宏〈后汉纪〉集校》,第32页。
③ 《后汉书》卷十三《隗嚣传》,第521页。
④ 《后汉书》卷四十上《班彪列传》上,第1323—1324页。
⑤ 《后汉书》卷二二《朱佑传》,第769页。
⑥ 《汉书》卷十九上《百官公卿表上》,第737页。
⑦ 《后汉书》,第3564页。
⑧ 《后汉书》卷四十下《班固传》,第1385页。

左护军可能亦为窦融任河西大将军时所置近要职位①。前文列举建武十二年随窦融归汉的河西官属有班彪、孔奋,二人亦来自关中,前者为大将军从事,后者为凉州牧议曹掾、守姑臧长。仅就官位来看,王隆在窦融阵营中的资历地位,似较班彪、孔奋之辈为高。但在归汉任新汲令后,未再见仕进。

二、《汉官篇》的形式与内容

王隆经历简要梳理如上。下面再对《汉官篇》本身的形式与内容略作探讨。

如学者所言,《汉官篇》本为用于童蒙教育的"小学"类书②。《汉官解诂》的辑佚者孙星衍即敏锐意识到,"《汉官篇》仿《凡将》《急就》,四字一句,故在'小学'中"③。今存《汉官篇》佚文中,如"大鸿胪"相关的"赞通四门,抚柔远宾"、"大司农"相关的"调均报度,输漕委输"、"尚书"相关的"出纳诏命,齐众喉口""机事所总,号令攸发"等,都可以体现这一特点④。或者反过来说,正是根据这一文体上的特征,我们才能判断其为《汉官篇》原文,而非胡广注文。有些佚文四言句与其他字数的句子前后相连,如"太常"相关的"社稷郊畤,事重职尊,故在九卿之首"⑤,考虑到中古类书引书的随意性,前面两句到底是原文还是注文就有些难以判断了。

从一些佚文可以看出,与《汉书·百官公卿表上》《续汉书·百官志》等正史中的官制撰述不同,《汉官篇》并不会为某一官职单立

---

① 邢义田《略论汉代护军的性质》已指出:"王莽末,东汉初,窦融以王隆为左护军,窦宪以班固为中护军,皆承自署幕僚之制而来,非无制度。"参见氏著:《治国安邦:法制、行政与军事》,第534页。
② 参见黄桢:《官制撰述在汉末的兴起》,《文史哲》待刊稿。
③ 《汉官六种》,第11页。
④ 《汉官六种》,第15、16页。
⑤ 《汉官六种》,第13页。

条目后再在其下展开叙述,而是将官职之名直接纳入正文,连贯成文。如"太仆"相关即有"太仆厩府,皮轩鸾旗"之句①。又如《太平御览》卷三五二《兵部》"戟"条引王隆《汉官解诂》曰:"卫尉宫阙,周庐殿掖。屯陈夹道,当兵交戟。"其后以小字注曰"胡伯始曰"云云②,可见前引两句应为《汉官篇》原文。

进一步说,《汉官篇》在叙述某一官职时,采取的应是四言韵文的形式。如保存字数较多的"郡太守"条:"太守专郡,信理庶绩。劝农赈贫,决讼断辟。兴利除害,检察郡奸。举善黜恶,诛讨暴残。"③又如《北堂书钞》卷五一《设官部·大司马》"平尚书事"条和"宰尹枢机"条均引《汉官解故(诂)》曰:"司马中外,以亲宠殊。平事尚书,宰尹枢机。勉用八政,播时百谷。"④颇疑"宰尹枢机"一句《汉官篇》原文当作"宰尹机枢",以应"殊""谷"之韵。

为了达到四字韵文的文学性效果,《汉官篇》有时会使用官职的略称而非全称。上引"司马中外"云云,对应的显然是"大司马"。又如"中垒城门,北军士校,修尔车马,以戒不虞"⑤,"中垒"指中垒校尉,"掌京师城门屯兵","城门"指城门校尉,"掌北军垒门内"⑥。《汉官篇》此句应是在叙述以二者为代表的"八校尉"之职。这种叙述方式在西汉后期史游所撰字书《急就篇》中亦有突出表现。是书记西汉官职云:"丞相御史郎中君。进近公卿傅仆勋。前后常侍诸将军。列侯封邑有土臣。积学所致非鬼神。冯翊京兆执治民。"⑦为配合七言韵文,其中御史大夫、郎中令、太子太傅、太仆、光禄勋、中常侍、左冯翊、京兆尹等皆使用了缩写的形式⑧。

---

① 《汉官六种》,第14页。
② 《太平御览》,第1621页。此条孙星衍等辑《汉官篇》失收。
③ 《汉官六种》,第20页。
④ 《北堂书钞》,中国书店影印孔氏三十三万卷堂影宋本。
⑤ 《汉官六种》,第17页。
⑥ 《汉书》卷十九上《百官公卿表上》,第737页。
⑦ 参见张传官:《急就篇校理》,北京:中华书局,2017年,第417—430页。
⑧ 参见黄桢:《官制撰述在汉末的兴起》,《文史哲》待刊稿。

不过《汉官篇》虽然号称"小学",但就制度撰述而言,其知识含量绝非《急就篇》这样的字书作品可比。与《急就篇》的罗列述略不同,《汉官篇》基本是每一官职构成一个独立单元。各单元的字数多少难以确论,前引"郡太守"条佚文达到了八句三十二字,其他中央要职恐怕不会低于这个标准。而其内容,除了官职本身的名称之外,主要集中于对其职掌的描摹与铺叙。换言之,虽然形式上为四言韵文,但究其实质,仍然是"官称+职掌"的基本组合。

《汉官篇》的这种官制撰述形式与内容的组合似与扬雄的官箴类作品有接近的地方。扬雄作官箴事不载于《汉书》卷五七《扬雄传》,而在《后汉书》卷四四《胡广传》中有所言及:

> 初,杨雄依《虞箴》作《十二州二十五官箴》,其九箴亡阙,后涿郡崔骃及子瑗又临邑侯刘騊駼增补十六篇,广复继作四篇,文甚典美。乃悉撰次首目,为之解释,名曰《百官箴》,凡四十八篇。①

扬雄的官箴类作品并未以完整形式流传下来,如《胡广传》所见,东汉中期即已有亡佚,不过在《艺文类聚》《北堂书钞》《初学记》《古文苑》《太平御览》等中古类书中仍有程度不等的佚文留存。虽然在创作时间、具体篇数乃至佚文真伪等方面都有一定争议,大致还是可以通过佚文来了解其基本面貌。以严可均《全汉文》卷五四所辑文本为例,其"十二州箴"分别为《冀州箴》《青州箴》《兖州箴》《徐州箴》《扬州箴》《荆州箴》《豫州箴》《益州箴》《雍州箴》《幽州箴》《并州箴》《交州箴》;"官箴"则包括《司空箴》《尚书箴》《大司农箴》《侍中箴》《光禄勋箴》《大鸿胪箴》《宗正卿箴》《卫尉箴》《太仆箴》《廷尉箴》《太常箴》《少府箴》《执金吾箴》《将作大匠箴》《城门校尉箴》《太史令箴》《博士箴》《国三老箴》《太乐令箴》《太官令箴》《上林苑令箴》②。不妨将《艺文类聚》《初学记》和《古文苑》均引作"扬雄"的《大司农箴》列举如下:

---

① 《后汉书》,第1511页。
② 严可均辑:《全上古秦汉三国六朝文》,北京:中华书局,1958年,第417—421页。

时维大农,爰司金谷。自京徂荒,粒民是斛。肇自厥功,实施惟食。厥僚后稷,有无迁易。实均实赢,惟都作程。旁施衣食,厥民攸生。上稽二帝,下阅三王。什一而征,为民作常。远近贡篚,百则(《艺文类聚》作"姓")不忘。帝王之盛,实在农植。季周烂熳,而东作不敕。膏腴不获,庶物并荒。府库殚(《艺文类聚》作"藏单")虚,靡积仓箱。陵迟衰微,周卒以亡。秦收大半,二世不瘳。泣血之求,海内无聊。农臣司均,敢告执粲。①

可以看到,扬雄所作官箴以四言韵文为主,主要内容亦集中于对其职掌的描摹与铺叙。最后以"农臣(大司农)司均,敢告执粲""仆臣(太仆)司驾,敢告执皂"之类的句子作结,正是其内容的旨要所在。《汉官篇》以"官称+职掌"构成各单元基本内容的特质与此相类。值得注意的是,扬雄"依《虞箴》"所撰作品由"十二州二十五官箴"构成。其中"十二州箴"虽然如《冀州箴》一般以州为名,内容也以称扬该州山川、地理、历史、物产等为主,但最后均以"牧臣司冀,敢告在阶""牧臣司青,敢告执矩"之类作结,显示其落脚点在于"州牧",仍可视为一种特殊类型的"官箴"。而《汉官篇》的"州牧"条在言说州牧职守之外,亦有罗列十三州名称及其山川地理的部分(详次节)。王隆《汉官篇》定位"小学",遣词用句力求简洁明了,但从形式到内容似乎都有对扬雄官箴作品的模仿痕迹。后者的创作时代有成帝绥和元年(前8)至二年(前7)、孺子婴初始元年(8)、平帝元始四年(4)至新莽始建国元年(8)等多种说法②。无论如何,对于曾经在"王莽时,以

---

① 严可均辑:《全上古秦汉三国六朝文》,第419页。
② 主成帝绥和元年(前8)至二年(前7)说者有王允亮《扬雄官箴创作及经典化问题探讨》,《暨南学报(哲学社会科学版)》2017年第8期,第104—114页。主孺子婴初始元年(8)说者有陆侃如《中古文学系年》(北京:人民文学出版社,1985年)、林贞爱《扬雄集校注》(成都:四川大学出版社,2001年)。主平帝元始四年(4)至新莽始建国元年(8)说者有顾颉刚、谭其骧《关于汉武帝的十三州问题讨论》(《复旦学报(社会科学版)》1980年第3期)、张震泽《扬雄集校注》(上海:上海古籍出版社,1993年)。参见王允亮文所作研究史梳理。

父任为郎"的王隆来说,扬雄的官箴作品应该并不陌生。

王隆《汉官篇》整体上究竟包含了哪些官职,因全帙已失,今天是不可能确知了。从《汉官解诂》的现存佚文来看,上至三公九卿,下至少官啬夫,均在记述之列。胡广在《汉官解诂》之"序"中,对其撰述原委有如下言说:

> 顾见故新汲令王文山《小学》为《汉官篇》,略道公卿外内之职,旁及四夷,博物条畅,多所发明,足以知旧制仪品。盖法有成易,而道有因革,是以聊集所宜,为作诂解,各随其下,缀续后事,令世施行,庶明厥旨,广前后愤盈之念,增助来哲多闻之览焉。①

从胡广的评价看来,《汉官篇》"囊括了从'公卿外内之职'到'四夷'内容,搜罗广泛、体系完整",这是他决定以此为基础加以注解来撰述《汉官解诂》的前提②。由此可见,《汉官篇》是以"官称+职掌"的四字韵文构成一个个独立单元,再由这些独立单元构成对汉代官制的体系性叙述。某种程度上,这已经与我们熟悉的《汉书·百官公卿表上》和《续汉书·百官志》相当接近了。

不过《汉官篇》与《汉表上》和《续汉志》之间仍有重大区别。《汉表上》的旨趣在于"故略表举大分,以通古今,备温故知新之义云"③。在其每个官职叙述单元中,除了官称、属下与职掌以外,从汉初到武帝再到汉末及王莽的沿革叙述是其重要组成部分④。而《续汉志》则以源自东汉"官簿"的"正文"叙述职官及其官属的名称、员额与秩级,西晋司马彪所作"注文"叙述职官的职掌与沿革⑤。可见某一官职的制度沿革均为二书所措意。但《汉官篇》对某一官职的叙述内容

---

① 《续汉书·百官志》司马彪之"序"中言及"故新汲令王隆作《小学汉官篇》,诸文倜说,较略不究",刘昭注引"胡广注陛此篇,其论之注曰"云云。《后汉书》,第3555页。
② 参见黄桢:《官制撰述在汉末的兴起》,《文史哲》待刊稿。
③ 《汉书》,第722页。
④ 参见中村圭尔:《六朝官僚制的叙述》,第276页。
⑤ 参见本书第四章《〈续汉书·百官志〉与汉晋间的官制撰述》,第115—120页;佐藤達郎:《『続漢書』百官志と晋官品令》,第5—11页。

却仅以"官称+职掌"为主,无论是从佚文字句本身还是胡广以上评价来看,都找不到包含制度沿革的迹象。也正是因为《汉官篇》具有这样的特质,胡广所作"解诂"才能在沿革叙述方面找到充分的发挥空间。

这里就涉及一个有趣的问题。王隆是如何撰成《汉官篇》的呢?需知在东汉后期以胡广《汉官解诂》为滥觞的官制撰述风气兴起以前,与官制相关的载体,或为律令,或为簿籍,皆属官府乃至皇家所有,民间并无成型的官制作品可供一般人阅读①。胡广为《汉官解诂》所作"序"已为学者从多方面做过分析②。这里不妨再来看看其中的部分表述:

> 前安帝时,越骑校尉刘千秋校书东观,好事者樊长孙与书曰:"汉家礼仪,叔孙通等所草创,皆随律令在理官,藏于几阁,无记录者,久令二代之业,暗而不彰。诚宜撰次,依拟《周礼》,定位分职,各有条序,令人无愚智,入朝不惑。君以公族元老,正丁其任,焉可以已!"刘君甚然其言,与邑子通人郎中张平子参议未定,而刘君迁为宗正、卫尉,平子为尚书郎、太史令,各务其职,未暇恤也。至顺帝时,平子为侍中典校书,方作《周官解说》,乃欲以(汉)〔渐〕次述汉事,会复迁河间相,遂莫能立也。述作之功,独不易矣。③

可以看到,东汉安帝时樊长孙写信劝刘珍(千秋)进行官制撰述工作,契机在于刘珍正在"校书东观";其后顺帝时张衡(平子)计划以《周官解说》撰述汉事,契机在于"为侍中典校书"。换言之,他们能够进行官制撰述的前提条件是可以利用皇家藏书。而一旦因外任而失去

---

① 参见黄桢:《官制撰述在汉末的兴起》,《文史哲》待刊稿。
② 参见佐藤達郎:《胡広『漢官解詁』の編纂:その経緯と構想》,第96—104页;黄桢:《官制撰述在汉末的兴起》,《文史哲》待刊稿;本书第四章《〈续汉书·百官志〉与汉晋间的官制撰述》,第144—145页。
③ 《续汉书·百官志》刘昭注引,《后汉书》,第3555—3556页。

了这样的条件,写作计划随即搁浅。而胡广之所以能够完成《汉官解诂》,是因为他利用了已经拥有体系性官制架构与职掌说明的《汉官篇》。这反过来似乎暗示,尽管定位"小学",但能够拥有体系性官制架构与职掌说明的《汉官篇》,很可能是利用了宫廷藏书或资料,而非仅凭王隆的个人记忆或者官制知识就能向壁虚造。

从前节梳理的王隆个人经历来看,最晚的建武十二年(36)随窦融归汉后任新汲令期间,以其与建武政权的疏远程度,又未有进一步仕进,应是绝无机会到洛阳利用宫廷藏书的;最早的"王莽时,以父任为郎",虽然不能排除有机会,但也没有相关证据支持。更为重要的是,身为新莽官员的王隆并不存在撰述《汉官篇》的动机,最多可以做一些资料收集工作。

在笔者看来,能够利用宫廷藏书的最大机会其实出现在王隆"避难河西"期间。如前节所述,当时同在河西窦融阵营的尚有班彪。王隆为左护军,班彪为大将军从事,二人必定相识①。班氏于西汉成帝世以外戚身份崛起,颇得成帝信任,与包括王莽在内的外戚王氏亦关系密切。据《汉书》卷一百上《叙传上》,"上(成帝)器其(班斿)能,赐以秘书之副"②,这不啻于将宫廷藏书尽予班氏。这些藏书似为班氏兄弟所共享。班斿弟稚,即班彪父,史载彪"幼与从兄嗣(斿子)共游学,家有赐书,内足于财,好古之士自远方至,父党扬子云以下莫不造门"③。这些源自西汉内府的藏书,事实上构成了后来班彪、班固父子在东汉撰写《汉书》的最初资料基础。如所周知,明帝时班固的私人撰史工作为人所告,结果"有诏下郡,收固系京兆狱,尽取其家书"④。所谓"其家书",当不仅指班固所作《汉书》,也包括其家中所

---

① 参见佐藤達郎:《胡広『漢官解詁』の編纂:その経緯と構想》,第 98 页。
② 《汉书》,第 4203 页。
③ 《汉书》,第 4205 页。
④ 《后汉书》卷四十下《班固传》,第 1333—1334 页。

藏的西汉"秘书之副"①。考虑到更始三年(25)赤眉入关后关中的混乱形势,班彪很可能是带着这些图书资料西奔隗嚣乃至窦融的,否则难以想象它们能够一直留存至东汉前期。而这恰恰可以为王隆写作《汉官篇》提供基本材料。

如此看来,王隆《汉官篇》完成于他尚身处窦融阵营时期的可能性是最高的。当然,在他随窦融加入建武政权任新汲令之后,仍有可能对此作品进行修改完善,并在地方进行推广传播②。

三、《汉官篇》的断限

前文指出王隆《汉官篇》以"官称+职掌"的单元组合构成对汉代官制的体系性叙述,同时这种叙述未将制度沿革包含在内,体现出一种静态分布的理想指向。这提示我们,《汉官篇》所书写的对象,可能并非一种整体上的笼统"汉代官制",而是对应着某个具体的历史时期。或者反过来说,《汉官篇》是以某个具体历史时期的制度为蓝本,展开关于汉代官制的体系性叙述的。当然因为材料所限,这是一个永远无法实证的问题。在此只能选择几种较有时代特点的官职相关佚文,尝试将对此问题的认识向前推进一小步。

首先可以肯定的是,《汉官篇》书写的应为西汉制度,而非立国未几的建武新制。如孙星衍辑《汉官解诂》有"郡都尉"相关佚文:"都尉将兵,副佐太守。"③此条有异文。《北堂书钞》卷六三《设官部·都尉》"佐太守,为副将"条引《汉官解故(诂)》云:"都尉,郡各一人,副佐太守。"④《太平御览》卷二四一《职官部·都尉》则引作"都尉将

---

① 参见稲葉一郎:《中国史学史の研究》,第二部第三章《『漢書』の成立》,第186—229页。
② 黄桢《官制撰述在汉末的兴起》(《文史哲》待刊稿)认为《汉官篇》很可能完成于王隆的县令任上,最初的用途是新汲地方的初等教育。
③ 《汉官六种》,第21页。
④ 《北堂书钞》,中国书店影印孔氏三十三万卷堂影宋本。

兵,副佐太守,备盗贼也"。① 从引文看,应为胡广注文字。但可以由此推测《汉官篇》原文中包含了以郡都尉为对象的四字韵文。而如所周知,郡都尉在建武六年(30)就已经被光武帝省并,此后终东汉之世都再无恢复②。又如前引《汉官篇》"中垒城门,北军士校,修尔车马,以戒不虞"③,"中垒"指"掌京师城门屯兵"的中垒校尉④。而据《续汉书·百官志》司马彪注,"旧有中垒校尉,领北军营垒之事。有胡骑、虎贲校尉,皆武帝置。中兴省中垒,但置中候,以监五营"⑤。亦可见《汉官篇》所述为西京之制。

在西汉制度的范围内,可否确定更为具体的历史时期呢?现存《汉官篇》佚文中,州牧、太傅和大司马诸条提供了若干线索,以下分别进行讨论。

(一)州牧

《北堂书钞》卷七二《设官部·刺史》两次引用到《汉官解故(诂)》。一为"十有三牧"条,下云:"京畿云。十有三牧,分土食焉。"一为"分部督察"条,下云:"京畿师外,十有三牧,分部驰郡行国,督察在位,奏以言,录见囚徒,考实侵冤,退不录职,状状进一奏事焉。"⑥孙星衍辑《汉官解诂》将此二条作为《汉官篇》原文列于"刺史"名目下,而将《续汉书·百官志》"州刺史"条刘昭注引"胡广注

---

① 《太平御览》,第1144页。
② 关于光武帝省罢郡尉的经过及原因,参见严耕望:《中国地方行政制度史(甲部)——秦汉地方行政制度》,第153页;杨鸿年:《汉魏制度丛考》(新版),"郡都尉"条,第339—341页。不过在边郡及需要征讨盗贼的特殊场合,东汉亦有设置都尉之举。中华书局点校本《后汉书》在《续汉书·百官志》"郡太守"条,于"并举孝廉,郡口二十万举一人"与"典兵禁,备盗贼"之间补"尉一人"三字,是受到了王先谦及何焯意见的误导。说详本书第四章《〈续汉书·百官志〉与汉晋间的官制撰述》,第128—134页。
③ 《汉官六种》,第17页。
④ 《汉书》卷十九上《百官公卿表上》,第737页。
⑤ 《后汉书》,第3613页。
⑥ 《北堂书钞》,中国书店影印孔氏三十三万卷堂影宋本。

曰"或"胡广曰"的内容列为胡广为《汉官篇》所作注文①。这是很有见地的处理方案。从《北堂书钞》所存佚文可以推测,王隆《汉官篇》这里的原文至少应包含"十有三牧"一句,或许之前还可以加上"京师畿外"。那么,这意味着《汉官篇》所书写的西汉地方行政建制为"司隶部+十三州",且十三州长官称"州牧",而非"刺史"。这为我们了解《汉官篇》的断限提供了宝贵的线索。

不过,考虑到《北堂书钞》佚文保存的完善程度,或许有人会提出疑问:这里的"十有三牧"有没有可能是"十有二牧"的讹误呢?

否!因为在《太平御览》卷一五七《州郡部·叙州》中,仍可以看到对《汉官解诂》所载诸州相关文句的记载②。其中大字部分四字一句,每句下面都有双行小注。显然前者为王隆《汉官篇》原文,后者为与之相应的胡广注文。这是罕见保留了《汉官解诂》原本之文本面貌的例子。孙星衍辑《汉官解诂》即据此进行了辑佚③。根据《御览》的记载,我们可以确定《汉官篇》所载确为"十有三牧",而非"十有二牧"。

不妨先将《御览》所载内容列如表6.1:

表 6.1

《汉官篇》原文	胡广注文	《汉官篇》原文	胡广注文
冀赵常山	《经》曰"冀州既载"。居赵国。今治常山。	益庸岷梁	《经》曰"华阳、黑水惟梁州"。汉改梁州为益州。今治广汉。

---

① 《汉官六种》,第18页。
② 《太平御览》,第761页。南宋高似孙《纬略》卷六《汉九州》中也保存了近似的内容,北京:中华书局,《丛书集成初编》本,1985年,第90—91页。四库馆臣提要指出该书"全录《艺文》《初学》《北堂》《御览》诸书,无所增辑",这部分内容当亦袭自《御览》。
③ 《汉官六种》,第18—20页。

（续表）

《汉官篇》原文	胡广注文	《汉官篇》原文	胡广注文
兖卫济河	《经》曰"济、河惟兖州"。卫国。今治山阳。	凉邠黑水	《经》曰"黑水、西河惟雍州"。居邠国。汉改雍州为邠州,国右扶风栒邑县,属司隶部,不复属州。今治汉阳。
青齐海岱	《经》曰"海、岱惟青州"。居齐国。今治焉。	雍别朔方	汉别雍州之地,置朔方刺史。
徐鲁淮沂	《经》曰"海、岱及淮惟徐州",又曰"淮、沂其乂"。居鲁国。今居豫州而治东海。	交趾南越	汉平南越之地,置交趾刺史,列诸州。治苍梧。
杨吴彭蠡	《经》曰"淮、海惟扬州",又曰"彭蠡既潴"。居吴国。今治九江。	幽燕朝鲜	《经》无幽州,而《周官》有焉。盖冀之别也。居燕国。今广阳是。
荆楚衡阳	《经》曰"荆及衡阳惟荆州"。居楚国。今治武陵。	并代晋翟	《经》无并州,而《周官》有焉。州之别也。居燕国。今广阳是。

可以看到,《太平御览》所载大字部分实际上仅有十二州（包括朔方和交趾在内）。这是因为其中存在一处严重的文字舛错,以致于脱佚了豫州部分。辛德勇在《两汉州制新考》的一个脚注中敏锐指出了这一点①。即"徐鲁淮沂"之下的胡广注文"居鲁国,今居豫州而治东海",是误将豫州的内容混杂到了徐州之中。他进而提出《汉官解诂》此处原文应为:

居鲁国。今治东海。豫:□□□。经曰"荆河惟豫州"。居□□,今治□□。

---

① 参见辛德勇:《两汉州制新考》,收入氏著《秦汉政区与边界地理研究》,第142页脚注3。

其中"豫:□□□"四字为《汉官篇》原文,其前、其后则均为胡广注文。辛氏还总结了胡广此处注文的通例,即"居某地"指的是"西汉时期本州居某古国旧地","今治某地"指的是"东汉时期该州刺史的治所"。这对于我们理解以上内容是颇有帮助的。

补入豫州以后的《汉官篇》"十有三牧"部分,可以分为三大类别。自冀州至凉州为第一类,与《尚书·禹贡》所载"九州"相对应,只是以益州取代了《禹贡》之梁州,以凉州取代了《禹贡》之雍州。故各州对应的四言文句,首字为州名,第三、四字则采自《禹贡》所载该州的相应段落。胡广注文对此解释甚明。而第二字则对应于胡广注中的"居某国"。前引辛氏将"居某国"理解为"西汉时期本州居某古国旧地",可能不够贴切,更准确地说应为"秦汉以前本州牧居某古国"。①

根据以上理解,可以对表 6.1 所列《太平御览》所存《汉官解诂》佚文冀州至凉州部分的文字作若干讨论。

  a. "冀赵常山"条,"常山"二字不见于《禹贡》冀州部分,应是自本条胡广注"今治常山"窜入。实际上汉代"常山"本名"恒山",因避文帝之讳方改"常山"。

  b. "兖卫济河"条,胡广注"卫国"前阙"居"字。

  c. "徐鲁淮沂"条,胡广注"居鲁国,今居豫州而治东海"有严重舛误,已如前述。在辛氏方案基础上可更新为:"居鲁国。今治东海。豫□□□。《经》曰'荆、河惟豫州'。又曰……居□国,今治沛国。"

  d. "益庸岷梁"条,胡广注"汉改梁州为益州"前阙"居庸国"三字。

---

① 辛氏似认为《汉官篇》原文首字州名之后的三字均指代西汉武帝时期某州的地域范围。如"徐鲁淮沂"指的是"西汉武帝时期徐州的地域范围,包含有'鲁、淮、沂'诸地",见《两汉州制新考》,第 142 页。

e."凉邠黑水"条,胡广注"居邠国。汉改雍州为邠州,国右扶风栒邑县,属司隶部,不复属州",当为"居邠国。汉改雍州为凉州。邠国,右扶风栒邑县,属司隶部,不复属州"。

《汉官篇》"十有三牧"部分第二类为"雍别朔方"与"交趾南越"。如所周知,朔方刺史部和交趾刺史部均为武帝开边后新置,故其格式亦与前述第一类源于《禹贡》"九州"者不同,胡广注文中自然无需出现"《经》曰""居某国"之类的说明。需要指出的是,用以书写朔方的"雍别朔方"一句,来自于扬雄所作《并州箴》,其文云:"雍别朔方,河水悠悠。北辟獯鬻,南界泾流。画兹朔土,正直幽方。"①这也可以旁证前节所论王隆《汉官篇》于扬雄官箴作品有模仿痕迹的推断。

辛德勇近年提出新说,认为《汉书》卷六《武帝纪》所载"初置刺史部十三州"之"州"字为衍文,武帝所置十三刺史部与十二州性质有别,朔方和交趾属于前者,并不能入于后者之列②。但《汉官篇》将此二部置于"十有三牧"之列,似说明其亦有州之属性。《汉书》卷二八上《地理志上》载:"至武帝攘却胡、越,开地斥境,南置交阯,北置朔方之州。"颜师古注曰:"胡广记云:'汉既定南越之地,置交阯刺史,别于诸州,令持节治苍梧,分雍州置朔方刺史。'"③对照表6.1可以发现,颜师古所引胡广之言应即来自《汉官解诂》"交趾南越"和"雍别朔方"两条的胡广注文。只是颜师古引作"别于诸州",《太平御览》引作"列诸州"。窃以为当以后者为是,毕竟《汉书·地理志》亦言"南置交阯,北置朔方之州"。王莽在平帝元始五年(5)上奏改行十二州制时,言"汉家地广二帝三王,凡十三州,州名及界多

---

① 严可均辑:《全上古秦汉三国六朝文》,第418页。
② 参见辛德勇:《两汉州制新考》,第五节《汉武帝十二州、十三刺史部与十四大区》,第127—132页。
③ 《汉书》,第1543页。

不应经"①,说明这一"十三州制"从武帝设置后一直沿用到了元始五年王莽改州制时。所谓"州名及界多不应经",朔方、交趾首当其冲。

《汉官篇》"十有三牧"部分第三类为"幽燕朝鲜"与"并代晋翟"。如胡广注所言,此二州不见于《禹贡》,而是来自《周礼·职方》。但这两句的第三、四字并非来自《职方》所载该州的相应段落,而是选择了"朝鲜"和"晋翟"这样明显带有边裔族群色彩的词语,似乎有意凸显此二州相对于《禹贡》九州的边疆性质。将其排在朔方和交趾之后更强化了这一印象。第二字则同样指代"秦汉以前本州牧居某古国",亦当与胡广注中的"居某国"相应。

根据以上理解,可以对表6.1所列《太平御览》所存《汉官解诂》佚文幽州、并州部分文字作若干讨论。

  f. "幽燕朝鲜"条,胡广注"居燕国。今广阳是"当为"居燕国。今治广阳"。

  g. "并代晋翟"条,胡广注"居燕国。今广阳是"显误,当为"居代国。今治太原"。

如果允许大胆假设的话,前文所述《北堂书钞》所引疑似《汉官篇》佚文的"京畿师外,十有三牧"和"十有三牧,分土食焉",或可与表6.1所列具体的十三州文字连缀成篇,即:

  京师畿外,十有三牧。冀赵□□,兖卫济河。青齐海岱,徐鲁淮沂。豫□□□,扬吴彭蠡。荆楚衡阳,益庸岷梁。凉邠黑水,雍别朔方。交趾南越,幽燕朝鲜。并代晋翟,分土食焉。

---

① 《汉书》卷九九上《王莽传》上,第4077页。中华书局点校本此处从殿本作"十二州",而非景祐本之"十三州",并无可靠依据。参见辛德勇:《两汉州制新考》,第136页。又改行十二州事,《汉书》卷十二《平帝纪》系于元始四年:"分京师置前辉光、后丞烈二郡。更公卿、大夫、八十一元士官名位次及十二州名。"第357页。

综上所述,《汉官篇》"十有三牧"部分对应的十三州为冀州、兖州、青州、徐州、豫州、扬州、荆州、益州、凉州、朔方、交趾、幽州、并州,且依据州名来源区分为《禹贡》组、新置组和《职方》组。这一构成显然与《汉书》卷二八上《地理志上》关于武帝十三州的记载完全对应:"至武帝攘却胡、越,开地斥境,南置交趾,北置朔方之州,兼徐、梁、幽、并夏、周之制,改雍曰凉,改梁曰益,凡十三部,置刺史。"①

不过《汉官篇》所述当非武帝制度②。所谓"十有三牧",即意味着此十三州长官已称"州牧",而非"刺史"。孙星衍辑《汉官解诂》将这些佚文列于"刺史"名目下,显然没有意识到这一点。实际上如学者所知,武帝所置十三部刺史,"成帝绥和元年更名牧,秩二千石。哀帝建平二年复为刺史,元寿二年复为牧"③。至平帝元始五年(5),在王莽主持下改行十二州牧制④。

成帝、哀帝时期刺史更名州牧的反复,正是西汉后期复古改制运动的组成部分⑤。成帝绥和元年(前8)四月改三公制,十二月即"罢部刺史,更置州牧,秩二千石"⑥,倡议者皆为何武。哀帝建平二年(前5)三月"罢大司空,复御史大夫",四月即"罢州牧,复刺史"⑦,倡议者皆为朱博⑧。不过《汉书》卷十一《哀帝纪》载元寿二年(前1)五月复行三公制⑨,未有"复为牧"的记录。哀帝于当年六月戊午暴崩,恢复州牧制是否在其生前难以确知。但可以肯定的是,州牧制在元

---

① 《汉书》,第1543页。
② 辛德勇《两汉州制新考》认为王隆《汉官篇》此处所述为汉武帝十三刺史部(第142页脚注3),未知何据。
③ 《汉书》卷十九上《百官公卿表上》,第741页。
④ 以上梗概,参见谭其骧:《两汉州部》,收入氏著《长水集续编》,北京:人民出版社,1994年,第69—75页。
⑤ 关于西汉后期的"复古改制"运动,参见本书第159页脚注2。
⑥ 《汉书》卷十《成帝纪》,第329页。
⑦ 《汉书》卷十一《哀帝纪》,第339页。
⑧ 《汉书》卷八三《朱博传》,第3406页。
⑨ 《汉书》,第344页。

寿二年恢复以后,在整个平帝元始年间(1—5)都未再反复。《汉书》卷九九上《王莽传上》载王莽令王太后下诏曰:

> (前略)自今以来,(非)〔惟〕封爵乃以闻。他事,安汉公、四辅平决。州牧、二千石及茂材吏初除奏事者,辄引入至近署对安汉公,考故官,问新职,以知其称否。①

此条诏书在《王莽传》中被置于王莽接受太傅、安汉公号之后,应该同样颁布于元始元年(1)正月。其中与二千石并列者已为州牧。居延汉简和敦煌汉简的记录亦显示了元始年间州牧作为地方长官的存在②。

如此看来,能够同时满足十三州与州牧这两大条件的,只有绥和元年(前8)十二月至建平二年(前5)三月和元寿二年(前1)至元始五年(5)这样两个时期。如果我们承认《汉官篇》是以某个具体历史时期的制度为蓝本,展开关于汉代官制的体系性叙述的,则以上两个时期之一可以成为其断限所在。

(二) 太傅

《续汉书·百官志》"太傅"条载:

> 太傅,上公一人。本注曰:掌以善导,无常职。世祖以卓茂为太傅,薨,因省。其后每帝初即位,辄置太傅录尚书事,薨,

---

① 《汉书》,第4049页。
② 张德芳:《居延新简集释(七)》,兰州:甘肃文化出版社,2016年,EPS4T1:11,彩色图版见第154页,红外线图版见第364页,释文为"元始三年六月乙巳朔丙寅大司徒宫大司仝少傅丰/牛骑将车左将车□□下中二千石州牧郡太守/",第670—671页;甘肃省文物考古研究所编:《敦煌汉简》,北京:中华书局,1991年,上册,图版壹零贰,1108A,释文为"元始五年十二月辛酉朔戊寅大司徒晏大司空少薄丰下小府大师大保票骑将军少傅轻车将军步兵□□宗伯监御史使主兵主艸主客护酒都尉中二千石九卿□□□□州牧关二郡大守诸侯相关都尉",下册,第261页。参见李均明:《居延汉简编年——居延编》,台北:新文丰出版公司,2004年,第134页;山田勝芳:《前漢末三公制の形成と新出漢簡:王莽代政治史の一前提》。

辄省。①

其后刘昭注:"胡广注曰:'犹古冢宰总己之义也。'"虽然未明言出处,但应是来自《汉官解诂》的内容。孙星衍也注意到了这一句,不过将其辑录在《汉官篇》"太傅录尚书事"名目下,未必过于拘泥了。胡广之注可能是针对"太傅录尚书事"而言的,但这并不意味着王隆《汉官篇》也有"太傅录尚书事"的内容。如前所述,胡广为《汉官篇》作"解诂"的宗旨是"聊集所宜,为作诂解,各随其下,缀续后事"②。从前后文脉来看,胡广此条解诂可能是其叙述太傅在东汉沿革时的相关内容,并不能与《汉官篇》所述西汉太傅直接划等号。

不过由此可见,王隆《汉官篇》原文当有叙述西汉"太傅"的相关内容,否则胡广之注也就无从说起了。《汉书》卷十九上《百官公卿表上》载:

> 太傅,古官,高后元年初置,金印紫绶。后省,八年复置。后省,哀帝元寿二年复置。位在三公上。③

太傅虽然曾在汉初短暂设置,但真正成为制度性的常设官职是在哀帝元寿二年(前1)。其主事者并非哀帝,而是王莽。此年六月哀帝暴崩,王莽被王元后紧急召回就任大司马,迎立中山王即位,是为平帝。据《汉书》卷十九下《百官公卿表下》,元寿二年"九月辛酉(大司徒孔光)为太傅。右将军马宫为大司徒"④。孔光正是此时新设太傅的首位就任者。《汉书》卷八一《孔光传》载:

> (王)莽白太后:"帝幼少,宜置师傅。"徙光为帝太傅,位四辅,给事中,领宿卫供养,行内署门户,省服御食物。明年,徙为

---

① 《后汉书》,第3556页。
② 《后汉书》,第3555页。
③ 《汉书》,第726页。
④ 《汉书》,第852页。

太师,而莽为太傅。①

可以看到在孔光被任为太傅的元寿二年九月,新设的太傅被定位为"四辅"之一。此时后来的太师、太保、少傅等"古官"皆尚未设置,所谓"四辅",只能认为是"太傅+三公(大司马、大司徒、大司空)"的组合。大司马、大司徒、大司空在此前成哀时代的"三公制"建设运动中,集体分担了以往由大司马垄断的"内辅"之任。而新设太傅的职掌明确记载为"给事中,领宿卫供养,行内署门户,省服御食物",显然也是在内朝禁中发挥职能,成为了内辅群体的新领袖。

至平帝元始元年(1),改行新的"四辅三公制"。据《汉书》卷九九上《王莽传上》,此年正月太后王氏先后下诏,以太傅孔光为太师,"与四辅之政";以车骑将军王舜为太保,左将军甄丰为少傅,"皆授四辅之政";而以大司马王莽为太傅,"幹四辅之事,号曰安汉公"②。以太傅、太师、太保、少傅四种"古官"组成了新的"四辅"群体。这一制度框架一直沿用到居摄元年(6)王莽就任"摄皇帝"③。

那么,《汉官篇》所载太傅,对应的究竟是元寿二年(前1)九月至十二月的旧"四辅"(太傅+三公),还是元始元年(1)正月至元始五年(5)十二月的新"四辅"? 现存佚文并不能提供更为确切的信息。但"太傅"在《汉官篇》中的存在本身,已经足以让我们从前文所得绥和元年(前8)十二月至建平二年(前5)三月和元寿二年(前1)至元始五年(5)这样两个候选的断限中,将后者勾选出来,并进一步将时间范围精确到元寿二年九月平帝即位、太傅新设以后。

(三) 大司马

《北堂书钞》卷五一《设官部·大司马》"平尚书事"条和"宰尹枢

---

① 《汉书》,第3362—3363页。
② 《汉书》,第4047页。
③ 以上关于西汉后期至新莽时代太傅的论述,参见徐冲:《西汉后期至新莽时代"三公制"的演生》,第79—84页。

机"条均引《汉官解故(诂)》曰:

> 司马中外,以亲宠殊。平事尚书,宰尹枢机。勉用八政,播时百谷。①

两处引用文字完全一致,且保持了四言韵文形式,应即来自《汉官篇》"大司马"相关内容②。如所周知,大司马一职在西汉中后期也经历了复杂的变迁过程。武帝后至绥和改制以前,大司马作为内朝的领袖型官员,垄断辅政之任。在成哀时期的"三公制"建设运动中,大司马一方面与丞相/大司徒、御史大夫/大司空分享了内辅之权,一方面也摆脱了加官身份,开始制度性参与外朝事务。而王莽辅政以后,于平帝元始元年(1)正月推行前文所言的"四辅三公"体制,大司马由此失去了占据已久的"内辅"位置,与大司徒、大司空一起被"外朝化"了。这一"四辅""三公"分居内朝、外朝的权力结构,为新莽王朝的"十一公制"所继承③。

首先讨论"平事尚书,宰尹枢机"两句。"平事尚书"可理解为"平尚书事"。《宋书》卷三九《百官志》载:"汉武帝世,使左右曹诸吏分平尚书奏事。"④祝总斌先生指出"平"有"治""正"之义,亦即"评",指对尚书收到的上奏文书先进行评议⑤。《汉书》卷十九上《百官公卿表上》"侍中等加官"条晋灼引《汉仪注》亦曰:"诸吏、给事中日上朝谒,平尚书奏事,分为左右曹。"⑥可见"平尚书事"应是由内朝官履行的制度行为⑦。

---

① 《北堂书钞》,中国书店影印孔氏三十三万卷堂影宋本。
② 《汉官六种》,第12页。考虑到中古类书引用的随意性,这六句佚文是否如此前后连贯是值得怀疑的。
③ 以上关于西汉后期至新莽时代大司马的论述,参见徐冲:《西汉后期至新莽时代"三公制"的演生》。
④ 《宋书》,第1234页。
⑤ 参见祝总斌:《两汉魏晋南北朝宰相制度研究》,第83页。
⑥ 《汉书》卷一九上《百官公卿表上》,第739页。
⑦ 汉代"平尚书事"的具体含义尚有争议,参见渡邉將智《後漢政治制度の研究》的总结,第108—112页。

而"枢机"在汉代亦常作为尚书的代称①。所谓"宰尹枢机",即主管尚书之事。类似辞句在西汉后期事实上常用以形容大司马兼任的"领尚书事"。如《汉书》卷七四《魏相传》载魏相向宣帝奏封事,言霍光死后"子复为大将军,兄子秉枢机,昆弟诸婿据权势,在兵官"。"兄子"指霍山,当时为领尚书事②,与"秉枢机"相应。宣帝又以张安世为大司马车骑将军,领尚书事,史载其"职典枢机,以谨慎周密自著,外内无间"。③ 又如《汉书》卷三六《刘向传》载其成帝时上书:"大将军秉事用权,五侯骄奢僭盛……尚书九卿州牧郡守皆出其门,筦执枢机,朋党比周。"④由"州牧"可知刘向上书在绥和元年(前8)十二月改刺史为州牧之后。"筦执枢机"当指成帝时历任大司马的外戚王氏"领尚书事"之任。在《汉官篇》"大司马"相关内容中出现"宰尹枢机",对应的应即"领尚书事"。

问题在于,"领尚书事"并不等同于"平尚书事"。虽然都与尚书事务有关,但前者为总管,主要由大司马担当;后者只是一项具体职能,由一般的内朝官履行,尚未见到与大司马相联系的事例。相反,倒是可以找到二者发生冲突的例子。宣帝曾命太中大夫张敞和光禄大夫于定国"并平尚书事。以正违忤大将军霍光"⑤云云。霍光其时的身份除了大司马大将军外,尚有"领尚书事"。宣帝以他人"平尚书事"引起霍光不快,当是因对其"领尚书事"的权力构成了威胁。

因此,将"平事尚书"和"宰尹枢机"放在一起用以形容大司马,颇有不谐之感。疑"平"字本为"幹",传抄过程中先脱去左半,右半又讹为"平"。"幹"有主管之意。《汉书》卷十九上《百官公卿表上》

---

① 如《汉书》卷九二《佞幸传·石显》载元帝时萧望之上书:"尚书百官之本,国家枢机,宜以通明公正处之。"第3727页。
② 《汉书》,第3134—3135页。
③ 《汉书》卷五九《张安世传》,第2649页。
④ 《汉书》,第1960页。
⑤ 《汉书》卷七六《张敞传》,第3216页。其时于定国为光禄大夫事,见同书卷七一《于定国传》,第3042页。

"斡官、铁市两长丞"条,颜师古引如淳曰:"斡音筦,或作幹。斡,主也,主均输之事,所谓斡盐铁而榷酒酤也。"①卷三六《刘向传》载"(石)显幹尚书〔事〕",颜师古注曰:"幹与管同,言管主其事。"②卷九九上《王莽传上》载元始元年(1)王太后下诏"以莽为太傅,幹四辅之事,号曰安汉公",继而颁策言"四辅之职,三公之任,而公幹之;群僚众位,而公宰之"③云云。后者以"幹""宰"先后对称,尤其可以提示《汉官篇》原文为"幹事尚书,宰尹枢机"的可能性。如此,与大司马的"领尚书事"之任就可以圆融无碍了。

不过以"领尚书事"书写大司马并不能帮助我们判断《汉官篇》的断限,还要依靠"大司马"佚文中的其他文句来提供线索。最后两句"勉用八政,播时百谷",意味着大司马在承担人间政务的同时,还对应着宇宙秩序中与时令和农业相关的神圣功能。显然这是绥和改制前仅具有内朝官身份的大司马所不具备的。西汉后期的今文家说如《韩诗外传》《尚书大传》多有"司马主天,司空主土,司徒主人"之说④。在成哀时期的"三公制"建设运动中,"三公"最终固定为大司马、大司徒、大司空,可以看到今文家说的影响。以"勉用八政,播时百谷"来书写的大司马,应是绥和改制后已经上升为"三公"之一的大司马,也与今文家说的"司马主天"相应。事实上,新莽始建国元年(8)王莽策命群司时,即以"典致武应,考方法矩,主司天文,钦若昊天,敬授民时,力来农事,以丰年谷"来对应"十一公"中的大司马,可视为"司马主天"的进一步发展⑤。

---

① 《汉书》,第 731 页。
② 《汉书》,第 1948—1949 页。
③ 《汉书》,第 4047—4048 页。
④ 参见陈侃理:《儒学、数术与政治:灾异的政治文化史》,第四章第二节《罪己与问责:灾异咎责与汉唐间的政治变革》,第 195—196 页;本书第五章《东汉太尉渊源考——从〈续汉书·百官志〉"太尉"条的脱文谈起》,第 162—163 页。
⑤ 《汉书》卷九九中《王莽传中》,第 4101—4102 页。又西汉后期的"司马主天"到东汉初转为了"太尉掌兵事",其中有一个发展过程。参见本书第五章《东汉太尉渊源考——从〈续汉书·百官志〉"太尉"条的脱文谈起》,第 165—173 页。

再看开头的"司马中外,以亲宠殊"。"中外"二字难解,原文或当为"中处"或"处中"。即使撇开此二字不论,单从"以亲宠殊"来看,也可以断言此句对应的是大司马的"内辅"地位。元始元年(1)正月以后,与大司徒、大司空一起被新"四辅"所取代而外朝化的大司马自然不适用于此。

那么,综合以上对"勉用八政,播时百谷"和"司马中外,以亲宠殊"的解读,《汉官篇》所对应的"大司马"断限当在绥和元年(前8)四月至元寿二年(前1)十二月。而前文讨论的"州牧"和"太傅"断限则在元寿二年(前1)九月至元始五年(5)。两相迭加,《汉官篇》的断限就落在了元寿二年九月至十二月这样一个相当有限的时间范围之内。

四、余 论

以上关于王隆《汉官篇》的芜杂讨论暂告一段落。虽然不乏推测之辞,仍可以将我们的结论简单小结如下:

1. 王隆在新莽覆灭后的个人经历主要包括更始三年(25)后在河西窦融阵营任左护军和建武十二年(36)随窦融归汉后在建武政权任新汲令两个阶段。不能排除《汉官篇》撰述于前一阶段的可能性。

2.《汉官篇》虽然号称"小学",但从形式到内容均有模仿扬雄官箴作品的痕迹。以"官称+职掌"的四字韵文构成一个个独立单元,再由这些独立单元构成对汉代官制的体系性叙述。王隆撰述如此规模的作品,很可能利用了同在河西窦融阵营的班彪家藏西汉宫廷资料。

3.《汉官篇》对汉代官制的体系性叙述未将制度沿革包含在内,暗示其是以某个具体历史时期的制度为蓝本而撰述的。如果这一理解成立的话,通过对州牧、太傅和大司马相关内容的讨论,可以将《汉官篇》的断限落实在元寿二年(前1)九月至十二月。

元寿二年(前1)九月至十二月在汉、新、汉的历史循环中是一个极其特殊的时段。其时哀帝新崩,王莽在王元后的支持下刚刚清除了佞幸董贤的势力,选立平帝即位,自己以大司马辅政。成帝绥和改制以来的制度成果,从此年五月开始即陆续恢复,当时哀帝尚在世。王莽重返政治舞台的这几个月,大体还是以恢复继承成哀时期"复古改制"的成果为主,政治上也尚未显露过多的野心。而次年伊始新年号"元始"启用后,尽管仍当汉世,但以王莽就任"安汉公"为标志,其个人权力地位逐渐超越一般人臣。制度上尽管仍在"复古改制"的延长线上,但以设立新"四辅"为标志,也走上了一条更为激进化的改制路线。新莽王朝的皇帝权力起源之路,即成就于这两个方面的相辅相成,也由此奠定了新王朝的基调。

那么,在新莽倾覆、汉室复兴成为时代主流的时候,所谓"恢复汉制",究竟是以此前哪个时代的具体制度为蓝本,就不仅仅是一个制度选择的问题,也与历史评价息息相关。换言之,这种制度选择,也构成了一种特殊类型的"历史书写"。若王隆确实以元寿二年九月至十二月的汉制为蓝本来撰述定位"小学"的《汉官篇》,则意味着他大体还是以成哀时代的复古改制成果为正当,而将王莽的元始辅政时代和新莽王朝时代一并否定。这代表了当时的一种历史评价,或许也是窦融阵营主流舆论的反映。而刘秀政权在建武初年恢复以郊祀制度为代表的"汉制"时,"采元始中故事"[1],则是另一种历史评价和制度选择的体现。王隆《汉官篇》在东汉长期湮没无闻,可能也有这方面的影响。

---

[1] 《续汉书·祭祀志》,《后汉书》,第 3159 页。参见渡边信一郎:《中国古代的王权与天下秩序》(增订版),第三章《天下观念与中国古典国制的成立》、第四章《东汉古典国制的成立——汉家故事与汉礼》。

《劝伐河北书》篇

第七章 "西虏"与"东虏":谢灵运《劝伐河北书》所见华北局势与历史认识

一、问题的提出

《宋书》卷六七《谢灵运传》载元嘉五年(428)谢氏为宋文帝赐假东归,"将行,上书劝伐河北"云云①,此后全录上书,此即学者熟悉的《劝伐河北书》。谢灵运的北伐主张当时并未为文帝所接受,似未发挥太多实际作用,但因上书内容包含了丰富的历史信息,向来颇为学者所重。两种《谢灵运集》注释本对其文字多有疏解②。学界围绕此篇上书与谢氏思想的关联、谢氏的上书意图、谢氏与文帝间的关系以及作为上书背景的南北情势等议题进行了多角度的考察,精当深入,胜义纷呈③。

在前贤所得成果的基础上,笔者注意到《劝伐河北书》尚有一些

---

① 《宋书》,第1772—1774页。
② 参见顾绍柏校注:《谢灵运集校注》,郑州:中州古籍出版社,1987年,第362—365页;李运富编注:《谢灵运集》,长沙:岳麓书社,1999年,第385—393页。《谢灵运集》将此篇题为《劝伐河北表》。
③ 参见钟优民:《谢灵运论稿》,济南:齐鲁书社,1985年,第88—91页;李雁:《谢灵运研究》,北京:人民文学出版社,2005年,第54—55页;陈恬仪:《〈劝伐河北书〉的相关问题——论谢灵运之北伐主张与晋、宋之南北情势》,《东华人文学报》2007年第11期,第17—58页;孙明君:《谢灵运〈劝伐河北书〉辨议》,收入氏著《南北朝贵族文学研究》,北京:商务印书馆,2018年,第41—61页;等等。

独特价值有待进一步发掘。一方面,《劝伐河北书》不应该仅仅视为谢灵运个人见解的表达。作为一份有着特定政治目的的材料,谢氏的相关书写当具有与文帝乃至朝野舆论进行互动的预期。如其中"预在有识""咸云""天下亦谓"等措辞所提示的那样,上书中也包含了5世纪初建康精英的历史认识与意识形态。另一方面,对于晋宋之际乃至元嘉初年的华北历史而言,这是来自于建康政权一方"他者"眼光的观察和书写①。其撰成上书的5世纪20年代,远在北魏迁洛后开始编撰纪传体国史的5世纪末之前,遑论魏收在北齐主持修撰《魏书》的6世纪中叶。考虑到北魏迁洛后伴随着拓跋王权自身定位的大幅转向,关于五胡十六国与北魏早期历史的书写在纪传体国史中多有系统性更动,其后在《魏书》中又续有改造②,来自建康政权一方的早期记录尤其弥足珍贵。

从以上立场出发,笔者注意到《劝伐河北书》多次使用了"西虏"

---

① 南朝一方记录相对于北朝史料的独特价值,姚薇元《宋书索虏传南齐书魏虏传北人姓名考证》早已有所示范。收入氏著《北朝胡姓考》(修订本),北京:中华书局,2007年,第461—507页。又可参见牟发松:《王融〈上疏请给虏书〉考析》,《武汉大学学报》1995年第5期,第29-32页;罗新:《北魏直勤考》,收入氏著《中古北族名号研究》,北京:北京大学出版社,2009年,第80—107页。

② 参见周一良:《魏收之史学》,收入氏著《魏晋南北朝史论集》,北京:中华书局,1963年,第236—272页;陈识仁:《北魏修史略论》,收入黄清连:《结网编》,台北:东大图书公司,1998年,第233—274页;同氏:《水经注与北魏史学》,台北:花木兰文化出版公司,2008年;佐川英治:《東魏北齊革命と『魏書』の編纂》,《東洋史研究》第64卷第1号,2005年,第37—64页;聂溦萌:《从国史到〈魏书〉:列传编纂的时代变迁》,《中华文史论丛》2014年第1期,第127—148页。北魏史研究近年的一大趋势就是利用多种方法,揭示为《魏书》所系统改写的北魏早期历史面貌。参见罗新:《民族起源的想象与再想象——以嘎仙洞的两次发现为中心》,收入氏著《王化与山险:中古边裔论集》,北京:北京大学出版社,2019年,第171—196页;胡鸿:《北魏初期的爵本位社会及其历史书写——以〈魏书·官氏志〉为中心》;黄桢:《北魏前期的官制结构:侍臣、内职与外臣》,《民族研究》2016年第3期,第83—99页;川本芳昭:《北魏文成帝南巡碑について》,收入氏著《東アジア古代における諸民族と国家》,东京:汲古书院,2015年,第31—62页,中译本《东亚古代的诸民族与国家》,刘可维译,北京:社会科学文献出版社,2020年,第26—73页;松下宪一:《北魏石刻史料に見える内朝官—「北魏文成帝南巡碑」の分析を中心に—》,收入氏著《北魏胡族体制論》,札幌:北海道大学出版会,2007年,第57—86页。参见徐冲:《近三四十年北魏史研究的新动向》,《澎湃新闻·上海书评》2017年3月7日。

第七章 "西虏"与"东虏":谢灵运《劝伐河北书》所见华北局势与历史认识 205

"东虏"与"虏"等几个互有关联的词语。此前关注谢氏上书的学者对这几个词语当然也不乏解释。但仔细揣摩相关史料,颇感在缺失更为广大的历史视野的情况下,相关疏解可能不够准确,也由此导致对谢氏上书中部分段落的理解仍有未尽之处。本章尝试对相关问题再作探讨,希望可以为学界更为深入地理解谢灵运《劝伐河北书》及其所出自的历史世界提供线索。不妥之处,尚乞方家指正。

二、"西虏"与"东虏"的所指

《宋书·谢灵运传》记其上《劝伐河北书》在元嘉五年(428)为文帝赐假东归"将行"之际。根据谢氏所作《入东道路》诗中有"属值清明节,荣华感和韶"等描写春景之句,上书时间可以进一步具体到其年春天或冬春之际①。谢氏上书主旨在于指出其时华北局势风云激荡,"西虏"和"东虏"在关陇地区战事方酣,相持不下,所以正是刘宋进取河北地区的良机。如学者过去关于《劝伐河北书》的研究所示,结合上书时间点前后对应的史事,很容易确认所谓"西虏"和"东虏",分别对应着赫连夏和北魏政权。当时正值北魏太武帝拓跋焘发动的对赫连夏战争的决定性阶段,此前十余年间北魏与赫连夏东西对峙的华北局势也由此急剧翻转。北魏在太武帝时期完成华北统一的进程,因魏夏战争的胜利而迈出了实质性的一步②。

本节首先考察《劝伐河北书》以"西虏"和"东虏"分别指代赫连夏和北魏的问题。南朝以北魏为"虏"因《宋书·索虏传》《南齐书·魏虏传》的存在而为人所熟知,但以赫连夏为"西虏"之事似尚未引起学者重视。其实翻检《宋书》可以发现,以"西虏"称赫连夏是常见用

---

① 参见陈恬仪:《〈劝伐河北书〉的相关问题——论谢灵运之北伐主张与晋、宋之南北情势》,第27页。

② 参见张金龙:《北魏政治史》,第四卷第二章《灭大夏 · 占领关陇》,兰州:甘肃教育出版社,2008年,第38—87页;吴洪琳:《铁弗匈奴与夏国史研究》,第三章第一节《夏国的衰弱与覆亡》,北京:中国社会科学出版社,2011年,第75—97页。

法。如卷四五《王镇恶传》载:

> 高祖留第二子桂阳公(刘)义真为安西将军、雍秦二州刺史,镇长安。(王)镇恶以本号领安西司马、冯翊太守,委以扞御之任。时西虏佛佛强盛,姚兴世侵扰北边,破军杀将非一。高祖既至长安,佛佛畏惮不敢动。及大军东还,便寇逼北地。①

如所周知,刘裕于义熙十三年(417)八月破长安、灭后秦,至年底匆忙南返建康推进晋宋禅代事宜②。关中虽然有其子刘义真与王镇恶等诸将留守,实际上并没有长久维持的打算,次年即为赫连夏所攻取。上引材料中的"佛佛"即夏主赫连勃勃③,"西虏"指代赫连夏甚明。此事在卷二五《天文志》中记作"西虏寇长安,雍州刺史朱龄石诸军

---

① 《宋书》,第1370页。
② 刘裕在义熙年间两次北伐的主要目的并非收复汉晋故地,而是通过对"五胡"政权的胜利来累积个人权威,以完成"禅让"模式下的王朝更替。《宋书》卷四八《朱龄石毛脩之傅弘之传》末尾"史臣曰"对此言之甚明:"桓温一世英人,志移晋鼎,自非兵屈霸上,战衄枋头,则光宅之运,中年允集。高祖无周世累仁之基,欲力征以君四海,实须外积武功,以收天下人望。止欲挂榜龙门,折冲冀、赵,跨功氐羌,取高昔人,地未辟于东晋,威独振于江南,然后可以变国情,慑民志,抚归运而膺宝策。岂不知秦川不足供养,百二难以传后哉!至举咸阳而弃之,非失算也。"第1431—1432页。关于"禅让"王朝更替模式与魏晋王权理念的关系,参见本书第69页脚注1。又南朝的王权理念虽然蕴含了对这一更替模式的反动,但在意识形态上表现出来要迟至刘宋孝武帝大明年间(457—464)徐爰撰修国史,刘裕代晋前后发挥作用的主要还是东晋时代的意识形态。参见徐冲:《中古时代的历史书写与皇帝权力起源》,单元一第二章《南北朝国史书写的"起元"前移》,第19—29页。在这一意义上,刘裕北伐时随军文士所作"纪行文学"的性质亦值得进一步思考。参见森鹿三:《劉裕の北伐西征とその従軍紀行》,收入氏著《東洋学研究:歴史地理篇》,京都:东洋史研究会,1970年,第210—226页;刘宛如:《三灵眷顾:刘裕西征的神、圣地景书写与解读》,收入刘石吉等主编:《旅游文学与地景书写》,高雄:中山大学人文研究中心,2013年,第29—70页;同氏:《见与不见的战争——论记体与赋体及刘裕北伐》,《中国文哲研究集刊》第49期,2016年,第1—40页;童岭:《义熙年间刘裕北伐的天命与文学——以傅亮〈为宋公修张良庙教〉、〈为宋公修楚元王墓教〉为中心》,《中华文史论丛》2019年第3期,第303—335页。
③ 参见姚薇元:《宋书索虏传南齐书魏虏传北人姓名考证》"佛佛——屈子"条,收入氏著《北朝胡姓考》(修订本),第476页。

第七章 "西虏"与"东虏":谢灵运《劝伐河北书》所见华北局势与历史认识　207

陷没"①云云。同卷尚有义熙五年(409)②"十一月,西虏攻安定,姚略自以大众救之"、义熙九年(413)三月"西虏攻羌安定戍,克之"等相关记载,皆以"西虏"为赫连夏之代称③。《高僧传》亦两见"西虏勃勃赫连"④。

不过值得注意的是,《宋书》中对赫连夏另有一种称呼,即"佛佛虏"。同样是叙述赫连夏攻取关中事,《宋书》卷二《武帝纪中》载:"(刘)义真既还,为佛佛虏所追,大败,仅以身免。诸将帅及(朱)龄石并没。"⑤这一称呼出现在"本纪"中是值得重视的。卷六一《刘义真传》亦云"而佛佛虏寇逼交至"⑥。又如卷四八《毛脩之传》:"值桂阳公(刘)义真已发长安,为佛佛虏所邀,军败。"⑦卷四九《蒯恩传》:"(刘)义真还至青泥,为佛佛虏所追,(蒯)恩断后,力战连日。"⑧以夏主之名"佛佛"与"虏"连称指代赫连夏,似乎也很容易理解。

如此可知,作为建康政权对赫连夏的专称,《宋书》使用了"西虏"和"佛佛虏"这样两种不同的用法,而且都不是孤例。对此应该如何理解呢?笔者认为"西虏"一词可能是晋宋之际的原本用法,而"佛佛虏"则是后来刘宋国史或者沈约《宋书》的追书改文。理由在于,"佛佛虏"仅见于《宋书》的叙述性文字,"西虏"之称却多留存于《宋书》所引用的晋宋之际乃至元嘉初年的文书材料之中⑨。如本章

---

① 《宋书》,第738—739页。
② 为行文便利起见,本章在叙述北方史事时,统一使用东晋南朝年号纪年,不再另行标注其他政权年号。
③ 《宋书》,第733、735页。
④ 释慧皎撰,汤用彤校注,汤一玄整理:《高僧传》,卷七《义解四》,"释僧导"条,北京:中华书局,1992年,第281页;"释超进"条,第297页。
⑤ 《宋书》,第44页。
⑥ 《宋书》,第1634页。
⑦ 《宋书》,第1429页。
⑧ 《宋书》,第1437页。
⑨ 《宋书》中亦有几处叙述性文字使用"西虏"而非"佛佛虏"指称赫连夏。如前引卷四五《王镇恶传》载"时西虏佛佛强盛"云云。又卷九八《氐胡传》载:"其年(元嘉七年)夏四月,西虏赫连定为索虏拓跋焘所破,奔上邽。"第2415页。这两处"西虏"或因与夏主姓名连用而不便改为"佛佛虏"。卷二五《天文志》所见"西虏"的解释详见后文。

讨论的谢灵运《劝伐河北书》即为显例,时在元嘉五年(428)。又卷九五《索虏传》载元嘉七年(430)长沙王刘义欣出镇彭城时,向北魏司、兖二州下告曰:

> 昔淮、泗初开,狡徒纵逸,王旅入关,群竖飙扇,襄邑之战,素旗授首,半城之役,伏尸蔽野,支解体分,羽翼摧挫。加以构难西虏,结怨黄龙,控弦燔灭,首尾逼畏,蜂屯蚁聚,假息旦夕,岂复能超蹈长河,以当堂堂之陈哉。①

其中分别以"西虏"和"黄龙"指代赫连夏和北燕政权。可见至少在元嘉初年的文书材料中,以"西虏"而非"佛佛虏"指代赫连夏还是刘宋一方较为通行的用法。

向前追溯的话,这一用法最早见于卷六四《郑鲜之传》。义熙十四年(418)底赫连夏驱逐了留守关中的晋军,占领关中大部。当时正值晋宋禅代的关键时刻,刘裕声言"复欲北讨,行意甚盛"。这当然只是对外做做姿态,郑鲜之作为其心腹上表劝谏,预设听众其实是当时的朝野精英。他举出的理由包括关中易守难攻、江南后方多事、晋将朱龄石为敌所擒等,最后言曰:

> 反覆思惟,愚谓不烦殿下亲征小劫。西虏或为河、洛之患,今正宜通好北虏,则河南安。河南安,则济、泗静。伏愿圣鉴察臣愚怀。②

这一作于义熙十四年底的上表原文以"西虏"指称赫连夏。与之形成对照的是,表文前的叙述文字却作"佛佛虏陷关中"云云。显示这两种用法很可能如笔者所推测的那样,存在着时间上的先后关系。

需要讨论的是卷二五《天文志》的材料。如前文所引,《宋书》此卷在叙述义熙年间史事时,数以"西虏"为赫连夏之代称。相关段落为叙述文字而非文书材料,似与上文的分析有所矛盾。不过这可能

---

① 《宋书》,第2333页。
② 《宋书》,第1697页。

反而能为我们思考"西虏"之称使用的时间下限提供线索。如所周知,沈约于南齐永明(483—493)年间受命撰修《宋书》,是以刘宋国史为基础完成的。后者起自元嘉(424—453)年间何承天"始撰《宋书》",至大明(457—464)中徐爰"勒为一史"①。具体到《天文志》,《宋书》卷十一《志序》明言:

> 《天文》《五行》,自马彪以后,无复记录。何书自黄初之始,徐志肇义熙之元。今以魏接汉,式遵何氏。②

即何承天初修《宋书》的《天文志》始自曹魏(以接续司马彪《续汉书》的记录),而徐爰续撰"国史"的《天文志》却改为从刘裕打倒桓玄、迎晋安帝复位后的义熙年间(405—418)开始叙述③。至沈约《宋书·天文志》则又回到了何承天的旧例,将魏晋以降的星变记录(当采自何书)叠加于徐爰所撰《宋书·天文志》之上构成了主体内容。《天文志》中与沈约全书用法不甚合拍的"西虏"之称,很可能就是在这一叠加的过程中疏于回改所致。换言之,这暗示以"西虏"指代赫连夏的用法,从晋宋之际一直延续到了大明年间徐爰所修刘宋国史之中,"佛佛虏"则是沈约修《宋书》时方采用的新书法。

赫连夏之所以在晋宋之际获致"西虏"之称,当是因其在义熙十四年(418)底驱逐晋军后占据了关中地区。在此之前东晋一方对赫连夏的称呼并不稳定。《南齐书》卷五七《魏虏传》载:

---

① 《宋书》卷一〇〇《自序》载沈约《上〈宋书〉表》,第2467页。参见赵翼撰,王树民校证:《廿二史札记校证》卷九,"《宋书》多徐爰旧本"条,第179—180页;徐冲:《中古时代的历史书写与皇帝权力起源》,《单元一:"起元"》《单元二:"开国群雄传"》;唐燮军:《史家行迹与史书构造——以魏晋南北朝佚史为中心的考察》,第四章《政情异动、文化管控与南朝前期刘宋国史的编纂热潮》、第五章《误读与曲解:沈约〈宋书〉评议》,第81—128页。
② 《宋书》,第204—205页。
③ 徐爰《宋书·天文志》"肇义熙之元",与其整部国史"起元义熙,为王业之始"的书写体例是相配合的,是大明年间新的王权理念在历史书写上的反映。参见徐冲:《中古时代的历史书写与皇帝权力起源》,《单元一:"起元"》《单元二:"开国群雄传"》;本书附录二《"禅让"与魏晋王权的历史特质》。

> 初，姚兴以塞外房赫连勃勃为安北将军，领五部胡，屯大城，姚泓败后，入长安。佛狸攻破勃勃子昌，娶勃勃女为皇后。义熙中，仇池公杨盛表云"索房勃勃，匈奴正胤"是也。①

此处行文称赫连勃勃为"塞外房"的用法袭自何处不得而知，但"索房勃勃"明确来自"义熙中"仇池公杨盛的上表。据《宋书》卷九八《氐胡传》，杨盛在晋安帝隆安三年（399）"遣使称蕃，奉献方物"后，整个义熙年间均与东晋保持臣属关系②。《魏虏传》所引上表的具体时间不明，但既然是以雅言形式的正式表文表示臣服效忠，其中对赫连夏的称呼方式应该也是东晋一方立场的反映。在姚氏后秦尚据有关中的情况下，江南政权对于偏处岭北朔方的赫连夏或有"塞外房""索房"等多种称呼，称其为"西房"反而颇不自然。

这一判断在义熙十四年（418）刘裕为王镇恶所上表文中可以得到进一步的验证。如前所述，刘裕于十三年（417）底南返建康，关中留下其子刘义真与王镇恶等诸将镇守。其后在夏军的攻势之下，留守晋军发生内讧。十四年正月十五日，先是安西中兵参军沈田子于北地袭杀安西司马王镇恶，安西长史王脩又于长安收杀沈田子③。消息传至建康后，刘裕为王镇恶上表请求"褒赠"，其中有言：

> 近北房游魂，寇掠渭北，统率众军，曜威扑讨。贼既还奔，还次泾上，故龙骧将军沈田子忽发狂易，奄加刃害，忠勋未究，受祸不图，痛惜兼至，惋悼无已，伏惟圣怀，为之伤恻。田子狂悖，即已备宪。镇恶诚著艰难，勋参前烈，殊绩未酬，宜蒙追宠，愿敕有司，议其褒赠。④

从表文描述来看，刘裕所了解到的关中情势正在沈田子为王脩所杀

---

① 《南齐书》，北京：中华书局，1972年，第984页。
② 《宋书》，第2405页。
③ 《宋书》卷四五《王镇恶传》载其为沈田子所杀在义熙十四年正月十五日（第1370页），卷一〇〇《自序》则记王脩收杀沈田子亦在同日（第2449页）。
④ 《宋书》，第1370—1371页。

后不久,尚未发展到之后"诸将军复杀安西长史王脩。关中乱"①的阶段,推测应在义熙十四年(418)初。此时赫连夏刚刚开始"南伐长安"②。表文称赫连夏为"北虏",与前述的"塞外虏""索虏"措辞相近,对应着东晋一方对赫连夏的朔方定位。而至此年底赫连夏完全驱逐晋军据有关中后,前引郑鲜之上表就已经改以"西虏"称之③。鲜之上表的主要旨趣在于劝谏刘裕不必为此西征,换言之,即主张建康方面应接受赫连夏领有关中的既成事实。伴随着这一主张为舆论所接受,"西虏"也在其后成为刘宋一方对赫连夏的固有指称④。

对比而言,谢灵运《劝伐河北书》以"东虏"称北魏,似乎只是因文设辞,即为了与"西虏"对称而使用"东虏"之名。这一用法仅此一见,并不能视为刘宋一方对北魏的固有指称。回溯到义熙六年(410)刘裕为北征南燕阵亡的大将孟龙符上表求爵时,历数其过往战功包括"西剿桓歆,北殄索虏"⑤,以"索虏"称北魏。但"索虏"在前引"义熙中"仇池公杨盛上表中亦被用于夏主赫连勃勃⑥。前引义熙十四年(418)底郑鲜之上表,其中提及北魏,言"西虏或为河、洛之患,今正宜通好北虏,则河南安"⑦云云,又以"北虏"称之。晋宋之际至元

---

① 《宋书》卷二《武帝纪中》,第44页。王脩被杀事详见卷六一《刘义真传》,第1634页。
② 《晋书》卷一三〇《赫连勃勃载记》,第3208页。
③ 《宋书》卷六四《郑鲜之传》,第1697页。
④ 作为汉晋以降对西方敌对势力的蔑称,在《宋书》之外,"西虏"当然也有指代其他对象的场合。如《晋书》卷一一九《姚泓载记》载刘裕北伐后秦时,张敞、左雅娥姚泓弟姚懿曰:"今吴寇内侵,四州倾没,西虏扰边,秦凉覆败,朝廷之危有同累卵,正是诸候勤王之日。"第3012页。这是后秦一方以"吴寇"称东晋,以"西虏"称赫连夏。而同书卷一二六《秃发傉檀载记》先记傉檀参军关尚言其"南则逆羌未宰,西则蒙逊跋扈",又记"傉檀遣其将文支讨南羌、西虏,大破之"(第3149页),秃发南凉之所谓"西虏",指的是北凉沮渠氏。
⑤ 《宋书》卷四七《孟龙符传》,第1408页。
⑥ 《南齐书》卷五七《魏虏传》,第984页。以"索头""索虏""索头虏"称呼拓跋部,早见于东晋十六国时期;同时也可以看到以此指称秃发氏、沮渠氏和铁弗部的场合。参见杨懿:《偏狭与认同:从"索头"称谓论拓跋氏的族别抉择》,《宁波大学学报(人文科学版)》第31卷第4期,2018年,第52—58页。
⑦ 《宋书》卷六四《郑鲜之传》,第1697页。

嘉初年建康政权对北魏的称呼可能也经历了一个逐渐固定为"索虏"/"索头虏"的过程,与前论赫连夏情形近似。

三、"西虏"与"东虏"之战的进程

如前所述,谢灵运于元嘉五年(428)初上《劝伐河北书》,主旨在于劝说文帝可乘"西虏"赫连夏与"东虏"北魏相持于关陇之机进取河北。为了达到这一目的,谢氏上书以相当篇幅细致描摹了"西虏"与"东虏"之战的具体进程,为我们了解这场5世纪初的华北决战提供了难得的同时代记录。不妨将谢氏所言全引如下:

> 咸云西虏舍末,远师陇外,东虏乘虚,呼可掩袭。西军既反,得据关中,长围咸阳,还路已绝,虽遣救援,停住河东,遂乃远讨大城,欲为首尾。而西寇深山重阻,根本自固,徒弃巢窟,未足相拯。师老于外,国虚于内,时来之会,莫复过此。观兵耀威,实在兹日。①

开头所谓"咸云",即指刘宋一方尤其是建康的精英阶层中流传的消息,应该具有相当的时效性。值得注意的是,谢氏所言并不是一个简单的笼统概括,而是包含了相当曲折的发展过程,以及诸如陇外、关中、咸阳(指长安)、河东、大城(指统万城)等具体的地点信息。可见这些内容的来源并非是从刘宋北境辗转传到建康的零碎消息,而应来自刘宋一方系统可靠的北方情报收集工作(这一工作的成果最终体现在了《宋书·索虏传》中)。谢氏正是以此为据,才有可能在东归之际向文帝提出北伐河北的郑重建议②。

---

① 《宋书》,第1773页。
② 孙明君《谢灵运〈劝伐河北书〉辨议》指出:"元嘉五年,在与宋文帝发生摩擦之时,谢灵运借上《劝伐河北书》以表白自己对文帝和刘宋政权的政治态度;同时也表明了自己归隐林泉的志向。此书有助于淡化文帝与谢灵运之间的冲突,在一定程度上起到过与文帝沟通从而保护自己的积极作用。"第60—61页。

不过,谢氏在上书中毕竟是以一种文采斐然的文体来进行叙述的,表述上不乏模糊跳跃之处,也导致学者对其中若干细节对应的史实存在理解上的分歧。以下结合其他史料所记载的魏夏战争的相关进程,对谢氏所言进行逐句细读。

(一)"西虏舍末,远师陇外,东虏乘虚,呼可掩袭。"

第一句"西虏舍末"难解。考虑到与后面"东虏乘虚"的对照,"舍末"疑为"舍本"之讹①。由"远师陇外"可知此句指的是元嘉三年(426)秋,夏主赫连昌因北凉沮渠蒙逊之请,遣军西击西秦乞伏炽磐。从前后的文脉来看,谢氏所谓"西虏舍本"之"本",指的未必是夏都统万城,更可能是指关中长安。《资治通鉴》卷一二〇《宋纪二》元嘉三年载:

> (八月)夏主遣征南大将军呼卢古将骑二万攻苑川,车骑大将军韦伐将骑三万攻南安。……(九月)韦伐攻拔南安,获秦秦州刺史翟爽、南安太守李亮。②

此段记载不见于他处,或为《通鉴》采自《十六国春秋》之类可靠史料③。苑川为西秦旧都,地当今甘肃榆中县苑川河流域,在西秦都城枹罕东北;南安地处陇西,在枹罕东南④。讨伐西秦的夏军兵分两路,对枹罕形成南北夹击之势。呼卢古和韦伐所率军队应该都是从关中出发西向上陇的。两路规模达到骑兵五万之多,夏军在关中的守备力量可以说是被大幅削弱了。

---

① "呼可"亦难解,疑为"遽可"或"遽尔"之讹。又方一新《〈世说新语〉词语校读札记》认为此处之"呼"作"以为、认为"解(《杭州大学学报》第 21 卷第 4 期,1991 年,第 54 页)。
② 《资治通鉴》,第 3787 页。
③ 关于《通鉴》所保存十六国史料的独特价值,参见陈勇:《〈资治通鉴〉十六国资料释证【前秦、后秦国部分】》,代序言《为司马光正名——〈通鉴〉十六国部分的史料价值》,北京:中国社会科学出版社,2015 年。
④ 参见牟发松、毋有江、魏俊杰:《中国行政区划通史·十六国北朝卷》上编,上海:复旦大学出版社,2017 年,第 368—371 页。

北魏太武帝发动对夏战争在此年九月,"遣司空奚斤率义兵将军封礼、雍州刺史延普袭蒲阪,宋兵将军周幾率洛州刺史于栗磾袭陕城"①,总兵力合计达五万人以上②,攻击方向显然是关中。其后十月至十一月太武帝亲征统万城并非魏军的主攻方向。《魏书》卷三五《崔浩传》载"世祖乃使奚斤等击蒲坂,而亲率轻骑袭其都城,大获而还"③,也明确说明了这次对夏战争的战略部署。之所以将主攻方向放在关中,一方面是顾虑统万作为夏都所在城坚军盛难以攻取,另一方面夏军西征乞伏氏导致关中守备空虚也是重要原因。面对魏军的攻势,夏军先后弃守蒲坂、长安,固然有情报失误的偶然因素起作用④,但究其根本,还是自身军力不足所致。这是魏夏战争的第一阶段。《劝伐河北书》以"西虏舍末(本)……东虏乘虚"言之,是对战争缘起非常准确的概括。而渊源于北魏《国史》的《魏书》⑤所述,显然掩饰了己方行动的"乘虚"偷袭性质。

(二)"西军既反,得据关中,长围咸阳,还路已绝,虽遣救援,停住河东。"

"西军既反",指西征西秦的夏军返回关中。《资治通鉴》记载夏军对西秦的攻击持续至元嘉三年(426)十一月,兵锋远至西平郡(今西宁)⑥,大军东还恐怕要到当年底甚至来年正月了。同时四年(427)正月,夏主赫连昌又"遣其弟平原公定率众二万向长安"⑦。再加上弃守长安后驻守泾水上游安定城的赫连助兴所部,关中地区此

---

① 《魏书》卷四上《世祖纪上》,北京:中华书局,1974年,第71页。
② 据《魏书》卷二九《奚斤传》,魏军进攻蒲坂兵力为四万五千人;据《北史》卷二五《周幾传》(北京:中华书局,1974年),魏军进攻陕城兵力为万人。
③ 《魏书》,第815页。
④ 《魏书》卷二九《奚斤传》:"昌守将赫连乙升闻斤将至,遣使告昌。使至统万,见大军已围其城,还告乙升曰:'昌已败矣。'乙升惧,弃蒲坂西走。"第699页。
⑤ 参见本书第204页脚注2。
⑥ 《资治通鉴》卷一二〇《宋纪二》元嘉三年,第3788—3789页。
⑦ 《魏书》卷四上《世祖纪上》,第72页。

时的力量对比转而变为夏军占优,而魏军仅能固守长安。魏夏双方由此在关中进入相持阶段。从《劝伐河北书》的表述来看,来自平城的北魏援军只能抵达之前攻下的河东蒲坂城,但无法进一步越过黄河入援长安守军。夏军此时在关中的优势可见一斑。

(三)"遂乃远讨大城,欲为首尾。而西寇深山重阻,根本自固,徒弃巢窟,未足相拯。"

这几句在文意上颇为跳跃,学者的理解也有歧异。"大城"即夏都统万城。在"西军既反"之后的"远讨大城",对应的无疑不是元嘉三年(426)底太武帝"亲率轻骑袭其都城",而是四年(427)五月趁赫连定与奚斤相持于长安,"世祖乘虚西伐",再征统万①。至六月即破城,夏主赫连昌南奔上邽。在关中的赫连定亦引军西奔上邽。五年(428)二月,夏军再退屯平凉。后赫连昌于安定城下为魏军所擒,送至平城。赫连定即于平凉称帝,率夏余众与北魏继续对抗。至三月,赫连定大败奚斤,夏军复据长安,北魏势力又被驱逐出关中地区。四月,赫连定遣使请和于太武帝,魏夏战争暂告一段落。此后直到七年(430)九月,太武帝才再次发动对平凉的攻击。十二月克之,赫连定西逃,关中地区至此完全进入北魏的掌控之中②。

在梳理以上史实的基础上,我们再来看《劝伐河北书》中的如上表述应该如何理解。如前所述,谢灵运上书时间约在元嘉五年(428)春天或冬春之际,则其叙述的北方局势不应涉及当年四月赫连定遣使请和于魏及之后的事。"徒弃巢窟,未足相拯"一句所言对象为北魏,大致可以理解为:"魏军离开首都平城('巢窟')去救援关中守军,这种行动是徒劳的。既不能拯救关中守军,又使得平城兵力空虚。"下面一句"师老于外,国虚于内"将这层意思说得更加明了,

---

① 《魏书》卷九五《铁弗刘虎传》,第2058页。
② 以上经过参考《魏书》卷四上《世祖纪上》,第72—78页;《资治通鉴》卷一二〇《宋纪二》元嘉三年至四年、卷一二一《宋纪三》元嘉五年至七年。

谢氏也是因此而主张现在正是刘宋进取河北的良机。这几句话对应的北方局势应为魏军与夏军在关中相持而北魏并未占据太大优势。

在魏夏战争的曲折过程中,这样的局势在关中出现过两次。第一次是元嘉三、四年之交夏军在赫连定率领下围攻长安城中的魏军。第二次则是元嘉五年三月赫连定自平凉东出大败魏军,再次占领长安。《劝伐河北书》既然是在四年(427)五月太武帝的"远讨大城"之后述及北魏一方"徒弃巢窟,未足相拯。师老于外,国虚于内",则对应的北方局势只能是后者。从叙述的语气来看,赫连定尚未大败魏军并复据关中。如此,谢灵运上书的时间也可以进一步确定是在五年(428)三月赫连定大败魏军之前,或者至少是在这一消息为刘宋一方所掌握之前。

学者或因谢氏上书中未言及魏军克夏都统万事,认为他对于北方情报的了解不够,大约只掌握到元嘉四年(427)六月初即太武帝尚未拿下统万城时的情势①。但以情理度之,北魏攻破夏都统万这样一个北方局势的巨变,不太可能在半年多后尚未为建康一方所掌握。像《宋书·索虏传》对宋魏间史事的详尽记载,非长期系统的情报收集工作莫办。事实上,其中对于魏夏战争的进程,也有简明扼要的叙述:

> 元嘉五年,使大将吐伐斤西伐长安,生禽赫连昌于安定,封昌为公,以妹妻之。昌弟赫连定在陇上,吐伐斤乘胜以骑三万讨定,定设伏于陇山弹筝谷破之,斩吐伐斤,尽坑其众。定率众东还,后克长安,焘又自攻不克,乃分军戍大城而还。②

---

① 参见陈恬仪:《〈劝伐河北书〉的相关问题——论谢灵运之北伐主张与晋、宋之南北情势》,第32页。

② 《宋书》,第2330页。

从所涉事迹来看,吐伐斤当即奚斤①。他在弹筝谷败后为赫连定所俘,但并未被杀,至元嘉七年(430)方获救。《索虏传》记其被斩,恰说明这些记载来自于当时的情报收集,难免出现误传。后径将此误传信息收入国史书写系统,而未再加更定。此后赫连定尚与宋文帝"连和,遥分河北,自恒山以东属义隆,恒山以西属定"②,双方间的情报掌握应是相当深入的。《劝伐河北书》对魏夏战争之前进程的叙述都很准确,包括了北魏"乘虚"偷袭关中的缘起以及诸多具体的地点信息,很难想象对于北魏攻克夏都统万这样重大的进展反而会迟滞半年以上仍不知晓。况且,"西寇深山重阻,根本自固"之句对应的显然也当是关中西北陇上的平凉、安定等地,即赫连夏失去统万城之后的退守范围,而非地处鄂尔多斯南缘毛乌素沙地的统万城③。夏军据守这一易守难攻之地,实力仍不可小觑。即使在赫连昌被擒之后,赫连定仍可于此大败魏军并反攻进占关中。

谢灵运在《劝伐河北书》中未言及魏军克统万城事,未必是因为尚未知晓这一信息,很可能只是缘于建康精英的关心全系于关中旧地。远处朔方的统万城作为传统汉晋天下的边缘之地,其得失易手对他们来说无关痛痒。事实上,上引《宋书·索虏传》的文字也没有正面记述魏军克统万城事,其书写的焦点仍是长安之得失。但最后一句"乃分军戍大城而还"仍显示,刘宋一方必定已掌握了北魏占领统万的情报。这与《劝伐河北书》所表现出的聚焦点也是一致的。总体来说,上书对于元嘉三年(426)至五年(428)发生于华北的魏夏战

---

① 《宋书》卷九五《索虏传》"校勘记"第 26 条即认为"此吐伐斤为达奚斤之异译",第 2362 页。姚薇元《宋书索虏传南齐书魏虏传北人姓名考证》则主张"吐伐"为"叱佗"之讹,吐伐斤即叱罗斤,对应《魏书》卷四四《罗结传》所载之罗斤。收入氏著《北朝胡姓考》(修订本),第 475—476 页。

② 《魏书》卷九五《铁弗刘虎传》,第 2059 页。

③ 关于统万城的地理环境,参见陕西师范大学西北环发中心编:《统万城遗址综合研究》,西安:三秦出版社,2004 年。

争实际进程的叙述是相当准确而精炼的,也显示了建康政权对于华北局势变动的情报收集工作系统可靠。

四、"虏"与"五胡"

在具体的战争进程之外,《劝伐河北书》中还有一段文字,涉及更为广大的历史背景,与晋宋之际至元嘉初年建康精英对华北乃至天下局势变动的历史认识息息相关,值得仔细析论:

> 自羌平之后,天下亦谓虏当俱灭,长驱滑台,席卷下城①,夺气丧魄,指日就尽。但长安违律,潼关失守,用缓天诛,假延岁月,日来至今,十有二载,是谓一纪,曩有前言。况五胡代数齐世,虏期余命,尽于来年。自相攻伐,两取其困,卞庄之形,验之今役。②

这里的所谓"羌平",指义熙十二年(416)至十三年(417)刘裕平定后秦姚氏之役;"长安违律,潼关失守",则指十四年(418)十月关中晋军为赫连夏所逐之事。在谢氏上书的元嘉五年(428)初言"日来至今,十有二载,是谓一纪",大约是从义熙十二年开始算起的。

这段文字中两次提到"虏",即"虏当俱灭"和"虏期余命"。对此,学者多理解为一种泛称,等同于广义上的"胡人"。如"虏当俱灭"一句,李运富解为"其他的少数民族敌寇也应当一起消灭"③,陈恬仪解为"天下皆以为胡人将灭"④;陈勇则将"虏期余命,尽于来年"解为"所谓'余命'尽于来年(即元嘉六年)的'五胡',应指其时仍占据北方的其他少数族政权"⑤。

---

① "席卷下城"难解。对应于前面的"长驱滑台","下城"亦当为一具体地名,且位于滑台以北。颇疑"下城"为"平城"或"大城"之讹。
② 《宋书》,第1773页。
③ 参见李运富编注:《谢灵运集》,第389页。
④ 参见陈恬仪:《〈劝伐河北书〉的相关问题——论谢灵运之北伐主张与晋、宋之南北情势》,第34页。
⑤ 参见陈勇:《从五主到五族:"五胡"称谓探源》,《历史研究》2014年第4期,第30页。

尽管在当时不乏以"虏"来泛称异族的用法，我们还是倾向于将《劝伐河北书》中的"虏"理解为一种特称。但这种特称并非单指北魏一方，而是将北魏和赫连夏都囊括在内的。如前文所述，谢氏此篇上书分别以"西虏"和"东虏"指称赫连夏和北魏。上引文字最后一句"自相攻伐，两取其困，卞庄之形，验之今役"，正是对于前节所述元嘉三年（426）至五年（428）初魏夏战争进程的简洁概述。在此段文字之前，谢氏还以相当篇幅征引史事以为论据：

> 又历观前代，类以兼弱为本，古今圣德，未之或殊。……昔魏氏之强，平定荆、冀，乃乘袁、刘之弱；晋世之盛，拓开吴、蜀，亦因葛、陆之衰。此皆前世成事，著于史策者也。①

作为"前世成事"而举出的例子，即所谓"兼弱"，包括了曹操平袁绍、刘表和司马氏灭蜀汉、孙吴。而后即接以"自羌平之后，天下亦谓虏当俱灭，长驱滑台，席卷下城。……自相攻伐，两取其困，卞庄之形，验之今役"，那么其中之"虏"兼指"东虏"北魏和"西虏"赫连夏，当无疑义。

明确了"虏"之所指，有助于我们更为准确地理解谢氏所谓"况五胡代数齐世，虏期余命，尽于来年"一句。古人以三十年为一世②。"五胡代数齐世"，指的是此前的"五胡"各王朝多以"一世"即三十年左右为享国时长。不妨列举一下十六国政权中的主要王朝自建号称尊至亡国为止的年数。如匈奴刘氏汉赵，自刘渊即汉王位（304）至石虎俘刘熙（329），凡26年。羯人石氏后赵，自石勒称赵王（319）至冉闵屠胡（349），凡31年。鲜卑慕容前燕，自慕容皝称燕王（337）至苻坚俘慕容暐（370），凡34年。氐人苻氏前秦，自苻健称大秦天王（351）至姚苌俘杀苻坚（385），凡35年。鲜卑慕容后燕，自慕容垂称燕王（384）至拓跋珪克中山（396）仅13年，但若将南燕也计在内则达26年。羌人姚氏后秦，自姚苌称万年秦王（384）至刘裕俘姚泓

---

① 《宋书》，第1773页。
② 《说文解字》，北京：中华书局，1963年，第51页。

(417),凡34年。站在元嘉初年回望永嘉以降的百余年历史,"五胡代数齐世"可以说是一个相当准确的总结,应该也是晋宋精英共享的历史认识①。而"东虏"北魏方面,拓跋珪称帝在天兴元年(398)十二月,"齐世"即为元嘉五、六年之间(428—429)②。谢氏上《劝伐河北书》在元嘉五年(428),故曰"虏期余命,尽于来年"。谢氏这里的意思是,连"五胡"王朝也不过享国"齐世",等而下之的"虏"政权——北魏及赫连夏——必定不会更加长久。

以上将"五胡"与"虏"区别开来的解读或有异议。单从"况五胡代数齐世,虏期余命,尽于来年"这一句来看,似乎亦可将"虏"政权理解为"五胡"之一。但如果注意到开头的"羌平之后,天下亦谓虏当俱灭"云云,就会意识到同一段文字中的这两句表述,存在着前后照应的关系。"羌"即为刘裕所灭的姚氏后秦,这里使用族称以为指代,正说明其为"五胡"之一。与此相对,北魏和赫连夏在此段文字乃至整篇《劝伐河北书》中,都未出现如此书法,而是一直被以"虏"称之,有"西虏""东虏""凶虏""逆虏"等多种形式。这显示在谢氏上书的预设语境中,北魏与赫连夏应是被有意识地区别于"五胡"。

这种书法上的区别对待在《宋书》中有着大致相同的表现。以例证较为集中的卷二五《天文志》关于义熙年间史事的叙述为例:

> 义熙五年四月,高祖讨鲜卑。什圭为其子所杀。十一月,西虏攻安定,姚略自以大众救之。六年二月,鲜卑灭。皆胡不安之应也。是时鲜卑跨鲁地,又鲁有兵之应也。
>
> 义熙九年三月,诛诸葛长民。西虏攻羌安定戍,克之。
>
> 义熙十二年七月,高祖伐羌。十月,前驱定陕、洛。
>
> 义熙十三年三月,索头大众缘河为寇,高祖讨之奔退,其别帅托跋嵩交战,又大破之,嵩众歼焉。进复攻关。八月,擒姚泓,

---

① 这并不意味着以上所列十六国政权中的主要王朝均在晋宋精英所言说的"五胡"之列。说详本书第八章《"五胡"新诠:晋宋之际建康精英的历史书写》,第244—252页。

② 此点承蒙武汉大学历史学院胡鸿先生提示,谨此致谢。

第七章 "西虏"与"东虏":谢灵运《劝伐河北书》所见华北局势与历史认识 221

> 司、兖、秦、雍悉平,索头凶惧。
>
> 义熙十四年,高祖还彭城,受宋公。明年,西虏寇长安,雍州刺史朱龄石诸军陷没,官军舍而东。①

可以看到,文中所谓"鲜卑"和"羌",并非指此一族称指代的所有人群,而是分别特指南燕慕容氏政权和后秦姚氏政权。"高祖讨鲜卑"当然并非指刘裕对天下所有的"鲜卑人"宣战,而是指北伐南燕。"鲜卑灭"指南燕灭亡,同于《劝伐河北书》所言"羌平"指的是后秦为刘裕所灭。与此形成鲜明对照的是,赫连夏一直被以"西虏"称之;对北魏则书"索头",即"索头虏"之省称。《南齐书》卷五七《魏虏传》最后"史臣曰"中的如下言辞,亦可视为《宋书》书法的延续:

> 桓温弱冠雄姿,因平蜀之声势,步入咸关,野战洛、邺。既而鲜卑固于负海,羌、虏割有秦、代,自为敌国,情险势分,宋武乘机,故能以次而行诛灭。②

这里"固于负海"之"鲜卑"指据有青齐的南燕慕容氏,"割有秦、代"之"羌""虏"分别指据有关中的后秦姚氏和据有代北的北魏拓跋氏,也是很明显的③。

如何理解建康政权这种使用某一族称来指代特定政权的书法呢?《劝伐河北书》上引段落显示,"羌平"与"五胡代数齐世"之间存在着内在的关联,这是值得重视的思考方向。换言之,可以认为类似以"鲜卑"书南燕、以"羌"书后秦,都是在使用"五胡"观念来进行历

---

① 《宋书》,第733、735、738、739页。
② 《南齐书》,第999—1000页。
③ 史料中也可以看到若干"虏"与五胡政权相联系的场合。如《宋书》卷二《武帝纪中》义熙十二年(416)"封刘裕为宋公策"言:"鲜卑负众,僭盗三齐……窃号之虏,显戮司寇"云云。第38页。义熙十三年"进宋公爵为王诏"言:"至令羌虏袭乱,淫虐三世……逆虏姚泓,系颈就擒"云云。第42—43页。类似例子多与特定文体有关,不赘举。又《宋书》卷二四《天文二》以"虏"指代匈奴屠各刘氏建立的汉赵政权,区别于其后的"五胡"政权,或因他们是西晋洛阳朝廷和长安朝廷覆灭的直接元凶,背负有杀害怀、愍二帝的原罪。参见本书第八章《"五胡"新诠:晋宋之际建康精英的历史书写》,第251—252页。

史书写。这一观念不仅仅是对永嘉之乱后华北百余年纷乱历史的认识总结，同时也带有一定的谶言性质。即预言"五胡"的时代即将结束，北方将迎来新秩序。站在建康精英的立场来说，这自然意味着己方恢复汉晋天下的期待。如《晋书》卷八七《凉武昭王李玄盛传》所载义熙元年（405）西凉主李暠遣使送表至建康所云：

> 臣闻历数相推，归余于终，帝王之兴，必有闰位。是以共工乱象于黄农之间，秦项篡窃于周汉之际，皆机不转踵，覆悚成凶。自戎狄陵华，已涉百龄，五胡僭袭，期运将杪，四海颙颙，悬心象魏。故师次东关，赵魏莫不企踵；淮南大捷，三方欣然引领。①

与前文所引义熙中仇池公杨盛上表的性质相似，这虽然是来自西凉方面的上表，但类似"帝王之兴，必有闰位""五胡僭袭，期运将杪"这种表述，无疑是为应和建康精英的政治意识而作②。之所以作出五胡气数将尽的乐观判断，正是缘于他们看到了前秦崩溃后整个华北所陷入的巨大混乱，并进而生发了恢复汉晋天下的期待。之后义熙年间刘裕两次北伐的胜利进一步增进了这种期待③。《劝伐河北书》所谓"自羌平之后，天下亦谓虏当俱灭"，并非谢灵运的个人玄想，"天下"云云，正是晋宋之际建康精英舆论中乐观情绪的直白反映。即使恢复汉晋天下在其后的历史中未能成为现实，"五胡"观念仍然作为一种"政治正确"在南朝时代得到了进一步的发展和应用④。

对于晋宋之际先后在华北崛起的北魏与赫连夏，建康精英并未给予同于"五胡"王朝的书法待遇，而是以"虏"这一低贱名号称之。

---

① 《晋书》，第2260页。

② 陈勇《从五主到五族："五胡"称谓探源》亦言："（此上表）不但反映西凉方面的立场，也反映东晋方面的立场。"第29页。

③ 童岭《义熙年间刘裕北伐的天命与文学——以傅亮〈为宋公修张良庙教〉、〈为宋公修楚元王墓教〉为中心》指出："义熙年间，当刘裕讨伐南燕之后，获得'宋公'称号之前，'天命'对于他来说，不仅仅是获得南方皇帝之位的'小天命'（承接东晋司马氏），而是一统天下的'大天命'（恢复两汉刘氏）。"第333—334页。与本节所论有相通之处。

④ 以上关于"五胡"观念与建康精英历史认识的分析，详参本书第八章《"五胡"新诠：晋宋之际建康精英的历史书写》，第235—244页。

这其中一方面可以看到上述"五胡"观念的影响,即不愿承认这两种新势力可如"五胡"一般成大气候的心态;另一方面,却也未尝不是基于对华北局势的历史观察而进行的刻意区分。前文曾引《南齐书·魏虏传》称赫连勃勃为"塞外虏"①,其实这一称呼同样适用于北魏。建立北魏与赫连夏的拓跋部和铁弗部,都是在西晋塞外的代北漠南之地完成政治体发育的。而"五胡"王朝的核心族群却是在汉晋时期已内迁的入塞部族,其作为政治体的发育完成于王朝内部的郡县地带,并不能以"塞外虏"视之。与此相应,"五胡"王朝立国后均以中原腹地为中心展开统治;而北魏与赫连夏在各自实现了对河北平原和关中平原的军事征服后,统治重心却仍然置于代北(平城)与朔方(统万城)这样的农牧交错地带②。建康精英使用"五胡"与"西虏""索虏"的不同书法,应是对此有敏感认识。而这一区别却在北魏完成华北统一尤其是迁都洛阳后所进行的"历史书写"中被消解与替代了。赫连夏与"五胡"王朝一起成为了"十六国"之一,北魏自己反而成为了直承西晋"金行"的华夏正统③。注意到类似谢灵运《劝伐河北书》

---

① 《南齐书》,第984页。
② 参见徐冲:《赫連勃勃——「五胡十六国」史への省察を起点として》,收入窪添慶文编:《魏晋南北朝史のいま》,《アジア遊学》丛书213,东京:勉诚出版,2017年,第27—37页;中文版题《赫连夏历史地位的再思考》,《文汇报·文汇学人》2017年10月13日,修改后收入刘跃进、徐兴无主编,孙少华、童岭副主编:《大夏与北魏文化史论丛》,南京:凤凰出版社,2020年,第85—106页。甘怀真在窪添慶文《魏晋南北朝官僚制研究》中译本的《推荐序》中,已经高屋建瓴地指出:"'五胡十六国'是这些居住在华北尤其是北境塞北地区的胡人政团打败了西晋并接管了郡县而建立自己的政权的结果。……(拓跋珪称'魏王'以前)拓跋政权一直是一个塞外政权,或者说是内亚王权。"赵立新等译,繁体中文版,台北:台大出版中心,2015年;简体中文版,上海:复旦大学出版社,2017年。后在《五胡十六国时期胡族国家政权》一文中,甘氏对此论点进行了更为具体的论证,收入陈慧芬主编:《第一届"跨越想象的边界:族群、礼法、社会——中国史国际学术研讨会"论文集》,台北·台湾师范大学历史系,2018年,第475—500页。又胡鸿《十六国的华夏化:"史相"与"史实"之间》(收入氏著《能夏则大与渐慕华风:政治体视角下的华夏与华夏化》,第202—241页)、黄桢《书籍的政治史——以〈晋公卿礼秩故事〉、〈晋百官表注〉为中心》(《中华文史论丛》2015年第2期,第79—98页)二文都对胡族政权"华夏化"的一面有所揭示,值得参看。
③ 参见罗新:《十六国北朝的五德历运问题》,收入氏著《王化与山险:中古边裔论集》,第284—286页;郭硕:《五德历运与十六国北魏华夷观的变迁》,《中央民族大学学报(哲学社会科学版)》2018年第5期,第20—28页。

这样来自建康一方"他者"眼光的观察和书写,对于我们更为深刻地把握4—5世纪华北乃至整个欧亚大陆东部历史秩序的演生过程,无疑有着特别的意义。

附 《宋书》卷六七《谢灵运传》所载《劝伐河北书》全文①

自中原丧乱,百有余年,流离寇戎,湮没殊类。先帝聪明神武,哀济群生,将欲荡定赵魏,大同文轨,使久沦反于正化,偏俗归于华风。运谢事乖,理违愿绝,仰德抱悲,恨存生尽。况陵荼未几,凶虏伺隙,预在有识,谁不愤叹。而景平执事,并非其才,且遘纷京师,岂虑托付。遂使孤城穷陷,莫肯拯赴。忠烈囚朔漠,绵河三千,翻为寇有。晚遣镇戍,皆先朝之所开拓,一旦沦亡,此国耻宜雪,被于近事者也。又北境自染逆虏,穷苦备罹,征调赋敛,靡有止已,所求不获,辄致诛殄,身祸家破,阖门比屋,此亦仁者所为伤心者也。

咸云西虏舍末,远师陇外,东虏乘虚,呼可掩袭。西军既反,得据关中,长围咸阳,还路已绝,虽遣救援,停住河东,遂乃远讨大城,欲为首尾。而西寇深山重阻,根本自固,徒弃巢窟,未足相拯。师老于外,国虚于内,时来之会,莫复过此。观兵耀威,实在兹日。若相持未已,或生事变,忽值新起之众,则异于今,苟乖其时,难为经略,虽兵食倍多,则万全无必矣。又历观前代,类以兼弱为本,古今圣德,未之或殊。岂不以天时人事,理数相得,兴亡之度,定期居然。故古人云:"既见天殃,又见人灾,乃可以谋。"昔魏氏之强,平定荆、冀,乃乘袁、刘之弱;晋世之盛,拓开吴、蜀,

---

① 《宋书》,第1772—1774页。

亦因葛、陆之衰。此皆前世成事,著于史策者也。自羌平之后,天下亦谓虏当俱灭,长驱滑台,席卷下城,夺气丧魄,指日就尽。但长安违律,潼关失守,用缓天诛,假延岁月,日来至今,十有二载,是谓一纪,曩有前言。况五胡代数齐世,虏期余命,尽于来年。自相攻伐,两取其困,卞庄之形,验之今役。仰望圣泽,有若渴饥,注心南云,为日已久。来苏之冀,实归圣明,此而弗乘,后则未兆。即日府藏,诚无兼储,然凡造大事,待国富兵强,不必乘会,于我为易,贵在得时。器械既充,众力粗足,方于前后,乃当有优。常议损益,久证冀州口数,百万有余,田赋之沃,著自《贡》典,先才经创,基趾犹存,澄流引源,桑麻蔽野,强富之实,昭然可知。为国长久之计,孰若一往之费邪。

或惩关西之败,而谓河北难守。二境形势,表里不同,关西杂居,种类不一,昔在前汉,屯军霸上,通火甘泉。况乃远戍之军,值新故交代之际者乎。河北悉是旧户,差无杂人,连岭判阻,三关作隘。若游骑长驱,则沙漠风靡;若严兵守塞,则冀方山固。昔陇西伤破,晁错兴言;匈奴慢侮,贾谊愤叹。方于今日,皆为赊矣。晋武中主耳,值孙皓虐乱,天祚其德,亦由钜平奉策,荀、贾折谋,故能业崇当年,区宇一统。况今陛下聪明圣哲,天下归仁,文德与武功并震,霜威共素风俱举,协以宰辅贤明,诸王美令,岳牧宣烈,虎臣盈朝,而天威远命,亦何敌不灭,矧伊顽虏,假日而已哉。伏惟深机志务,久定神谟。臣卑贱侧陋,窜景岩穴,实仰希太平之道,倾睹岱宗之封,虽乏相如之笔,庶免史谈之愤,以此谢病京师,万无恨矣。久欲上陈,惧在触置,蒙赐恩假,暂违禁省,消渴十年,常虑朝露,抱此愚志,昧死以闻。

第八章 "五胡"新诠：晋宋之际建康精英的历史书写

一、引　言

何为"五胡"？在"五胡十六国"已成通用词汇的今天，关于这一来自中古史料的特定称谓，学者间的意见反而愈加纷纭了。宋元以降的主流理解，将"五胡"理解为匈奴、羯、鲜卑、氐、羌"五族"，即永嘉之乱后至北魏统一在华北先后登场的五种主要族群①。而对此提出挑战的异说，管见所及主要有以下三种：

1. "五胡"称谓源自南匈奴之"五部胡"。"五胡"仅指匈奴系的屠各刘氏与羯人石氏②。
2. "五胡"是对当时少数族的一种泛称或虚指③。

---

① 参见王应麟：《小学绀珠》卷二《地理类》，"五胡"条，北京：中华书局，1987年，第53页；《资治通鉴》卷一〇六，晋孝武帝太元十年（385）胡三省注，第3348页。近人意见可举陈寅恪为代表，参见陈寅恪：《五胡问题及其他》，收入氏著《讲义及杂稿》，北京：生活・读书・新知三联书店，《陈寅恪集》版，2001年，第453—454页；万绳楠整理：《陈寅恪魏晋南北朝史讲演录》，第83页；周一良：《魏晋南北朝史札记・晋书札记》，"五胡次序，无汝羌名"条，北京：中华书局，1985年，第113页；罗新：《十六国北朝的五德历运问题》，第279—280页；川本芳昭：《五胡十六国・北朝時代における「正統」王朝について》，收入氏著《魏晋南北朝時代の民族問題》，东京：汲古书院，1998年，第66—102页。

② 参见孙仲汇：《五胡考释》，《社会科学战线》1985年第1期，第141—143页；雷家骥：《试论"五胡"及其立国形势与汉化思考——兼考"五胡"一名最初之指涉》，收入汪荣祖、林冠群主编：《胡人汉化与汉人胡化》，台北：中正大学台湾人文研究中心，2006年，第83—174页。

③ 参见王树民：《"五胡"小议》，《文史》第22辑，1984年，第247—249页；吴洪琳：《"五胡"新释》，《陕西师范大学学报（哲学社会科学版）》2009年第7期，第90—95页。吴文并主张苻坚所谓"五胡次序"（详次节），特指当时社会上流传的"胡人的五德历运次序"或"五德历运中的胡人次序"。三崎良章《五胡十六国の基礎的研究》（东京：汲古书院，2006年）亦认为"五胡"与"六夷"一样，是对活动于4、5世纪的少数民族的总称（第30页）。

3. "五胡"原指"五主",即匈奴系汉赵与后赵政权中的五位杰出领袖,后在东晋十六国末期发展为将"五族"囊括在内的新概念①。

其中主第三说的陈勇一文是目前所见关于这一问题最为全面深入的考察,其基础应来自作者对十六国史料与历史的长期关注②。文章发掘出晋宋之际也就是"五胡时代"行将结束时才是"五胡"概念发展的关键时期,为研究的继续深入提示了重要方向。

笔者近期在考察元嘉五年(428)谢灵运上宋文帝《劝伐河北书》时,意外发现南方的建康精英反而热衷于言称"五胡"③。由此反观"五胡"称谓相关史料,逐渐意识到仅从"五胡十六国史"的内部视角进行思考,是这一问题始终难获突破的关键所在。"五胡"虽然与东晋南北分立,但源自汉晋历史的天下秩序及其意识在这百年间并未消失,仍在背后持续发挥着历史作用。这一点,如后文考察所见,对"五胡"称谓的出现与传播至关重要。

二、"五胡次序"故事的史料批判

前秦、后秦交替之际在苻坚与姚苌对话中出现的"五胡次序,无汝羌名"相关文字,一直是学者讨论"五胡"意涵的基础性史料。无论对"五胡"的理解如何相异,学者并未怀疑过这一史料本身的可靠性,多以此为基础与其他特定史料相结合,展开自身所主张的"五胡"说。笔者将此史料称为"五胡次序"故事,本节先尝试对其进行史料

---

① 陈勇:《从五主到五族:"五胡"称谓探源》,第21—33页。
② 参见陈勇:《汉赵史论稿:匈奴屠各建国的政治史考察》,北京:商务印书馆,2009年;同氏:《〈资治通鉴〉十六国资料释证:汉赵、后赵、前燕国部分》,北京:中国社会科学出版社,2010年;同氏:《〈资治通鉴〉十六国资料释证:前秦、后秦国部分》)。
③ 参见本书第七章《"西虏"与"东虏":谢灵运〈劝伐河北书〉所见华北局势与历史认识》,第218—224页。

批判工作①。

学者引用的"五胡次序"故事以《晋书》卷一一四《苻坚载记》为主,不妨先来看看这段文字前后的具体内容:

> (苻)坚至五将山,姚苌遣将军吴忠围之。坚众奔散,独侍御十数人而已。神色自若,坐而待之,召宰人进食。俄而忠至,执坚以归新平,幽之于别室。苌求传国玺于坚曰:"苌次膺符历,可以为惠。"坚瞋目叱之曰:"小羌乃敢干逼天子,岂以传国玺授汝羌也。图纬符命,何所依据?五胡次序,无汝羌名。违天不祥,其能久乎!玺已送晋,不可得也。"苌又遣尹纬说坚,求为尧舜禅代之事。坚责纬曰:"禅代者,圣贤之事。姚苌叛贼,奈何拟之古人!"坚既不许苌以禅代,骂而求死,苌乃缢坚于新平佛寺中,时年四十八。中山公诜及张夫人并自杀。是岁,太元十年也。②

或缘于对"五胡次序"的关注,学者的眼光多为姚苌与苻坚的对话内容所吸引,对其中涉及"图纬符命"的部分阐发尤多③。但很少有人意识到,包括前后文在内,这其实是一段有鲜明"立场"的文字。

如果不计最后一句"是岁,太元十年也",可以认为整段文字由四个情节构成,即(1)苻坚为姚苌所执事、(2)姚苌向苻坚求传国玺遭拒事、(3)姚苌向苻坚求禅代遭拒事和(4)苻坚为姚苌所杀事。其中核心情节为(1)(4),构成了"苻坚之死"的基本叙事。(2)(3)则为插入其中的次要情节。虽然结局是悲剧性的,但故事的书写立场无疑倾向于苻坚一方。四个情节中都包含了渲染苻坚人格魅力的内

---

① "史料批判"与"历史书写"作为颇具新意的方法论,近年受到中国中古史学界瞩目。参见本书第5页脚注1。
② 《晋书》,第2928—2929页。
③ 参见陈寅恪:《五胡问题及其他》,第453页;万绳楠整理:《陈寅恪魏晋南北朝史讲演录》,第83页;周一良:《魏晋南北朝史札记·晋书札记》,"五胡次序,无汝羌名"条,第113页;罗新:《十六国北朝的五德历运问题》,第279—280页;楼劲:《谶纬与北魏建国》,收入氏著《北魏开国史探》,北京:中国社会科学出版社,2017年,第65—76页;陈勇:《从五主到五族:"五胡"称谓探源》,第21—29页。

容。如绝境中的"神色自若",面对姚苌两度威逼的"天子之怒",以及最后的"骂而求死",都可以达到正面化苻坚形象的历史书写效果。对比之下,姚苌的形象就负面很多,带有些许妄自尊大的可笑感觉。情节(2)(3)作为次要情节,在整段叙事中的作用不可低估。这两个主要由苻坚发言构成的情节,其实并不影响"苻坚为姚苌所杀"这一基本叙事的成立;但加入之后,(1)(4)中比较含蓄的褒苻坚而贬姚苌的史笔倾向,就被相当明显地烘托出来了。

这就涉及一个有趣的问题:这一整段包括"五胡次序"故事在内的"苻坚之死"叙事,究竟是由何人书写的呢?故事的主角之一苻坚最终被杀,应该没有机会留下类似记录并传诸于世。而另一位主角姚苌虽然夺得了帝位,但他以及后秦史官绝然不会叙述这样一个美化苻坚却抹黑自己的故事。《晋书·苻坚载记》所见上述"苻坚之死"叙事,虽然包含了若干基础性史实,但整体上并非来自当事人或亲历者的记述。如此,在苻坚被姚苌缢杀之前,二人之间是否进行过以上包含"五胡次序,无汝羌名"在内的对话并被记录下来,其实是相当值得怀疑的。

再聚焦于"五胡次序"故事即情节(2)。如前所述,学者主要关注故事中出现的"五胡次序,无汝羌名",并将其理解为当时的某种"图纬符命"。但这个故事本质上是围绕"姚苌向苻坚求传国玺遭拒"这一主题而展开的。姚苌所言与苻坚所答,都共同服务于这一主题,最终的指向是"玺已送晋,不可得也"。如所周知,传国玺在当时为正统之象征[①]。真伪姑且不论,将传国玺送至东晋的行为显然意味着对东晋正统性的认可[②]。换言之,这一故事在渲染苻坚威武不屈形象的同时,也达到了书写东晋正统性的效果。反过来自然也否

---

① 参见田中一辉:《玉玺の行方:「正統性」の相克》,《立命館東洋史学》第38号,2015年,第47—75页。
② 楼劲《谶纬与北魏建国》已指出:"传国玺作为天命重宝南归建康……显示了五胡依次应谶合箓,至此实已运极道消,现在要揭开的是天命重归华夏的新时代。"第69页。

定了前秦以及后秦的正统性,至少是将前秦的正统性置于东晋之下。苻坚的这一发言让人颇为费解。两年前正是这位前秦皇帝亲率大军南征,欲一举消灭东晋完成中华一统,随即遭遇了淝水之战的大败①。

要解决这一疑问,对以上"五胡次序"故事所在的"苻坚之死"叙事进行史源学上的考察或可提供线索。首先可以确认的是,唐修《晋书·苻坚载记》的此段文字,应来自北魏崔鸿所撰《十六国春秋》。《太平御览》卷一二二《偏霸部》引《十六国春秋·前秦录》曰:

> (1)坚至五将山,姚苌遣将军吴忠围之。坚众奔散,独侍御十数人而已。神色自若,召宰人进食。俄而忠执坚以归新平县,幽之别室。(2)苌求传国玺于坚曰:"苌次应符历,可以为惠。"坚叱之曰:"小羌乃敢干逼天子,岂以传国玺授汝羌乎?五胡次序,无汝羌名。违天不祥,其能久乎!玺已送晋,不可得也。"(3)苌遣右仆射尹伟说坚,求为尧舜禅代之事。坚曰:"姚苌叛贼,奈何拟之古人?"因问伟曰:"卿于朕朝作何官?"对曰:"尚书令史。"坚叹曰:"卿宰相才也,王景略之流,而朕不知卿。亡也不亦宜乎。"(4)八月,缢坚于新平佛寺中,时年四十八。张夫人、中山诜等皆自杀。三军莫不哀恸。②

为方便比较,上述文字中加入了数字标示情节。除了个别文字的出入之外,《晋书·苻坚载记》显然因袭了《十六国春秋·前秦录》的记述。从四个情节的依次设置,到每个情节中的具体细节,都存在对应关系。情节(3)的内容《十六国春秋》较《晋书·载记》更为丰富,但仍以"姚苌向苻坚求禅代遭拒事"为主题,显示后者对前者有一定删改。而情节(2)姚苌向苻坚求传国玺遭拒事,二者文字几无差别,

---

① 参见田余庆:《陈郡谢氏与淝水之战》,收入氏著《东晋门阀政治(第三版)》,北京:北京大学出版社,2000年,第199—256页。

② 《太平御览》,第591页。

《晋书·载记》只是为苻坚发言加了一句"图纬符命,何所依据"以强化语气而已①。"五胡次序"故事在《十六国春秋·前秦录》中已经以相当稳定的面貌出现了。

崔鸿撰《十六国春秋》在北魏迁都洛阳之后,经历了一个较长时间的定稿过程②。即使以成书最早的正始三年(506)而论,距离苻坚为姚苌所杀的太元十年(385)也有百年以上的历史了。《魏书》卷六七《崔光传附崔鸿传》言其著述因缘曰:

> (崔)鸿弱冠便有著述之志,见晋魏前史皆成一家,无所措意。以刘渊、石勒、慕容儁、苻健、慕容垂、姚苌、慕容德、赫连屈丐、张轨、李雄、吕光、乞伏国仁、秃发乌孤、李暠、沮渠蒙逊、冯跋等,并因世故,跨僭一方,各有国书,未有统一,鸿乃撰为《十六国春秋》,勒成百卷,因其旧记,时有增损褒贬焉。③

这里先言十六国政权"各有国书",又言崔鸿"因其旧记"撰为《十六国春秋》。学者一般将这里的"国书"/"旧记"理解为十六国政权的"官修史"(包括"国史"和"前朝史")④。同传载崔鸿上表,亦言:

> 始自景明之初,搜集诸国旧史,属迁京甫尔,率多分散,求之公私,驱驰数岁。……唯常璩所撰李雄父子据蜀时书,寻访不获,所以未及缮成,辍笔私求,七载于今。此书本江南撰录,恐中国所无,非臣私力所能终得。其起兵僭号,事之始末,乃亦颇有,但不得此书,惧简略不成。久思陈奏,乞敕缘边求采,但愚贱无

---

① 也有可能"图纬符命,何所依据"一句本为《十六国春秋·前秦录》原文所有,只是为《太平御览》引用时所删略,《晋书·苻坚载记》反而保留了全貌。
② 《魏书》卷六七《崔光传附崔鸿传》,第1502—1505页。参见梶山智史:《崔鸿『十六国春秋』の成立について》,《明大アジア史論集》第10号,2005年,第106—125页;同氏:《北朝における東清河崔氏—崔鴻『十六国春秋』編纂の背景に関する一考察》,《史林》第96卷第6号,2013年,第73—106页。
③ 《魏书》,第1502页。
④ 如胡鸿:《十六国的华夏化:"史实"与"史相"之间》,第205—212页。

因,不敢轻辄。①

对比看来,崔鸿利用的"诸国旧史"都是北魏政权内部已经有所流通的作品,不必求之于南朝;唯独东晋常璩所撰"李雄父子据蜀时书"②,"本江南撰录,恐中国所无",以致于要乞求朝廷出手"敕缘边求采"。如此,作为崔鸿撰《十六国春秋》基础的其他"国书"/"旧记"/"诸国旧史",似乎都与"江南撰录"无关了。

事实上情况是要复杂一些的。十六国政权确实多有史官之设,对历史书写的重视与汉晋政权并无本质区别③。但具体到各政权史书的成书状况另当别论。从《史通·古今正史》的记述来看,十六国诸"霸史"有若干种出于东晋南朝人士之手。"前秦史"即是如此:

> 史官,初有赵渊、车敬、梁熙、韦谭相继著述。苻坚尝取而观之,见苟太后幸李威事,怒而焚灭其本。后著作郎董谊追录旧语,十不一存。及宋武帝入关,曾访秦国事,又命梁州刺史吉翰问诸仇池,并无所获。先是,秦秘书郎赵整参撰国史,值秦灭,隐于商洛山,著书不辍,有冯翊车频助其经费。整卒,翰乃启频纂成其书,以元嘉九年起,至二十八年方罢,定为三卷。而年月失次,首尾不伦。河东裴景仁又正其讹僻,删为《秦纪》十一篇。④

可见虽然前秦有"国史"修撰,且苻坚亦相当重视,但因为仓促而亡,

---

① 《魏书》,第 1504 页。崔鸿此表并未正式上奏,是其后利用参修国史之机,违规加入("妄载")《世宗起居注》中的。参见梶山智史:《崔鸿『十六国春秋』の成立について」》,第 109 页;胡鸿:《十六国的华夏化:"史实"与"史相"之间》,第 205 页。

② 或即《隋书》卷三三《经籍志二》所见《汉之书》(第 963 页)。参见胡鸿:《十六国的华夏化:"史实"与"史相"之间》,第 206—208 页。

③ 参见朱希祖:《十六国旧史考》,收入朱渊清编:《朱希祖史学史选集》,上海:中西书局,2019 年,第 258—268 页;牛润珍:《汉至唐初史官制度的演变》,石家庄:河北教育出版社,1999 年,第 129—141 页;王志刚:《家国、夷夏与天人:十六国北朝史学探研》,北京:北京师范大学出版社,2013 年,第 3—16 页;胡鸿:《十六国的华夏化:"史实"与"史相"之间》;聂溦萌:《十六国霸史与十六国时期的官修史运作》,《西北民族论丛》第 13 辑,2016 年,第 41—64 页。

④ 《史通通释》卷十二,第 359 页。

距离成书应该尚远。"宋武帝入关"即义熙末东晋权臣刘裕灭姚氏后秦,史载当时"收其图籍,五经子史,才四千卷"①。既然"并无所获",说明后秦也未为前秦撰成王朝史。最后成其书者据《史通》所言为车频。车频事迹不详,与前秦史官车敬的关系亦不清楚,仅知为冯翊人。他资助曾"参撰国史"的前秦秘书郎赵整"著书不辍"的地点在商洛山。此地自前秦败亡后,先后为东晋和后秦所控制,至义熙末刘裕西征入关再次入于建康政权之手②。故赵整卒后,是由刘宋梁州刺史吉翰上表请车频"纂成其书"。吉翰出任梁州刺史在元嘉元年(424)③,此时关中已为赫连夏所占据。可见车频撰成前秦史是在刘宋治下,且费时近廿年,颇具规模④。其书虽有前秦秘书郎赵整撰述的基础,但整体的政治立场无疑是在东晋刘宋一方。《史通》又记其后有裴景仁删车书为《秦纪》。此事《宋书》卷五四《沈昙庆传》所记更详:

> 大明元年,督徐兖二州及梁郡诸军事、辅国将军、徐州刺史。时殿中员外将军裴景仁助成彭城,本伧人,多悉戎荒事。昙庆使撰《秦记》十卷,叙苻氏僭伪本末,其书传于世。⑤

裴景仁"本伧人",虽出自北方,却已入宋"助成彭城"。裴书成于宋孝武帝大明元年(457)后,政治立场亦当与建康政权一致⑥。其书"叙苻氏僭伪本末",显然是一部完整的前秦史。则作为其基础的车书亦当如此。两书都应包含了苻坚之死的相关内容。

---

① 《隋书》卷四九《牛弘传》,第1299页。
② 参见牟发松、毋有江、魏俊杰:《中国行政区划通史·十六国北朝卷》上编,第333—334页。
③ 《宋书》卷六五《吉翰传》,第1717页。
④ 姚振宗《隋书经籍志考证》推测《史通·古今正史》所言车频前秦史"三卷"为"三十卷"之讹(《二十五史补编》,第4册,第5289页)。聂溦萌《十六国霸史与十六国时期的官修史运作》认为此书为纪传体(第55页)。
⑤ 《宋书》,第1539页。
⑥ 《隋书》卷三三《经籍志》所记裴景仁《秦记》尚有"梁雍州主簿席惠明注"(第963页),也可以从侧面说明此书的建康政权立场。

因此，并不能把崔鸿撰《十六国春秋》所依据的"国书"/"旧记"/"诸国旧史"，全部都理解为十六国政权的"官修史"。至少在前秦史的场合，崔鸿依据的主要作品来自"江南撰录"。前引《魏书》所载崔鸿上表言"始自景明之初，搜集诸国旧史，属迁京甫尔，率多分散，求之公私，驱驰数岁"，其中应包含了车频、裴景仁二书在内。这可能来自北魏内府秘阁①，但也不能排除是崔鸿自藏。毕竟崔鸿家"二世仕江左"，入魏晚至北魏皇兴元年至三年（467—469）"慕容白曜之平三齐"②，距离两部前秦史的先后成书已在十年以上。

中古史注、类书中有若干以前秦为书写对象的史书佚文留存。所称不一，有《前秦记》、裴景仁《前秦记》、《前秦书》《秦记》、裴景仁《秦记》、《秦书》、车频《秦书》、裴景仁《秦书》等多种形式③。结合前文所述，主要当即出自车书与裴书的各种片段④。其中虽然没有留下与"五胡次序"故事相关的直接内容，但如下佚文的存在值得注意：

> 裴景仁《秦书》曰："姚苌围苻坚，遣仆射尹纬诣阙陈事。坚见纬貌魁梧，志气秀杰，腰带十围，瑰伟异常，惊而问曰：'卿于朕世何为所作？'伟答曰：'尚书令史。'坚笑曰：'卿宰相才也。'"⑤

这一苻坚与尹纬的对话情节，亦见于前引《太平御览》卷一二二《偏霸部》引《十六国春秋·前秦录》"苻坚之死"的叙述文字中，紧接于

---

① 《隋书》卷三三《经籍志》"霸史类"小叙言北魏道武帝完成华北统一后，"诸国记注，尽集秘阁"（第964页）。参见聂溦萌：《十六国霸史与十六国时期的官修史运作》，第61—62页。

② 《魏书》卷六七《崔光传》，第1487—1488页。参见唐长孺：《北魏的青齐土民》，收入氏著《魏晋南北朝史论拾遗》，第92—122页；梶山智史：《北朝における東清河崔氏—崔鴻『十六国春秋』編纂の背景に関する一考察》，第76—77页。

③ 参见"五胡の会"编：《五胡十六国霸史辑佚》，东京：燎原书店，2012年。

④ 《隋书》卷三三《经籍志》"霸史类"载何仲熙《秦书》，注云记苻健事，第993页。聂溦萌《十六国霸史与十六国时期的官修史运作》推测"何仲熙"或为"梁熙"之讹，其所撰《秦书》成于前秦之世，但并非国史（第56—57页）。中古史注、类书所引以《秦书》为称者，不能排除出自此书的可能性。

⑤ 《太平御览》卷三七七《人事部》，第1741页。

"五胡次序"故事之后。文字上有若干出入,但《十六国春秋·前秦录》对裴景仁《秦书》此段文字的因袭痕迹还是相当明显的。实际上仔细对比现存《十六国春秋·前秦录》佚文与车频、裴景仁二书佚文,基本也可以判定前者的史源就是后者。由此,其中出现"五胡次序"故事这样以苻坚将传国玺送至东晋为结局,借苻坚之口来书写东晋正统性的情节,也就很容易理解了。

三、"五胡"称谓出自考

前文对见载于《晋书·苻坚载记》和《十六国春秋·前秦录》的"五胡次序"故事进行了文本分析与史源梳理。结果显示这一故事应出自刘宋治下人士车频和裴景仁所撰两部"前秦史",时在元嘉末大明初。从史源学的角度来说,这一材料不能用来说明"五胡"称谓早在383年淝水之战前后即已出现,亦不能据此认为"五胡"是十六国时期华北诸国内部使用的自称。相反,其史源撰者和"玺已送晋,不可得也"的政治指向,都在暗示这一称谓本身或与建康政权的正统性书写相关①。

或许有读者会对此提出疑问。《十六国春秋》所依据的两部"前秦史"固然成于刘宋治下,但其基础来自前秦秘书郎赵整在苻氏覆灭之后仍然坚持多年的历史撰述。上述包括"五胡次序"故事在内的苻坚之死叙事,是否可能在赵整的作品中就已经成形并反映了前秦精英的历史认识呢?我们认为这种可能性只适用于整段叙事中的情节(1)(4),即关于苻坚之死的基本叙事,而情节(2)姚苌向苻坚求传国玺遭拒事即"五胡次序"故事应与赵整无关,反映的是建康一方的精

---

① 《魏书》卷九五《苻坚传》记苻坚为姚苌所杀事,情节与《十六国春秋·前秦录》大致相同,但却不包括"玺已送晋,不可得也"在内的"五胡次序"故事,或亦因其暗含的正统观与北魏官方立场不合所致。

英观念①。这不仅是缘于这一故事内含的正统立场在东晋一方,也是因为"五胡次序"这一用语的修辞特征与东晋南朝用例若合符节。事实上仔细检讨"五胡"称谓相关史料,会发现隋唐统一之前的"五胡"用例,几乎均出自东晋南朝一方史料。出自北朝史料的管见所及仅有两例,分别出自《洛阳伽蓝记》和《广弘明集》,均已晚至北朝后期。这两则北朝用例将在"余论"中与隋唐用例一并讨论,本节和次节先集中考察时间较早的东晋南朝用例。

目前所见言说"五胡"的最早用例,来自《晋书》卷三二《后妃传·褚皇后》所载褚后还政诏书:

> 于是居崇德宫,手诏群公曰:"昔以皇帝幼冲,从群后之议,既以暗弱,又频丁极艰,衔恤历祀,沈忧在疚。司徒亲尊德重,训救其弊,王室之不坏,实公是凭。帝既备兹冠礼,而四海未一,五胡叛逆,豺狼当路,费役日兴,百姓困苦。愿诸君子思量远算,勠力一心,辅翼幼主,匡救不逮。未亡人永归别宫,以终余齿。仰惟家国,故以一言托怀。"②

褚太后还政在穆帝升平元年(357)正月。此前在华北称帝者,先后有匈奴刘渊、刘聪、刘曜等,羯人石勒、石虎等,鲜卑慕容皝、慕容儁,氐人苻健、苻生③。此时远在淝水之战(383)前,羌人姚氏尚未获得称帝机会。也就是说,还政诏书中的"五胡"不可能对应传统理解的所谓"五族"。考虑到"东晋前期的基本战略,就是联合鲜卑各部'与

---

① 情节(3)"姚苌向苻坚求禅代遭拒事"很可能也出自建康人士的杜撰,同样意在贬低前秦、后秦而褒扬例行"禅让"模式的晋宋王权。而类似情节被崔鸿采入《十六国春秋》,或亦与其所持独特历史观念相关。关于崔鸿与北朝后期官方史观的冲突,参见梶山智史《北朝における東清河崔氏-崔鴻『十六国春秋』編纂の背景に関する一考察》,第91—97页。

② 《晋书》,第976页。雷家骥《试论"五胡"及其立国形势与汉化思考——兼考"五胡"一名最初之指涉》已指出"此为'五胡'一名在文献上之始见",第127页;又参见三崎良章:《五胡十六国の基礎的研究》,第26页。

③ 参见陈勇:《从五主到五族:"五胡"称谓探源》,第23页。

刘、石抗衡',惟其如此,晋人是不会将其同盟者('犹奉王命'者)与敌对者('叛晋'者)混为一谈而统称'五胡'的",褚太后诏称"五胡叛逆",亦应与鲜卑无关①。有学者即认为这里的"五胡"仅指屠各刘氏与羯人石氏而言②。从还政诏书前后行文来看,所谓"五胡叛逆"也可能只是与上一句"四海未一"对称的修辞性用法,未必是实指③。无论如何,这一最早的"五胡"用例在使用时间和修辞特征上都颇具特殊性,并未构成一种可以延续的传统。

排除了这一用例之后,再越过前节所论实际出于刘宋治下人士所撰的"五胡次序"故事,"五胡"称谓首次出现的时间点,就相当耐人寻味了。《晋书》卷八七《凉武昭王李玄盛传》载义熙元年(405)西凉主李暠遣使送表至建康,其中有云:

> 臣闻历数相推,归余于终,帝王之兴,必有闰位。是以共工乱象于黄农之间,秦项篡窃于周汉之际,皆机不转踵,覆餗成凶。自戎狄陵华,已涉百龄,五胡僭袭,期运将杪,四海颙颙,悬心象魏。故师次东关,赵魏莫不企踵;淮南大捷,三方欣然引领。④

义熙元年正值以刘裕为首的北府势力起事击灭桓玄楚政权,迎还晋安帝⑤。《宋书》卷一《武帝纪上》载当年三月晋安帝自江陵返建康

---

① 参见陈勇:《从五主到五族:"五胡"称谓探源》,第 23 页。又《晋书》卷八六《张祚传》载其永和十年(354)"僭称帝位"后"下书曰":"昔金行失驭,戎狄乱华,胡、羯、氐、羌咸怀窃玺……"第 2246 页。前凉张氏此前一直奉晋正朔。此处未将"鲜卑"与"胡、羯、氐、羌"一并指为"戎狄乱华",正是东晋前期这种基本战略与政治关系的反映。关于前凉与东晋政治关系的特殊性,参见板橋曉子:《「周縁」からみた東晋の正統性—前凉における西晋愍帝年號「建興」奉用について—》,《東洋史研究》第 78 卷第 2 号,2019 年,第 326—358 页。

② 参见雷家骥:《试论"五胡"及其立国形势与汉化思考——兼考"五胡"一名最初之指涉》,第 128 页。

③ 王树民《"五胡"小议》、吴洪琳《"五胡"新释》皆主张"五胡"有虚用或泛指的用法,分见两文第 249、92 页。

④ 《晋书》,第 2260 页。

⑤ 参见田余庆:《刘裕与孙恩——门阀政治的"掘墓人"》,收入氏著《东晋门阀政治(第三版)》,第 292—329 页;祝总斌:《试论东晋后期高级士族之没落及桓玄代晋之性质》《晋恭帝之死与宋初政争》,收入氏著《材不材斋史学丛稿》,北京:中华书局,2009 年,第 257—312 页。

后,经过一番仪式性的推让,刘裕最终接受的官职为使持节、都督扬徐兖豫青冀幽并江荆司梁益宁雍凉十六州诸军事、镇军将军、徐兖二州刺史①。虽然此时距离后来的晋宋禅代仍有十余年的时间,但刘裕与复位后的晋安帝之间的关系,显然已经突破了一般的君臣关系,迈出了以经典的"禅让"模式完成王朝更替的第一步②。李暠方面对建康形势的戏剧性变化似有所了解。故表文中虽然仍有以"道协少康""德侔光武"来颂扬安帝的套话,但上引材料以"历数相推,归余于终"起始,其后的"帝王之兴"之所指就不会是安帝,而是代晋而起的新王者。以"共工乱象于黄农之间,秦项篡窃于周汉之际"所喻者,一方面是将刚刚倒台的桓楚政权指为"闰位",一方面也是对即将崛起的新王权正统地位的肯定。换言之,表文名义上的上表对象是复位的晋安帝,但实际的预设听众却是当时建康朝廷真正的掌权者刘裕③。李暠方面如此措辞的目的自然是希望换取相应的政治利益④。

表文此后笔锋一转,开始回顾历史。"已涉百龄"这一明确的时

---

① 《宋书》,第12—13页。
② 关于"禅让"王朝更替模式与魏晋王权理念的关系,参见本书第69页脚注1。南朝的王权理念虽然蕴含了对这一更替模式的反动,但在意识形态上表现出来要迟至刘宋孝武帝大明年间(457—464)徐爰撰修国史,刘裕代晋前后发挥作用的主要还是东晋时代的意识形态。参见本书第206页脚注2。
③ 类似表文措辞应用于安帝复辟的场合亦见《晋书》卷一二九《沮渠蒙逊载记》:"晋益州刺史朱龄石遣使来聘。蒙逊遣舍人黄迅报聘益州,因表曰:'上天降祸,四海分崩,灵耀拥于南裔,苍生没于丑虏。陛下累圣重光,道迈周汉,纯风所被,八表宅心。臣虽被发边徼,才非时隽,谬为河右遗黎推为盟主。臣之先人,世荷恩宠,虽历夷崄,执义不回,倾首朝阳,乃心王室。去冬益州刺史朱龄石遣使诣臣,始具朝廷休问。承车骑将军刘裕秣马挥戈,以中原为事,可谓天赞大晋,笃生英辅。臣闻少康之兴大夏,光武之复汉业,皆俞剑而起,众无一旅,犹能成配天之功,著《车攻》之咏。陛下据全楚之地,拥荆扬之锐,而可垂拱晏然,弃二京以资戎虏! 若六军北轸,克复有期,臣请率河西戎为晋右翼前驱。"第3196—3197页。蒙逊上表同样是以少康、光武比安帝,但明白点出了刘裕之名,可见北凉方面对建康的政治形势并不隔膜,其情报更新应主要来自益州刺史朱龄石。
④ 此次上表晋廷未报。故其后李暠方面再次上表,称:"臣去乙巳岁顺从群议,假统方城,时遣舍人黄始奉表通诚,遥途崄旷,未知达不? 吴凉悬邈,蜂虿充衢,方珍贡使,无由展御,谨副写前章,或希简达……"《晋书》卷八七《李玄盛传》,第2263页。

间跨度,说明所谓"戎狄陵华"是从约一个世纪前的永嘉之乱(304—316)开始算起的。如此后文的"五胡僭袭"亦应分布于这一时段之内,而不会仅限于东晋十六国前期。与近半个世纪前出现在褚太后还政诏书中的"五胡叛逆"相比,李暠表文中出现的"五胡僭袭",是可以"将十六国时期活跃于北方的各主要少数族统统囊括其中"①。在义熙元年(405)这个时间点,华北大部为慕容南燕、北燕、姚氏后秦以及北魏拓跋氏所占据,传统"五胡"概念的主角均已登场。

此处"五胡僭袭"的表述值得注意。"僭"不是普通的叛乱,而是指称帝建号。这意味着"五胡"不仅指称异族,更是特指那些曾在华北建立王朝帝业者。"袭"则是沿袭、更替之意。"五胡僭袭"这一表述与后代熟悉的"五胡乱华"之语有着相当的差异。它一方面将"五胡"视为一种整体对象,一方面又呈现历时性分布,暗含某种连续性的指向②。而在"五胡僭袭"之后加以"期运将杪",就相当明显地把这一称谓所暗含的政治指向揭示出来了。"期运"即运数、命运,"杪"即树枝,引申为末端,这里即"气数将尽"之意③。

合而观之,表文在使用"五胡"这一概念时,不是单纯地进行历史回顾,而是包含了某种意义上的"谶言"或者"预言"性质。即"五胡"气数将尽,新王者的时代即将到来。这实际上是拓展了表文之前所言"帝王之兴,必有闰位"的覆盖范围,在桓玄之外,将"五胡"也定位为新王者即刘裕崛起之前的"驱除"。换言之,所谓"五胡僭袭,期运将杪",包含着对建康政权在迎来新王者之后可以重返华北乃至恢复

---

① 参见陈勇:《从五主到五族:"五胡"称谓探源》,第29页。
② 吴洪琳《"五胡"新释》将"五胡次序"解为"胡人的五德历运次序"或"五德历运中的胡人次序",觉察到了这一表述背后正统性更替的政治指向。但这个解释本身并不准确。
③ 陈勇《从五主到五族:"五胡"称谓探源》将"期运将杪"解为"预示着尚存的后秦、后燕、南燕、北凉诸政权,及其主导者羌族姚氏、鲜卑慕容氏、匈奴沮渠氏,终于要退出历史舞台"(第29页),与本文理解大致相通。但笔者认为未曾建立帝业的割据政权如北凉沮渠氏不当计入"五胡僭袭"之列。

汉晋天下的期待与信心①。所以在"五胡僭袭,期运将杪"之后即言"四海颙颙,悬心象魏"云云。

虽然只是来自凉州边缘的上表,但其中颇具政治技巧的修辞显示,李暠一方对义熙元年前后建康政局的最新趋势并非完全隔膜。类似"帝王之兴,必有闰位""五胡僭袭,期运将杪"这种表述,无疑是西凉在充分掌握情报的基础上为应和建康精英的政治意识而作②。可以推测"五胡"称谓在此之前应已在东晋朝野言论中有所应用③。究其根本,建康精英在4世纪末5世纪初之所以作出五胡气数将尽的乐观判断,正是缘于他们看到了前秦崩溃后整个华北所陷入的巨大混乱④,并进而生发了恢复汉晋天下的政治期待。上一次出现类似性质的预言,正是在4世纪中叶石氏后赵崩溃之后⑤。当时传言"胡运已终"⑥,东晋一方随即出现主张北伐的动向,并在其后由"久怀异志"的权臣桓温付诸实施。只不过伴随着枋头大败,桓温的新王者之路戛然而止⑦,华北又成为慕容鲜卑、苻氏、姚羌诸新势力争

---

① 楼劲《谶纬与北魏建国》已指出:"此表强调的'归余于终'、'期运将杪',即指出了这个转折点的来临(引者按:指胡运告终而归复华夏)。"第69—70页。但认为李暠上表的内容"典型地反映了在此前后北方的政治气候",则与本文所论不同。

② 陈勇《从五主到五族:"五胡"称谓探源》亦言:"(此上表)不但反映西凉方面的立场,也反映东晋方面的立场。"第29页。又"杪"字多见于建康精英之文学作品,如谢灵运"俯视乔木杪,仰聆大壑淙",谢燮"杪秋之遥夜,明月照高楼",吴均"鞌中悬明月,剑杪照莲花",等等。此点承南京大学文学院童岭先生提示,谨此致谢。

③ 从李暠上表的义熙元年这一时间点来看,不能排除"五胡"称谓是在此前的桓玄代晋建楚之际被造作出来的可能性。

④ 佐川英治《漢帝国以後の多元的世界》(收入南川高志编:《378年 失われた古代帝国の秩序(歴史の転換期)》,东京:山川出版社,2018年,第176—229页)将淝水之战定位为五胡时代的分水岭,指出一元性中华世界的"统一"由此向多元性中华世界的"统合"转换。不过从建康精英的立场来看,对这一历史过程的观感无疑是负面的。

⑤ 南朝史籍有"胡亡氐乱"之语(见《宋书》卷三七《州郡三》,第1135页),正是源于东晋精英对于华北秩序百年间两次陷入崩溃之局的深刻记忆。

⑥ 参见楼劲:《谶纬与北魏建国》,第67—71页;刘子凡:《唐代胡运观考》,《唐研究》第24卷,北京:北京大学出版社,2019年,第57页。

⑦ 参见田余庆:《桓温的先世和桓温北伐问题》,收入氏著《东晋门阀政治(第三版)》,第168—198页。

雄的舞台。

此后义熙年间(405—418)的南北形势发生了巨大变化。东晋权臣刘裕在消灭卢循、刘毅、谯纵等异己势力巩固自身实力的同时,于义熙中和义熙末先后两次发动北伐,成功消灭南燕慕容氏和后秦姚氏[1]。虽然关中随即为赫连夏所进占,包括洛阳在内的河南地区也为北魏所夺取,但能够消灭"僭袭"的五胡政权,将建康政权的国境线恢复至青齐地区,仍是"戎狄陵华,已涉百龄"以来的重大进展。毫无家世根基的刘裕也因此而积累了禅代所需的政治资本,成功代晋建宋,并初步将东晋门阀政治的"变态"带回到皇权政治的"常态"轨道[2]。

考虑到有现实中南北形势的逆转可以对应,前述义熙元年(405)前后出现的暗示中原恢复可期的"五胡"称谓,在这一历史阶段将会更加有传播市场。我们很快就看到了这一称谓的再次应用。这一次不是来自边陲西凉的上表,而是出自建康政权精英中的精英谢灵运。《宋书》卷六七《谢灵运传》载元嘉五年(428)谢氏为宋文帝赐假东归,"将行,上书劝伐河北"[3]云云,此后全录上书,此即学者熟悉的《劝伐河北书》[4]。谢氏上书主旨在于劝说宋文帝可乘"西房"赫连夏与"东房"北魏相持于关陇之机进取河北。这一主张当时并未为宋文帝所接受,似未发挥太多实际作用。但作为一份有着特定政治目的的材料,谢氏的相关书写当具有与宋文帝乃至朝野舆论进行互动的预期。如其中"预在有识""咸云""天下亦谓"等措辞所提示的那样,

---

[1] 刘裕在义熙年间两次北伐的主要目的并非收复汉晋故地,而是通过对"五胡"政权的军事胜利来累积个人权威,以完成"禅让"模式下的王朝更替。参见本书第206页脚注2。

[2] 参见田余庆:《刘裕与孙恩——门阀政治的"掘墓人"》,第326—327页;同氏:《东晋门阀政治·后论》,第362页。阎步克先生对此主题有系统阐发,参见氏著《波峰与波谷:秦汉魏晋南北朝的政治文明》,《序言》第三节《常态、变态与回归》,北京:北京大学出版社,2009年,第8—16页。

[3] 《宋书》,第1772—1776页。

[4] 参见本书第七章《"西房"与"东房":谢灵运〈劝伐河北书〉所见华北局势与历史认识》及第203页脚注3所列诸研究。

上书中也包含了5世纪初江南精英的历史认识与意识形态,弥足珍贵。其中与"五胡"称谓相关的是如下一段文字:

> 自羌平之后,天下亦谓虏当俱灭,长驱滑台,席卷下城,夺气丧魄,指日就尽。但长安违律,潼关失守,用缓天诛,假延岁月,日来至今,十有二载,是谓一纪,曩有前言。况五胡代数齐世,虏期余命,尽于来年。自相攻伐,两取其困,卞庄之形,验之今役。①

谢氏在这里进行的历史回顾,是从义熙十二年(416)至十三年(417)刘裕平定后秦姚氏之役开始的,即所谓"羌平";"长安违律,潼关失守",则指十四年(418)十月关中晋军为赫连夏所逐之事。尽管遭受了如是挫折,但并未摧毁以谢灵运为代表的建康精英之信心。他们认为元嘉五年前后的北魏攻夏之战乃是"自相攻伐,两取其困",刘宋正可坐收渔翁之利,乘机进取河北乃至恢复中原。

与"五胡"相关的是"五胡代数齐世"一句。古人以三十年为一世。此前的五胡各王朝多以三十年左右为享国时长,大致符合"齐世"的标准。这应是元嘉初年建康精英共享的历史认识。而北魏方面,拓跋珪称帝在天兴元年(398)12月,"齐世"即为元嘉五、六年之间(428—429)。谢灵运上《劝伐河北书》在元嘉五年(428),故曰"虏期余命,尽于来年",即"五胡"王朝也不过享国"齐世",等而下之的"东虏"拓跋氏必于来年灭国②。

值得注意的是,谢灵运以"代数齐世"言说"五胡",显见这一称谓在提示与华夏相对的"胡"之身份的同时,具体指称对象仍是其中

---

① 《宋书》,第1773页。
② 以上论述详参本书第七章《"西虏"与"东虏":谢灵运〈劝伐河北书〉所见华北局势与历史认识》,第218—220页。又陈勇《从五主到五族:"五胡"称谓探源》将谢氏所谓"虏期余命,尽于来年"之"虏"解为"其时仍占据北方的其他少数族政权"(第30页),笔者则认为此处之"虏"特指北魏(谢氏以"东虏"称之),或亦将赫连夏(谢氏以"西虏"称之)包括在内。

曾在华北建立王朝帝业者,而非将所有"胡人"政权或人群尽数囊括在内。这种修辞特征不同于前述东晋中期见于褚太后还政诏书的"五胡叛逆",而与义熙元年(405)见于西凉上表的"五胡僭袭"保持了一致。之所以如此,正是缘于义熙元年与元嘉五年(428)的建康精英共享了相近的时代氛围,即晋宋之际江南舆论中对恢复中原可期的乐观情绪。这一情绪建立在华北混乱局势与刘裕北伐成功的现实基础之上,源自汉晋历史的天下秩序及其意识亦作用其间。《劝伐河北书》有云"自羌平之后,天下亦谓虏当俱灭","天下"的措辞一方面说明"五胡僭袭,期运将抄"在建康精英中有着相当的舆论基础,一方面也明示了这种舆论背后的正统意识。"五胡"在晋宋之际才成为一种具有特定政治意涵的"称谓"绝非偶然;它的出现与传播,与上述乐观情绪是互为表里的。

即使恢复汉晋天下的期待在其后的历史进程中未能成为现实,北魏在华北的统治也逐渐巩固,但这种带有特定政治意涵的"五胡"称谓反而作为一种"政治正确",在宋齐时代得到了进一步的应用。如《宋书》卷九五《索虏传》"史臣曰"有言:"元康以后,《风》《雅》雕丧,五胡递袭,翦覆诸华。及涉珪以铁马长驱,席卷赵、魏,负其众力,遂与上国争衡矣。"①《南齐书》卷三十《曹虎传》载建武四年(497)南齐雍州刺史曹虎使人答北魏孝文帝书曰:"自金精失道,皇居徙县,乔木空存,茂草方郁。七狄交侵,五胡代起,顾瞻中原,每用吊焉。"②"五胡递袭""五胡代起"的修辞特征,与义熙元年(405)的"五胡僭袭"和元嘉五年(428)的"五胡代数齐世"一脉相承。看似言称"胡人"王朝依次而起,实则暗示"五胡"时代已然终结,天命终将转至建康政权一方。

行文至此,再来看前节讨论的"五胡次序"故事,或可获得新的理解。这一借苻坚之口书写东晋正统性的故事源自刘宋治下人士车

---

① 《宋书》,第2358页。
② 《南齐书》,第563页。

频、裴景仁所撰两种"前秦史",成书时间在元嘉、大明年间(424—464),正在晋宋之际与南齐之间。"五胡次序"的修辞特征,与前此后此出自建康精英的"五胡僭袭""五胡递袭""五胡代起"等用法保持了一致。所谓"次序",似应理解为动词意义上的"依次排列",同于"递袭",而非名词意义上的"先后顺序"。故事中苻坚所谓"五胡次序,无汝羌名",意为"(包括我苻坚在内的)五胡王朝依次而起,但轮不到你姚苌这个'小羌'"①。书写这一故事的建康精英当然清楚姚氏后秦亦在"五胡"之列(详次节),但让此番言论出之于苻坚之口,反而凸显了一个在生死之际自尊不屈却又不识历史大势的悲剧形象。至少对于熟悉晋宋以降"五胡"称谓意涵的南朝人士来说,其中的曲折微妙自可会心一叹。而这一形象本质上仍服务于建康正统性的塑造,故苻坚接下来还要说"玺已送晋,不可得也"。

四、"五胡"称谓所指考

前文所论晋宋之际以降建康精英所使用的"五胡"称谓,具有相当一致的修辞特征,即往往与"僭袭""递袭""代起"等措辞连用②。显示这里的"五胡"并非泛指匈奴、羯、鲜卑、氐、羌诸异族人群,而是特指其中曾在华北建立王朝帝业者③。这就引出了一个有趣的问题。永嘉之乱以来,据华北腹心地域称帝建号者,主要包括汉赵、后赵、前

---

① 将"无汝羌名"解为指姚苌个人而非"羌族",参见吕思勉:《吕思勉读史札记》,上海:上海古籍出版社,2005年,第892页;陈寅恪:《五胡问题及其他》,第453页;周一良:《魏晋南北朝史札记·晋书札记》,"五胡次序,无汝羌名"条,第113页。

② 唯一的例外见于《弘明集》卷十一《何令尚之答宋文帝赞扬佛教事》(元嘉十二年,435):"又五胡乱华以来,生民涂炭,冤横死亡者不可胜数。"释僧祐撰,李小荣校笺:《弘明集校笺》,上海:上海古籍出版社,2013年,第581页。这一用法与前述东晋中期褚太后还政诏书所见"五胡叛逆"之语近似,在东晋南朝尚不属主流。

③ 古人可能更习惯统治者个人来涵盖政治体。在这一意义上,"五胡"对应的既可以说是五个王朝,也可以说是五位"酋主"即王朝的建立者或重要统治者。下文对此不作刻意区分,统一以"王朝"或"政权"言之。

燕、前秦、后燕、后秦、南燕等政权，其数已过五矣。若"五胡"并非虚指，可否确认具体指称的是哪五个"胡人"王朝呢？换言之，在晋宋之际的建康精英眼中，哪些华北"胡人"王朝的历史地位得到了他们一定程度上的认可，从而可以列为"五胡"呢？这种历史地位当然是不完全的，其正统性只能屈居东晋之下，是新王者崛起之前的"闰位"而已。

以目前的史料状况而论，这一问题恐怕难有定论。宋元以降将"五胡"解为匈奴、羯、鲜卑、氐、羌"五族"，若对照五族一一落实，固然可以择出五个政权，但毕竟是由后世观念反推而得，未必合适。学者亦曾对五胡政权至北魏之间的德运次序进行分析，指出至少在北魏前期，存在慕容燕及苻秦绍石赵、姚秦绍苻秦而北魏直承苻秦的正统传递关系[①]。但这种历史地位是来自包括北魏在内的华北诸政权内部的自我认定。建康精英本身所谓"五胡"的具体指称，在南朝史料中并没有现成的答案。

本节试图根据南朝史料中的若干线索，为此问题提示一假说。首先来看前引谢灵运元嘉五年所上《劝伐河北书》中的表述。这段文字先言"自羌平之后，天下亦谓虏当俱灭"，又言"况五胡代数齐世，虏期余命，尽于来年"，前后两种表述之间存在一定的对应关系。所谓"羌平"，指义熙末刘裕灭姚氏后秦。由此可以推知，姚氏后秦应在"五胡"之列。

值得注意的是，姚秦灭亡被谢灵运称之为"羌平"。这种表述十分特殊。因为"羌"本为某一人群之称，现在却被用于特指姚秦这一政权。姚秦灭亡当然不等于天下羌人皆已被平定，但在这一场合，姚秦政权被作为"羌"之代表列入了"五胡"。换言之，所谓"五胡"，一方面指"胡人"建立的五个王朝；另一方面如"姚秦"对应"羌"所示，这五个王朝又应各自与某一族称相对应。

---

① 参见罗新:《十六国北朝的五德历运问题》,第 273—283 页。

《南齐书》卷五七《魏虏传》最后"史臣曰"中的如下言辞亦可提供类似认识：

> 桓温弱冠雄姿，因平蜀之声势，步入咸关，野战洛、邺。既而鲜卑固于负海，羌、虏割有秦、代，自为敌国，情险势分，宋武乘机，故能以次而行诛灭。①

此处"固于负海"之"鲜卑"显然指南燕慕容氏，"割有秦、代"之"羌""虏"则分别指后秦姚氏和北魏。虽然并未提到"五胡"，但分别以"鲜卑"与"羌"这两个族称指代南燕与后秦政权，且与以"虏"指代北魏形成对照②，这样的修辞特征与前述谢灵运《劝伐河北书》中的表现若合符节。由此可以推测，南燕慕容氏亦在"五胡"之列，且被以"鲜卑"书之。南燕和后秦正是刘裕在义熙年间两度北伐的对象，其灭亡对于刘宋皇帝权力起源的重要性不言而喻③。这两个政权作为"鲜卑"与"羌"平定的象征被列入建康精英所言称的"五胡"是很容易理解的。

如此看来，是否以类似"鲜卑""羌"这样的族称来指代特定政权，可以成为判断这一政权是否被列入"五胡"的标准之一。不过这只是必要条件，而非充分条件。我们只能说在言说"五胡"的场合必以族称指代政权，但不能反推凡是应用此书法者即为"五胡"。因为汉晋以降以某一族称来称呼特定政权在史料中并不罕见，未必一定

---

① 《南齐书》，第 999—1000 页。
② "虏"是一种贱号，而非"鲜卑""羌"这样的族称。晋宋之际建康精英多以此称呼活跃于华北缘边农牧交错地带的人群与政权。如北魏被称为索头虏（索虏）/东虏/北虏，赫连夏被称为西虏/佛佛虏等。参见本书第七章《"西虏"与"东虏"：谢灵运〈劝伐河北书〉所见华北局势与历史认识》，第 205—212 页；杨懿《偏见与认同：从"索头"称谓论拓跋氏的族别抉择》，第 52—58 页。
③ 《宋书》卷二《武帝纪中》载义熙十二年（416）"封刘裕为宋公策"言："鲜卑负众，僭盗三齐……窃号之虏，显戮司寇"云云。第 38 页。同卷义熙十三年（417）"进宋公爵为王诏"言："至令羌虏袭乱，淫虐三世……逆虏姚泓，系颈就擒"云云。第 42—43 页。这两道在晋宋禅代进程中具有标志意义的诏书中虽未出现"五胡"字样，但以"鲜卑"和"羌"分书南燕与后秦，仍暗示了"五胡"称谓与刘宋皇帝权力起源的意识形态关联。

具有前文所论"五胡"称谓的政治指向①。但是,如果这种书法是与以"鲜卑"指代南燕和以"羌"指代后秦一起在同一性质的史料中系统使用,考虑到后二者已经确认是厕身于"五胡"的,那么同时应用这一书法的政权亦应在"五胡"之列。

只是在南朝史料中能够寻获类似痕迹的希望是很渺茫的。南燕与后秦是最后的"五胡"王朝,需要确认的是先于它们的三个"胡人"政权。这几乎等同于要在南朝史料中找到建康精英关于整个五胡时代百年历史的系统书写,难度之大可想而知。

幸运的是,这样的系统书写确实存在,即《宋书·天文志》。如所周知,《宋书》"志"的部分并非局限于刘宋一代,而是往往自汉魏历史开始叙述。具体到《天文志》,《宋书》卷十一《志序》明言:"《天文》、《五行》,自马彪以后,无复记录。何书自黄初之始,徐志肇义熙之元。今以魏接汉,式遵何氏。"②"何书"指元嘉年间(424—453)何承天所撰刘宋国史中的《天文志》《五行志》,"徐志"指大明年间(457—464)徐爰所撰刘宋国史中的《天文志》《五行志》。何、徐二书作为刘宋国史,构成了沈约在南齐永明(483—493)年间撰修《宋书》的重要基础③。沈约《宋书·天文志》在体例上采何承天旧例,一方面系统记录了魏晋至于刘宋的天象,一方面在占辞中对天象与军国大事进行关联占验。其中所载永嘉乱后史事并未局限于建康政权所在的江南地域,而是将十六国政权所在的华北及江淮地域一并统括在内。这当然是缘于汉晋天下秩序与建康政权正当性之间的密切关联④,

---

① 如《晋书》卷三五《裴秀传附裴宪传》载:"宪有二子:挹、毅,并以文才知名。毅仕(石)季龙为太子中庶子、散骑常侍。……与河间邢鱼有隙,鱼窃乘毅马奔段辽,为人所获,鱼诬毅使己以季龙当袭鲜卑,告之为备。时季龙活谋伐辽,而与鱼辞正会。季龙悉诛挹、毅,宪亦坐免。"(第1051页)以"鲜卑"代指辽西段氏政权。不赘举。
② 《宋书》,第204—205页。
③ 《宋书》卷一〇〇《自序》载沈约《上〈宋书〉表》,第2467页。参见本书第209页脚注1。
④ 童岭《义熙年间刘裕北伐的天命与文学——以傅亮〈为宋公修张良庙教〉、〈为宋公修楚元王墓教〉为中心》指出:"义熙年间,当刘裕讨伐南燕之后,获得'宋公'称号之前,'天命'对于他来说,不仅仅是获得南方皇帝之位的'小天命'(承接东晋司马氏),而是一统天下的'大天命'(恢复两汉刘氏)。"第333—334页。也可以从另一层面补足本节所论。

而我们恰可借此观察自何承天、徐爰至于沈约的建康精英在对永嘉以降进行历史书写时,以怎样的措辞来指代华北诸政权。

首先可以注意到,因建康精英将华北诸政权定位为"僭伪",故基本不会使用各政权自身所定国号如赵、秦、燕等来进行称呼。即使提及其国号,也必加限定。如"慕容儁僭称大燕""姚苌假号安定"之类①。更为常见的处理方式则是直书君主姓名以指代相关政权。如"(永和)十年(354)四月,桓温伐苻健,破其峣柳众军""太元元年(376),苻坚破凉州"等②,其例甚多,不赘举。

不过在此之外,《宋书·天文志》中也能看到若干以特定措辞来指代华北诸政权的用法。列如表8.1。

表8.1 《宋书·天文志》所见华北政权指代用例

政权	出处	用例
A.刘氏汉	《宋书》卷二四《天文二》	A-1(永嘉二年,308)其后破军杀将,不可胜数。帝崩房庭,中夏沦覆。 A-2(永嘉五年,311)六月,京都焚灭,帝劫房庭。 A-3 永嘉五年十月,荧惑守心。后二年,帝崩于房庭。 A-4(建武元年,317)七月,愍帝崩于寇庭,天下行服大临。
B.石氏后赵	《宋书》卷二四《天文二》	B-1(咸和六年,331,正月)胡贼杀略娄、武进二县民,于是遣戍中洲。明年,胡贼又略南沙、海虞民。 B-2(咸康元年,335)是时胡贼又围襄阳,征西将军庾亮遣宁距退之。 B-3(咸康元年)加王导大司马,以备胡贼。 B-4(咸康五年,339)胡众五万寇沔南,略七千余家而去。 B-5(咸康五年)胡贼大寇沔南,陷邾城。

---

① 《宋书》,第715、724页。
② 《宋书》,第715、722页。

第八章 "五胡"新诠：晋宋之际建康精英的历史书写　249

（续表）

政权	出处	用例
		B-6（咸康八年,342）其后庾翼大发兵谋伐胡,专制上流,朝廷惮之。 B-7（永和五年,349）十一月,冉闵杀石遵,又尽杀胡十余万人,于是中土大乱。 B-8（永和七年,351）刘显杀石祗及诸胡帅,中土大乱,戎、晋十万数,各还旧土,互相侵略及疾疫死亡,能达者十二三。
C.慕容氏前燕	《宋书》卷二四《天文二》	C-1 永和末,鲜卑侵略河、冀,升平元年,慕容儁遂据临漳,尽有幽、并、青、冀之地。 C-2（兴宁三年,365）其后桓温倾扬州资实,讨鲜卑败绩,死亡太半,及征袁真,淮南残破。
D.苻氏前秦	《宋书》卷二四《天文二》	D-1（升平二年,358）五月,关中氐帅杀苻生立坚。 D-2（兴宁三年,365）后氐及东胡侵逼,兵役无已。 D-3（太和）五年,慕容暐为苻坚所灭,司、冀、幽、并四州并属氐。 D-4（太和五年,370）桓温征寿春,（袁）真病死,息瑾代立,求救于苻坚,温破氐军。
	《宋书》卷二五《天文三》	D-5 太元元年（376）五月,氐贼苻坚伐凉州。七月,氐破凉州,虏张天锡。 D-6（太元三年,378）八月,氐贼韦钟入汉中东下,苻融寇樊、邓,慕容暐围襄阳,氐兖州刺史彭超围彭城。 D-7（太元六年,381）十二月,氐荆州刺史梁成、襄阳太守闫震率众伐竟陵。
E.慕容氏后燕、南燕	《宋书》卷二五《天文三》	E-1（太元十五年,390）翟辽陆掠司、兖,众军累讨弗克。鲜卑又跨略并、冀。 E-2（隆安二年,398）六月,鲜卑攻没青州。 E-3（义熙五年,409）高祖讨鲜卑,并定旧兖之地。 E-4（义熙三年,407）正月,鲜卑寇北徐州,至下邳。

（续表）

政权	出处	用例
		E-5（义熙五年）鲜卑复寇淮北。 E-6（义熙三年）正月丁巳，鲜卑寇北徐，至下邳。 E-7（义熙五年）高祖讨鲜卑。 E-8（义熙五年）四月，高祖讨鲜卑。什圭为其子所杀。十一月，西虏攻安定，姚略自以大众救之。六年二月，鲜卑灭。皆胡不安之应也。是时鲜卑跨鲁地，又鲁有兵之应也。 E-9（义熙五年）高祖北殄鲜卑，是四星聚奎之应也。
F.姚氏后秦	《宋书》卷二五《天文三》	F-1（隆安元年，397）六月，羌贼攻洛阳，郗恢遣兵救之。 F-2（隆安二年，398）十月，羌贼攻没洛阳。 F-3（义熙二年，406）四月，羌伐仇池，仇池公杨盛击走之。 F-4（义熙九年，413）西虏攻羌安定戍，克之。 F-5（义熙十二年，416）七月，高祖伐羌。

表 8.1 所见用例可简单总结为如下书法：

表 8.2 《宋书·天文志》所见华北诸政权书法

政权	刘氏汉	石氏后赵	慕容氏前燕	苻氏前秦	慕容氏后燕+南燕	姚氏后秦
书法	虏、寇	胡	鲜卑	氐	鲜卑	羌

前文为确认南朝史料中的"五胡"之所指设定了两个判断标准。其一，是否以类似"鲜卑""羌"这样的族称来指代特定政权。其二，这种指代是否与以"鲜卑"指代南燕和以"羌"指代后秦一起，在同一性质的史料中得到系统使用。《宋书·天文志》以"鲜卑"书慕容氏后燕、南燕，以"羌"书姚氏后秦，与前文所论谢灵运《劝伐河北书》和

《南齐书·魏虏传》"史臣曰"中的措辞一致,可视为"五胡"称谓的具体表现形式。与此同时,石氏后赵被书之以"胡",慕容氏前燕被书之以"鲜卑",苻氏前秦被书之以"氐",均可同时满足以上两个判断标准,亦可入于"五胡"之列。由此可知,建康精英所谓"五胡",指代的是石氏后赵、慕容氏前燕、苻氏前秦、慕容氏后燕+南燕、姚氏后秦这五个华北政权。

这一结论只是根据南朝史料中的若干线索推测而成的一种假说,确切与否有待学界检验。与一般印象中的"五胡"之所指相比,以下两点不同值得注意。

第一,"五胡"并不必然对应"匈奴、羯、鲜卑、氐、羌"五个族别。在以上假说中,只涉及了"胡"(狭义用法,泛指匈奴系人群)、鲜卑、氐、羌四个族别。但由此"四族"建立的王朝则是五个(南燕可视为后燕政权的延续)。如前文所论,建康精英使用的"五胡"称谓,往往与"僭袭""次序""递袭""代起"等措辞连用,指称的是在华北依次而起的诸"胡人"王朝。可见"五胡"之"五",对应的是王朝代数,而非族别之数。但五个"胡人"王朝背后对应的则是汉晋以降活跃于华北的四大非汉人群。金行失驭,神州陆沉,而后赵灭于前燕,前燕灭于前秦,前秦为慕容后燕与姚秦夹攻而亡,慕容后燕与姚秦最后为东晋刘裕所灭。"五胡次序"之说,意指永嘉以降的百年间"胡"(狭义用法,泛指匈奴系人群)、鲜卑、氐、羌四大非汉人群在华北依次兴起又归于灭亡,终究会成为新王者崛起并重返中原、一统天下的驱除,适足说明"五胡"称谓与晋宋之际建康精英之政治意识的互为表里。

第二,由南匈奴屠各刘氏建立的汉赵政权,在《宋书·天文志》中并未享受到以族称指代的书法待遇,而是被书之以带有低贱意味的称号"虏"/"寇"。这意味着刘氏汉赵的历史地位未得到建康精英的认可,被摈于"五胡"之外①。这可能与汉赵政权未曾稳定占有华北腹心地域的虚弱有关。即使在华北内部,最早获得后继国家认可法统地位的政权也不是刘氏汉赵,而是石氏后赵②。不过建康一方不认可刘氏汉赵的主要原因恐怕还是在于他们是西晋洛阳朝廷及长安朝廷覆灭的直接元凶,背负有弑杀怀、愍二帝的原罪。"五胡"称谓在晋宋之际出现的时候,这一"政治正确"意识应该仍然强烈地存在于建康精英脑中,并在以"禅让"模式延续东晋正统性的南朝时期持续起着作用。

五、余 论

前文所论简单小结如下:

1. 见载于《晋书·苻坚载记》和《十六国春秋·前秦录》的"五胡次序"故事,出自刘宋治下人士车频、裴景仁所撰两部"前秦史",时在元嘉末大明初,其内含的正统立场应在建康政权一方。这一材料不能用来说明"五胡"称谓早在383年淝水之战前后即已出现,亦不能据此认为"五胡"是十六国时期华北诸政权内部使用的自称。

2. "五胡"称谓出自晋宋之际的建康精英,带有一定的"预言"性质,暗示"五胡"气数将尽,新的王者即将崛起并重返华北。这一称谓在义熙年间刘裕两度北伐成功后传播愈广,与当时建康精英恢复中原可期的乐观情绪互为表里。南朝后来也可以看到它的持

---

① 田余庆《释"王与马共天下"》专门讨论了东晋政权"不与刘、石通使"的问题(收入氏著《东晋门阀政治(第三版)》,第28—38页)。田先生以政治史的敏锐视野贯通两晋之际与南北分野,指出"江左的王、马在对待北方各胡族的态度上,继承了司马越、司马颖对峙期间的既成事实,以司马越之友、司马颖之敌为友,以司马越之敌、司马颖之友为敌。……江左不与刘、石通使,与此背景有直接联系,至少在江左政权建立后的一个时期内是这样"(第29—30页)。本章关于刘氏汉赵不预"五胡"之列的结论可以验证田先生以上论述结尾审慎态度的必要性。东晋后期至于晋宋之际,建康精英关于"刘、石"的历史评价已然发生了分化。

② 参见罗新:《十六国北朝的五德历运问题》,第278—279页。

续运用。

3. 建康精英使用的"五胡"称谓具有相当一致的修辞特征,往往与"僭袭""次序""递袭""代起"等措辞连用。说明"五胡"并非囊括所有"胡人"政权或人群,而是特指其中曾在华北建立王朝帝业者。这实际是对相关华北政权历史地位的一种肯定,尽管其正统性仍为东晋之下的"闰位"。

4. "五胡"并非指代五个具体族别,而是指在华北依次而起的五个"胡人"王朝。据《宋书·天文志》关于华北政权的书法,可以推测这五个王朝分别为石氏后赵、慕容氏前燕、苻氏前秦、慕容氏后燕+南燕、姚氏后秦,其背后则对应汉晋以来活跃于华北的"胡"(狭义用法,泛指匈奴系人群)、鲜卑、氐、羌四大非汉人群。南匈奴屠各刘氏建立的汉赵政权,或因负有弑杀西晋怀、愍二帝的原罪而不得预于建康精英所言说的"五胡"之列。

不过,至隋唐统一之后,"五胡"称谓虽亦时有所见,但其意涵与原来建康精英的版本相比已经有相当差异。多数情形下的"五胡"流为一种泛称,指代永嘉之乱以降至于北魏之间的华北诸少数族及其所建立的政权。如《隋书》卷七五《儒林传·序》云:"自晋室分崩,中原丧乱,五胡交争,经籍道尽。魏氏发迹代阴,经营河朔,得之马上,兹道未弘。"①今本《魏书》卷一〇五《天象志三》一般认为出自唐人之手,亦言:"自五胡蹂躏生人,力正诸夏,百有余年,莫能建经始之谋而底定其命。是秋,太祖(拓跋珪)启冀方之地,实始芟夷涤除之,有德教之音,人伦之象焉。"②又如《史通》所称"自五胡称制,四海殊宅""自二京版荡,五胡称制"③,《通典》所称"自五胡乱华,天下分裂""晋末五胡,递居中夏"④,都显示唐人所理解的"五胡"

---

① 《隋书》,第1705页。
② 《魏书》,第2389页。
③ 《史通通释》卷四《断限》,第97页;卷七《探赜》,第212页。
④ 《通典》,卷一八〇《州郡十》,第4785页;卷二〇〇《边防十六》,第5502页。

概念,其主流用法是将十六国时期各少数族及其政权都囊括在内①。在这一泛称场合,其数未必拘泥于"五"之实指②,自然也无需如建康精英般将刘氏汉赵政权排除在外。

之所以出现这种变化,隋唐统一王朝带来的政治语境差异是重要背景,但北朝传统的影响亦当纳入视野。北魏时期尚未看到应用"五胡"称谓之例,且当时基本"将'胡'限定在匈奴或其别部的狭窄范围"③。考虑到前文所论晋宋之际以降建康精英所用"五胡"称谓的特定政治意涵,北魏方面的这种表现是可以理解的。不过华北人士对此称谓应该并不陌生,尤其是在5世纪末北魏孝文帝迁都洛阳之后。前述《南齐书》所载"五胡代起"之语即出自建武四年(497)南齐雍州刺史曹虎使人答孝文帝书④。崔鸿在撰作《十六国春秋·前秦录》时,对两种刘宋人所撰"前秦史"中的"五胡次序"故事亦照录不误。但他们对于南朝所谓"五胡"的具体所指——前文所论的"四族"("胡"、鲜卑、氐、羌)+"五代"(石氏后赵、慕容氏前燕、苻氏前秦、慕容氏后燕+南燕、姚氏后秦)——是否有准确理解就很难说了。如学者所揭示的那样,北魏前期以十六国的继承者出现在德运次序中,至孝文帝改革后则直承西晋,将十六国整体列入"僭伪"⑤。无论是洛阳时代修纪传体国史,还是崔鸿撰作《十六国春秋》,皆看不到南

---

① 也有少数"五胡"用例似专指匈奴系的刘氏汉赵与石氏后赵而言。如唐修《晋书》卷六《元帝本纪》"史臣曰":"晋氏不虞,自中流外,五胡扛鼎,七庙隳尊,滔天方驾,则民怀其旧德者矣。"第158页。同书卷一一五《苻丕苻登载记》"史臣曰":"(苻坚)虽五胡之盛,莫之比也。"第2956页。《隋书》卷二九《地理志·序》:"寻而五胡逆乱,二帝播迁。"第807页。参见孙仲汇:《五胡考释》,第142页;雷家骥:《试论"五胡"及其立国形势与汉化思考——兼考"五胡"一名最初之指涉》,第128—129页;陈勇:《从五主到五族:"五胡"称谓探源》,第32页。

② 王树民《"五胡"小议》、吴洪琳《"五胡"新释》关于"五胡"为虚用或泛指的主张(分见两文第249、92页),实适用于隋唐以降的"五胡"用例,而非东晋南朝。

③ 参见陈勇:《从五主到五族:"五胡"称谓探源》,第33页。

④ 《南齐书》卷三十《曹虎传》,第563页。

⑤ 参见罗新《十六国北朝的五德历运问题》,第284—286页;郭硕:《五德历运与十六国北魏华夷观的变迁》,第24—27页。

第八章 "五胡"新诠：晋宋之际建康精英的历史书写 255

朝"五胡"概念的影响痕迹，对汉赵政权也未做特殊处理。这说明北魏后期虽然在正统上改承西晋，但并未照搬建康精英的历史认识。

源自南朝的"五胡"称谓，或许就是如此以"名同而实异"的方式，逐渐进入到华北精英的观念世界之中。前文言及北朝史料"五胡"用例仅两见，均在北朝后期。一则来自《洛阳伽蓝记》卷二《城东·景宁寺》所记永安二年（529）萧梁将领陈庆之护送元魏宗室元颢入洛后与几位"中原士族"的对话①。不过其中的"五胡"称谓出自陈庆之之口，某种程度上应视同于南朝史料②。另一则用例出自《广弘明集》卷十《辩惑篇》载《叙任道林辨周武帝除佛法诏》：

> 诏曰："佛生西域，寄传东夏。原其风教，殊乖中国。汉魏晋世，似有若无。五胡乱治，风化方盛。朕非五胡，心无敬事。既非正教，所以废之。"奏曰："佛教东传，时过七代。刘渊篡晋，元非中夏。以非正朔，称为五胡。其汉魏晋世，佛化已弘。宋赵苻燕，久习崇盛。陛下耻同五胡盛修佛法，请如汉魏不绝其宗。"③

周武帝与任道林的这次对话发生于北周建德六年（577）十一月四日"邺宫新殿"，背景则是北周新灭北齐，继续推行"灭佛"政策。对话双方一为北周皇帝（或许还包括了其身边侍臣如上士李德林的意见），一为原北齐高僧，足以代表北朝精英的一般认识④。学者以往

---

① 杨衒之撰，杨勇校笺：《洛阳伽蓝记校笺》，北京：中华书局，2006年，第113页。
② 《洛阳伽蓝记》此处记录陈庆之发言"魏朝甚盛，犹曰五胡"，当只是特定场合的比拟之辞，或为庆之作为一介武将的言论，不能据此认为其时萧梁将北魏亦计入"五胡"。《史通》记述梁武帝所撰《通史》六百二十卷，"吴、蜀二主皆人《世家》，五胡及拓拔氏列于《夷狄传》"（《史通通释》卷一《六家》，第18页），说明当时萧梁主流上还是把"五胡"政权和北魏区分对待的。
③ 释道宣：《广弘明集》，四部丛刊初编本。此则材料承蒙复旦大学中文系李猛先生提示，谨此致谢。
④ 《广弘明集》此文篇末记云："周大象元年（579）五月二十八日，任道林法师在同州卫道虎宅修述其事呈上。内史沛公宇文泽亲览，小内史临泾公宇文弘披读，掌礼上士托跋行恭委寻都上士叱寇臣审覆。"可见其真实性有相当保证。

多关注此段对话与周武帝灭佛的关系①。从本章讨论的主题来看,这是"五胡"称谓为北朝人士所用的最早记录。而任道林以"刘渊篡晋,元非中夏。以非正朔,称为五胡"来回应周武帝所言的"汉魏晋世,似有若无。五胡乱治,风化方盛",显示双方所理解的"五胡"并未将刘氏汉赵排除在外,而是将十六国时期活跃于华北的各少数族政权均囊括在内。就历史观念而言与北魏洛阳时代一脉相承,实为隋唐统一以后"五胡"泛指用例的滥觞。换言之,北朝精英从南朝借用了"五胡"之称,却以自身所秉持的历史认识赋予其新内涵;而"五胡"称谓的本初意涵,伴随着其创造者即东晋南朝的建康精英,一起消散在历史的烟尘中。

---

① 参见汤用彤:《汉魏两晋南北朝佛教史》,北京:中华书局,2016年,第392—393页;葛兆光:《中国思想史》,第一卷《七世纪前中国的知识、信仰与思想世界》,上海:复旦大学出版社,2001年,第438页。

附录一 《献帝起居注》辑考

《隋书》卷三三《经籍志》"起居注"类列有一种名为《献帝起居注》的作品,五卷,不具撰人①。如同志所载多数作品的命运一样,《献帝起居注》在唐宋以后逐渐散佚,仅在中古史注和类书中留下若干断简残篇。

在全面搜集佚文的基础上,笔者对这一作品做了一些基础性的考察工作。结果显示,《献帝起居注》记事始于灵帝驾崩的中平六年(189),很可能是从与献帝即位关系密切的八月洛阳之变开始写起的。其终结并非在延康元年(220)的汉魏禅代,而是在之前的建安二十一年(216)二月壬申,以"立春宽缓诏书不复行"为标志,献帝不再颁下诏书。是书以接近于"本纪"的编年体围绕汉献帝皇帝权力的确立、展开与结束进行叙述,并未刻意将献帝时代割裂为都许之前和都许之后两个阶段,与曹魏王权本身保持了一定的政治距离。《献帝起居注》由献帝即位后至建安后期献帝朝廷中以尚书令为首的士人精英主导书写,荀彧在其中或起到了关键作用②。

基于以上认识,本文搜集今天可见的《献帝起居注》佚文,加以简单考证,依照时间顺序排列如下。需要说明的是,因为中古史注引文时常省略与原文重复的部分,故本文的辑佚部分将相近原文一并引出,以最大限度保留《献帝起居注》的原貌。简洁起见,史料所在页码

---

① 《隋书》,第964页。
② 参见本书第一章《哀歌与史诗:〈献帝起居注〉与献帝朝廷的历史意义》。

不再一一注出，敬希读者见谅。

【编年】中平六年（189）八月辛未（廿八日）

【辑佚】

《三国志》卷四六《吴书·孙破虏传》："（董）卓寻徙都西入关，焚烧雒邑。（孙）坚乃前入至雒，修诸陵，平塞卓所发掘。"裴松之注引《江表传》曰："案《汉献帝起居注》云'天子从河上还，得六〔玉〕玺于阁上'，又太康之初孙皓送金玺六枚，无有玉，明其伪也。"

《续汉书·舆服志》："乘舆黄赤绶……"刘昭注引《献帝起居注》曰："时六玺不自随，及还，于阁上得。"

【考证】据《后汉书》卷八《灵帝纪》，群臣迎少帝及陈留王（献帝）还宫在八月辛未。《后汉纪》卷二五："是日，幸崇德殿。大赦天下。得六玺，失传国玺。"

【编年】中平六年（189）九月甲戌（一日）

【辑佚】

《三国志》卷六《魏书·董卓传》："遂废帝为弘农王。寻又杀王及何太后。立灵帝少子陈留王，是为献帝。"裴松之注引《献帝起居注》载《策》曰："孝灵皇帝不究高宗眉寿之祚，早弃臣子。皇帝承绍，海内侧望，而帝天姿轻佻，威仪不恪，在丧慢惰，哀如故焉；凶德既彰，淫秽发闻，损辱神器，忝污宗庙。皇太后教无母仪，统政荒乱。永乐太后暴崩，众论惑焉。三纲之道，天地之纪，而乃有阙，罪之大者。陈留王协，圣德伟茂，规矩邈然，丰下兑上，有尧图之表；居丧哀戚，言不及邪，岐嶷之性，有周成之懿。休声美称，天下所闻，宜承洪业，为万世统，可以承宗庙。废皇帝为弘农王。皇太后还政。"

【考证】此处裴松之注先引《献帝纪》所载董卓会群臣废立事,后引《献帝起居注》所载策书,又载:"尚书读册毕,群臣莫有言,尚书丁宫曰:'天祸汉室,丧乱弘多。昔祭仲废忽立突,《春秋》大其权。今大臣量宜为社稷计,诚合天人,请称万岁。'卓以太后见废,故公卿以下不布服,会葬,素衣而已。"很难判断这段文字是出于《献帝纪》还是《献帝起居注》。裴注引《献帝纪》及《后汉纪》均记董卓废少立献在九月甲戌。

【编年】中平六年(189)九月
【辑佚】

《续汉书·百官志》:"黄门侍郎,六百石。本注曰:无员。掌侍从左右,给事中,关通中外……"刘昭注引《献帝起居注》曰:"帝初即位,初置侍中、给事黄门侍郎,员各六人,出入禁中,近侍帷幄,省尚书事。改给事黄门侍郎为侍中侍郎,去给事黄门之号,旋复复故。旧侍中、黄门侍郎以在中宫者,不与近密交政。诛黄门后,侍中、侍郎出入禁闼,机事颇露,由是王允乃奏比尚书,不得出入,不通宾客,自此始也。"

《后汉书》卷九《献帝纪》:"九月甲戌,即皇帝位,年九岁。迁皇太后于永安宫。大赦天下。改昭宁为永汉。丙子,董卓杀皇太后何氏。初令侍中、给事黄门侍郎员各六人。"李贤注引《献帝起居注》曰:"自诛黄门后,侍中、侍郎出入禁中,机事颇露,由是王允乃奏侍中、黄门不得出入。不通宾客,自此始也。"

《初学记》卷十二《职官部·侍中》引《献帝起居注》曰:"初置侍中六人,出入禁中,近侍帷幄,省尚书奏事。"

《太平御览》卷二二一《职官部·黄门侍郎》引《汉献帝起居注》曰:"自诛黄门后,侍中、侍郎出入禁中,机事颇露。由是王允乃奏侍中、黄门不得出入。不通宾客,自此始也。"

《玉海》卷一二三《官制·给事黄门》引《献帝起居注》曰:

"帝初即位,初置侍中、给事黄门侍郎,员各六人,出入禁中,近侍帷幄,省尚书事。改给事黄门侍郎为侍中侍郎,去给事黄门之号,旋复故。"

【考证】《续汉书》刘昭注和《玉海》引此条均以"帝初即位……"起首,未言具体时间。裴注引《献帝纪》及《后汉纪》均记董卓废少立献在九月甲戌(一日)。而《后汉书·献帝纪》将"初令侍中、给事黄门侍郎员各六人"系于九月丙子(三日)董卓杀何太后之后。两相对比,《后汉书·献帝纪》应是直接或间接袭自《献帝起居注》的记载。其将这一重要的内朝制度改革置于杀何太后事后,或有所据。《献帝起居注》佚文所谓"帝初即位"乃笼统言之,未必意味着此条当系于九月甲戌即位当日。

【编年】中平六年(189)九月

【辑佚】

《续汉书·百官志》:"黄门侍郎,六百石。本注曰:无员。掌侍从左右,给事中,关通中外……"刘昭注引《献帝起居注》曰"帝初即位,初置侍中、给事黄门侍郎……"又曰:"诸奄人官,悉以议郎、郎中称,秩如故。诸署令两梁冠,陛殿上,得召都官从事已下。"

【考证】《后汉书》卷九《献帝纪》:"初令侍中、给事黄门侍郎员各六人。赐公卿以下至黄门侍郎家一人为郎,以补宦官所领诸署,侍于殿上。"李贤注曰:"灵帝(建元)〔熹平〕四年,改平准为中准,使宦者为令。自是诸内署令、丞悉以阉人为之,故今并令士人代领之。"此条《献帝起居注》所言"诸奄人官,悉以议郎、郎中称"云云与上述制度改革当发生于同时。诸署令本为一梁冠,此时改为两梁冠应与其人选由阉人调整为士人相关。

【编年】中平六年(189)九月
【辑佚】

　　《续汉书·舆服志》:"进贤冠,古缁布冠也,文儒者之服也。前高七寸,后高三寸,长八寸。公侯三梁,中二千石以下至博士两梁,自博士以下至小史私学弟子,皆一梁。宗室刘氏亦两梁冠,示加服也。"刘昭注引《献帝起居注》曰:"中平六年,令三府长史两梁冠,五时衣袍,事位从千石、六百石。"

【考证】三府长史秩千石,本为一梁冠。中平六年令两梁冠,是一种待遇的提升。疑与上条"诸署令两梁冠"为同时之举,亦在九月。

【编年】中平六年(189)十二月戊戌
【辑佚】

　　《续汉书·郡国志》:"右司隶校尉部,郡七,县、邑、侯国百六。"刘昭注引《献帝起居注曰》:"中平六年,省扶风都尉置汉安郡,镇雍、渝麇、杜阳、陈仓、汧五县也。"

【考证】《后汉书》卷九《献帝纪》:"(中平六年)十二月戊戌,司徒黄琬为太尉,司空杨彪为司徒,光禄勋荀爽为司空。省扶风都尉,置汉安都护。"李贤注曰:"扶风都尉,比二千石,武帝元鼎四年置,中兴不改,至此以羌扰三辅,故省之。置都护,令总统西方。"应与此条《献帝起居注》所云"置汉安郡"为一事。此年十二月癸卯朔,无戊戌日。闰十二月壬申朔,戊戌为廿七日。《后汉书》之"十二月戊戌"或当为"闰十二月戊戌"。

【编年】初平三年(192)七月
【辑佚】

　　《后汉书》卷七二《董卓传》:"(李)傕等葬董卓于郿,并收董氏所焚尸之灰,合敛一棺而葬之。葬日,大风雨,霆震卓墓,流水入藏,漂其棺木。"李贤注引《献帝起居注》曰:"冢户开,大风暴雨,水土流入,抒出之。棺向入,辄复风雨,水溢郭户,如此者三四。冢中水半所,稠等共下棺,天风雨益暴甚,遂闭户。户闭,大风复破其冢。"

【考证】《后汉纪》卷二七:"秋七月,李傕使樊稠至郿葬董卓,大风暴雨,流水入墓,漂其棺椁。"

【编年】初平四年(193)十二月乙巳(廿七日)
【辑佚】

《续汉书·郡国志》:"凉州　汉阳郡。"刘昭注引《献帝起居注》曰:"初平四年十二月,已分汉阳、上郡为永阳,以乡亭为属县。"

【考证】中华书局点校本校勘记曰:"《集解》引马与龙说,谓上郡与汉阳地望悬隔,不得并以分郡,此注有误。疑'上郡'为'上邽'之讹,'已'字为'郡'字之讹,当云'分汉阳上邽为永阳郡'。观注言以乡亭为属县,必以县为郡明矣。"又《后汉纪》卷二七:"十二月乙巳,卫尉张喜为司空,录尚书事。分汉阳郡为永阳郡。"《献帝起居注》原文或为"十二月乙巳,分汉阳上邽为永阳郡,以乡亭为属县"。建安十八年"省州并郡,复《禹贡》之九州"时,永阳郡尚在雍州部所领二十二郡内(详见后文)。据《三国志》卷一《魏书·武帝纪》,建安十九年"省安东、永阳郡"。

【编年】兴平元年(194)五月
【辑佚】

《后汉书》卷七二《董卓传》:"兴平元年,马腾从陇右来朝,进屯霸桥。……于是(李)傕、(樊)稠始相猜疑。犹加稠及郭汜开府,与三公合为六府,皆参选举。"李贤注引《献帝起居注》曰:"(李)傕等各欲用其所举,若壹违之,便忿愤悉怒。主者患之,乃以次第用其所举,先从傕起,(郭)汜次之,(樊)稠次之。三公所举,终不见用。"

【考证】《后汉纪》卷二八:"五月,即拜扬烈将军郭汜为后将军,更封美阳侯;安集将军樊稠为右将军,开府如三公。"

【编年】兴平二年(195)三月—四月
【辑佚】

《三国志》卷六《魏书·董卓传》:"(李)傕质天子于营,烧宫殿城门,略官寺,尽收乘舆服御物置其家。"裴松之注引《献帝起居注》曰:"初,(郭)汜谋迎天子幸其营,夜有亡告(李)傕者,傕使兄子暹将数千兵围宫,以车三乘迎天子。杨彪曰:'自古帝王无在人臣家者。举事当合天下心,诸君作此,非是也。'暹曰:'将军计定矣。'于是天子一乘,贵人伏氏一乘,贾诩、左灵一乘,其余皆步从。是日,傕复移乘舆幸北坞,使校尉监坞门,内外隔绝。诸侍臣皆有饥色,时盛暑热,人尽寒心。帝求米五斛、牛骨五具以赐左右,傕曰:'朝餔上饭,何用米为?'乃与腐牛骨,皆臭不可食。帝大怒,欲诘责之。侍中杨琦上封事曰:'傕,边鄙之人,习于夷风,今又自知所犯悖逆,常有怏怏之色,欲辅车驾幸黄白城以纾其愤。臣愿陛下忍之,未可显其罪也。'帝纳之。初,傕屯黄白城,故谋欲徙之。傕以司徒赵温不与己同,乃内温坞中。温闻傕欲移乘舆,与傕书曰:'公前托为董公报雠,然实屠陷王城,杀戮大臣,天下不可家见而户释也。今争睚眦之隙,以成千钧之雠,民在涂炭,各不聊生,曾不改寤,遂成祸乱。朝廷仍下明诏,欲令和解,诏命不行,恩泽日损,而复欲辅乘舆于黄白城,此诚老夫所不解也。丁易,一刬为过,再为涉,三而弗改,灭其顶,凶。不如早共和解,引兵还屯,上安万乘,下全生民,岂不幸甚!'傕大怒,欲遣人害温。其从弟应,温故掾也,谏之数日乃止。帝闻温与傕书,问侍中常洽曰:'傕弗知臧否,温言太切,可为寒心。'对曰:'李应已解之矣。'帝乃悦。"

【考证】《后汉书》卷九《献帝纪》:"三月丙寅,李傕胁帝幸其营,焚宫室。……(四月)丁酉,郭汜攻李傕,矢及御前。是日,李傕移帝幸北坞。"《后汉纪》卷二八亦记"三月丙寅,傕使兄子李暹将数千兵围宫,以车三乘迎天子"云云,"(四月)丙申,兵交,矢及帝殿前,又贯傕左耳。……是日,傕复移乘舆幸北坞"云云。裴注上述引文并非《献帝起居注》原文照录,在"其余皆步从"和"是日"间当有节略。

【编年】兴平二年(195)四月—五月

【辑佚】

《三国志》卷六《魏书·董卓传》:"(李)傕使公卿诣(郭)汜请和,汜皆执之。相攻击连月,死者万数。"裴松之注引《献帝起居注》曰:"(李)傕性喜鬼怪左道之术,常有道人及女巫歌讴击鼓下神,祠祭六丁,符劾厌胜之具,无所不为。又于朝廷省门外,为董卓作神坐,数以牛羊祠之,讫,过省合问起居,求入见。傕带三刀,手复与鞭合持一刀。侍中、侍郎见傕带仗,皆惶恐,亦带剑持刀,先入在帝侧。傕对帝,或言'明陛下',或言'明帝',为帝说郭汜无状,帝亦随其意答应之。傕喜,出言'明陛下真贤圣主',意遂自信,自谓良得天子欢心也。虽然,犹不欲令近臣带剑在帝边,谓人言'此曹子将欲图我邪?而皆持刀也'。侍中李祯,傕州里,素与傕通,语傕'所以持刀者,军中不可不尔,此国家故事'。傕意乃解。天子以谒者仆射皇甫郦凉州旧姓,有专对之才,遣令和傕、汜。郦先诣汜,汜受诏命。诣傕,傕不肯,曰:'我有〔讨〕吕布之功,辅政四年,三辅清静,天下所知也。郭多,盗马虏耳,何敢乃欲与吾等邪?必欲诛之。君为凉州人,观吾方略士众,足办多不?多又劫质公卿,所为如是,而君苟欲利郭多,李傕有胆自知之。'郦答曰:'昔有穷后羿恃其善射,不思患难,以至于毙。近董公之强,明将军目所见,内有王公以为内主,外有董旻、承、璜以为鲠毒,吕布受恩而反图之,斯须之间,头县竿端,此有勇而无谋也。今将军身为上将,把钺仗节,子孙握权,宗族荷宠,国家好爵而皆据之。今郭多劫质公卿,将军胁至尊,谁为轻重邪？张济与郭多、杨定有谋,又为冠带所附。杨奉,白波帅耳,犹知将军所为非是,将军虽拜宠之,犹不肯尽力也。'催不纳郦言,而呵之令出。郦出,诣省门,白催不肯从诏,辞语不顺。侍中胡邈为催所幸,呼传诏者令饰其辞。又谓郦曰：'李将军于卿不薄,又皇甫公为太尉,李将军力也。'郦答曰：'胡敬才,卿为国家常伯,辅弼之臣也,语言如此,宁可用邪？'邈曰：'念卿失李将军意,恐不易耳！我与卿何事者？'郦言：'我累世受恩,身又常在帏幄,君辱臣死,当坐国家,为李催所杀,则天命也。'天子闻郦答语切,恐催闻之,便敕遣郦。郦裁出营门,催遣虎贲王昌呼之。昌知郦忠直,纵令去,还答催,言追之不及。天子使左中郎将李固持节拜催为大司马,在三公之右。催自以为得鬼神之力,乃厚赐诸巫。"

《后汉书》卷七二《董卓传》："(李)催乃自为大司马。"李贤注引《献帝起居注》曰："(李)催性喜鬼怪左道之术,常有道人及女巫歌讴击鼓下神,祭六丁,符劾厌胜之具,无所不为。又于朝廷省门外为董卓作神坐,数以牛羊祠之。天子使左中郎将李国持节拜催为大司马,在三公之右。催自以为得鬼神之助,乃厚赐诸巫。"

《太平御览》卷三五九《兵部·鞭》引《汉献帝起居注》曰："李催性喜鬼怪左道之术。又于朝廷省门为董卓设神坐,数以羊祠之。词毕,过省阁问帝起居,求入见。催带三刀,手复与鞭合持一刀。侍中、侍郎见催带仪,皆惶恐,亦带剑持刀,先入在帝侧。"

《太平御览》卷七三四《方术部·巫》引《汉献帝起居注》曰："李催性喜鬼怪左道之术,常有道人、女巫击鼓下神,祭六丁,符劾厌胜之具无不为。又于朝廷省门外为董卓作神坐,数以牛羊祠之。天子使左中郎将李固持节拜傕为大司马，在三公之右。傕自为得鬼神之助，乃厚赐诸巫。"

【考证】李傕在省门外祠董卓及带杖入见事当在四月移献帝于北坞事后。又《后汉书》卷九《献帝纪》："五月壬午，李傕自为大司马。"《后汉纪》卷二八记皇甫郦和李傕、郭汜事在闰月己卯，李傕为大司马在闰月辛巳。

【编年】兴平二年（195）七月甲子
【辑佚】

《三国志》卷六《魏书·董卓传》："（李）傕将杨奉与傕军吏宋果等谋杀傕，事泄，遂将兵叛傕。傕众叛，稍衰弱。张济自陕和解之，天子乃得出，至新丰、霸陵间。"裴松之注引《献帝起居注》曰："初，天子出到宣平门，当度桥，（郭）汜兵数百人遮桥问'是天子邪'？车不得前。（李）傕兵数百人皆持大戟在乘舆车左右，侍中刘艾大呼云：'是天子也。'使侍中杨琦高举车帷。帝言诸兵：'汝不却，何敢迫近至尊邪？'汜等兵乃却。既度桥，士众咸呼万岁。"

《后汉书》卷七二《董卓传》："张济自陕来和解二人，仍欲迁帝权幸弘农。帝亦思旧京，因遣使敦请傕求东归，十反乃许。车驾即日发迈。"李贤注引《献帝起居注》曰："初，天子出，到宣平门，当度桥，（郭）汜兵数百人遮桥曰：'是天子非？'车不得前。（李）傕兵数百人皆持大戟在乘舆车前，侍中刘艾大呼云：'是天子也！'使侍中杨琦高举车帷。帝言诸兵：'汝却，何敢迫近至尊邪！'汜等兵乃却。既度桥，士众咸称万岁。"

【考证】《后汉书》卷九《献帝纪》："秋七月甲子，车驾东归。"《后汉纪》卷二八："秋七月甲子，车驾出宣平门。……（郭）汜兵乃却，士众皆称万岁。夜到霸陵，从者皆饥，张济赋给各有差。"此年七月庚午朔，无甲子，存疑。

【编年】初平、兴平年间

【辑佚】

　　《续汉书·百官志》:"百官受奉例。……凡诸受奉,皆半钱半谷。"刘昭注引《献帝起居注》曰:"帝在长安,诏书以三辅地不满千里,而军师用度非一,公卿已下不得奏除。其若公田,以秩石为率,赋(舆)〔与〕令各自收其租税。"

【考证】此条具体时间不明。献帝入长安在初平元年(190)三月,东归在兴平二年(195)七月。

【编年】建安元年(196)七月—八月

【辑佚】

　　《后汉书》卷七二《董卓传》:"建安元年春,诸将争权,韩暹遂攻董承,承奔张杨,杨乃使承先缮修洛宫。七月,帝还至洛阳,幸杨安殿。张杨以为己功,故因以'杨'名殿。"李贤注引《献帝起居注》曰:"旧时宫殿悉坏,仓卒之际,拾摭故瓦材木,工匠无法度之制,所作并无足观也。"

【考证】《后汉书》卷九《献帝纪》:"秋七月甲子,车驾至洛阳,幸故中常侍赵忠宅。……八月辛丑,幸南宫杨安殿。"《三国志》卷一《魏书·武帝纪》:"秋七月,杨奉、韩暹以天子还洛阳。"裴松之注引《献帝春秋》曰:"天子初至洛阳,幸城西故中常侍赵忠宅。使张杨缮治宫室,名殿曰扬安殿,八月,帝乃迁居。"但《后汉纪》卷二九记"(六月)丙辰,行至洛阳,幸故常侍赵忠宅。张阳治缮宫殿",与诸书不同。

【编年】建安三年(198)四月

【辑佚】

　　《后汉书》卷九《献帝纪》:"三年夏四月,遣谒者裴茂率中郎将段煨讨李傕,夷三族。"李贤注引《献帝起居注》曰"传(李)傕首到许,有诏高悬之"也。

【考证】《后汉书》卷七二《董卓传》:"三年,使谒者仆射裴茂诏关中诸将段煨等讨李傕,夷三族。"李贤注引《典略》曰:"(李)傕头至,有诏高县之。"而《三国志》卷六《魏书·董卓传》:"建安二年,遣谒者仆射裴茂率关西诸将诛(李)傕,夷三族。"《后汉纪》卷二九:"(二年)冬十月,谒者仆射裴茂督三辅诸军讨李傕也。(三年)春正月,破傕,斩之,夷三族。"建安三年夏四月或为"傕首到许,有诏高悬之"的时间。

【编年】建安四年(199)后
【辑佚】

《续汉书·百官志》:"尚书仆射一人,六百石。本注曰:署尚书事,令不在则奏下众事。"刘昭注:"臣昭案:'献帝分置左、右仆射,建安四年以荣邵为尚书左仆射是也。'《献帝起居注》曰:'(荣)邵卒官,赠执金吾。'"

【考证】荣劭卒年不详,仅知在建安四年任尚书左仆射后。

【编年】建安五年(200)正月
【辑佚】

《三国志》卷三二《蜀书·先主传》:"(刘备)遂与(董)承及长水校尉种辑、将军吴子兰、王子服等同谋。会见使,未发。事觉,承等皆伏诛。"裴松之注引《献帝起居注》曰:"(董)承等与(刘)备谋未发,而备出。承谓(王子)服曰:'郭多有数百兵,坏李傕数万人,但足下与我同不耳!昔吕不韦之门,须子楚而后高,今吾与子由是也。'服曰:'惶惧不敢当,且兵又少。'承曰:'举事讫,得曹公成兵,顾不足邪?'服曰:'今京师岂有所任乎?'承曰:'长水校尉种辑、议郎吴硕是我腹心办事者。'遂定计。"

【考证】《三国志》卷一《魏书·武帝纪》、《后汉书》卷九《献帝纪》及《后汉纪》卷二九均记董承等被杀在建安五年春正月。密谋事虽在前,但《献帝起居注》可能是在记杀董承后追溯言之。《后汉纪》卷二九即如此处理,且文字略同。

【编年】建安五年(200)十月
【辑佚】

《三国志》卷一《魏书·武帝纪》:"绍众大溃,绍及谭弃军走,渡河。追之不及,尽收其辎重图书珍宝,虏其众。"裴松之注引《献帝起居注》曰:"公上言:'大将军邺侯袁绍前与冀州牧韩馥立故大司马刘虞,刻作金玺,遣故任长毕瑜诣虞,为说命录之数。又绍与臣书云:"可都鄴城,当有所立。"擅铸金银印,孝廉计吏,皆往诣绍。从弟济阴太守叙与绍书云:"今海内丧败,天意实在我家,神应有征,当在尊兄。南兄臣下欲使即位,南兄言,以年则北兄长,以位则北兄重。便欲送玺,会曹操断道。"绍宗族累世受国重恩,而凶逆无道,乃至于此。辄勒兵马,与战官渡,乘圣朝之威,得斩绍大将淳于琼等八人首,遂大破溃。绍与子谭轻身迸走。凡斩首七万余级,辎重财物巨亿。'"

【考证】曹操此一上书当在官渡战后不久。《三国志》卷一《魏书·武帝纪》、《后汉书》卷九《献帝纪》均记官渡破袁绍在建安五年十月。《后汉纪》卷二九则记"十一月甲子,曹操与袁绍战于官渡,绍师大溃",与两书不同。

【编年】建安八年(203)正月一日
【辑佚】

《续汉书·礼仪志》:"每(月朔)岁首〔正月〕,为大朝受贺。其仪:夜漏未尽七刻,钟鸣,受贺。及贽,公、侯璧,中二千石、二千石羔,千石、六百石雁,四百石以下雉。"刘昭注引《献帝起居注》曰:"旧典,市长执雁,建安八年始令执雉。"

【考证】《续汉志》此条言汉皇帝正月受贺时百官所执贽礼。《献帝起居注》记市长由"执雁"转为"执雉",即就此礼仪而言,当系于是年正月一日。"市长"指洛阳市长。《续汉书·百官志·大司农》刘昭注引《汉官》曰:"(雒阳)市长一人,秩四百石。"又据《续汉书·舆服志》刘昭注引《东观书》,雒阳市长秩四百石,铜印黑绶。配黑绶者为千石、六百石及四百石、三百石长。《周礼·春官·大宗伯》:"以禽作六挚,以等诸臣:孤执皮帛,卿执羔,大夫执雁,士执雉,庶人执鹜,工商执鸡。"雒阳市长由"执雁"转为"执雉",是由"大夫"位降为"士"位了,不知道是否绶制也有相应调整。

【编年】建安八年(203)

【辑佚】

《续汉书·百官志》:"公车司马令一人,六百石。本注曰:掌宫南阙门,凡吏民上章,四方贡献,及征诣公车者。"刘昭注引《献帝起居注》曰:"建安八年,议郎卫林为公车司马令,位随将、大夫。旧公车令与都官、长史位从将、大夫,自林始。"

【考证】疑原文当作"旧公车令与都官长史位同。位从将、大夫,自林始。"

【编年】建安八年(203)十月

【辑佚】

《续汉书·祭祀志》:"立冬之日,迎冬于北郊,祭黑帝玄冥。车旗服饰皆黑。歌《玄冥》,八佾舞育命之舞。"刘昭注引《献帝起居注》曰:"建安八年,公卿迎气北郊,始复用八佾。"

【考证】《后汉书》卷九《献帝纪》:"八年冬十月己巳,公卿初迎冬于北郊,总章始复备八佾舞。"此年十月为壬午朔,无己巳日。《后汉纪》卷二九:"(八年)九月,公卿迎气北郊,始用八佾。"此年九月为壬子朔,己巳为十八日。疑《后汉书》所记干支有误。

【编年】建安八年(203)十二月

【辑佚】

《续汉书·百官志》"司徒"条:"长史一人,千石。掾属三十一人。令史及御属三十六人。本注曰:世祖即位,以武帝故事,置司直,居丞相府,助督录诸州,建武十八年省也。"刘昭注引《(汉)〔献〕帝起居注》曰:"建安八年十二月,复置司直,不属司徒,掌督中都官,不领诸州。"

【考证】此处《献帝起居注》原作《汉帝起居注》,中华书局点校本《后汉书》校勘记云"据汲本、殿本改"。点校本以商务印书馆影印的绍兴本为底本。绍兴本作《汉帝起居注》,或许正是此条刘昭注的原貌,汲本、殿本反为妄改。此书在魏明帝青龙二年(234)山阳公卒并得谥"孝献皇帝"之前,或曾名《汉帝起居注》。

【编年】建安九年(204)十一月

【辑佚】

《续汉书·百官志》"司徒"条:"长史一人,千石。掾属三十一人。令史及御属三十六人。本注曰:世祖即位,以武帝故事,置司直,居丞相府,助督录诸州,建武十八年省也。"刘昭注引《(汉)〔献〕帝起居注》曰:"九年十一月,诏司直比司隶校尉,坐同席在上,假传置,从事三人,书佐四人。"

【考证】同上条。

【编年】建安十三年(208)正月

【辑佚】

《三国志》卷二《魏书·文帝纪》:"文皇帝讳丕,字子桓,武帝太子也。中平四年冬,生于谯。"裴松之注引《献帝起居注》曰:"建安十(五)〔三〕年为司徒赵温所辟。太祖表'温辟臣子弟,选举故不以实'。使侍中守光禄勋郗虑持节奉策免温官。"

【考证】《后汉书》卷九《献帝纪》:"建安十三年春正月,司徒赵温免。"

【编年】建安十三年(208)六月癸巳(九日)

【辑佚】

《三国志》卷一《魏书·武帝纪》:"十三年春正月,公还邺,作玄武池以肄舟师。汉罢三公官,置丞相、御史大夫。夏六月,以公为丞相。"裴松之注引《献帝起居注》曰:"使太常徐璆即授印绶。御史大夫不领中丞,置长史一人。"

【考证】《后汉书》卷九《献帝纪》:"(十三年)夏六月,罢三公官,置丞相、御史大夫。癸巳,曹操自为丞相。"此年六月乙酉朔,癸巳为九日。

【编年】建安十五年(210)

【辑佚】

《三国志》卷十一《魏书·邴原传》:"太祖乃止,徙署丞相征事。"裴松之注引《献帝起居注》曰:"建安十五年,初置征事二人,(邴)原与平原王烈俱以选补。"

【考证】《三国志》卷十一《魏书·王烈传》:"王烈者,字彦方,于时名闻在(邴)原、(管)宁之右。辞公孙度长史,商贾自秽。太祖命为丞相掾、征事,未至,卒于海表。"裴松之注引《先贤行状》曰:"太祖累征召,辽东为解而不遣。以建安二十三年寝疾,年七十八而终。"可见王烈所"选补"丞相征事仅为虚授,与邴原不同。

【编年】建安十八年(213)正月壬子(廿五日)

【辑佚】

《续汉书·礼仪志》:"正月甲子若丙子为吉日,可加元服,仪从冠礼。……王公以下,初加进贤而已。"刘昭注引《献帝起居注》曰:"建安十八年正月壬子,济北王加冠户外,以见父母。给事黄门侍郎刘瞻兼侍中,假貂蝉加济北王,给之。"

【考证】《后汉书》卷九《献帝纪》:"(十七年)九月庚戌,立皇子熙为济阴王,懿为山阳王,邈为济北王,敦为东海王。"《后汉纪》卷三十则作"秋七月庚戌"。

【编年】建安十八年(213)三月庚寅(四日)
【辑佚】

《续汉书·百官志》:"外十二州。建武十八年,复为刺史,十二人各主一州,其一州属司隶校尉。"刘昭注引《献帝起居注》曰:"建安十八年三月庚寅,省州并郡,复禹贡之九州。冀州得魏郡、安平、巨鹿、河间、清河、博陵、常山、赵国、勃海、廿陛、平原、太原、上党、西河、定襄、雁门、云中、五原、朔方、河东、河内、涿郡、渔阳、广阳、右北平、上谷、代郡、辽东、辽东属国、辽西、玄菟、乐浪,凡三十二郡。省司隶校尉,以司隶部分属豫州、冀州、雍州。省凉州刺史,以并雍州部,郡得弘农、京兆、左冯翊、右扶风、上郡、安定、陇西、汉阳、北地、武都、武威、金城、西平、西郡、张掖、张掖属国、酒泉、敦煌、西海、汉兴、永阳、东安南,凡二十二郡。省交州,以其郡属荆州。荆州得交州之苍梧、南海、九真、交趾、日南,与其旧所部南阳、章陵、南郡、江夏、武陵、长沙、零陵、桂阳,凡十三〔郡〕。益州本部郡有广汉、汉中、巴郡、犍为、蜀郡、牂牁、越巂、益州、永昌、犍为属国、蜀郡属国、广汉属国,今并得交州之郁林、合浦,凡十四〔郡〕。豫州部郡本有颍川、陈国、汝南、沛国、梁国、鲁国,今并得河南、荥阳都尉,凡八郡。徐州部郡得下邳、广陵、彭城、东海、琅邪、利城、城阳、东莞,凡八郡。青州得齐国、北海、东莱、济南、乐安,凡五郡。"

【考证】《后汉书》卷九《献帝纪》:"十八年春正月庚寅,复禹贡九州。"与上引文记为"三月庚寅"不同。此年正月戊子朔,庚寅为三日。然据《三国志》卷一《魏书·武帝纪》:"十八年春正月,进军濡须口,攻破(孙)权江西营,获权都督公孙阳,乃引军还。诏书并十四州,复为九州。夏四月,至邺。"《三国志》卷四七《吴书·吴主传》:"十八年正月,曹公攻濡须,(孙)权与相拒月余。曹公望权军,叹其齐肃,乃退。"可知曹操自濡须退军必已出正月,"复禹贡九州"亦当在正月之后。《后汉纪》卷三十:"春二月庚寅,省幽州、并州,以其郡国并属冀州;省司隶校尉,以其郡国分属豫州、〔冀州、雍州〕;省凉州,以其郡国并属〔雍〕(冀)州。"此年二月戊午朔,无庚寅日。

【编年】建安十八年(213)七月—八月
【辑佚】

《续汉书·五行志》:"十八年六月,大水。"刘昭注引《献帝起居注》曰:"七月,大水,上亲避正殿;八月,以雨不止,且还殿。"

【考证】皇帝因灾异避正殿为两汉传统,献帝此前在关中时亦有施行。《续汉书·五行志》载初平四年"正月甲寅朔,日有蚀之",刘昭注引袁宏《后汉纪》曰:"未蚀八刻,太史令王立奏曰:'日晷过度,无有变也。'于是朝臣皆贺。帝密令尚书候焉,未晡一刻而蚀。尚书贾诩奏曰:'立伺候不明,疑误上下;太尉周忠,职所典掌,请皆治罪。'诏曰:'天道远,事验难明,且灾异应政而至,虽探道知机,焉能无失,而欲归咎史官,益重朕之不德也。'弗从。于是避正殿,寝兵,不听事五日。"

【编年】建安十八年(213)七月
【辑佚】

《三国志》卷一《魏书·武帝纪》:"(十八年)秋七月,始建魏社稷宗庙。天子聘公三女为贵人,少者待年于国。"裴松之注引《献帝起居注》曰:"使使持节行太常大司农安阳亭侯王邑,赍璧、帛、玄𫄸、绢五万匹之邺纳聘,介者五人,皆以议郎行大夫事,副介一人。"

【考证】《后汉书》卷九《献帝纪》:"(十八年)夏五月丙申,曹操自立为魏公,加九锡。"《后汉纪》卷三十:"(十八年)夏五月丙申,天子使御史大夫郗虑持节策命曹操为公曰……"至七月,始建魏国社稷、宗庙。所谓"少者待年于国"者,即下条所记的"二贵人",此时尚待于邺城魏国宫内。《后汉书》卷十《皇后纪》:"建安十八年,(曹)操进三女宪、节、华为夫人,聘以束帛玄纁五万匹,小者待年于国。十九年,并拜为贵人。"即十八年先聘为夫人,与《三国志·魏书·武帝纪》所记不同。但从下条裴注引《献帝起居注》径言"迎二贵人于魏公国"来看,似十八年即已为贵人,只是尚未予以印绶。

【编年】建安十九年(214)二月
【辑佚】

《三国志》卷一《魏书·武帝纪》:"十九年春正月,始耕籍田。南安赵衢、汉阳尹奉等讨(马)超,枭其妻子,超奔汉中。韩遂徙金城,入氐王千万部,率羌、胡万余骑与夏侯渊战,击,大破之,遂走西平。渊与诸将攻兴国,屠之。省安东、永阳郡。安定太守毌丘兴将之官,公戒之曰:'羌、胡欲与中国通,自当遣人来,慎勿遣人往。善人难得,必将教羌、胡妄有所请求,因欲以自利;不从便为失异俗意,从之则无益事。'兴至,遣校尉范陵至羌中,陵果教羌,使自请为属国都尉。公曰:'吾预知当尔,非圣也,但更事多耳。'"裴松之注引《献帝起居注》曰:"使行太常事大司农安阳亭侯王邑与宗正刘艾,皆持节,介者五人,赍束帛驷马,及给事黄门侍郎、掖庭丞、中常侍二人,迎二贵人于魏公国。二月癸亥,又于魏公宗庙授二贵人印绶。甲子,诣魏公宫延秋门,迎贵人升车。魏遣郎中令、少府、博士、御府乘黄厩令、丞相掾属侍送贵人。癸酉,二贵人至浦仓中,遣侍中丹将冗从虎贲前后骆驿往迎之。乙亥,二贵人入宫,御史大夫、中二千石、将、大夫、议郎会殿中,魏国二卿及侍中、中郎二人,与汉公卿并升殿宴。"

【考证】此条裴注置于安定太守毌丘兴事后,难以索解,或有佚文。此年二月壬子朔,"于魏公宗庙授二贵人印绶"的癸亥为十二日,其后甲子为十三日,癸酉为廿二日,乙亥为廿四日。即从邺城返回许都约费十日。则之前的"迎二贵人于魏公国"当亦在二月内。此年正月曹操以魏公身份"始耕籍田",代行了汉天子和合宇宙秩序的重要职能,是汉魏交替进程中的关键一步。据《三国志》卷一《魏书·武帝纪》,此后二十一年三月,曹操又"亲耕籍田",其后五月进为魏王。

【编年】建安十九年(214)三月癸未(二日)
【辑佚】

《三国志》卷一《魏书·武帝纪》:"三月,天子使魏公位在诸侯王上,改授金玺、赤绂、远游冠。"裴松之注引《献帝起居注》曰:"使左中郎将杨宣、亭侯裴茂持节、印授之。"

【考证】《后汉纪》卷三十:"(十九年)春三月癸未,改授魏公金玺、赤黻、远游冠。"据《续汉书·舆服志》,金玺、远游冠均为诸侯王所服。《白虎通》曰:"天子朱绂,诸侯赤绂。"曹操此时虽为魏公,然"位在诸侯王上",同时给予诸侯王级别的服制待遇。

【编年】建安十九年(214)四月
【辑佚】

《续汉书·五行志》:"献帝兴平元年秋,长安旱。是时李傕、郭汜专权纵肆。"刘昭注引《献帝起居注》曰:"建安十九年夏四月,旱。"

【考证】《后汉书》卷九《献帝纪》:"十九年夏四月,旱。五月,雨水。"

【编年】建安二十一年(216)二月壬申(初二)
【辑佚】

《续汉书·礼仪志》:"立春之日,下宽大书曰:'制诏三公:

方春东作,敬始慎微,动作从之。罪非殊死,且勿案验,皆须麦秋。退贪残,进柔良,下当用者,如故事。'"刘昭注引《献帝起居注》曰:"建安二十二年二月壬申,诏书绝,立春宽缓诏书不复行。"

【考证】二十二年二月甲午朔,当月无壬申日。二十一年二月辛未朔,初二壬申。此处的"建安二十二年二月壬申"当为"建安二十一年二月壬申"之讹。与籍田礼一样,立春之日颁下"宽缓诏书"亦为汉代皇帝专属权力,以显示其和合宇宙秩序的神圣功能。《献帝起居注》既云"不复行",说明此前的献帝朝廷当仍然遵循这一惯例。选择以此诏书作为"诏书绝"的标志,可以说意在剥夺汉皇帝和合宇宙秩序的功能。反过来说,这一功能当由魏公曹操来替代行使。据《三国志》卷一《魏书·武帝纪》,二十一年春二月甲午(廿四日),曹操在邺城"始春祠";三月壬寅(初二),魏公曹操"亲耕籍田",进一步替代了汉皇帝/天子的神圣角色。《献帝起居注》很可能即终结于此。

附录二 "禅让"与魏晋王权的历史特质

石勒的非主流评价

十六国时代后赵的开国君主石勒,曾经在功成酒酣之际,向大臣徐光询问自己可方于往古何帝。对于这样的终极之问,徐光及时给出了"轩辕之亚"的安全答案。史载石勒笑曰:

> 人岂不自知,卿言亦已太过。朕若逢高皇,当北面而事之,与韩彭竞鞭而争先耳。脱遇光武,当并驱于中原,未知鹿死谁手。大丈夫行事当磊磊落落,如日月皎然,终不能如曹孟德、司马仲达父子,欺他孤儿寡妇,狐媚以取天下也。朕在二刘之间耳,轩辕岂所拟乎!①

石勒的回答颇堪玩味。这段文字目前可以追溯到的最早史源是北魏崔鸿所著的《十六国春秋·后赵录》②。虽然没有直接证据,庶几可以肯定是来自后赵自身的国史书写。石勒的上述发言当然经过了后赵史臣的润色,但对两汉魏晋四位开国君主的不同评价——前褒后贬——或许确实出自他的本意。理由在于他们"取天下"的方式有别。刘邦、刘秀以逐鹿中原的直接暴力成就王朝霸业,曹操、司马懿却是"欺他孤儿寡妇,狐媚以取天下",远不够光明正大。

我们都知道魏晋王朝完成王权更替的方式是通过所谓的"禅

---

① 《晋书》卷一〇五《石勒载记下》,第 2749 页。
② 《太平御览》卷一二〇《偏霸部·后赵石勒》,第 579 页。

让"。石勒对于这一方式的负面评价,虽然与后来《三国演义》所代表的曹马之大众形象有暗合之处,但恰恰暴露出他作为曾经魏晋帝国治下的边缘人群一员,即使在翻身掌握大权之后,对于魏晋统治精英的理念还是相当隔膜的。在另外一个场合,面对前赵皇帝刘曜的"赵王"之封,石勒声言:"帝王之起,复何常邪!赵王、赵帝,孤自取之,名号大小,岂其所节邪?"①这都可以说明他对于魏晋"禅让"的程序和原理缺乏基本了解,自然也谈不上欣赏与认同。这大概也是整个十六国时期北方"五胡"人群的普遍态度。纵使十六国政权内部对华夏人士与制度文化多有吸纳,"禅让"并不在其列。这一时期频繁异常的王权更替无一不是通过军事暴力成就来直接达成的。

然而纵观整个中古时代,肇始于汉魏交替的"禅让"却是王权更替的基本路径,石勒们的评价反倒显得有些"非主流"了。永嘉南渡,东晋自然延续司马氏的法统,继起的宋、齐、梁、陈南朝四代皆以禅让立国。北方的情况略复杂一些。十六国政权已如前述。北魏起于塞外,在拓跋政权统一华北的漫长过程中,与其他十六国政权及南朝的关系也以武力征伐和臣服支配为主。但如所周知,以太和十七年(493)的孝文帝迁都洛阳为标志,北魏的统治体制和意识形态在各方面都发生了巨大转变,华夏传统被更成规模地整合进入北朝国家。典型表现就是自北魏末年的大乱局中崛起的北齐、北周两王朝,都选择了通过禅让来完成王权更替。东魏、西魏对立局面的出现,正是这一意识形态发挥作用的历史性表现。其后的杨隋与李唐皆袭其旧。尽管唐太宗后来也曾经以"欺孤儿寡妇以得天下"来贬损隋文帝②,但当年其父李渊自太原起兵攻入长安后,即拥立隋宗室杨侑为帝,也是以未来的"禅让"程序为默认前提而采取的策略行动。

史上所见最后一次禅让,是宋太祖赵匡胤在陈桥驿"黄袍加身"后的即位仪式。史载"翰林承旨陶谷出周恭帝禅位制书于袖中,宣徽

---

① 《晋书》卷一○四《石勒载记上》,第 2729 页。
② 吴兢撰,谢保成集校:《贞观政要集校》卷一《政体第二》,北京:中华书局,2009 年。

使引太祖就庭,北面拜受已,乃掖太祖升崇元殿,服衮冕,即皇帝位"①,已经颇为敷衍。再往后,就是我们更加熟悉的徽钦二帝北狩、崖山之战与崇祯帝的景山了。是否禅让,与中国古代王权的历史进程若合符契。

仪式与模式

沿用达数百年之久的"禅让",无疑是构成中国中古王权独特景观的重要元素。简单地将其理解为权臣对于"篡位"的伪装与回护,与前述石勒们的非主流评价相比,其实并无多大进步。与其批判古人为"真小人",莫如站在和他们同样的"伪君子"立场,努力理解这一王权更替模式的原理与运作,并借此探寻与之相应的王权之特质。

就完整程序而言,作为一种王权更替仪式的"禅让",要比前引赵匡胤即位时的草率情形复杂精致得多。如历史上首次成功实现的禅让即汉魏禅代的过程,在《三国志》卷二《魏书·文帝纪》裴松之注引的《献帝传》中留下了详尽记载②。延康元年(220)十一月,魏国臣僚开始据多种符瑞图谶向魏王曹丕劝进。对此,魏王坚辞不受。当月十三日,汉献帝发布第一次禅让诏书,派御史大夫奉皇帝玺绶于魏王,尚书令、侍中等群臣劝进,诏书同时公布于天下。魏王坚辞不受。二十日,汉献帝发布第二次禅让诏书,尚书令、侍中等群臣劝进,魏王再次坚辞不受。二十五日,汉献帝发布第三次禅让诏书,相国华歆以下九卿劝进,这一次魏王最初仍然坚辞,但相国华歆以下九卿再次劝进后,即初步表示接受。二十八日,汉献帝发布第四次禅让诏书,尚书令等奏言:"臣辄下太史令择元辰,今月二十九日,可登坛受命,请诏王公群卿,具条礼仪别奏。"魏王也不再推辞,直接令曰:"可。"其

---

① 《宋史》卷一《太祖本纪》,北京:中华书局,1977年,第4页。
② 《三国志》,第62—75页。参见本书第二章《名、实之间:〈献帝纪〉与〈献帝传〉》,第65—69页。

后就是正式的即位仪式,"登坛受禅,公卿、列侯、诸将、匈奴单于、四夷朝者数万人陪位,燎祭天地、五岳、四渎"。曹魏王朝于焉成立。

不可否认,以上程序的每一个步骤,无论是汉一方的反复劝进和让予,还是魏一方的从拒绝再到接受,都应该经过了事先的精心设计和准备。劝进主体不断升级,内容也步步深入,形成了一个关于汉魏交替"正当性"的整体论证方案。参与者可以说是在"演戏",但更准确的说法应该是在履行"仪式"。仪式的作用主要不是在"外国"观众(匈奴单于、四夷朝者)面前宣示国威,而是通过这个漫长而又不可或缺的过程,让参与者们顺利完成新旧君臣身份及身份感的转换,新王权的正当性所在亦由此得到确认。

值得重视的是,接受汉献帝禅让天子之位的曹丕,其身份并非一般的汉廷大臣,而是"魏王",即"魏国"之王。某种程度来说,禅让仪式的本质,就是"汉国"之主,将领有天下的资格与权力——象征性的表现于"皇帝/天子"之位——让渡给"魏国"之主。这是以一种模拟的"封建制"秩序为依托而实现的王权更替。西汉武帝时代以降,郡县制早已经成为中国古代国家的基本支配体制。东汉诸侯王并无实权,异姓大臣更是连封建的合法资格都不具备。现在汉魏交替过程中这一事先张扬的"封建制",毋宁说是为了完成新旧王权交替而刻意设置的意识形态装置。

这一装置的设置并非始于曹丕。如所周知,曹丕的"魏王"身份继任于其父曹操。建安十八年(213),在基本平定关中地区、完成华北大部统一后,汉献帝以冀州之河东等十郡册封曹操为魏公;二十一年(216),进爵为魏王。曹操在建安二十五年(220)正月死去时,虽然并未登基称帝,但身份其实已经不是纯粹的"汉臣"。之所以这样说,不仅是因为他在生前所享受到的种种"不臣"待遇——如赞拜不名、入朝不趋、剑履上殿、设天子旌旗、冕十有二旒、驾六马,更为重要的是,封建魏国这一行动本身可以说就是以"禅让"的王权更替为终极目标的。就这一角度而言,讨论曹操是否想做皇帝是没有意义的伪问题。

更进一步说，早至建安元年(196)曹操做出迎献帝都许的政治决策并付诸行动时，以"禅让"模式完成新旧王权更替的设想或许就已经被模糊酝酿了。当时并非不存在其他政治选项。如袁绍阵营对于是否迎献帝就一直存有争议，袁术的僭号称帝也是因河内张炯之"符命"及"代汉者当涂高"之类的谶文，从中基本看不到新的"禅让"模式的可能迹象。曹操迎献帝都许"挟天子以令诸侯"，不仅仅是一种功利化的政治策略，其中应该也包含了其周围集聚的精英士人关于未来王权更替模式的设想，而这种设想必定是与他们关于新王权起源的正当性理念相对应的。

"不臣而君"与"自臣而君"

简单说来，"禅让"模式与"逐鹿"模式的主要区别在于如何定位新旧王权之间的关系。新王权的创业者，身份本为旧王权治下的臣子，"旧臣"与"新君"这样两种看似矛盾的身份，如何在王权交替之际实现顺利转换？对这一问题的焦虑与应答，大概不仅是新王权成立后才刻意而为的历史书写，更是在新王权的起源过程中即如影随形的意识形态力量。换言之，新王权正当性的获得，与其采取的更替模式之间，呈现一种相反相成的互动关系。

先来看"逐鹿"模式的代表，为石勒赞赏有加的两汉王权。无论汉高祖刘邦还是东汉光武帝刘秀，均本为前代王朝之臣子，却又都是通过暴力路径来推翻前朝而建立新王朝的。也就是说，他们通过否定旧王权的正当性——同时也否定了自己曾经具有的"臣"之身份——来实现自身暴力行为的合法化，最终借由群雄逐鹿后的军事暴力成就将身份转换为"君"，新王权于焉成立。这一路径可称之为"不臣而君"。

以刘邦与刘秀即位前所受劝进之辞为例。《汉书》卷一下《高帝纪下》载诸侯劝进汉王刘邦曰，"先时秦为亡道，天下诛之"，"大王起于微末,灭乱秦,威动海内"①。先将旧王权描摹为"亡道""乱秦",方可将原"秦臣"刘邦的反抗行为正当化。《后汉书》卷一上《光武帝纪上》载刘秀诸将劝进之辞亦曰:"汉遭王莽,宗庙废绝,豪杰愤怒,兆人涂炭。"又记其即位告天祝词曰:"王莽篡位,秀发愤兴兵,破王寻、王邑于昆阳,诛王朗、铜马于河北,平定天下,海内蒙恩。"②也需要先将王莽定义为"篡位"且给天下人民带来涂炭之灾的无道暴君。两汉的前代王朝嬴秦与新莽之所以在后来成为反面王朝的典型,除了它们自身的原因之外,与两汉王朝所采取的这种"不臣而君"的王权更替模式也甚有干系。

而在魏晋王权所采取的"禅让"模式下,新王权的创业者本为前代王朝之末代权臣,当然终究还是离不开军事暴力成就的保证,但与此同时,王权更替的路径却不是对于旧王权的暴力反抗与颠覆,而是通过前代皇帝将帝位"让"予新朝君主——以前述模拟的"封建制"秩序为依托——来实现的。在这一过程中,新王权的创业之主对于"旧臣"身份并未给予直接否定。相反,他的意识形态立场是将这一身份发扬光大,竭心尽力来平定前代王朝之末世乱局,由此成为旧王权之"功臣",实现"臣"之身份的最大化。君臣身份的转换契机于焉开启,其后就是如曹操那样以功德封建,为公为王,遇以殊礼,身份一步步实现"去臣化"。最后接受前朝天子的禅让,正式即位,建立新朝。在"禅让"的王权更替模式下,新王权的创业之主,必须经历一个"自臣而君"的身份转换过程。这与两汉王朝的"不臣而君"形成了鲜明对比。

与"不臣而君"相比,"自臣而君"模式事实上对君与臣两个方面的政治伦理都提出了新的道德要求。"臣"对于旧王权的正当性和相应的臣子身份不能再够简单地直接否定,而是需要在"功臣"的角色扮演中寻觅新王权起源的契机。而对于这样的功臣,"君"也不能够

---

① 《汉书》,第 52 页。
② 《后汉书》,第 20、22 页。

继续垄断对天下的领有权,需要以无私让渡的方式来给予酬劳。"禅让"是王权更替的仪式,贯彻其中的则是君臣之间对于新君臣关系的默契理解。史载禅让完成之后,魏文帝曹丕曾经对群臣说:"舜、禹之事,吾知之矣。"①以往多将此言解作是对"禅让剧"的一种反讽。从以上分析来看,或许曹丕表达的是对这种新君臣关系的某种领悟和肯定。

与此同时,在"禅让"模式下,新王权创业者的暴力对象被从旧王权本身引导向了其下的诸末世群雄。而汉魏之际人们关于"驱除"的理解也发生了有趣的变化。"驱除"本义为驱赶、排除,但两汉时人常常将其名词化,代表者如《汉书》卷九九下《王莽传下》篇末"赞曰":"昔秦燔《诗》《书》以立私议,莽诵《六艺》以文奸言,同归殊途,俱用灭亡,皆炕龙绝气,非命之运,紫色蛙声,余分闰位,圣王之驱除云尔!"②即将嬴秦和新莽分别视为刘邦/西汉王朝和刘秀/东汉王朝的"驱除"。这与前述"不臣而君"模式对待旧王权的态度是一致的。而世入魏晋,伴随着新王权创业之主需具备旧王权"功臣"身份这一意识形态的确立,驱除观念的应用对象也悄然转移到了参与逐鹿的诸末世群雄身上。如鲁肃对孙权论及"帝王之起,皆有驱除"时,举出的例子并非前代之东汉王朝,而是敌对蜀汉一方的关羽③,即为显证。

魏晋王权起源的历史书写

在以"禅让"模式完成王权更替后,魏晋统治精英仍然继续通过对王权起源的历史书写来张扬自身的正当性。首先来看《三国志·魏书》中一组尚较少为人关注的结构。在"本纪"与"诸臣传"之间,陈寿以三卷篇幅为董卓、袁术、袁绍、吕布、陶谦、公孙瓒等东汉末群

---

① 《三国志》卷二《魏书·文帝纪》裴松之注引《魏氏春秋》,第75页。
② 《汉书》,第4195页。
③ 《三国志》卷四五《吴书·吕蒙传》,第1281页。

雄立传。对此，唐代史家刘知幾在《史通·断限》中有着直言不讳的批评：

> 当魏武乘时拨乱，电扫群雄，锋镝之所交，网罗之所及者，盖唯二袁、刘、吕而已。若进鸩行弑，燃脐就戮，总关王室，不涉霸图，而陈寿《国志》引居传首。夫汉之董卓，犹秦之赵高。昔车令之诛，既不列于《汉史》，何太师之毙，遂独刊于《魏书》乎？兼复臧洪、陶谦、刘虞、孙瓒生于季末，自相吞噬。其于曹氏也，非唯理异犬牙，固亦事同风马，汉典所具，而魏册仍编，岂非流宕忘归，迷而不悟者也？①

刘知幾所生活的中唐时代距离魏晋已有近五百年之久，显然并不理解陈寿的做法。像董卓、袁绍这些汉末群雄，与曹魏王朝创业之主曹操之间并不存在君臣关系，为何一定要以"列传"的形式置于"魏册"之中呢？在王权起源的历史书写中涉及群雄事迹当然不可避免，但刘知幾并不认可这种为群雄立传的做法。

然而事实上，类似结构不仅见于《三国志·魏书》，在《三国志·吴书》中也相当醒目。在"诸吴主传"与"诸吴臣传"之间，是刘繇、笮融、太史慈、士燮这些孙吴政权创业江东时主要对手的列传。而若把眼光延展到曹魏与孙吴两朝所修的"国史"，会发现这一结构的存在感更为惊人。以孙吴国史韦昭《吴书》为例，即使只能看到数量有限的佚文残篇，我们仍然可以肯定，在孙吴国史中立传的汉末群雄是远远超过了《三国志·吴书》的，并不仅限于江东一隅，而是与《三国志·魏书》所网罗的天下群雄几乎完全重合。当然也有明显不同的地方，《三国志·魏书》"本纪"的主角，在孙吴国史中是作为"汉末群雄"来立传的，蜀汉君臣待遇亦然。只不过陈寿在入晋后撰写《三国志》时，从曹魏正统的立场进行了大幅删削。可见在纪传体王朝史中为前朝之末世群雄立传，并非陈寿的个人创意，而是魏晋时期统治精

---

① 《史通通释》卷四，第96页。

英所共享的意识形态的反映。结合前述对"禅让"模式下王权起源特质的解读,可以说这一结构在王权起源的历史书写中承担了独特功能,通过标示新王权的"驱除"之所在,来最大化创业之主相对于旧王权的"功臣"身份,以正当化"自臣而君"的身份转换过程。在这一意义上,前代王朝之末世群雄于新王权之成立不可或缺,或可将这一结构称之为"开国群雄传"。

在凸显新王权创业之主相对于旧王权的"功臣"身份方面,除上述"开国群雄传"外,魏晋王朝国史书写的"起元"方式在当时也极受重视。所谓"起元",是指在国史书写中从何时开始使用新王权的"元年"纪年。我们知道,纪年并不是单纯的科学,而是代表着权力者对于政治世界时间秩序的控制与支配,也是历史书写的首要元素。此前汉武帝通过创制年号纪年将汉王朝的时间秩序扩展至包括诸侯王国在内的帝国全境,最终实现了"中国一统",就是代表性的例子。《公羊传》曰:"元年者何?君之始年也。"在国史书写中何时开始"起元",意味着新王权"君"的身份正式成立的转换节点。

以曹魏国史王沈《魏书》为例。此书已佚,但从《三国志》裴松之注引用的佚文中可以确认,王沈《魏书》"皇后传"的纪年采用了汉献帝建安年号。由此可以推测,书写曹操创业经纬的"太祖本纪"亦应行用建安纪年。在建安纪年下书写曹操之本纪,与他多年来在汉天子旗号下东征西讨的赫赫功绩相对应,凸显了汉王朝"功臣"身份对于曹魏王权起源的重要性。而禅让完成之后,曹魏国史即改用魏文帝之"黄初"年号纪年,也是无须多言的。

或许读者会有疑问,曹操"挟天子以令诸侯",行用汉献帝建安年号是一个不争的"历史事实",曹魏国史在进行历史书写时难道不是理应如此吗?事实上我们下面将会看到,新王权对自身起源过程的书写,"直书史实"并非唯一的选项。西晋王朝在讨论国史书写应该何时"起元"时,就出现了"用正始开元""宜嘉平起年"和"从泰始为断"三种意见①。所谓"用正始开元",是指在西晋国史中自正始元年(240)司马懿就任辅政之职后,就废弃曹魏王朝年号纪年,而改用"晋元年"之类的晋之纪年。"宜嘉平起年"则是将国史行用晋之纪年的时间点推迟到了嘉平元年(249),此年司马懿发动高平陵之变,开始了司马氏的王权崛起之路。而所谓"从泰始为断",则是要在司马炎受魏禅、晋王朝正式成立之后,国史书写方才开始以晋之年号"泰始"纪年。这并非意味着西晋国史不立"三祖本纪",而是说在魏晋禅让程序完成之前,仍然要在曹魏王朝的年号纪年之下书写"三祖"。虽然出现了一定争议,但西晋国史书写"起元"的主流意见和实践结果都是"从泰始为断"。

"从泰始为断",意味着魏、晋禅让正式完成之后的泰始元年被设定为西晋王朝的"君之始年"。那么,此前的司马懿、司马师、司马昭所谓"三祖"的身份,也必定非"君",而仍然是"臣"。如陆机《〈晋书〉限断议》所提示的,"'三祖'实终为臣,故书为臣之事,不可〔不〕如'传'"②。西晋"三祖"为曹魏之臣,这固然是一个历史事实,因为他们与曹操一样,实际上没有即位称帝。但是在西晋成立后所撰国史本纪的书写中仍然坚持采用曹魏年号纪年,意味着对于新王权的君臣而言,作为创业之主的三祖需要呈现为曹魏王朝之"功臣"的形象。换言之,旧王权之"功臣"是新王权获致正当性的必要条件。

南北朝王权理念的反动

以上明确了魏晋新王权通过"禅让"模式表现出来的意识形态特征,以及与这种特征相表里的两种历史书写装置:"开国群雄传"与"禅让后起元"。而世入南北朝后,尽管王权交替表面上仍然袭用"禅让"模式(十六国政权自然不在其列),但在王权起源的历史书写中却可以观察到新的动向,折射出南北朝王权理念相对于魏晋时期

---

① 《晋书》卷四十《贾充传附贾谧传》,第1173—1174页。
② 《初学记》,第503页。

的反动。

先来看南朝。留存至今的南朝四史之中,《宋书》最具规模。此书由沈约于南齐永明年间撰成,其基础则是徐爰在刘宋大明六年(462)修成的纪传体国史。沈约在《上〈宋书〉表》中特别言明,他在体例上对徐爰之书进行了不小的删革。其中主要针对桓玄、谯纵、卢循等曾与刘宋创业之主刘裕逐鹿天下的东晋末群雄,沈约提出了"今并刊除,归之晋籍"的处理原则①。这当然不是说在《宋书》中对以上诸人的事迹只字不提,而是不为这些末世群雄专门立传之意。今天我们所见的《宋书》中"本纪"之后就是"诸臣传",确实看不到东晋末群雄列传的任何痕迹。不唯《宋书》,《南齐书》《梁书》《陈书》乃至《北齐书》《周书》莫不如此。可以说魏晋时代形成的"开国群雄传"结构,以沈约《宋书》为分水岭,被有意清除掉了。考虑到《梁书》《北齐书》等皆成于唐初,可以推测这种新结构的历史书写至少延续到了7世纪上半叶,并很可能决定了唐前期国史中对于隋末群雄的书写方式。今本《旧唐书》中赫然在列的"隋末群雄传",未必是唐前期国史的原貌。

由沈约所言的"今并刊除,归之晋籍"可以知道,刘宋大明六年(462)成立的徐爰所撰国史中,仍然按照"开国群雄传"传统为桓玄、卢循诸人专门立传。这说明在刘宋成立后相当长的一段时间之内,为统治精英所认可和书写的王权起源过程,仍然延续了魏晋以来的传统特质。这与学界以往关于刘宋的传统印象颇有不同。作为南朝的创始王朝,学者更多看到的是刘宋相对于东晋的断裂与革新之处。视刘裕为东晋"门阀政治的掘墓人"也好,强调刘宋皇帝权力的重振与"皇亲"的崛起也好,均与这一历史定位有关。这里当然无意否认南朝王权相对于魏晋的重大差别,但转折的节点是否必然与现实中的王朝更替同步而置于晋宋之际,则是可以讨论的问题。至少可以

---

① 《宋书》卷一〇〇《自序》,第 2467—2468 页。

看到,创业之主刘裕所主导的刘宋王权起源的过程,仍然遵循了严格的"禅让"模式,持续了长达十五年的时间。在此过程中,我们仍然可以观察到相当多的"魏晋式"意识形态元素在发挥作用。刘宋国史中保留以《桓玄传》为代表的"开国群雄传"即为显例。

但实际上,当徐爰在大明六年(462)撰修国史之际,就已经对这一传统提出了挑战。他在给朝廷的上表中首先批评了《三国志·魏书》为董卓、袁绍等人立传的做法,继而明确提出"其伪玄篡窃,同于新莽,虽灵武克殄,自详之晋录。及犯命干纪,受戮霸朝,虽揖禅之前,皆著之宋策"①。即桓玄可立传于"晋录"记其本末,而"宋策"只需在本纪中作为刘裕创业平定的对象提及即可。这与前述刘知幾关于汉末群雄不当"汉典所具,而魏册仍编"的表态是完全一致的,可谓新观念的先声。只是传统的影响并不容易消除,刘宋朝廷在经过"内外博议"之后仍然决定,"桓玄传宜在宋典"。真正实现对《桓玄传》的"驱除",要到二十年后的沈约《宋书》了。

不过,徐爰提出的另外一项关乎王权起源书写的重大更革,却几乎得到了朝廷内外的一致赞成,即"宜依衔书改文,登舟变号,起元义熙,为王业之始"②。如所周知,"义熙"是刘裕起兵击灭桓玄、迎还晋安帝复位后所改之年号,其历史意义相当于"建安"之于曹操。此后刘裕逐步掌握了朝廷实权,在东征西讨的同时,亦开始身份的"去臣化"进程,直至永初元年(420)接受晋禅,正式建立刘宋王朝。按照前文对"起元"的理解,"起元义熙"意指在刘宋国史中,自义熙元年(405)开始就废弃晋之年号"义熙",而改用"宋元年"之类的宋之纪年,来书写刘裕的创业经纬。与此一脉相承,檀超在负责南齐国史修撰时也将"开元纪号,不取宋年"列为国史"条例"之首③,主张国史应在齐之纪年下书写萧道成的创业事迹,尽管事实上宋齐禅代尚未完

---

① 《宋书》卷九四《恩倖传·徐爰》,第2309页。
② 《宋书》卷九四《恩倖传·徐爰》,第2309页。
③ 《南齐书》卷五二《文学传·檀超》,第891页。

成。梁陈两代国史虽未留下相关痕迹,推测亦当近之。"禅让前起元"由此成为了南朝王权起源书写的共识与通则。

南朝王权理念的新动向,在近百年后也波及了北朝。表面上看,北齐、北周皆以"禅让"模式完成新旧王权更替,显示了北魏孝文帝迁洛后魏晋传统在北方的复兴。但这一模式所代表的魏晋精英关于王权起源正当性的理解,却未必能被北朝的统治人群所全盘接受。北齐时魏收监修国史,所确立的"起元"原则就是"取平四胡之岁为齐元"①。所谓"平四胡之岁",指北魏永熙元年(532),其年闰三月,北齐创业之主高欢在韩陵之战中击溃尔朱氏势力,由此奠定其霸业基础。在北齐国史中以"取平四胡之岁为齐元",指从这一年开始就废弃北魏年号纪年,而以"齐元年"之类的齐之纪年来书写高欢事迹。这显然不是魏晋时代的"禅让后起元",而与南朝后来确立的新原则保持了一致,本质上应该还是北朝后期统治精英关于王权理念的反映。如强力支持魏收主张的李德林即表示:

> 若欲高祖(高欢)事事谦冲,即须号令皆推魏氏。便是编魏年,纪魏事,此即魏末功臣之传,岂复皇朝帝纪者也?②

在北魏"号令(年号)"之下书写高欢的创业事迹,相当于将新王权的创业之主塑造为"事事谦冲"的"魏末功臣"形象,这是李德林们所不能接受的。值得注意的是,这一形象本是魏晋时期新王权起源的必要条件,与同时确立的"禅让"王权更替模式互为表里,现在却无法创造出为时人所认可的正当性。取而代之的,则是"平四胡"这样纯粹的军事暴力成就。

可以看到,从刘宋后期开始,尽管"禅让"作为一种制度资源仍然维持了相当长久的生命力(魏晋王权所创制的许多制度传统都有类似命运),但国史书写从"禅让后起元"清晰转变为"禅让前起元",则

---

① 《北齐书》卷四二《阳休之传》,第 563 页。
② 《隋书》卷四二《李德林传》,第 1197 页。

说明在南北朝统治精英关于新旧王权交替的理念中,原来的"功臣"身份对创业之主不再构成强有力的约束,"创业"这一暴力成就本身即足以开启新王权起源的意识形态契机。这在一定程度上可以说是对于汉代传统的回归,只是由于"禅让"传统的强大影响,新王权的暴力并未如两汉王权那样直接导向旧王权自身。前述"开国群雄传"在南北朝的历史书写中终归于消失,与王权起源理念所发生的这一反动进程应该也是分不开的。

附录三 《续汉书·百官志》"州刺史"条郡国数辨讹

司马彪《续汉书·百官志》"州刺史"条"本注曰"部分记述东汉各州所辖郡国数,原文如下:

> 豫州部郡国六,冀州部九,兖州部八,徐州部五,青州部六,荆州部七,扬州部六,益州部十二,凉州部十二,并州部九,幽州部十一,交州部七,凡九十八。其二十七王国相,其七十一郡太守。其属国都尉。属国,分郡离远县置之,如郡差小,置本郡名。世祖并省郡县四百余所,后世稍复增之。①

"其属国都尉"一句不通,显然有脱文。

对照《续汉书·郡国志》的记载,可知上引《百官志》所记各州所部"郡国"数目,不仅仅指郡与王国,也包括了行政级别相同的属国在内。如《郡国志》记冀州有魏郡、钜鹿、勃海三郡,常山、中山、安平、河间、清河、赵国六王国,合之与《百官志》所记"冀州部(郡国)九"相符;又记凉州有陇西、汉阳、武都、金城、安定、北地、武威、张掖、酒泉、敦煌十郡,张掖属国、张掖居延属国二属国,合之也与《百官志》所记"凉州部(郡国)十二"相符。因此,"凡九十八"的总计,应该也是涵盖了东汉司隶校尉辖区(包括七郡)以外区域——所谓"外十二

---

① 《后汉书》,第3619页。

州"①——所有郡、王国、属国在内的数目统计。那么,其下"其二十七王国相,其七十一郡太守。其属国都尉"的分类统计,"其"与"属国都尉"之间,必脱佚了表示其数目统计的某一数字;而王国"二十七"与郡"七十一"相加,已达"九十八"之总数,显然数字上亦有讹误。

虽然东汉一朝的郡、王国和属国设置屡有变迁,其数目并非保持恒定;但无论是九十八的总数还是各州所分部郡国的数目,甚至包括"外十二州"的排列顺序,《续汉书·百官志》"刺史"条都与同书《郡国志》的记载相合无间。不妨认为两者来自于同样的史料来源(或即顺帝永和五年[140]之版籍②)。而根据《郡国志》的记载,可以将各州所辖郡、国与属国的具体数目统计列如表 F3.1:

表 F3.1

州	豫州	冀州	兖州	徐州	青州	荆州	扬州	益州	凉州	并州	幽州	交州	总计
郡	2	3	5	2	2	7	6	9	10	9	10	7	72
国	4	6	3	3	4								20
属国								3	2		1		6

《百官志》"刺史"条的分类数目统计当与上表所列保持一致。因此,"其二十七王国相,其七十一郡太守。其属国都尉"一句,《百官志》原文当为"其二十王国相,其七十二郡太守,其六属国都尉"。疑《百官志》传抄中"其六属国都尉"之"六"字先讹为"七",又脱入前文为"其二十七王国相";后校书者不解《续汉志》之"郡国"乃统括郡、王国、属国三者而言,乃妄改"其七十二郡太守"为"七十一",以与"其二十七王国相"相加后合于"凡九十八"之总数。

王先谦《后汉书集解》引李祖楙曰:"二十七王国:冀州部八,钜

---

① 《续汉书·百官五》,《后汉书》,第 3617 页。
② 参见李晓杰:《东汉政区地理》,第 14 页。

鹿、常山、中山、安平、清河、河间、赵国、勃海也;豫州部四,梁国、陈国、沛国、鲁国也;兖州部四,东平、任城、济北、济阴也;徐州部五,东海、琅琊、彭城、下邳、广陵也;青州部五,济南、平原、乐安、北海、齐国也;扬州部一,九江也。"① 李氏似未仔细对照《续汉书·郡国志》的记载,多将本为郡者误为王国,如冀州之钜鹿、勃海,青州之平原,扬州之九江,以足"二十七"之数。王先谦亦未察也。

---

① 参见王先谦:《后汉书集解》,第1334页。

参考文献

史料部分

《说文解字》,北京:中华书局,1963 年

《汉书》,北京:中华书局,1962 年

《后汉书》,北京:中华书局,1965 年

《三国志》,北京:中华书局,1959 年

《晋书》,北京:中华书局,1974 年

《宋书》,北京:中华书局,1974 年

《南齐书》,北京:中华书局,1972 年

《魏书》,北京:中华书局,1974 年

《隋书》,北京:中华书局,1973 年

《隋书》,北京:中华书局,点校本二十四史修订本,2019 年

《北史》,北京:中华书局,1974 年

《旧唐书》,北京:中华书局,1975 年

《新唐书》,北京:中华书局,1975 年

《宋史》,北京:中华书局,1977 年

《资治通鉴》,北京:中华书局,1956 年

《通典》,北京:中华书局,1988 年

《文献通考》,北京:中华书局,1986 年

《北堂书钞》,北京:中国书店影印孔氏三十三万卷堂影宋本,1989 年

《初学记》,北京:中华书局,1962 年

《艺文类聚》,上海:上海古籍出版社,1999 年新 2 版

《太平御览》,北京:中华书局,1960 年重印商务影宋本

《说郛》(一百二十卷本)，《说郛三种》，上海：上海古籍出版社，1988年

《六臣注文选》，北京：中华书局，1987年

《四库全书总目》，北京：中华书局，1965年

蔡邕：《蔡中郎集》，上海：上海古籍出版社，《汉魏六朝百三家集》本，1994年

常璩撰，任乃强校注：《华阳国志校补图注》，上海：上海古籍出版社，1987年

陈立撰，吴则虞点校：《白虎通疏证》，北京：中华书局，1994年

干宝：《搜神记》，北京：商务印书馆，《丛书集成初编》本，1937年

高似孙：《纬略》，北京：中华书局，《丛书集成初编》本，1985年

葛洪撰，周天游校注：《西京杂记》，西安：三秦出版社，2006年

顾绍柏校注：《谢灵运集校注》，郑州：中州古籍出版社，1987年

韩婴撰，许维遹校释：《韩诗外传集释》，北京：中华书局，1980年

何焯：《义门读书记》，北京：中华书局，1987年

侯康：《补三国艺文志》，收入《二十五史补编》，北京：中华书局，1955年

黄晖：《论衡校释》，北京：中华书局，1990年

李运富编注：《谢灵运集》，长沙：岳麓书社，1999年

郦道元注，杨守敬、熊会贞疏，段熙仲点校，陈桥驿复校：《水经注疏》，南京：江苏古籍出版社，1989年

刘珍等撰，吴树平校注：《东观汉记校注》，郑州：中州古籍出版社，1987年

刘知幾撰，浦起龙释：《史通通释》，上海：上海古籍出版社，1978年

钱大昕：《十驾斋养新录》，上海：上海书店出版社，1983年

钱大昕撰，方诗铭、周殿杰校点：《廿二史考异（附：三史拾遗、诸史拾遗）》，上海：上海古籍出版社，2004年

钱大昭：《续汉书辨疑》，《续汉书辨疑及其他一种》，上海：商务印书馆，《丛书集成初编》本，1936年

饶宗颐：《中国史学上之正统论》，上海：上海远东出版社，1996年

释道宣：《广弘明集》，《四部丛刊初编》本

释慧皎撰，汤用彤校注，汤一玄整理：《高僧传》，北京：中华书局，1992年

释僧祐撰，李小荣校笺：《弘明集校笺》，上海：上海古籍出版社，2013年

孙星衍等辑，周天游点校：《汉官六种》，北京：中华书局，1990年

陶弘景:《真诰》,上海:商务印书馆,《丛书集成初编》本,1939年
王明:《抱朴子内篇校释》,北京:中华书局,1985年
王鸣盛撰,黄曙辉点校:《十七史商榷》,上海:上海书店出版社,2005年
王先谦:《汉书补注》,北京:中华书局,1983年
王先谦:《后汉书集解》,北京:中华书局,1984年
王应麟:《小学绀珠》,北京:中华书局,1987年
吴兢撰,谢保成集校:《贞观政要集校》,北京:中华书局,2009年
"五胡の会"编:《五胡十六国霸史辑佚》,东京:燎原书店,2012年
熊明:《汉魏六朝杂传集》,北京:中华书局,2017年
荀悦撰,黄省曾注,孙启治校补:《申鉴注校补》,北京:中华书局,2012年
荀悦撰,张烈点校:《汉纪》,北京:中华书局,《两汉纪》点校本,2002年
严可均辑:《全上古秦汉三国六朝文》,北京:中华书局,1958年
杨明照:《抱朴子外篇校笺(上)》,北京:中华书局1991年
杨明照:《抱朴子外篇校笺(下)》,北京:中华书局,1997年
杨衒之撰,杨勇校笺:《洛阳伽蓝记校笺》,北京:中华书局,2006年
姚振宗:《后汉艺文志》,收入《二十五史补编》,北京:中华书局,1955年
姚振宗:《隋书经籍志考证》,收入《二十五史补编》,北京:中华书局,1955年
袁宏撰,李兴和点校:《袁宏〈后汉纪〉集校》,昆明:云南大学出版社,2008年
袁宏撰,周天游校注:《后汉纪校注》,天津:天津古籍出版社,1987年
曾朴:《补后汉书艺文志并考》,收入《二十五史补编》,北京:中华书局,1955年
章宗源:《隋书经籍志考证》,收入《二十五史补编》,北京:中华书局,1955年
赵翼撰,王树民校证:《廿二史札记校证》,北京:中华书局,1984年
郑玄注,贾公彦疏:《周礼注疏》,收入《十三经注疏》,北京:中华书局,1980年
周生春:《吴越春秋辑校汇考》,上海:上海古籍出版社,1997年
周天游辑注:《八家后汉书辑注》,上海:上海古籍出版社,1986年

甘肃省文物考古研究所编:《敦煌汉简》,北京:中华书局,1991年
连云港市博物馆、东海县博物馆、中国社会科学院简帛研究中心、中国文物研究
    所编:《尹湾汉墓简牍》,北京:中华书局,1997年
滕昭宗:《尹湾汉墓简牍释文选》,《文物》1996年第8期

张传官:《急就篇校理》,北京:中华书局,2017 年

张德芳:《居延新简集释(七)》,兰州:甘肃文化出版社,2016 年

研究部分

阿部幸信:《漢代官僚機構の構造——中国古代帝国の政治的上部構造に関する試論》,《九州大学東洋史論集》第 31 号,2003 年

——《後漢時代の赤綬について》,《福岡教育大学紀要》第 53 号[第 2 分冊 社会科学編],2004 年

——《汉晋间绶制的变迁》,收入余欣主编:《中古时代的礼仪、宗教与制度》,上海:上海古籍出版社,2012 年

埃里克·坎德尔(Eric R. Kandel):《追寻记忆的痕迹:新心智科学的开创历程》,喻柏雅译,北京:中国友谊出版公司,2019 年

安部聡一郎:《後漢時代關係史料の再檢討—先行研究の檢討を中心に—》,《史料批判研究》第 4 卷,2000 年

——《袁宏『後漢紀』·范曄『後漢書』史料の成立過程について—劉平·趙孝の記事を中心に—》,《史料批判研究》第 4 号,2000 年

——《党錮の「名士」再考——貴族制成立過程の再檢討のために》,《史學雜誌》第 111 卷第 10 号,2002 年

——《『後漢書』郭太列伝の構成過程——人物批評家としての郭泰像の成立》,《金沢大学文学部論叢》(史学·考古学·地理学篇)第 28 号,2008 年

——《隠逸、逸民的人士と魏晋期の国家》,《歴史学研究》第 846 号,2008 年,中译文《隐逸、逸民式人士与魏晋时期的国家》,黄桢译,《中国中古史研究:中国中古史青年学者联谊会会刊》第 3 卷,北京:中华书局,2013 年

——《日本学界"史料论"研究及其背景》,《中国史研究动态》2016 年第 4 期,笔谈《"历史书写"的回顾与展望》

安作璋、熊铁基:《秦汉官制史稿》,济南:齐鲁书社,2007 年

B. J. Mansvelt Beck, *The Treatises of Later Han: Their Author, Sources, Contents and Place in Chinese Historiography*, Leiden: Brill, 1990

板橋曉子:《「周縁」からみた東晉の正統性—前涼における西晉愍帝年號「建興」奉用について—》,《東洋史研究》第 78 卷第 2 号,2019 年

保科季子:《前漢後半期における儒家礼制の受容——漢的伝統との対立と皇帝観の変貌》,收入"歴史と方法編集委員会"編:《方法としての丸山真男》,东京:青木书店,1998年

卜宪群:《秦汉官僚制度》,北京:社会科学文献出版社,2002年

曹道衡:《论袁宏的创作及其〈后汉纪〉》,《辽宁大学学报》1992年第2期

曹林娣:《关于〈吴越春秋〉的作者及成书年代》,《西北大学学报》1982年第4期

陈博:《韦昭〈吴书〉考》,《文献》1996年第3期

陈长崎:《论〈后汉纪〉的史学价值》,收入氏著《战国秦汉六朝史研究》,广州:广东人民出版社,1997年

陈登原:《〈三国志〉义例辨录》,收入张越主编:《〈后汉书〉、〈三国志〉研究》,北京:中国大百科全书出版社,《20世纪二十四史研究丛书》第五卷,2009年

陈俊伟:《叙述观点与历史建构——两晋史家的"三国"前期想象》,台北:秀威经典,2015年

陈侃理:《儒学、数术与政治:灾异的政治文化史》,北京:北京大学出版社,2015年

——《"松散而亲密的联盟"——北大魏晋南北朝史方向的重建与学风传承》,《北京大学教育评论》2018年第2期

陈启云(Chi-Yun Chen):"Textual Problems of Hsun Yueh's(A. D. 148-209)Writings: The Han-chi and the Shen-chien", *Monumenta Serica*, Vol. 27, 1968

——*Hsun Yueh: The Life and Reflections of An Early Medieval Confucian*, Cambridge University Press, 1975

——《颍川荀氏家族》,收入氏著《汉晋六朝文化·社会·制度——中华中古前期史研究》,台北:新文丰出版公司,1997年

陈千钧:《论范晔〈后汉书〉的巨大成就及其对后世的影响》,收入张越主编:《〈后汉书〉、〈三国志〉研究》,北京:中国大百科全书出版社,《20世纪二十四史研究丛书》第五卷,2009年

陈桥驿:《〈吴越春秋〉及其记载的吴、越史料》,《杭州大学学报》1984年第1期

陈识仁:《北魏修史略论》,收入黄清连编:《结网编》,台北:东大图书公司,1998年

——《水经注与北魏史学》,台北:花木兰文化出版公司,2008年

陈苏镇:《〈春秋〉与"汉道"——两汉政治与政治文化研究》,北京:中华书局,2011年

——《汉未央宫殿中考》,《文史》2016年第2辑

——《未央宫四殿考》,《历史研究》2016年第5期

——《东汉的南宫和北宫》,《文史》2018年第1辑

——《东汉的"殿中"和"禁中"》,《中华文史论丛》2018年第1辑

——《东汉的"东宫"和"西宫"》,《历史语言研究所集刊》第89本第3分,2018年

陈恬仪:《〈劝伐河北书〉的相关问题——论谢灵运之北伐主张与晋、宋之南北情势》,《东华人文学报》2007年第11期

陈一梅:《汉魏六朝起居注考略》,《中国史研究》1996年第4期

陈寅恪:《书世说新语文学类钟会撰四本论始毕条后》,收入氏著《金明馆丛稿初编》,北京:生活·读书·新知三联书店,《陈寅恪集》版,2001年

——《读洛阳伽蓝记书后》,收入氏著《金明馆丛稿二编》,北京:生活·读书·新知三联书店,《陈寅恪集》版,2001年

——《五胡问题及其他》,收入氏著《讲义及杂稿》,北京:生活·读书·新知三联书店,《陈寅恪集》版,2001年

万绳楠整理:《陈寅恪魏晋南北朝史讲演录》,合肥:黄山书社,1987年

陈勇:《尹湾汉墓简牍与西汉地方官吏任迁》,收入连云港市博物馆、中国文物研究所编:《尹湾汉墓简牍综论》,北京:科学出版社,1999年

——《汉赵史论稿:匈奴屠各建国的政治史考察》,北京:商务印书馆,2009年

——《〈资治通鉴〉十六国资料释证:汉赵、后赵、前燕国部分》,北京:中国社会科学出版社,2010年

——《从五主到五族:"五胡"称谓探源》,《历史研究》2014年第4期

——《〈资治通鉴〉十六国资料释证:前秦、后秦国部分》,北京:中国社会科学出版社,2015年

陈垣:《史讳举例》,北京:中华书局,2004年

陈直:《关于两汉的徒》,收入氏著《两汉经济史料论丛》,北京:中华书局,2008年

陈仲安、王素:《汉唐职官制度研究》,上海:中西书局,2018年

川本芳昭:《魏晋南北朝时代の民族问题》,东京:汲古书院,1998年

——《東アジア古代における諸民族と国家》,东京:汲古书院,2015年,中译本

《东亚古代的诸民族与国家》,刘可维译,北京:社会科学文献出版社,2019年

川勝義雄:《六朝貴族制社会の研究》,東京:岩波書店,1982年,中译本《六朝贵族制社会研究》,徐谷梵、李济沧译,上海:上海古籍出版社,2008年

大庭脩:《秦漢法制史研究》,東京:創文社,1982年,中译本《秦汉法制史研究》,徐世虹等译,上海:中西书局,2017年

丹羽兌子:《魏晋時代の名族——荀氏の人々について》,收入中国中世史研究会编:《中国中世史研究——六朝隋唐の社会と文化》,東京:東海大学出版会,1970年

——《皇甫謐と高士伝——一隠逸者の生涯》,《名古屋大学文学部研究論集》第50号,1970年

稲葉一郎:《中国史学史の研究》,京都:京都大学学术出版会,2006年

東晋次:《後漢時代の政治と社会》,名古屋:名古屋大学出版会,1995年

都築晶子:《後漢後半期の処士に関する一考察》,《琉球大学法文学部紀要·史学地理学篇》第26号,1983年

渡边信一郎:《汉代国家的社会性劳动的编制》,徐冲译,收入佐竹靖彦等编:《殷周秦汉史学的基本问题》,北京:中华书局,2008年

——《中国古代的王权与天下秩序》(增订版),徐冲译,上海:上海人民出版社,2020年

渡邉将智:《後漢政治制度の研究》,東京:早稲田大学出版部,2014年

渡邉義浩:《司馬彪の修史》,《大東文化大学漢学会誌》第45号,2006年

范文澜:《正史考略》,北平:文化学社,1932年

范学辉:《试论刘昭〈后汉书志〉注的史料价值》,《山东大学学报》1995年第1期

方诗铭:《曹操·袁绍·黄巾》,上海:上海社会科学院出版社,1995年

方一新:《〈世说新语〉词语校读札记》,《杭州大学学报》第21卷第4期,1991年

冯渝杰:《从"汉家"神化看两汉之际的天命竞夺》,《历史研究》2015年第1期

福井重雅:《漢代官吏登用制度の研究》,東京:創文社,1988年

福永善隆:《前漢における内朝の形成:郎官·大夫の変遷を中心として》,《史學雜誌》第120卷第8号,2011年

——《漢代における尚書と内朝》,《東洋史研究》第71卷第2号,2012年

冨谷至:《木簡·竹簡の語る中国古代:書記の文化史》,東京:岩波書店,2003

年,中译本《木简、竹简述说的古代中国:书写材料的文化史》,刘恒武译,北京:人民出版社,2007 年

——《文書行政の漢帝国:木簡・竹簡の時代》,名古屋:名古屋大学出版会,2010 年,中译本《文书行政的汉帝国》,刘恒武、孔李波译,南京:江苏人民出版社,2013 年

冨田健之:《内朝と外朝:漢朝政治構造の基礎的考察》,《新潟大学教育学部紀要 人文・社会科学編》第 27 卷第 2 号,1986 年

——《後漢前半期における皇帝支配と尚書体制》,《東洋学報》第 81 卷第 4 号,2000 年

甘怀真:《西汉郊祀礼的成立》,收入氏著《皇权、礼仪与经典诠释:中国古代政治史研究》,上海:华东师范大学出版社,2008 年

——窪添慶文《魏晋南北朝官僚制研究》中译本《推荐序》,赵立新等译,繁体中文版,台北:台大出版中心,2015 年;简体中文版,上海:复旦大学出版社,2017 年。

——《五胡十六国时期胡族国家政权》,收入陈慧芬主编:《第一届 跨越想象的边界:族群、礼法、社会——中国史国际学术研讨会 论文集》,台北:台湾师范大学历史系,2018 年

高村武幸:《漢代の地方官吏と地域社会》,东京:汲古书院,2008 年

高恒:《汉代上计制度论考——兼评尹湾汉墓木牍〈集簿〉》,收入连云港市博物馆、中国文物研究所编:《尹湾汉墓简牍综论》,北京:科学出版社,1999 年

高敏:《〈集簿〉的释读、质疑与意义探讨》,《史学月刊》1997 年第 4 期

葛剑雄主编:《中国人口史》,第一卷《导论、先秦至南北朝时期》(葛剑雄撰),上海:复旦大学出版社,2002 年

葛兆光:《中国思想史》,第一卷《七世纪前中国的知识、信仰与思想世界》,上海:复旦大学出版社,2001 年

谷井俊仁:《官制は如何に叙述されるか—『周礼』から『会典』へ》,《人文論叢:三重大学人文学部文化学科研究紀要》第 23 号,2006 年

顾颉刚、谭其骧:《关于汉武帝的十三州问题讨论》,《复旦学报(社会科学版)》1980 年第 3 期

郭硕:《荀彧之死与汉魏之际的政局》,《咸阳师范学院学报》2013 年第 3 期

——《"汉臣"抑或"魏臣":史家笔下荀彧身份的流变》,《安徽师范大学学报(人文社会科学版)》2016 年第 1 期

——《五德历运与十六国北魏华夷观的变迁》,《中央民族大学学报》(哲学社会科学版)2018 年第 5 期

侯旭东:《东汉洛阳南郊刑徒墓性质及法律依据——从〈明钞本天圣令·狱官令〉所附一则唐令说起》,收入氏著《近观中古史 侯旭东自选集》,上海:中西书局,2016 年

胡宝国:《杂传与人物品评》《〈三国志〉裴注》,均收入氏著《汉唐间史学的发展(修订本)》,北京:北京大学出版社,2014 年

——《汉晋之际的汝颍名士》《知识至上的南朝学风》,均收入氏著《将无同——中古史研究论文集》,北京:中华书局,2019 年

胡鸿:《能夏则大与渐慕华风:政治体视角下的华夏与华夏化》,北京:北京师范大学出版社,2017 年

黄惠贤、柳春新:《〈晋书·习凿齿传〉述评》,收入黄惠贤:《魏晋南北朝隋唐史研究与资料》,武汉:湖北人民出版社,2010 年

黄桢:《中古天子五辂的想象与真实——兼论〈晋书·舆服志〉的史料构成》,《文史》2014 年第 4 辑

——《书籍的政治史——以〈晋公卿礼秩故事〉、〈晋百官表注〉为中心》,《中华文史论丛》2015 年第 2 期

——《北魏前期的官制结构:侍臣、内职与外臣》,《民族研究》2016 年第 3 期

——《〈宋书〉"百官志"、"礼志"的编纂及特质——从中古正史相关志书的演变说起》,《首都师范大学学报(社会科学版)》2018 年第 6 期

——《官制撰述在汉末的兴起》,《文史哲》待刊稿

吉川忠夫:《六朝精神史研究》,王启发译,南京:江苏人民出版社,2012 年

吉野贤一:《前漢末における三公制の形成について》,《九州大学東洋史論集》第 33 号,2005 年

間嶋潤一:《鄭玄に至る『周礼』解釈の変遷について》,《中国文化》第 38 辑,1980 年

蒋非非:《汉代功次制度初探》,《中国史研究》1997 年第 1 期

昆汀·斯金纳(Quentin Skinner):《观念史中的意涵与理解》(*Meaning and Under-*

standing in the History of Ideas),任军锋译,收入丁耘主编:《什么是思想史》,《思想史研究》第 1 辑,上海:上海人民出版社,2006 年

蓝文徵:《范蔚宗的史学》,收入张越主编:《〈后汉书〉、〈三国志〉研究》,北京:中国大百科全书出版社,《20 世纪二十四史研究丛书》第五卷,2009 年

劳榦:《论汉代的内朝与外朝》《汉代政治组织的特质及其功能》,均收入氏著《劳榦学术论文集甲编》,台北:艺文印书馆,1976 年

雷家骥:《中国古代史学观念史》,北京:北京师范大学出版社,2018 年

——《试论"五胡"及其立国形势与汉化思考——兼考"五胡"一名最初之指涉》,收入汪荣祖、林冠群主编:《胡人汉化与汉人胡化》,台北:中正大学台湾人文研究中心,2006 年

雷闻:《唐代的"三史"与三史科》,《史学史研究》2001 年第 1 期

李纯蛟:《〈三国志〉书名称谓考》《〈三国志〉的历史地位》,均收入张越主编:《〈后汉书〉、〈三国志〉研究》,北京:中国大百科全书出版社,《20 世纪二十四史研究丛书》第五卷,2009 年

李解民:《〈东海郡下辖长吏名籍〉研究》,收入连云港市博物馆、中国文物研究所编:《尹湾汉墓简牍综论》,北京:科学出版社,1999 年

李均明:《居延汉简编年——居延编》,台北:新文丰出版公司,2004 年

——《汉简文书分类辑解》,北京:文物出版社,2009 年

李晓杰:《东汉政区地理》,济南:山东教育出版社,1999 年

李雁:《谢灵运研究》,北京:人民文学出版社,2005 年

梁满仓:《论魏晋南北朝时期五礼制度化》,《中国史研究》2001 年第 4 期

——《魏晋南北朝五礼制度考论》,北京:社会科学文献出版社,2009 年

廖伯源:《西汉皇宫宿卫警备杂考》《试论西汉诸将军之制度及其政治地位》,收入氏著《历史与制度——汉代政治制度试释》,台北:台湾商务印书馆,1998 年

——《简牍与制度:尹湾汉墓简牍官文书考证》(增订版),桂林:广西师范大学出版社,2005 年

——《制度与政治:政治制度与西汉后期之政局变化》,北京:中华书局,2017 年

林贞爱:《扬雄集校注》,成都:四川大学出版社,2001 年

刘汉忠:《说范晔〈后汉书〉之志》,《文献》1997 年第 4 期

刘静夫:《习凿齿评传》,收入中国魏晋南北朝史学会编:《魏晋南北朝史论文

集》,济南:齐鲁书社,1991年

刘凯:《九锡渊源考辨》,《中国史研究》2018年第1期

刘玲娣:《近二十年来葛洪研究综述》,《中国道教》2004年第4期

刘汝霖:《汉晋学术编年》,上海:华东师范大学出版社,2010年

刘宛如:《三灵眷顾:刘裕西征的神、圣地景书写与解读》,收入刘石吉等主编:《旅游文学与地景书写》,高雄:中山大学人文研究中心,2013年

——《见与不见的战争——论记体与赋体及刘裕北伐》,《中国文哲研究集刊》第49号,2016年

刘咸炘:《〈三国志〉知意》,收入刘咸炘著,黄曙辉编校:《刘咸炘学术论集·史学编(下)》,桂林:广西师范大学出版社,2007年

刘治立:《刘昭〈续汉书·百官志注〉的文献价值》,《红河学院学报》第5卷第3期,2007年

刘子凡:《唐代胡运观考》,《唐研究》第24卷,北京:北京大学出版社,2019年

柳春新:《汉末晋初之际政治研究》,长沙:岳麓书社,2006年

楼劲:《魏晋以来的"禅让革命"及其思想背景》,《华东师范大学学报(社会科学版)》2017年第3期

——《北魏开国史探》,北京:中国社会科学出版社,2017年

陆侃如:《中古文学系年》,北京:人民文学出版社,1985年

陆扬:《从墓志的史料分析走向墓志的史学分析——以〈新出魏晋南北朝墓志疏证〉为中心》,收入氏著《清流文化与唐帝国》,北京:北京大学出版社,2016年

逯耀东:《〈隋书·经籍志·史部〉及其〈杂传类〉的分析》《裴松之与〈三国志注〉》《〈三国志注〉与汉晋间经注的转变》,均收入氏著《魏晋史学的思想与社会基础》,北京:中华书局,2006年

罗炳良:《范晔〈后汉书〉纪传与司马彪〈续汉书〉志分合考辨》,《华中科技大学学报(社会科学版)》2005年第4期

罗福颐编:《秦汉南北朝官印征存》,北京:文物出版社,1987年

罗新:《北魏直勤考》,收入氏著《中古北族名号研究》,北京:北京大学出版社,2009年

——《十六国北朝的五德历运问题》《民族起源的想象与再想象——以噶仙洞的两次发现为中心》,均收入氏著《王化与山险:中古边裔论集》,北京:北京大

学出版社,2019年

——《一切史料都是史学》,收入氏著《有所不为的反叛者:批判、怀疑与想象力》,上海:上海三联书店,2019年

吕思勉:《吕思勉读史札记》,上海:上海古籍出版社,2005年

馬場理惠子:《前漢後半期における官制秩序の形成—王莽の官制改革を中心として》,《研究論集》第7号,2009年

马楠:《〈隋书经籍志〉著录撰人衔名来源考述》,《清华大学学报》2017年第6期

马铁浩:《〈史通〉与先唐典籍》,北京:人民出版社,2010年

——《〈史通〉引书考》,北京:学苑出版社,2011年

満田剛:《王沈『魏書』研究》,《創価大学大学院紀要》第20号,1999年

——《『三国志』魏書の典據について(卷一～卷十)》,《創価大学人文論集》第14号,2002年

——《韋昭『吳書』について》,《創価大学人文論集》第16号,2004年

孟祥才:《论荀彧》,《史学月刊》2001年第1期

米田健志:《前漢後期における中朝と尚書——皇帝の日常政務との關連から》,《東洋史研究》第64卷第2号,2005年

苗润博:《辽史探源》,北京:中华书局,2020年

缪钺:《〈三国志〉的书名》,《读书》1983年第9期

牟发松:《王融〈上疏请给虏书〉考析》,《武汉大学学报》1995年第5期

牟发松、毋有江、魏俊杰:《中国行政区划通史·十六国北朝卷》,上海:复旦大学出版社,2017年

聂溦萌:《从国史到〈魏书〉:列传编纂的时代变迁》,《中华文史论丛》2014年第1期

——《十六国霸史与十六国时期的官修史运作》,《西北民族论丛》第13辑,2016年

——《避讳原理与政治背景:东晋郑太妃"春"字讳考论》,《文史》2018年第3期

——《六朝避讳考辨》,《古典文献研究》第21辑上卷,2018年

牛润珍:《汉至唐初史官制度的演变》,石家庄:河北教育出版社,1999年

庞博:《从长安到许都——汉献帝朝廷的政治架构、决策过程与历史命运》,《史林》待刊稿

钱穆:《袁宏政论与史学》,收入氏著《中国学术思想史论丛(三)》,台北:东大图书公司,1977年

乔治忠、刘文英:《中国古代"起居注"记史体制的形成》,《史学史研究》2010年第2期

仇鹿鸣:《略谈魏晋的杂传》,《史学史研究》2006年第1期

——《陈寅恪范式及其挑战——以魏晋之际的政治史研究为中心》,《中国中古史研究:中国中古史青年学者联谊会会刊》第2卷,北京:中华书局,2011年

曲柄睿:《汉代宫省宿卫的四重体系研究》,《古代文明》第6卷第3号,2012年

——《试论郡国书的形成与演变》,《文学遗产》2019年第3期

饶宗颐:《中国史学上之正统论》,上海:上海远东出版社,1996年

山田胜芳:《前漢末三公制の形成と新出漢簡:王莽代政治史の一前提》,《集刊東洋学》第68号,1992年

陕西师范大学西北环发中心编:《统万城遗址综合研究》,西安:三秦出版社,2004年

三崎良章:《五胡十六国の基礎的研究》,东京:汲古书院,2006年

森鹿三:《劉裕の北伐西征とその従軍紀行》,收入氏著《東洋学研究:歴史地理篇》,京都:东洋史研究会,1970年

松下宪一:《北魏胡族体制論》,札幌:北海道大学出版社,2007年

宋志英:《司马彪〈续汉书〉考辨》,《史学史研究》2005年第2期

孙明君:《谢灵运〈劝伐河北书〉辨议》,收入氏著《南北朝贵族文学研究》,北京:商务印书馆,2018年

孙闻博:《西汉加官考》,《史林》2012年第5期

——《秦汉军制演变史稿》,北京:中国社会科学出版社,2016年

孙新梅:《〈吴书〉编纂视角下的"韦昭""韦曜"二名新辨》,《图书馆学刊》2019年第7期

孙正军:《也说〈隋书〉所记梁代印绶冠服制度的史源问题》,《中华文史论丛》2011年第1期

——《禅让行事官小考》,《史学集刊》2015年第2期

——《魏晋南北朝史研究中的史料批判研究》,《文史哲》2016年第1期

——《通往史料批判研究之途》,《中国史研究动态》2016年第4期,笔谈《"历史

书写"的回顾与展望》

孙仲汇:《五胡考释》,《社会科学战线》1985年第1期

谭其骧:《两汉州部》,收入氏著《长水集续编》,北京:人民出版社,1994年

汤用彤:《汉魏两晋南北朝佛教史》,北京:中华书局,2016年

唐燮军:《史家行迹与史书构造——以魏晋南北朝佚史为中心的考察》,杭州:浙江大学出版社,2014年

唐长孺:《读抱朴子推论南北学风的异同》,收入氏著《魏晋南北朝史论丛》,北京:生活·读书·新知三联书店,1955年

——《东汉末期的大姓名士》《北魏的青齐土民》,均收入氏著《魏晋南北朝史论拾遗》,北京:中华书局,1983年

陶希圣、沈巨尘:《秦汉政治制度》,上海:商务印书馆,1936年

藤田高夫:《前漢後半期の外戚と官僚機構》,《東洋史研究》第48卷第4号,1990年

藤枝晃:《文字の文化史》,东京:岩波书店,1971年

——《敦煌写本概述》,徐庆全、李树清译,《敦煌研究》1996年第2期

田余庆:《释"王与马共天下"》《陈郡谢氏与淝水之战》《桓温的先世和桓温北伐问题》《刘裕与孙恩——门阀政治的"掘墓人"》《后论》,收入氏著《东晋门阀政治(第三版)》,北京:北京大学出版社,2000年

——《汉魏之际的青徐豪霸》《李严兴废与诸葛用人》《孙吴建国的道路》,均收入氏著《秦汉魏晋史探微(重订本)》,北京:中华书局,2004年

田中一辉:《玉璽の行方:「正統性」の相克》,《立命館東洋史学》第38号,2015年

童岭:《六朝隋唐汉籍旧钞本研究》,北京:中华书局,2017年

——《义熙年间刘裕北伐的天命与文学——以傅亮〈为宋公修张良庙教〉、〈为宋公修楚元王墓教〉为中心》,《中华文史论丛》2019年第3期

汪晖:《作为思想对象的20世纪中国》,收入氏著《世纪的诞生:中国革命与政治的逻辑》,北京:三联书店,2020年

汪荣祖:《史传通说:中西史学之比较》,北京:中华书局,1999年

王明:《论葛洪》,收入氏著《道家和道教思想研究》,北京:中国社会科学出版社,1984年

王树民:《"五胡"小议》,《文史》第 22 辑,1984 年

王允亮:《扬雄官箴创作及经典化问题探讨》,《暨南学报(哲学社会科学版)》2017 年第 8 期

王志刚:《家国、夷夏与天人:十六国北朝史学探研》,北京:北京师范大学出版社,2013 年

万绳楠:《曹魏政治派别的分野及其升降》,《历史教学》1964 年第 1 期

魏斌:《孙吴年号与符瑞问题》,《中国中古史研究:中国中古史青年学者联谊会会刊》第 1 卷,北京:中华书局,2011 年

——《国山禅礼前夜》,收入氏著《"山中"的六朝史》,北京:生活·读书·新知三联书店,2019 年

梶山智史:《崔鸿『十六国春秋』の成立について」》,《明大アジア史論集》第 10 号,2005 年

——《北朝における東清河崔氏—崔鴻『十六国春秋』編纂の背景に関する一考察》,《史林》第 96 卷第 6 号,2013 年

吴洪琳:《"五胡"新释》,《陕西师范大学学报(哲学社会科学版)》2009 年第 7 期

——《铁弗匈奴与夏国史研究》,北京:中国社会科学出版社,2011 年

吴树平:《〈东观汉记〉的撰修经过及作者事略》《〈东观汉记〉的材料来源》《〈东观汉记〉中的本纪、表、列传、载记和序》《〈东观汉记〉的缺陷与诸家后汉书》《蔡邕撰修的〈东观汉记〉十志》《范晔〈后汉书〉的志》,均收入氏著《秦汉文献研究》,济南:齐鲁书社,1988 年

武秀成:《〈汉书·百官公卿表〉史例发覆及史文订误》,《文史》2010 年第 4 辑

下倉涉:《後漢末における侍中·黃門侍郎の制度改革をめぐって》,《集刊東洋学》第 72 号,1994 年

——《「三公」の政治的地位》,《集刊東洋学》第 78 号,1997 年

小林岳:《後漢書劉昭注李賢注の研究》,东京:汲古書院,2013 年

谢桂华:《尹湾汉墓所见东海郡行政文书考述》,收入连云港市博物馆、中国文物研究所编《尹湾汉墓简牍综论》,北京:科学出版社,1999 年

辛德勇:《两汉州制新考》,收入氏著《秦汉政区与边界地理研究》,北京:中华书局,2009 年

——《〈后汉书〉对研究西汉以前政区地理的史料价值及相关文献学问题》,《中

国历史地理论丛》2012 年第 4 期
——《陈寿〈三国志〉本名〈国志〉说》,收入氏著《祭獭食蹠》,北京:中华书局,2016 年
邢义田:《月令与西汉政治——从尹湾集簿中的"以春令成户"说起》《月令与西汉政治——重读尹湾牍"春种树"和"以春令成户"》《略论汉代护军的性质》,均收入氏著《治国安邦:法制、行政与军事》,北京:中华书局,2011 年
熊明:《〈曹瞒传〉考论》,《古籍研究》2002 年第 1 期
——《汉魏六朝杂传研究》,北京:中华书局,2014 年
徐畅:《〈续汉书·百官志〉所记"制度掾"小考》,《史学史研究》2015 年第 4 期
徐冲:《关于曹魏的侍中尚书》,《国学研究》第 16 卷,2005 年
——"汉魏革命"再研究:君臣关系与历史书写》,北京大学历史学系博士论文,2008 年
——《中古时代的历史书写与皇帝权力起源》,上海:上海古籍出版社,2012 年
——《历史书写与中古王权》,《中国史研究动态》2016 年第 4 期,笔谈《"历史书写"的回顾与展望》
——《「門下功曹」から「侍中尚書」へ—「二重君臣関係」からみた「漢魏革命」—》,日本唐代史研究会編:《唐代史研究》第 19 号,2016 年
——《近三四十年北魏史研究的新动向》,《澎湃新闻·上海书评》2017 年 3 月 7 日
——《赫連勃勃——「五胡十六国」史への省察を起点として》,収入窪添慶文編:《魏晋南北朝史のいま》,《アジア遊学》叢書 213,东京:勉誠出版,2017 年;中文版题《赫连夏历史地位的再思考》,《文汇报·文汇学人》2017 年 10 月 13 日,修改后收入刘跃进、徐兴无主编,孙少华、童岭副主编:《大夏与北魏文化史论丛》,南京:凤凰出版集团,2020 年
——《西汉后期至新莽时代"三公制"的演生》,《文史》2018 年第 4 辑
徐大英:《陈寿修史"多所回护"说辨析》,,收入张越主编:《〈后汉书〉、〈三国志〉研究》,北京:中国大百科全书出版社,《20 世纪二十四史研究丛书》第五卷,2009 年
徐复观:《汉代一人专制政治下的官制演变》,收入氏著《两汉思想史(卷一)——周秦汉政治社会结构之研究》,上海:华东师范大学出版社,2001 年

薛梦潇:《早期中国的月令与"政治时间"》,上海:上海古籍出版社,2018年

雅克·勒高夫(Jacques Le Goff):《我们必须给历史分期吗?》,杨嘉彦译,上海:华东师范大学出版社,2018年

阎步克:《士大夫政治演生史稿》,北京:北京大学出版社,1996年

——《北魏北齐"职人"初探——附论魏晋的"王官"、"司徒吏"》,收入氏著《乐师与史官——传统政治文化与政治制度论集》,北京:生活·读书·新知三联书店,2001年

——《品位与职位:秦汉魏晋南北朝官阶制度研究》,北京:中华书局,2002年

——《文穷图见:王莽保灾令所见十二卿及州、部辨疑》,《中国史研究》2004年第4期

——《诗国:王莽庸部、曹部探源》,《中国社会科学》2004年第6期

——《波峰与波谷:秦汉魏晋南北朝的政治文明》,北京:北京大学出版社,2009年

——《从爵本位到官本位:秦汉官僚品位结构研究》(增补本),北京:生活·读书·新知三联书店,2017年

——《服周之冕——〈周礼〉六冕礼制的兴衰变异》,北京:中华书局,2009年

严耕望:《中国地方行政制度史(甲部):秦汉地方行政制度》,台北:历史语言研究所专刊之45A,1961年

杨鸿年:《汉魏制度丛考》,武汉:武汉大学出版社,2005年

姚薇元:《北朝胡姓考》(修订本),北京:中华书局,2007年

——《宋书索虏传南齐书魏虏传北人姓名考证》,收入氏著《北朝胡姓考》(修订本),北京:中华书局,2007年

杨继承:《魏晋史籍中的曹操称谓——基于裴注所引"佚史"的考察》,《魏晋南北朝隋唐史资料》第40辑,2019年

杨懿:《偏见与认同:从"索头"称谓论拓跋氏的族别抉择》,《宁波大学学报(人文科学版)》第31卷第4期,2018年

杨振红:《月令与秦汉政治——兼论月令源流》,收入氏著《出土简牍与秦汉社会》,桂林:广西师范大学出版社,2009年

伊藤德男:《前漢の三公について》,《歷史》第8号,1954年

影山辉国:《漢代における災異と政治—宰相の災異責任を中心に—》,《史學雜

誌》第 90 卷第 8 号,1981 年

永田拓治:《「先賢伝」「耆旧伝」の歴史的性格—漢晋時期の人物と地域の叙述と社会—》,《中國 社会と文化》第 21 号,2006 年

——《「状」と「先賢伝」「耆旧伝」の編纂—「郡国書」から「海内書」へ—》,《東洋学報》第 91 卷第 3 号,2009 年

——《上计制度与"耆旧传"、"先贤传"的编纂》,《武汉大学学报(人文科学版)》2012 年第 4 期

——《漢晋期における「家伝」の流行と先賢》,《東洋学報》第 94 卷第 3 号,2012 年

——《"荀氏家伝"の編纂について》,《歷史研究》第 50 号,2013 年

——《汉晋时期流行的别传——"正"与"别"》,《中国学术》第 38 辑,2017 年

于琨奇:《尹湾汉墓简牍与西汉官制探析》,《中国史研究》2000 年第 2 期

于涛:《效忠与背叛:荀彧之死》,收入氏著《三国前传——汉末群雄天子梦》,北京:中华书局,2006 年

余欣:《中古异相:写本时代的学术、信仰与社会》,上海:上海古籍出版社,2011 年

查屏球:《纸简替代与汉魏晋初文学新变》,《中国社会科学》2005 年第 5 期

张承宗:《〈汉晋春秋〉在史学上的影响》,《史学史研究》1996 年第 2 期

张弓主编:《敦煌典籍与唐五代历史文化(上卷)》,《史地章》(李锦绣撰),北京:中国社会科学出版社,2006 年

张金龙:《北魏政治史》,兰州:甘肃教育出版社,2008 年

张荣强:《中国古代书写载体与户籍制度的演变》,《武汉大学学报(哲学社会科学版)》2019 年第 3 期

——《简纸更替与中国古代基层统治重心的上移》,《中国社会科学》2019 年第 9 期

张震泽:《扬雄集校注》,上海:上海古籍出版社,1993 年

赵晶:《谫论中古法制史研究中的"历史书写"取径》,《中国史研究动态》2016 年第 4 期,笔谈《"历史书写"的回顾与展望》

赵立新:《〈金楼子·聚书篇〉所见南朝士人的聚书文化和社群活动》,收入甘怀真编:《身份、文化与权力——士族研究新探》,台北:台大出版中心,2012 年

紙屋正和:《漢時代における郡県制の展開》,京都:朋友书店,2009 年,中译本

《汉代郡县制的展开》,朱海滨译,上海:复旦大学出版社,2016年

中村圭爾:《魏蜀正閏論の一側面》,收入氏著《六朝政治社会史研究》,东京:汲古书院,2013年

——《六朝における官僚制の叙述》,收入氏著《六朝政治社会史研究》,中译文《六朝官僚制的叙述》,付辰辰译,武汉大学中国三至九世纪研究所编:《魏晋南北朝隋唐史资料》第26辑,2010年

钟优民:《谢灵运论稿》,济南:齐鲁书社,1985年

周一良:《魏收之史学》,收入氏著《魏晋南北朝史论集》,北京:中华书局,1963年

——《魏晋南北朝史札记》,北京:中华书局,1985年

周振鹤:《从汉代"部"的概念释县乡亭里制度》,《历史研究》1995年第5期

周振鹤、李晓杰、张莉:《中国行政区划通史·秦汉卷》,上海:复旦大学出版社,2016年

朱东润:《八代传叙文学述论》,上海:复旦大学出版社,2006年

朱希祖:《汉唐宋起居注考》《十六国旧史考》,均收入朱渊清编:《朱希祖史学史选集》,上海:中西书局,2019年

祝总斌:《两汉魏晋南北朝宰相制度研究》,北京:中国社会科学出版社,1990年

——《试论东晋后期高级士族之没落及桓玄代晋之性质》《晋恭帝之死与宋初政争》,均收入氏著《材不材斋史学丛稿》,北京:中华书局,2009年

佐川英治:《東魏北齊革命と『魏書』の編纂》,《東洋史研究》第64卷第1号,2005年

——《漢帝国以後の多元的世界》,收入南川高志编:《378年 失われた古代帝国の秩序(歴史の転換期)》,东京:山川出版社,2018年

佐藤達郎:《功次による昇進制度の形成》,《東洋史研究》第58卷第4号,2000年

——《胡広『漢官解詁』の編纂——その経緯と構想》,《史林》第86卷第4号,2003年

——《応劭『漢官儀』の編纂》,《関西学院史学》第33号,2006年

——《『続漢書』百官志と晋官品令》,《関西学院史学》第42号,2015年

佐原康夫:《漢代都市機構の研究》,东京:汲古书院,2002年

后　记

这本小书并非事先规划的课题产物。十年间任研究兴趣散漫波动，倏忽竟已至于不惑之年。燕园问学时代仓促觅得的"历史书写"概念工具，虽然半属"为赋新词强说愁"，毕竟也帮助了一个业余的史学爱好者在学界稍稍立足。集腋不曾成裘，几番放下又重拾，终于羞涩囊中检出若干篇什，勉强汇为一编，呈请读者诸君批评。各章及附录均曾在学术刊物上发表过。这次成书除恢复因刊物篇幅所限不得不删减的内容外，也根据个人思考的进展做了若干增补修订。若蒙引用，请以本书所收版本为准。诸文原始出处见下：

第一章《哀歌与史诗：〈献帝起居注〉与献帝朝廷的历史意义》，原题《〈献帝起居注〉与献帝朝廷的历史意义》，刊《华东师范大学学报（哲学社会科学版）》2018年第4期。

第二章《名、实之间：〈献帝纪〉与〈献帝传〉》，原题《〈献帝纪〉与〈献帝传〉考论》，刊《首都师范大学学报（社会科学版）》2018年第6期。

第三章《范晔〈后汉书〉冯良事迹成立小论》，刊《中国学术》第38辑，北京：商务印书馆，2017年。

第四章《〈续汉书·百官志〉与汉晋间的官制撰述》，原题《〈续汉书·百官志〉与汉晋间的官制撰述——以"郡太守"条的辨证为中心》，刊《中华文史论丛》2013年第4期，后收入北京大学中国古代史研究中心编：《田余庆先生九十华诞颂寿论文集》，北京：中华书局，2014年。

第五章《东汉太尉渊源考——从〈续汉书·百官志〉"太尉"条的脱文谈起》，原题《从"司马主天"到"太尉掌兵事"：东汉太尉渊源考》，刊《中国史研究》2020年第2期。

第六章《王隆〈汉官篇〉小考》，收入北京大学中国古代史研究中心编：《祝总斌先生九十华诞颂寿论文集》，北京：中华书局，2020年。

第七章《"西虏"与"东虏"：谢灵运〈劝伐河北书〉所见华北局势与历史认识》，原题《谢灵运〈劝伐河北书〉所见"西虏"、"东虏"与"虏"辨析》，刊《复旦学报（社会科学版）》2020年第3期。

第八章《"五胡"新诠：晋宋之际建康精英的历史书写》，原题《"五胡"新诠》，刊《文史》2020年第3辑。

附录一《〈献帝起居注〉辑考》，刊《中古中国研究》第2卷，上海：中西书局，2018年。

附录二《"禅让"与魏晋王权的历史特质》，刊《文汇报·文汇学人》2015年7月3日。

附录三《〈续汉书·百官志五〉"州刺史"条郡国数辨证》，刊《中华文史论丛》2011年第4期。

感谢楼劲、范兆飞、游自勇、刘东、邱源媛、窪添慶文、小尾孝夫、陈苏镇、雷之波(Zeb Raft)、侯旭东、陆灏诸位先生。他们的邀约和鼓励促成了这些篇章的撰成。并感谢原载刊物各位责任编辑和匿名审稿专家的严格把关。文章写作与定稿过程中得到过海内外许多师友的批评指正，心存感激，这里只能挂一漏万，提及部分名字：阿部幸信、安部聪一郎、陈侃理、陈识仁、陈爽、陈苏镇、陈文龙、陈晓伟、陈奕玲、渡边信一郎、方诚峰、甘怀真、耿朔、顾江龙、侯旭东、胡鸿、李猛、李晓杰、李昭毅、李煜东、刘啸、刘永华、鲁西奇、陆扬、罗新、马孟龙、聂溦萌、仇鹿鸣、曲柄睿、孙闻博、孙英刚、孙正军、童岭、王德权、窪添慶文、魏斌、温海清、夏婧、徐畅、叶炜、余欣、永田拓治、游逸飞、张官鑫、张雨怡、张小艳、朱溢、佐川英治。我还想特别提及两位小友的帮助。一位是现在四川大学历史文化学院任教的黄桢，2016年夏天在长野户隐越志旅馆西嶋定生写作《二十等爵制研究》的房间里，围绕他博士论文的一番长谈，让我重拾了"历史书写"研究的兴致。一位是现在北大求学深造的庞博，本书中的多数篇章都得到了他的率直批评，避免了不少疏失。

近年愈发感到，北大读书时魏晋方向三位老师的言传身教，对我的影响长久而深远。因为博士论文半路任性换题，一直深感愧对导师阎步克先生。我的第一篇论文《关于曹魏的侍中尚书》，就是经阎老师推荐，在2005年发表于《国学研究》第16辑。那时无论如何也想不到，再次发表"本格"的制度史论文，要到2018年《文史》第4辑所刊《西汉后期到新莽时代"三公制"的演生》了。阎老师常对我们讲两句治学心得，一句是"做研究要'先立其大者'"，一句是"好论文是'写'出来的"。毕业十多年来常用这两句话勉励自己，竟也时有所得。陈苏镇老师沉静少语却稳若泰山，让我深刻体会学术耐力的重要。2008年博士论文答辩时涉及了汉魏宫禁制度，当时陈老师提问所谓"内朝"在空间上到底可以落实到何处。犹记当时在陈老师一再追问下的窘迫。一晃十多年过去，关于这一问题脑中仍然懵懂，陈老师自己却以一系列宫禁制度研究论文打通了两汉魏晋，成为《〈春秋〉与"汉道"：两汉政治与政治文化研究》之后的又一经典。罗新老师对我的影响更是多方面的。几乎每次在学术道路上的"无中生有"，都能得到他的鼓励和建议。2006年底在寒冷的大阪写了《"开国群雄传"小考》，他回信说"你终于可以'出师'了"。2008年博士毕业前夕，我谈到想翻译一位日本学者的书，他说"做大一点更有意义"，于是才有了后来的《日本学者古代中国研究丛刊》。现在学界颇受认可的"中国中古史青年学者联谊会"，当初能够顺利创办和运作离不开他的直接支持。近年罗老师又在史学理论与非虚构写作方面不断开拓新境，更是让我等后学汗颜不已。人到中年，不时有疲惫感袭来，抬头仰望，却见老师们仍在前健步如飞。驽钝如我，也只能擦一把汗，继续埋头追随了。

这十年间于我的学术成长而言，2015—2016 年在日本东洋文库的一年访学最具特别意义。感谢窪添慶文先生提供的宝贵机会和无私支持。两周一次《水经注疏》研究班上的疑义相与析，六义园赏花之春，户隐合宿之夏，都是长存心底的温暖记忆。访问期间，承蒙伊藤敏雄、妹尾達彦、池田雄一、気賀沢保規、佐川英治、小尾孝夫、永田拓治、安部聡一郎、梶山智史、会田大輔、板橋曉子、川口智久、外池祐价和真喜子夫妇等师长、友人多方关照，得到了不少历练的机会，收获很大。也难忘在京都与赵立新、郑雅如两位台湾好友的相聚时刻。现在回想起来，何幸如之，何幸如之。

内子静怡是本书多数篇章的第一读者。事实上，若没有她在文章构思阶段的耐心倾听，这些研究的面貌恐怕将会大有不同。而我关于日本史的一点微薄知识，大半来自她给学生上课前的认真演习。人生得一知己足矣，何况是相濡以沫的伴侣。我也是近年才体会到，在弹丸之地营造的家之风景，可以比自然更深邃。

北大历史系的李新峰老师一直关心我的学习和生活。没有他的督促，本书可能还要推迟几年问世。责任编辑张晗也是本科时代以来的老友，倾力相助，良可感怀。但愿我的工作不至于让这份厚谊蒙羞。

本书出版有幸得到了我服务的复旦大学历史学系的经费资助。前后两任系领导章清、金光耀、黄洋、刘金华及古代史教研室邹振环、张海英、余蔚、余欣诸位先生对我各方面的工作给予支持，帮助我的成长。也想借此机会深表感谢。

最后，我想把这本小书献给我的父亲。他身上朴素的左翼情怀和对革命年代价值观的眷恋，多年来在不时引发父子激辩的同时，也在在提醒我现实世界中历史书写无比真实的存在感。近年父亲渐入老境，似乎少了和我辩论的兴致，但对某些所谓时代主流舆论的不妥协姿态依旧。我的研究常执着于在意识形态的变迁中追索不同时代、人群与历史书写的纠缠，大概也是另一种形式的"因父之名"吧。

2020 年 7 月 15 日草于海上柚庐